U0113249

国家出版基金项目
NATIONAL PUBLICATION FOUNDATION

"一带一路"国家（地区）发展报告丛书
A Series of Reports on the Development of Belt and Road Participating Countries (Regions)

赵新力 ◇ 主编

"一带一路"之科技创新发展报告

Report on the Development of Science, Technology and Innovation of Belt and Road Participating Countries

赵新力　李闽榕　刘建飞　◎ 著
Zhao Xinli, Li Minrong, Liu Jianfei

廣東旅游出版社
GUANGDONG TRAVEL & TOURISM PRESS
悦读书·悦旅行·悦享人生

SPM 南方传媒
SOUTHERN PUBLISHING & MEDIA
广东人民出版社
中国·广州

图书在版编目（CIP）数据

"一带一路"之科技创新发展报告 / 赵新力，李闽榕，刘建飞著．
— 广州：广东旅游出版社：广东人民出版社，2022.9
（"一带一路"国家（地区）发展报告丛书 / 赵新力主编）
ISBN 978-7-5570-2828-2

Ⅰ．①一… Ⅱ．①赵… ②李… ③刘… Ⅲ．①技术革新—研究报告—世界
Ⅳ．① F113.2

中国版本图书馆 CIP 数据核字（2022）第 140771 号

出 版 人：刘志松　肖风华
策划编辑：彭　超　王庆芳
责任编辑：彭　超　王庆芳　麦永全
封面设计：邓传志
责任校对：尹利青
责任技编：冼志良

"一带一路"之科技创新发展报告
"YIDAIYILU" ZHI KEJI CHUANGXIN FAZHAN BAOGAO

广东旅游出版社出版发行
（广州市荔湾区沙面北街 71 号首层、二层）
邮　　编：510130
电　　话：020-87347732（总编室）020-87348887（销售热线）
投稿邮箱：2026542779@qq.com
印　　刷：广州汉鼎印务有限公司
地　　址：广州市黄埔区南岗骏丰路117号202
开　　本：787毫米×1092毫米　16开
字　　数：377 千字
印　　张：24.75
版　　次：2022 年 9 月第 1 版
印　　次：2022 年 9 月第 1 次
定　　价：128.00元

"丝路创新力智库"① 报告

2021 年国家出版基金资助项目

中国科技部专业技术二级岗研究员专项经费部分支持

国家社科基金《"一带一路"倡议实施中的科技创新开放合作重点与难点研究》

（项目编号：18BGJ075）阶段成果

中智科学技术评价研究中心
China Institute of Science and Technology Evaluation

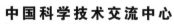

中国科学技术交流中心
China Science And Technology Exchange Center

丝路创新力
SIRINNOVATION

---

① "丝路创新力智库"是在国际欧亚科学院中国科学中心、中智科学技术评价研究中心、同济大学软件
学院、重庆大学自动化学院和广东琴智科技研究院有限公司共同发起建立的院士专家服务中心基础上
发展起来的。

编委会

主　　任：张晓林

常务副主任：赵新力

副　主　任：李闽榕　　刘洪海　　刘建飞

委　　员（按姓氏拼音排序）：

蔡嘉宁　　陈瀚宁　　陈　雄　　邓练兵　　高志前

郭　震　　黄茂兴　　李俊杰　　李志强　　刘拥军

吕　佳　　申茂向　　王　凌　　王鹏举　　王　晓

肖风华　　张　楠　　赵　磊　　周　宇

编著人员名单

主　　编：赵新力　　李闽榕　　刘建飞

执行编辑：刘拥军　　王鹏举　　文中发

编写组其他人员（按姓氏拼音排序）：

陈衍泰　　董全超　　范彦成　　封晓茹　　黄茂兴

霍宏伟　　梁　正　　马乐举　　马宗文　　王　丹

吴　哲　　肖　轶　　杨　烨　　于　莎　　贠　涛

翻　　译：

李志强　　郑　薇　　陈禹衡　　戴　乐　　夏欢欢

主要编撰者简介

赵新力，男，1961 年生，辽宁沈阳人，航空宇航工学博士，系统工程博士后，国际欧亚科学院院士，清华大学中国科技政策研究中心资深顾问，中智科学技术评价研究中心主任，博士生导师，国务院政府特殊津贴获得者。主持完成"863"计划、自科基金、社科基金、攻关、标准化等国家级课题数十项、省部级课题数十项，获得省部级奖励多项。发表中、英、俄语种论文 200 多篇、著作 30 多部。曾在北京航空航天大学、沈阳飞机工业集团、美国洛克希德飞机公司、清华大学、原国家科委、澳门中联办、中国科技信息研究所、中共中央党校、中国科技交流中心及中国常驻联合国代表团等学习或工作，先后担任过东北大学、天津大学、澳门科技大学、北京大学和哈尔滨工业大学兼职或客座教授。金砖国家智库合作中方理事会理事，丝路创新力智库负责人，国家科普服务标准化委员会副主任，国家金砖国家新工业革命伙伴关系创新基地专家委员会委员，中国科学技术部原二级专技，中国科学技术交流中心原三级职员。

李闽榕，男，1955 年生，山西安泽人，经济学博士。原福建省新闻出版广电局党组书记，现为中智科学技术评价研究中心理事长，福建师范大学教授、博士生导师，金砖国家智库合作中方理事会理事。主要从事宏观经济学、区域经济竞争力等研究，已出版著作《中国省域经济综合竞争力研究报告（1998~2004）》等 20 多部（含合著），并在《人民日报》《求是》《管理世界》等国家级报刊上发表学术论文 200 多篇。科研成果曾获福建省科技进步一等奖、福建省第七届至第十届社会科学优秀成果一等奖、福建省第六届社会科学优秀成果二等奖等 10 多项省部级奖励（含合作），并有 20 多篇论文和主持完成的研究报告荣获其他省部级奖励。

刘建飞，男，1959年生，河北保定人，国际关系博士。中共中央党校（国家行政学院）教授、博士生导师，中共中央党校国际战略研究院原院长，国务院特殊津贴获得者。中国国际关系学会副会长、中华美国学会副会长、中国亚洲太平洋学会副会长、习近平外交思想研究中心首批特约专家、国家社会科学基金评审专家。主要研究领域为国际战略、大国外交、中国外交、中美关系。在中国外交战略布局、中国外部环境、中国领导人战略思想、世界格局与秩序、中美关系发展态势、中美关系中的意识形态因素、美国全球战略、美国推进民主战略、美国推广"普世价值"战略、人类命运共同体思想等方面有研究专长。曾主持国家社科基金重大专项"国家治理与全球治理"等国家级科研项目多项，出版个人专著10余部，发表学术论文200余篇，另为多家报刊撰写国际评论文章400余篇。

深化科技创新合作，共创"一带一路"建设新局面

当前，世界逐渐步入后疫情时代，全球经济面临重大调整，新一轮科技革命和产业变革呼之欲出，全球治理体系正在发生深刻变革，以科技创新驱动经济社会发展成为全球共识。在人员、物资流动相对弱化的情况下，科技创新活动不断突破地域、组织、技术的界限，知识、信息等等创新要素在全球范围内的流动空前活跃，科技、产业变革呈深度融合交织之势，在全球范围内不断促进经济发展转型。开展持久、广泛、深入的国际科技创新合作，已经成为各国积极应对后疫情挑战，推动经济增长和可持续发展的必要途径。

2013 年，习近平主席在访问哈萨克斯坦和印度尼西亚期间，提出了共建丝绸之路经济带和 21 世纪海上丝绸之路，即"一带一路"倡议。推进"一带一路"建设是中国政府根据时代特征和全球形势提出的重大倡议。"一带一路"建设着眼于构建人类命运共同体，在经济全球化大舞台和国际关系演进大格局上谋划人类和平发展，推动全球人文交流，促进人类发展，实现文明融合与创新，对促进"一带一路"参与国家（下文简称参与国家）经济繁荣与区域经济合作，加强不同文明交流互鉴，促进世界和平发展，具有重大意义。

2017 年 5 月，首届"一带一路"国际合作高峰论坛上，习近平主席提出了要将"一带一路"建成"和平之路、繁荣之路、开放之路、创新之路、文明之路"新的行动纲领。习近平主席指出，"一带一路"建设本身就是一个创举，搞好"一带一路"建设也要向创新要动力。我们要坚持创新驱动发展，加强在数字经济、人工智能、纳米技术、量子计算机等前沿领域合作，推动大数据、云计算、智慧城市建设，连接成 21 世纪的数字丝绸之路。2019 年 4 月，第二届"一带一路"国际合作高峰论坛上，习近平主席进一步强调，创新就是生产力。我们要顺应第四次工业革命发展趋势，共同把握数字化、网络化、智能化发展机遇，共同探索新技术、新业态、新模式，探寻新的增长动能和发展路径，建设数字丝绸之路、创新丝绸之路。

近年来，中国和参与国家的科技创新合作已取得显著成效。为全面发挥科技创新在"一带一路"建设中的引领和支撑作用，打造发展理念相通、要素流动畅通、科技设施联通、创新链条融通、人员交流顺通的创新共同体。2016 年 9 月，中国科学技术部、发展改革委、外交部、商务部等共同发布了《推进"一带一路"建设科技创新合作专项规

划》，重点在农业、能源、交通、信息通信等12个优先领域加强和参与国家的科技合作。中方资助了参与国家大批青年科学家来华开展科研工作，为参和国家培养了上万名科学技术和管理人才，并在参与国家广泛举办各类技术培训班。中国与参与国家共建了一批不同类型、不同领域、不同层次的联合实验室或联合研究中心。科技园区合作方兴未艾，又有蒙古、泰国、伊朗、埃及等参与国家相继提出科技园区合作意向，科技园区已成为我国高技术产业发展的一张国际名片。相关国家共同建设了面向东盟、南亚、中亚、阿拉伯国家、中东欧等地区和国家的一系列区域和双边技术转移中心及创新合作中心，初步形成了区域技术转移协作网络。

习近平主席在2017年首届"一带一路"国际合作高峰论坛上宣布启动"一带一路"科技创新行动计划，重点在科技人文交流、共建联合实验室、科技园区合作、技术转移等方面和"一带一路"参与国家开展合作，特别是帮助参与发展中国家加强科技创新能力建设，实施一批重点项目，努力实现合作共赢。2019年，在第二届"一带一路"国际合作高峰论坛，习主席强调中国将继续实施共建"一带一路"科技创新行动计划。

一是着力深化"一带一路"科技人文交流。深化科技人文交流，增进科技界的互信和理解，是推动"一带一路"科技创新合作的基础。中国政府将资助参与国家的杰出青年科学家来华进行科研工作；针对参与国家关注的重点领域以及关键技术和管理挑战，举办适用技术及科技管理培训班；面向参与国家举办形式多样的科普类交流；发起建立囊括参与国家科技组织的"一带一路"国际科技组织。大幅提高科技人文交流的规模和质量，形成多层次、多元化的科技人文交流机制。

二是推动共建联合研究平台。和参与国家共建长期、稳定的科技创新合作平台，有利于开展高水平的联合研究，培养高水平的科技人才，促进技术转移和成果转化。中国政府将以现有联合实验室或联合研究中心为载体，推动现有联合实验室或联合研究中心的转型升级和功能提升；结合沿线国家重大科技发展需求、科研基础条件与合作意愿，建设一批双方政府认可的，以联合实验室或联合研究中心为主要形式的国家级联合科研平台；加强联合实验室或联合研究中心的协作与资源共享，共同解决重大科技问题。

三是继续加强科技园区合作。科技园区是科技成果转化、创新驱动发展的重要载体。中国科技园区建设运行的良好成效和成功经验得到了广大参与国家的认可，许多参与国家提出和中国加强科技园区合作的愿望。中国政府将围绕参与国家需求，帮助参与国家开展科技园区建设的规划制订、政策咨询和经验共享；加强和参与国家在科技园区建设方面的人才交流，帮助参与国家培养科技园区相关人力资源，分享中国科技园区建设与管理经验；以科技园区合作为基础，促进参与国家的高新技术产业对接；推进中国高新区和参与国家科技园区合作，鼓励中资企业到共建园区设立分支机构。

四是深入开展技术转移合作。发挥技术转移在"一带一路"产能合作中的先导作用，紧密结合参与国家经济、产业发展需求，充分调动各方积极性，加强技术转移平台建设，构建国际技术转移协作网络，推动和参与国家之间的先进适用技术转移，促进区域创新一体化发展。发挥各类技术转移平台的辐射带动作用，挖掘双方企业的合作需求，推动先进适用技术转移；构建"一带一路"技术转移协作网络，加强各类技术转移与创新合作平台的衔接与协作，强化"一带一路"各参与方之间的资源共享与优势互补，促进区域间的平衡发展。

"一带一路"建设是我国改革开放以来又一重大壮举。我们将秉持和平合作、开放包容、互学互鉴、互利共赢理念，以全面发挥科技创新合作对共建"一带一路"的支撑引领作用为主线，以增强战略互信、促进共同发展为导向，全面提升科技创新合作的层次和水平，推动政策沟通、设施联通、贸易畅通、资金融通、民心相通，打造"一带一路"创新共同体，共创"一带一路"美好未来。

张晓林

中智科学技术评价研究中心学术委员会名誉主任委员

《求是》杂志社原总编辑

2022 年 9 月

科技创新引领未来，携手共建"一带一路"

　　创新是引领发展的第一动力，也是推动人类社会进步的重要动力。当前，世界正在进入后疫情时代，科技创新不仅是新一轮科技革命和产业变革的基础驱动力，也是应对全球气候变化、实现可持续发展目标的主要支撑。把推动创新驱动和打造新增长源作为新的国际合作重点，可以更好地应对新冠疫情、气候变化等全球性挑战，加快新旧增长动力转换，创造就业机会，增强经济社会活力，让全球各地和全球人民共享科技进步带来的福祉。

　　2013 年，中国国家主席习近平先后提出共建"丝绸之路经济带"和"21 世纪海上丝绸之路"的"一带一路"倡议。倡议实施 9 年来，取得积极成效，发展态势良好。2017 年 5 月在北京举行的首届"一带一路"国际合作高峰论坛上，习近平主席对"一带一路"未来建设作了全面阐释，提出要将"一带一路"建设成为创新之路，向创新要动力，坚持创新驱动发展的理念。2019 年 4 月在北京举行的第二届"一带一路"国际合作高峰论坛上，习近平主席深化了将"一带一路"建设为创新之路的理念，指出：创新就是生产力，没有创新就没有进步。

　　"抓创新就是抓发展，谋创新就是谋未来。"创新是中国社会经济发展的内在驱动力，也是"一带一路"共建事业的引领力量。"一带一路"倡议本身就是前所未有的创新之举，"一带一路"共享共建的合作共赢理念也是国际合作模式的重大创新。在后疫情时代，"一带一路"参与国家对科技创新的需求愿望愈发强烈。在"一带一路"共建事业中，科技创新合作是其重要动力源之一。建设创新之路，更是打造"一带一路"参与国家命运共同体的必然要求。

　　中国已启动"一带一路"科技创新行动计划，和"一带一路"参与国家开展科技人文交流、共建联合实验室、推动科技园区合作、技术转移。通过科技人文交流，加强中国和参与国家科技人员的广泛交往与流动，形成多层次多元化的机制。通过联合实验室建设，搭建长期稳定的科技创新合作平台，提升联合攻关能力。通过科技园区合作，共建一批特色鲜明的科技园区，促进科技与产业的深度融合。通过技术转移合作，强化"一带一路"各参与方之间的资源共享与优势互补，促进区域间的平衡发展。为了更好地支撑"一带一路"的创新之路建设，开展科学决策，迫切需要我们对科技创新引领支撑

"一带一路"未来发展开展战略研究。

鉴于"一带一路"框架下的科技合作不断面临新机遇，中国科学技术交流中心组织国内知名学者，编写了本报告。报告分为总体评价篇和深度分析篇，对"一带一路"参与国家的创新竞争力进行了剖析，研究了"一带一路"参与国家的信息通信技术发展指数，提出了未来"一带一路"发展的战略思考，分析了创新特别是科技创新在"一带一路"倡议实施过程中的引领支撑作用，剖析了"一带一路"与 APEC、金砖国家等多边合作机制的合作关系。该报告用大量数据图表，从不同角度分析和提出相关建议，希冀为"一带一路"倡议的未来发展提供重要的决策依据。

我们有充分的理由相信，"一带一路"的未来会因"科技"而更加多彩，会因"创新"而更加美好。科技创新合作将为"一带一路"参与国家实现和平合作、开放包容、互学互鉴、互利共赢提供强有力的支撑。

本报告的编制出版工作受新冠疫情影响较大，加之疫情期间多国指标统计数据出现缺漏、失真，且疫情前后数据之间的显著差异可能导致中长期评价系统性偏差，因此我们将评价时间截止于疫情暴发之前的 2019 年。希望疫情结束后，对"一带一路"科技创新发展进行全面评价，深入分析疫情的影响。

【目 录】

深度分析篇

附录

I

总体评价篇

第一章
"一带一路"参与国国家创新竞争力总体评价①

一、"一带一路"科技合作蓬勃发展

"一带一路"倡议提出9年，实施7年来，其合作发展理念得到广泛认同，合作建设方兴未艾。有意加入"一带一路"倡议的国家越来越多，除欧亚大陆的国家以外，非洲、拉丁美洲、大洋洲的众多国家也不断参与"一带一路"共建。截至2022年7月，中国已与154个国家签订共建"一带一路"的合作文件，本报告将这些正式签署"一带一路"倡议的国家，称为"一带一路"签约参与国。考虑到地缘、历史等因素，我们将具有良好地缘连通性、接近"丝绸之路"或"海上丝绸之路"沿线的国家，称为"一带一路"沿线国家。

① 本章作者王鹏举为厦门微志云创有限公司合伙人，李俊杰为厦门理工学院应用数学学院副教授。

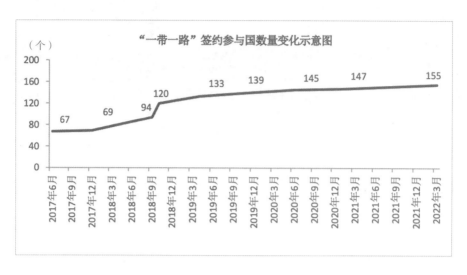

图 1-1 "一带一路"签约参与国数量变化示意图

2015 年正式成立的亚洲基础设施投资银行 (Asian Infrastructure Investment Bank，简称亚投行，AIIB)，是升级完善"一带一路"倡议，以多边主义精神拓展"一带一路"影响范围，推动亚洲区域一体化，参与构建人类命运共同体的重要创新机构和多边合作机制。截至 2022 年 8 月，亚投行的成员数量从最初的 57 个增至 105 个，其中有 17 个成员国[①] 未加入"一带一路"倡议。这 17 个亚投行成员拓展了"一带一路"共同体建设的参与路径。因此，本报告将它们视为参与"一带一路"共建的"部分参与国"，同样作为考察对象。

"一带一路"共建"部分参与国"除巴西、印度、约旦外，均为发达国家。由于"一带一路"签约参与国中发展中国家比重很高，发达国家不足，这会产生数据取样偏差，进而导致在整体探讨科技创新竞争力动向时出现偏差。为避免这一偏差，本报告中将"一带一路"签约参与国与"一带一路""部分参与国"同时列入考察范围，并将它们统称为"一带一路"参与国，共 172 个。[②]

---

① 亚投行成员及准成员中暂时没有正式加入"一带一路"倡议的国家包括：澳大利亚、印度、比利时、加拿大、丹麦、芬兰、法国、德国、冰岛、爱尔兰、荷兰、挪威、西班牙、瑞典、瑞士、英国和巴西。

② 本报告在洲域分析中区分了南美洲、北美洲，将中美洲、加勒比地区纳入北美洲内考察。

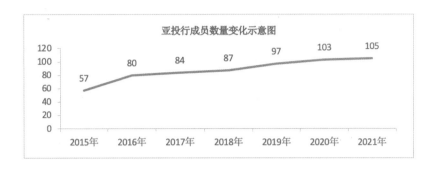

图 1-2 亚投行成员数量变化示意图

"一带一路"签约参与国国土面积之和为 7700 多万平方公里，占全球各国国土总面积的 57% 以上；人口超过 47 亿，占全球人口总数的 63% 以上；经济总量近 40 万亿美元，占全球经济总量的 45% 以上。加上尚未明确签署官方协议的 17 个"一带一路"部分参与国，"一带一路"参与国国土面积超过 1 亿平方公里，占全球各国国土总面积的 83% 以上；人口合计近 70 亿，占全球人口总数 90% 以上；经济总量超过 64 万亿美元，占全球经济总量 70% 以上。

"一带一路"建设以合作共赢理念为指导，高度重视参与国之间的科技合作。中国科技部等编制了《推进"一带一路"建设科技创新合作专项规划》，与 49 个"一带一路"参与国签署了政府间科技合作协议，启动了中国－东盟、中国－南亚、中国－阿拉伯等一系列科技伙伴计划，发起成立"'一带一路'技术转移协作网络"，实施面向"一带一路"参与国地区的青年科学家来华计划。2013—2020 年，中国与"一带一路"参与国开展科技合作项目 1000 多项，累计投入超过 63 亿元人民币；培训"一带一路"参与国技术人员 5000 多人次；启动"中巴（基斯坦）棉花生物技术联合实验室""中斯（里兰卡）特色植物资源研发实验室""中蒙孵化器""中国－南非矿产资源开发利用联合研究中心""中国印尼港口建设和灾害防治联合研究中心""中国克罗地亚生态保护国际联合研究中心"等"一带一路"科技合作平台建设。在科技园合作方面，中国同埃及、印尼、伊朗、以色列、蒙古国、南非和泰国等国家启动或探讨建立国家级科技园区合作关系。

在此次抗击新冠疫情的过程中，中国科技工作者积极与世界各国分享研究成果，及时推出多种检测试剂产品，总结出一批有效药物和治疗方案，与多国携手开展疫苗研发。在世界逐步转向后疫情时代之际，中国除务实推进全球疫情防控和公共卫生领域国际科技合作，展开药物、疫苗、检测等领域研究外，还聚焦气候变化、太空探索等问题，加强同各国科研人员的联合研发，积极推动人类命运共同体共建事业。

必须指出，新冠疫情使全球经济、社会发展偏离原有轨迹，多项指标疫情前后差异显著；疫情期间统计工作也遭遇较大困难，数据大量缺漏、失真。为避免中长期评价因此形成系统性偏差，本报告将评价时间截止于 2019 年。我们希望未来疫情结束之后，再全面评估"一带一路"科技创新中长期发展及疫情影响。

二、"一带一路"参与国国家创新竞争力的评价结果

"一带一路"参与国国家创新竞争力评价是"六路"发展研究的深化延续，致力于探寻"一带一路"参与国国家创新竞争力的推动点及影响因素，为"一带一路"参与国提升科技创新能力提供有益的分析依据。

由于部分国家统计数据（来源参见表 1-8）不充分，本报告在 172 个"一带一路"参与国中选取 159 个进行考察。根据"一带一路"参与国国家创新竞争力评价指标体系和数学模型（参见本章附录），对 159 个考察对象国 2011—2019 年间的创新竞争力及其创新竞争力二级评价指标的排名变化进行评价分析。表 1-1 列出了本评价期内 159 个"一带一路"参与国国家创新竞争力的排位和得分情况。

由表 1-1 可知，2019 年，"一带一路"参与国国家创新竞争力最高得分为 45.49 分，比 2011 年增加 0.34 分；最低得分为 7.42 分，比 2011 年增加 3.26 分；平均分为 14.41 分，比 2011 年下降 1.58 分；标准差为 6.01，比 2011 年下降 3.08；最高分和最低分的差距从 2011 年的 40.99 分缩小为 2019 年的 38.07 分。2011 至 2019 年间"一带一路"参与国家各国的国家创新竞争力整体水平有一定下降，各国国家创新竞争力的差距大大缩小，不少原中高分国家分数降幅较大，多数原低分国家分数增幅可观。

国家创新竞争力较高的"一带一路"参与国主要为发达国家，2019 年排名前 30 位的国家中，有 23 个国家是发达国家，而国家创新竞争力较低的国家基本上是发展中国家。这主要是因为发展中国家与发达国家在经济社会发展水平、创新投入、创新人才资源和创新制度等方面存在较大差距。

表1-1 2011—2019年"一带一路"参与国国家创新竞争力评价比较表

项目 国家	2011 排名	2011 得分	2012 排名	2012 得分	2013 排名	2013 得分	2014 排名	2014 得分	2015 排名	2015 得分	2016 排名	2016 得分	2017 排名	2017 得分	2018 排名	2018 得分	2019 排名	2019 得分	2011—2019综合变化 排名	2011—2019综合变化 得分
中国	1	45.15	2	42.92	1	45.05	1	44.42	2	42.71	2	41.08	4	41.93	1	43.84	1	45.49	0	+0.34
德国	2	42.71	1	43.36	2	43.39	3	42.01	1	43.07	1	45.33	2	42.93	2	40.58	2	31.62	0	−11.09
韩国	18	31.06	15	31.23	16	31.27	15	31.26	4	39.12	7	38.04	10	34.32	3	37.48	3	30.82	+15	−0.24
瑞士	14	32.37	3	41.37	25	23.78	16	29.80	3	41.54	13	31.59	7	36.85	22	24.53	4	28.90	+10	−3.47
法国	8	35.68	12	34.36	9	35.23	9	34.39	9	36.21	8	36.04	3	42.47	4	35.05	5	28.80	+3	−6.88
新加坡	12	34.24	10	35.23	10	34.52	12	32.11	12	34.75	9	33.96	11	34.05	26	23.56	6	27.86	+6	−6.38
卢森堡	16	31.79	9	35.37	12	32.80	7	36.63	10	35.16	17	28.85	16	32.04	8	31.24	7	27.74	+9	−4.05
丹麦	7	35.90	6	37.08	6	37.57	8	36.57	16	31.16	12	31.68	14	33.01	6	33.33	8	26.27	−1	−9.63
荷兰	4	39.17	4	40.02	4	39.21	6	36.83	6	38.65	6	38.22	8	34.74	7	32.39	9	25.81	−5	−13.36
奥地利	17	31.37	14	32.07	14	32.11	10	33.25	14	32.75	11	33.39	12	33.67	11	29.23	10	25.78	+7	−5.59
英国	3	41.49	8	36.60	3	42.36	2	42.19	5	38.75	3	41.00	1	44.02	5	33.54	11	25.33	−8	−16.16
瑞典	9	34.59	5	37.72	5	39.03	5	36.91	8	36.81	4	38.69	6	38.34	10	29.70	12	24.39	−3	−10.20
以色列	19	30.98	13	32.59	13	32.36	13	32.09	13	33.16	16	29.20	20	28.74	15	27.07	13	23.79	+6	−7.19
意大利	10	34.54	17	30.13	17	28.62	17	29.22	19	29.13	19	28.30	21	27.89	16	26.67	14	23.57	−4	−10.97
马来西亚	36	21.47	34	21.78	69	14.65	37	20.03	34	21.37	24	24.08	70	14.68	20	25.25	15	23.50	+21	+2.03
冰岛	27	25.71	48	17.06	20	25.31	25	23.20	20	28.57	18	28.81	17	31.73	27	22.78	16	23.32	+11	−2.39

续上表

项目\国家	2011 排名	2011 得分	2012 排名	2012 得分	2013 排名	2013 得分	2014 排名	2014 得分	2015 排名	2015 得分	2016 排名	2016 得分	2017 排名	2017 得分	2018 排名	2018 得分	2019 排名	2019 得分	2011—2019综合变化 排名	2011—2019综合变化 得分
加拿大	6	36.29	24	25.27	24	24.80	24	23.78	25	24.45	15	29.26	27	23.63	35	20.78	17	22.96	-11	-13.33
卡塔尔	39	20.45	36	21.45	40	18.43	36	20.37	41	19.79	54	15.57	33	21.66	42	20.16	18	22.95	+21	+2.50
澳大利亚	11	34.35	16	31.10	8	35.79	18	27.81	11	35.04	22	27.73	9	34.61	23	24.52	19	22.79	-8	-11.56
挪威	5	37.92	7	36.66	7	35.91	4	39.13	7	37.70	5	38.30	5	39.36	9	30.12	20	22.48	-15	-15.44
比利时	15	32.27	20	27.55	15	31.64	14	32.01	15	32.03	10	33.74	13	33.19	14	27.15	21	21.66	-6	-10.61
阿联酋	65	14.78	73	12.59	70	14.51	51	15.64	46	18.36	26	23.39	47	18.42	19	25.25	22	21.57	+43	+6.79
爱尔兰	20	29.74	19	27.63	19	27.00	19	27.46	18	29.73	14	29.40	18	29.26	12	28.13	23	21.48	-3	-8.26
新西兰	22	28.45	35	21.59	29	23.02	38	19.96	21	28.10	37	20.60	23	25.55	89	14.25	24	21.03	-2	-7.42
南非	72	13.83	70	13.25	82	12.06	76	12.21	54	16.76	55	15.35	43	18.90	51	17.37	25	20.61	+47	+6.78
巴西	25	26.07	23	26.26	18	27.82	21	27.23	26	24.13	23	27.26	19	29.12	39	20.45	26	19.97	-1	-6.10
芬兰	13	33.96	11	34.50	11	33.19	11	32.44	17	31.11	21	28.18	15	32.35	18	25.58	27	19.81	-14	-14.15
马耳他	24	26.40	22	26.34	21	25.15	23	23.99	27	23.90	27	22.89	30	22.89	21	25.23	28	19.73	-4	-6.67
哥斯达黎加	35	21.68	33	21.82	39	18.59	30	21.80	40	19.81	35	20.76	48	18.10	43	19.48	29	19.69	+6	-1.99
俄罗斯	40	19.79	28	22.50	26	23.58	27	22.23	33	21.58	33	21.27	28	23.46	33	21.23	30	19.53	+10	-0.26
西班牙	21	29.30	18	28.21	22	25.14	20	27.43	22	28.06	20	28.24	24	25.41	13	27.17	31	19.36	-10	-9.94
葡萄牙	30	22.55	29	22.29	32	21.83	29	21.98	29	22.44	38	20.45	25	25.12	24	24.27	32	19.03	-2	-3.52
希腊	43	18.81	46	17.75	44	17.57	40	19.52	31	21.86	39	19.97	42	19.26	31	21.48	33	18.56	+10	-0.25

续上表

国家	2011 排名	2011 得分	2012 排名	2012 得分	2013 排名	2013 得分	2014 排名	2014 得分	2015 排名	2015 得分	2016 排名	2016 得分	2017 排名	2017 得分	2018 排名	2018 得分	2019 排名	2019 得分	2011—2019 综合变化 排名	2011—2019 综合变化 得分
捷克	32	22.21	26	22.76	31	21.85	33	21.15	28	22.49	31	21.96	29	23.04	30	21.62	34	18.55	-2	-3.66
孟加拉国	127	8.87	140	8.52	115	10.09	130	8.61	112	10.58	102	10.50	109	11.55	92	14.09	35	17.81	+92	+8.94
斯洛文尼亚	28	23.56	25	24.21	27	23.34	28	22.06	32	21.74	30	22.01	26	23.97	32	21.37	36	17.57	-8	-5.99
波兰	37	20.55	37	21.03	35	20.58	34	21.06	44	18.72	34	21.03	37	20.53	37	20.72	37	17.41	0	-3.14
匈牙利	31	22.46	30	22.14	34	21.52	35	20.73	36	20.86	32	21.34	39	19.83	41	20.31	38	17.29	-7	-5.17
塞浦路斯	26	26.00	32	21.83	28	23.34	26	22.68	30	22.07	29	22.81	40	19.83	29	21.73	39	17.12	-13	-8.88
印度	55	16.70	61	15.02	43	17.67	59	14.45	39	20.06	47	17.80	38	19.91	28	22.26	40	16.91	+15	+0.21
秘鲁	62	15.56	62	14.98	57	15.55	52	15.12	56	16.29	71	13.55	69	14.70	38	20.70	41	16.67	+21	+1.11
伊朗	114	10.00	41	18.30	47	16.96	74	12.36	60	15.08	73	13.45	44	18.83	54	17.15	42	16.27	+72	+6.27
阿根廷	34	21.82	27	22.56	30	21.98	31	21.33	23	24.56	28	22.87	32	21.86	81	14.71	43	16.27	-9	-5.55
科威特	47	17.98	40	18.86	46	16.99	45	16.77	78	13.32	61	14.67	64	15.27	56	16.89	44	16.23	+3	-1.75
斯洛伐克	56	16.69	50	16.70	51	16.63	41	18.74	37	20.40	45	17.87	34	20.89	44	19.09	45	15.98	+11	-0.71
立陶宛	29	22.73	31	22.10	33	21.66	32	21.18	35	21.16	36	20.63	31	22.73	46	18.80	46	15.89	-17	-6.84
爱沙尼亚	23	27.59	21	26.46	23	24.88	22	24.22	24	24.53	25	24.00	22	25.78	25	24.25	47	15.72	-24	-11.87
印度尼西亚	80	12.97	106	10.36	71	13.60	72	12.95	73	13.62	69	13.72	72	14.46	60	16.40	48	15.46	+32	+2.49
保加利亚	51	17.81	42	18.30	42	17.84	53	15.09	52	16.85	59	15.07	46	18.70	52	17.28	49	15.44	+2	-2.37
土耳其	53	17.12	49	16.92	49	16.77	48	16.06	43	18.88	44	17.91	41	19.59	133	11.58	50	15.36	+3	-1.76

续上表

国家	2011 排名	2011 得分	2012 排名	2012 得分	2013 排名	2013 得分	2014 排名	2014 得分	2015 排名	2015 得分	2016 排名	2016 得分	2017 排名	2017 得分	2018 排名	2018 得分	2019 排名	2019 得分	2011—2019综合变化 排名	2011—2019综合变化 得分
菲律宾	86	11.76	147	7.54	65	14.90	141	7.54	80	12.73	145	7.92	62	15.57	47	18.71	51	15.32	+35	+3.56
克罗地亚	41	19.69	60	15.03	48	16.88	70	13.15	65	14.86	56	15.21	54	17.10	48	18.42	52	15.26	−11	−4.43
委内瑞拉	46	18.00	51	16.66	60	15.35	58	14.45	49	17.27	42	18.73	85	12.91	61	16.39	53	15.26	−7	−2.74
乌拉圭	50	17.85	57	15.23	53	15.68	50	15.65	48	17.79	40	19.24	36	20.70	36	20.77	54	15.24	−4	−2.61
安提瓜和巴布达	67	14.43	80	12.10	80	12.07	89	10.89	76	13.50	74	13.34	57	16.17	49	17.86	55	15.11	+12	+0.68
泰国	63	15.36	94	11.18	45	17.20	73	12.72	61	15.08	46	17.81	58	15.92	122	12.58	56	14.84	+7	−0.52
巴巴多斯	77	13.12	55	15.49	63	14.97	60	14.39	77	13.38	58	15.07	61	15.68	58	16.48	57	14.78	+20	+1.66
塞尔维亚	52	17.72	65	14.87	67	14.77	49	15.86	51	17.09	51	16.37	50	17.96	45	18.95	58	14.77	−6	−2.95
科摩罗	101	11.00	100	10.71	87	11.71	77	12.20	63	14.95	72	13.50	66	15.10	65	16.26	59	14.41	+42	+3.41
哈萨克斯坦	58	16.16	47	17.49	50	16.72	56	14.99	50	17.20	60	14.86	60	15.69	17	25.68	60	14.39	−2	−1.77
多米尼克	100	11.01	96	10.90	116	10.06	116	9.13	91	11.71	108	10.08	103	11.91	91	14.12	61	14.36	+39	+3.36
黑山	48	17.90	132	8.91	74	13.21	67	13.37	67	14.73	77	12.82	73	14.16	55	17.06	62	14.21	−14	−3.69
越南	68	14.40	69	13.45	58	15.53	126	8.69	64	14.90	91	11.60	71	14.57	66	16.25	63	14.20	+5	−0.20
智利	42	19.23	67	14.54	41	18.41	47	16.35	42	19.76	48	17.57	35	20.87	138	11.25	64	14.18	−22	−5.05
阿曼	81	12.96	66	14.76	68	14.65	65	13.56	66	14.75	78	12.72	86	12.88	72	15.70	65	13.86	+16	+0.90
塞舌尔	75	13.29	74	12.38	73	13.32	71	13.06	79	12.92	65	14.42	56	16.21	70	15.89	66	13.83	+9	+0.54
埃及	78	13.04	78	12.20	78	12.23	79	11.83	74	13.58	83	12.32	89	12.68	85	14.47	67	13.83	+11	+0.79

续上表

国家 \ 项目	2011 排名	2011 得分	2012 排名	2012 得分	2013 排名	2013 得分	2014 排名	2014 得分	2015 排名	2015 得分	2016 排名	2016 得分	2017 排名	2017 得分	2018 排名	2018 得分	2019 排名	2019 得分	2011—2019 综合变化 排名	2011—2019 综合变化 得分
罗马尼亚	57	16.45	53	16.47	55	15.63	54	15.07	53	16.78	52	16.11	53	17.35	59	16.42	68	13.75	-11	-2.70
特立尼达和多巴哥	64	15.09	76	12.27	81	12.07	80	11.50	81	12.70	87	11.73	88	12.75	151	10.31	69	13.68	-5	-1.41
沙特阿拉伯	44	18.76	43	17.95	37	20.27	64	13.59	57	15.88	63	14.57	45	18.83	53	17.20	70	13.68	-26	-5.08
厄瓜多尔	69	14.37	56	15.24	61	15.09	57	14.54	137	9.15	131	8.82	135	9.75	126	12.29	71	13.61	-2	-0.76
白俄罗斯	66	14.59	63	14.89	66	14.82	62	13.75	69	14.11	66	14.17	55	16.57	57	16.70	72	13.60	-6	-0.99
北马其顿	115	9.97	86	11.59	105	10.76	107	9.75	118	10.19	113	9.83	125	10.32	83	14.68	73	13.52	+42	+3.55
突尼斯	59	16.07	44	17.87	72	13.57	68	13.20	55	16.53	53	15.63	143	8.62	63	16.32	74	13.15	-15	-2.92
巴林	71	13.85	59	15.11	62	15.04	55	15.01	72	13.66	49	16.99	63	15.28	74	15.38	75	12.95	-4	-0.90
格鲁吉亚	84	12.20	68	14.21	107	10.57	44	17.67	71	13.90	50	16.42	51	17.91	62	16.35	76	12.93	+8	+0.73
文莱	33	21.94	39	19.35	52	16.57	46	16.43	70	13.98	57	15.10	76	13.72	77	15.16	77	12.69	-44	-9.25
博茨瓦纳	104	10.87	102	10.64	100	11.08	137	7.91	104	11.27	106	10.22	118	10.62	119	12.62	78	12.63	+26	+1.76
巴拿马	54	16.84	110	10.17	83	12.01	83	11.36	85	12.23	82	12.44	84	12.91	127	12.17	79	12.62	-25	-4.22
牙买加	83	12.67	83	11.96	86	11.73	91	10.82	108	11.04	93	11.40	90	12.58	82	14.69	80	12.54	+3	-0.13
约旦	109	10.35	126	9.45	121	9.78	112	9.48	96	11.50	64	14.45	93	12.32	132	11.64	81	12.44	+28	+2.09
拉脱维亚	38	20.51	38	20.68	36	20.47	39	19.88	38	20.16	41	19.11	52	17.37	40	20.43	82	12.41	-44	-8.10
萨尔瓦多	70	14.16	58	15.15	59	15.40	69	13.19	62	14.95	62	14.57	59	15.70	131	11.64	83	12.32	-13	-1.84
玻利维亚	119	9.37	64	14.88	93	11.38	92	10.71	59	15.16	92	11.40	102	11.97	88	14.33	84	12.10	+35	+2.73

续上表

国家＼项目	2011 排名	2011 得分	2012 排名	2012 得分	2013 排名	2013 得分	2014 排名	2014 得分	2015 排名	2015 得分	2016 排名	2016 得分	2017 排名	2017 得分	2018 排名	2018 得分	2019 排名	2019 得分	2011—2019综合变化 排名	2011—2019综合变化 得分
蒙古	76	13.23	72	12.95	75	12.70	75	12.28	97	11.49	67	13.82	94	12.29	110	13.14	85	12.01	-9	-1.22
斯里兰卡	139	7.90	98	10.77	94	11.36	81	11.48	75	13.52	130	8.94	79	13.29	75	15.35	86	11.98	+53	+4.08
亚美尼亚	45	18.43	97	10.79	99	11.18	87	11.04	47	17.90	88	11.70	49	18.10	118	12.71	87	11.96	-42	-6.47
乌兹别克斯坦	96	11.15	111	10.08	38	18.90	43	17.69	45	18.49	43	18.47	110	11.53	50	17.66	88	11.96	+8	+0.81
格林纳达	91	11.55	99	10.75	104	10.78	100	10.11	103	11.28	98	10.80	77	13.40	90	14.20	89	11.95	+2	+0.40
塞拉利昂	142	7.64	145	7.61	149	7.42	149	6.92	155	7.57	144	8.04	133	9.86	93	14.08	90	11.90	+52	+4.26
乌克兰	60	15.82	52	16.59	54	15.64	63	13.62	87	12.14	68	13.76	67	15.04	76	15.27	91	11.87	-31	-3.95
摩洛哥	107	10.50	95	10.90	143	7.84	90	10.87	139	9.03	90	11.62	139	9.25	106	13.38	92	11.74	+15	+1.24
阿塞拜疆	61	15.67	54	15.71	64	14.91	61	14.37	68	14.55	75	13.06	65	15.23	73	15.58	93	11.70	-32	-3.97
多米尼加共和国	87	11.69	85	11.76	96	11.32	96	10.43	83	12.35	81	12.48	112	11.35	95	13.92	94	11.68	-7	-0.01
摩尔多瓦	49	17.87	45	17.77	56	15.62	42	17.97	58	15.87	70	13.62	68	14.84	34	20.91	95	11.55	-46	-6.32
斐济	85	11.99	114	10.01	90	11.58	113	9.35	107	11.16	100	10.66	100	11.99	102	13.61	96	11.45	-9	-0.54
马尔代夫	92	11.54	93	11.24	92	11.50	84	11.31	82	12.61	79	12.69	108	11.63	100	13.68	97	11.39	-5	-0.15
阿尔及利亚	103	10.88	101	10.68	110	10.39	109	9.61	109	10.96	107	10.21	97	12.12	140	10.88	98	11.38	+5	+0.50
佛得角	79	13.03	134	8.71	77	12.42	78	12.19	115	10.31	84	12.14	80	13.29	107	13.34	99	11.34	-20	-1.69
加纳	151	6.78	75	12.27	106	10.70	95	10.54	92	11.66	110	9.88	99	12.02	67	16.05	100	11.31	+51	+4.53
阿尔巴尼亚	89	11.57	89	11.40	101	10.88	127	8.63	100	11.37	94	11.38	92	12.41	112	12.98	101	11.12	-12	-0.45

续上表

国家	2011 排名	2011 得分	2012 排名	2012 得分	2013 排名	2013 得分	2014 排名	2014 得分	2015 排名	2015 得分	2016 排名	2016 得分	2017 排名	2017 得分	2018 排名	2018 得分	2019 排名	2019 得分	2011—2019 综合变化 排名	2011—2019 综合变化 得分
苏里南	99	11.06	82	11.96	88	11.69	82	11.45	84	12.26	97	11.00	116	10.81	111	12.99	102	11.11	-3	+0.05
黎巴嫩	95	11.51	90	11.39	95	11.34	105	9.93	111	10.79	96	11.01	113	11.23	104	13.43	103	11.08	-8	-0.43
尼泊尔	133	8.15	123	9.70	119	9.86	111	9.51	126	9.83	101	10.52	87	12.78	64	16.27	104	10.93	+29	+2.78
纳米比亚	132	8.20	119	9.78	120	9.83	110	9.58	153	7.86	112	9.83	117	10.63	114	12.86	105	10.81	+27	+2.61
吉尔吉斯斯坦	82	12.94	71	13.07	79	12.19	86	11.04	94	11.62	76	12.83	78	13.33	148	10.57	106	10.76	-24	-2.18
利比亚	131	8.67	105	10.41	108	10.46	115	9.16	110	10.87	111	9.87	127	10.30	115	12.86	107	10.75	+24	+2.08
圭亚那	105	10.86	104	10.42	131	8.88	88	10.94	98	11.47	85	11.87	83	12.96	69	15.93	108	10.70	-3	-0.16
肯尼亚	143	7.41	84	11.82	85	11.78	85	11.15	86	12.15	86	11.82	95	12.28	68	15.96	109	10.69	+34	+3.28
乌干达	152	6.57	81	12.05	126	9.21	128	8.62	159	5.03	124	9.19	120	10.53	101	13.62	110	10.34	+42	+3.77
巴基斯坦	120	9.36	157	5.08	84	11.78	140	7.60	93	11.65	143	8.092	75	13.83	158	7.77	111	10.32	+9	+0.96
不丹	111	10.15	130	9.12	109	10.39	104	10.07	99	11.45	89	11.67	74	14.10	71	15.75	112	10.30	-1	+0.15
坦桑尼亚	158	4.98	125	9.56	125	9.27	154	6.48	132	9.59	128	9.02	101	11.97	78	15.00	113	10.26	+45	+5.28
赤道几内亚	97	11.14	103	10.59	113	10.18	114	9.20	114	10.35	117	9.66	130	10.11	125	12.33	114	10.25	-7	-0.89
加蓬	94	11.52	91	11.35	102	10.87	103	10.09	117	10.24	119	9.43	134	9.78	128	12.13	115	10.22	-21	-1.30
塔吉克斯坦	93	11.53	108	10.31	132	8.82	132	8.13	123	10.04	142	8.11	91	12.49	134	11.56	116	10.14	-23	-1.39
缅甸	156	5.25	144	7.69	146	7.52	142	7.51	138	9.07	133	8.76	126	10.32	146	10.71	117	10.12	+39	+4.87
埃塞俄比亚	149	6.81	88	11.42	98	11.22	117	9.11	89	11.77	109	9.03	98	12.03	116	12.76	118	10.04	+31	+3.23

续上表

国家 \ 项目	2011 排名	2011 得分	2012 排名	2012 得分	2013 排名	2013 得分	2014 排名	2014 得分	2015 排名	2015 得分	2016 排名	2016 得分	2017 排名	2017 得分	2018 排名	2018 得分	2019 排名	2019 得分	2011—2019 综合变化 排名	2011—2019 综合变化 得分
冈比亚	74	13.34	112	10.03	76	12.57	108	9.65	101	11.31	105	10.31	132	10.10	96	13.83	119	10.01	-45	-3.33
刚果（布）	124	9.15	136	8.68	135	8.72	102	10.09	106	11.17	126	9.03	106	11.83	99	13.70	120	10.00	+4	+0.85
老挝	113	10.05	127	9.43	118	9.90	101	10.09	105	11.23	99	10.66	123	10.42	105	13.41	121	9.97	-8	-0.08
柬埔寨	117	9.73	120	9.77	112	10.21	98	10.23	119	10.14	153	7.37	140	9.24	117	12.73	122	9.93	-5	+0.20
尼日利亚	150	6.79	154	6.48	138	8.36	139	7.77	122	10.07	137	8.67	138	9.39	129	12.06	123	9.86	+27	+3.07
科特迪瓦	88	11.58	92	11.25	117	9.95	97	10.25	116	10.29	103	10.47	115	10.91	103	13.44	124	9.80	-36	-1.78
喀麦隆	126	8.95	131	9.02	129	9.15	125	8.82	124	9.93	114	9.78	114	10.95	108	13.32	125	9.79	+1	+0.84
卢旺达	106	10.59	107	10.33	114	10.12	121	8.94	102	11.29	95	11.04	144	8.57	98	13.80	126	9.78	-20	-0.81
津巴布韦	125	9.08	77	12.26	134	8.73	94	10.60	129	9.73	125	9.06	81	13.11	84	14.68	127	9.75	-2	+0.67
塞内加尔	154	5.80	115	9.94	103	10.84	99	10.17	90	11.77	122	9.31	105	11.84	86	14.46	128	9.72	+26	+3.92
贝宁	123	9.16	113	10.02	123	9.72	118	9.02	127	9.79	123	9.23	122	10.47	109	13.20	129	9.65	-6	+0.49
毛里塔尼亚	118	9.46	129	9.16	130	8.96	144	7.20	141	8.68	132	8.78	149	8.34	141	10.82	130	9.54	-12	+0.08
莫桑比克	159	4.16	79	12.10	97	11.29	136	7.99	128	9.77	118	9.44	104	11.87	87	14.37	131	9.51	+28	+5.35
马里	157	5.15	128	9.28	127	9.18	122	8.92	113	10.37	139	8.33	119	10.55	157	8.62	132	9.36	+25	+4.21
安哥拉	128	8.79	155	6.26	140	8.20	135	7.99	121	10.08	127	9.03	156	7.78	135	11.47	133	9.28	-5	+0.49
汤加	102	10.99	116	9.85	124	9.58	134	8.00	134	9.46	135	8.71	129	10.15	120	12.62	134	9.26	-32	-1.73
瓦努阿图	137	8.03	146	7.61	148	7.45	129	8.62	135	9.45	155	7.31	121	10.53	139	11.24	135	9.22	+2	+1.19

国家\项目	2011 排名	2011 得分	2012 排名	2012 得分	2013 排名	2013 得分	2014 排名	2014 得分	2015 排名	2015 得分	2016 排名	2016 得分	2017 排名	2017 得分	2018 排名	2018 得分	2019 排名	2019 得分	2011—2019综合变化 排名	2011—2019综合变化 得分
几内亚	110	10.34	137	8.68	128	9.15	123	8.88	120	10.12	115	9.76	128	10.21	124	12.41	136	9.21	-26	-1.13
多哥	148	6.98	109	10.25	159	5.75	120	8.99	157	7.32	120	9.41	111	11.36	79	14.81	137	9.11	+11	+2.13
苏丹	121	9.34	138	8.61	136	8.68	133	8.04	133	9.56	136	8.70	142	9.00	144	10.73	138	8.96	-17	-0.38
赞比亚	140	7.80	142	8.06	151	7.29	156	6.19	131	9.60	104	10.45	131	10.11	97	13.82	139	8.94	+1	+1.14
东帝汶	73	13.52	87	11.55	91	11.52	66	13.50	95	11.54	80	12.66	82	13.11	80	14.80	140	8.93	-67	-4.59
阿富汗	90	11.55	139	8.61	137	8.65	93	10.60	145	8.48	121	9.35	124	10.34	142	10.80	141	8.92	-51	-2.63
密克罗尼西亚联邦	138	7.95	148	7.45	147	7.50	151	6.80	88	11.78	150	7.54	153	8.13	150	10.31	142	8.74	-4	+0.79
土库曼斯坦	141	7.64	135	8.71	153	7.06	153	6.59	146	8.36	147	7.75	145	8.53	145	10.72	143	8.71	-2	+1.07
莱索托	135	8.10	159	4.12	142	7.90	143	7.21	144	8.57	159	4.05	107	11.78	94	13.94	144	8.67	-9	+0.57
所罗门群岛	146	7.25	153	6.86	155	6.75	157	6.08	148	8.21	151	7.53	151	8.27	147	10.63	145	8.65	+1	+1.40
基里巴斯	144	7.41	121	9.74	154	7.04	150	6.87	149	8.15	149	7.63	154	7.99	149	10.36	146	8.64	-2	+1.25
萨摩亚	134	8.13	143	7.77	150	7.36	146	7.03	147	8.34	116	9.72	147	8.45	143	10.79	147	8.54	-13	+0.41
吉布提	116	9.92	124	9.59	111	10.25	119	9.00	130	9.69	134	8.74	136	9.70	123	12.48	148	8.48	-32	-1.44
利比里亚	147	7.17	149	7.41	152	7.13	148	6.95	151	8.02	156	7.21	141	9.21	130	11.85	149	8.47	-2	+1.30
乍得	130	8.71	141	8.09	141	8.19	155	6.30	152	7.94	152	7.46	158	7.08	152	10.27	150	8.43	-20	-0.28
布隆迪	145	7.27	133	8.82	158	5.77	131	8.18	143	8.59	141	8.14	137	9.39	121	12.59	151	8.37	-6	+1.10
也门	136	8.06	152	7.24	144	7.66	145	7.09	140	8.99	140	8.32	152	8.15	154	9.94	152	8.26	-16	+0.20

续上表

项目 \ 国家	2011 排名	2011 得分	2012 排名	2012 得分	2013 排名	2013 得分	2014 排名	2014 得分	2015 排名	2015 得分	2016 排名	2016 得分	2017 排名	2017 得分	2018 排名	2018 得分	2019 排名	2019 得分	2011—2019综合变化 排名	2011—2019综合变化 得分
巴布亚新几内亚	129	8.77	150	7.33	157	6.60	158	5.64	156	7.32	157	6.63	159	6.54	136	11.42	153	8.23	-24	-0.54
古巴	153	5.87	118	9.79	156	6.65	159	5.44	154	7.66	158	6.36	146	8.45	159	7.38	154	8.23	-1	+2.36
伊拉克	98	11.06	156	5.73	122	9.74	124	8.85	136	9.30	129	9.00	96	12.19	113	12.96	155	7.97	-57	-3.09
南苏丹	155	5.58	151	7.30	145	7.52	152	6.64	150	8.14	148	7.67	157	7.65	153	10.15	156	7.94	-1	+2.36
尼日尔	122	9.19	117	9.80	89	11.59	106	9.92	125	9.89	146	7.85	148	8.46	137	11.35	157	7.67	-35	-1.52
刚果（金）	108	10.36	122	9.72	133	8.78	147	6.98	142	8.59	154	7.31	155	7.85	155	9.63	158	7.49	-50	-2.87
马达加斯加	112	10.10	158	4.97	139	8.24	138	7.87	158	7.03	138	8.54	150	8.33	156	9.40	159	7.42	-47	-2.68
最高分		45.15		43.36		45.05		44.42		43.07		45.33		44.02		43.84		45.49	—	+0.34
最低分		4.16		4.12		5.75		5.44		5.03		4.05		6.54		7.38		7.42	—	+3.26
平均分		15.99		15.67		15.69		15.10		16.24		15.65		16.59		17.00		14.41	—	-1.58
标准差		9.09		8.80		8.65		8.75		8.69		8.63		8.54		6.60		6.01	—	-3.08

注：出于排版精练和表达明晰的需要，本报告在多数情况下时仅保留小数点后两位有效数字，个别情况保留小数点后三位有效数字。

三、"一带一路"参与国国家创新竞争力的综合排名及其变化

2011 年"一带一路"参与国国家创新竞争力排在第 1 至 10 位的国家依次为：中国、德国、英国、荷兰、挪威、加拿大、丹麦、法国、瑞典和意大利；排在第 11 至 20 位的国家依次为：澳大利亚、新加坡、芬兰、瑞士、比利时、卢森堡、奥地利、韩国、以色列和爱尔兰；排在第 21 至 30 位的国家依次为：西班牙、新西兰、爱沙尼亚、马耳他、巴西、塞浦路斯、冰岛、斯洛文尼亚、立陶宛和葡萄牙；排在最后 10 位的国家依次为：尼日利亚、加纳、乌干达、古巴、塞内加尔、南苏丹、缅甸、马里、坦桑尼亚和莫桑比克。

2019 年"一带一路"参与国国家创新竞争力排在第 1 至 10 位的国家依次为：中国、德国、韩国、瑞士、法国、新加坡、卢森堡、丹麦、荷兰和奥地利；排在第 11 至 20 位的国家依次为：英国、瑞典、以色列、意大利、马来西亚、冰岛、加拿大、卡塔尔、澳大利亚和挪威；排在第 21 至 30 位的国家依次为：比利时、阿联酋、爱尔兰、新西兰、南非、巴西、芬兰、马耳他、哥斯达黎加和俄罗斯；排在最后 10 位的国家依次为：乍得、布隆迪、也门、巴布亚新几内亚、古巴、伊拉克、南苏丹、尼日尔、刚果（金）和马达加斯加。

总的看来，在评价期内，"一带一路"参与国国家创新竞争力排在前十位的国家变化较大——韩国从第 18 位升至第 3 位，瑞士从第 14 位升至第 4 位，新加坡从第 12 位升至第 6 位，卢森堡从第 16 位升至第 7 位，奥地利从第 17 名升至第 10 名，英国从第 3 位下降至第 11 位，瑞典从第 9 位下降至第 12 位，意大利从第 10 名下降至第 14 名，加拿大从第 6 位下降至第 17 位，挪威从第 5 位下降至第 20 位。排在最后 10 位的国家变化很大，有 8 个国家从该排名区间脱离——加纳升至第 100 位，乌干达升至第 110 位，坦桑尼亚升至第 113 位，缅甸升至第 117 位，尼日利亚升至第 123 位，塞内加尔升至第 128 位，莫桑比克升至第 131 位，马里升至第 132 位。

2011—2019 年"一带一路"参与国家的国家创新竞争力的排名变化情况如表 1-2 所示。国家创新竞争力排位上升的国家有 65 个，其中排位上升幅度最大的是孟加拉国，上升 92 位；其次为伊朗，上升 72 位；排位上升超过 50 位的还有

斯里兰卡上升53位，塞拉利昂上升52位，加纳上升51位；排位上升超过30位的国家还有13个，分别是南非、坦桑尼亚、阿联酋、科摩罗、北马其顿、乌干达、多米尼克、缅甸、菲律宾、玻利维亚、肯尼亚、印度尼西亚和埃塞俄比亚。排位保持不变的国家有3个，分别是中国、德国、波兰。排位下降的国家有91个，排位下降幅度最大的是东帝汶，下降了67位；排位下降不少于50位的国家还有3个，分别是伊拉克、阿富汗、刚果（金）；排位下降超过30位的国家还有12个，分别是马达加斯加、摩尔多瓦、冈比亚、拉脱维亚、文莱、科特迪瓦、尼日尔、吉布提、汤加、阿塞拜疆、亚美尼亚和乌克兰。

表1-2 2011—2019年"一带一路"参与国国家创新竞争力的排名变化情况

国家	孟加拉国	伊朗	斯里兰卡	塞拉利昂	加纳	南非	坦桑尼亚	阿联酋	科摩罗	北马其顿
变化	+92	+72	+53	+52	+51	+47	+45	+43	+42	+42
国家	乌干达	多米尼克	缅甸	菲律宾	玻利维亚	肯尼亚	印度尼西亚	埃塞俄比亚	尼泊尔	约旦
变化	+42	+39	+39	+35	+35	+34	+32	+31	+29	+28
国家	莫桑比克	纳米比亚	尼日利亚	博茨瓦纳	塞内加尔	马里	利比亚	马来西亚	卡塔尔	秘鲁
变化	+28	+27	+27	+26	+26	+25	+24	+21	+21	+21
国家	巴巴多斯	阿曼	韩国	印度	摩洛哥	安提瓜和巴布达	冰岛	斯洛伐克	埃及	多哥
变化	+20	+16	+15	+15	+15	+12	+11	+11	+11	+11
国家	瑞士	俄罗斯	希腊	卢森堡	塞舌尔	巴基斯坦	格鲁吉亚	乌兹别克斯坦	奥地利	泰国
变化	+10	+10	+10	+9	+9	+9	+8	+8	+7	+7
国家	新加坡	以色列	哥斯达黎加	越南	阿尔及利亚	刚果（布）	法国	科威特	土耳其	牙买加
变化	+6	+6	+6	+5	+5	+4	+3	+3	+3	+3
国家	保加利亚	津巴布韦	瓦努阿图	喀麦隆	所罗门群岛	中国	德国	波兰	丹麦	巴西
变化	+2	+2	+2	+1	+1	0	0	0	-1	-1
国家	不丹	赞比亚	古巴	南苏丹	新西兰	葡萄牙	捷克	哈萨克斯坦	厄瓜多尔	格林纳达
变化	-1	-1	-1	-1	-2	-2	-2	-2	-2	-2

续上表

国家	土库曼斯坦	基里巴斯	利比里亚	瑞典	爱尔兰	苏里南	圭亚那	意大利	马耳他	乌拉圭
变化	−2	−2	−2	−3	−3	−3	−3	−4	−4	−4
国家	巴林	密克罗尼西亚联邦	荷兰	特立尼达和多巴哥	马尔代夫	柬埔寨	安哥拉	比利时	塞尔维亚	白俄罗斯
变化	−4	−4	−5	−5	−5	−5	−5	−6	−6	−6
国家	贝宁	布隆迪	斯洛文尼亚	匈牙利	委内瑞拉	多米尼加共和国	赤道几内亚	英国	澳大利亚	黎巴嫩
变化	−6	−6	−7	−7	−7	−7	−7	−8	−8	−8
国家	老挝	阿根廷	罗马尼亚	蒙古	斐济	莱索托	西班牙	加拿大	克罗地亚	加蓬
变化	−8	−9	−9	−9	−9	−9	−10	−11	−11	−11
国家	阿尔巴尼亚	毛里塔尼亚	塞浦路斯	萨尔瓦多	萨摩亚	芬兰	黑山	挪威	突尼斯	也门
变化	−12	−12	−13	−13	−13	−14	−14	−15	−15	−16
国家	立陶宛	苏丹	佛得角	卢旺达	乍得	智利	塔吉克斯坦	爱沙尼亚	吉尔吉斯斯坦	巴布亚新几内亚
变化	−17	−17	−20	−20	−20	−22	−23	−24	−24	−24
国家	巴拿马	沙特阿拉伯	几内亚	乌克兰	亚美尼亚	阿塞拜疆	汤加	吉布提	尼日尔	科特迪瓦
变化	−25	−26	−26	−31	−32	−32	−32	−32	−35	−36
国家	文莱	拉脱维亚	冈比亚	摩尔多瓦	马达加斯加	刚果（金）	阿富汗	伊拉克	东帝汶	—
变化	−44	−44	−45	−46	−47	−50	−51	−57	−67	

表1-3列出了2011年和2019年"一带一路"参与国家的国家创新竞争力排名的区间分布情况（第一区间，排在第1至40位的国家；第二区间，排在第41至80位的国家；第三区间，排在第81至120位的国家；第四区间，排在第121至159位的国家）。

表1-3 2011—2019年"一带一路"参与国国家创新竞争力排名的跨区间变化情况

	2011年	2019年
第一区间国家	中国、德国、英国、荷兰、挪威、加拿大、丹麦、法国、瑞典、意大利、澳大利亚、新加坡、芬兰、瑞士、比利时、卢森堡、奥地利、韩国、以色列、爱尔兰、西班牙、新西兰、爱沙尼亚、马耳他、巴西、塞浦路斯、冰岛、斯洛文尼亚、立陶宛、葡萄牙、匈牙利、捷克、文莱、阿根廷、哥斯达黎加、马来西亚、波兰、拉脱维亚、卡塔尔、俄罗斯	中国、德国、韩国、瑞士、法国、新加坡、卢森堡、丹麦、荷兰、奥地利、英国、瑞典、以色列、意大利、马来西亚、冰岛、加拿大、卡塔尔、澳大利亚、挪威、比利时、阿联酋、爱尔兰、新西兰、南非、巴西、芬兰、马耳他、哥斯达黎加、俄罗斯、西班牙、葡萄牙、希腊、捷克、孟加拉国、斯洛文尼亚、波兰、匈牙利、塞浦路斯、印度
第二区间国家	克罗地亚、智利、希腊、沙特阿拉伯、亚美尼亚、委内瑞拉、科威特、黑山、摩尔多瓦、乌拉圭、保加利亚、塞尔维亚、土耳其、巴拿马、印度、斯洛伐克、罗马尼亚、哈萨克斯坦、突尼斯、乌克兰、阿塞拜疆、秘鲁、泰国、特立尼达和多巴哥、阿联酋、白俄罗斯、安提瓜和巴布达、越南、厄瓜多尔、萨尔瓦多、巴林、南非、东帝汶、冈比亚、塞舌尔、蒙古、巴巴多斯、埃及、佛得角、印度尼西亚	秘鲁、伊朗、阿根廷、科威特、斯洛伐克、立陶宛、爱沙尼亚、印度尼西亚、保加利亚、土耳其、菲律宾、克罗地亚、委内瑞拉、乌拉圭、安提瓜和巴布达、泰国、巴巴多斯、塞尔维亚、科摩罗、哈萨克斯坦、多米尼克、黑山、越南、智利、阿曼、塞舌尔、埃及、罗马尼亚、特立尼达和多巴哥、沙特阿拉伯、厄瓜多尔、白俄罗斯、北马其顿、突尼斯、巴林、格鲁吉亚、文莱、博茨瓦纳、巴拿马、牙买加
第三区间国家	阿曼、吉尔吉斯斯坦、牙买加、格鲁吉亚、斐济、菲律宾、多米尼加共和国、科特迪瓦、阿尔巴尼亚、阿富汗、格林纳达、马尔代夫、塔吉克斯坦、加蓬、黎巴嫩、乌兹别克斯坦、赤道几内亚、伊拉克、苏里南、多米尼克、科摩罗、汤加、阿尔及利亚、博茨瓦纳、圭亚那、卢旺达、摩洛哥、刚果（金）、约旦、几内亚、不丹、马达加斯加、老挝、伊朗、北马其顿、吉布提、柬埔寨、毛里塔尼亚、玻利维亚、巴基斯坦	约旦、拉脱维亚、萨尔瓦多、玻利维亚、蒙古、斯里兰卡、亚美尼亚、乌兹别克斯坦、格林纳达、塞拉利昂、乌克兰、摩洛哥、阿塞拜疆、多米尼加共和国、摩尔多瓦、斐济、马尔代夫、阿尔及利亚、佛得角、加纳、阿尔巴尼亚、苏里南、黎巴嫩、尼泊尔、纳米比亚、吉尔吉斯斯坦、利比亚、圭亚那、肯尼亚、乌干达、巴基斯坦、不丹、坦桑尼亚、赤道几内亚、加蓬、塔吉克斯坦、缅甸、埃塞俄比亚、冈比亚、刚果（布）
第四区间国家	苏丹、尼日尔、贝宁、刚果（布）、津巴布韦、喀麦隆、孟加拉国、安哥拉、巴布亚新几内亚、乍得、利比亚、纳米比亚、尼泊尔、萨摩亚、莱索托、也门、瓦努阿图、密克罗尼西亚联邦、斯里兰卡、赞比亚、土库曼斯坦、塞拉利昂、肯尼亚、基里巴斯、布隆迪、所罗门群岛、利比里亚、多哥、埃塞俄比亚、尼日利亚、加纳、乌干达、古巴、塞内加尔、南苏丹、缅甸、马里、坦桑尼亚、莫桑比克	老挝、柬埔寨、尼日利亚、科特迪瓦、喀麦隆、卢旺达、津巴布韦、塞内加尔、贝宁、毛里塔尼亚、莫桑比克、马里、安哥拉、汤加、瓦努阿图、几内亚、多哥、苏丹、赞比亚、东帝汶、阿富汗、密克罗尼西亚联邦、土库曼斯坦、莱索托、所罗门群岛、基里巴斯、萨摩亚、吉布提、利比里亚、乍得、布隆迪、也门、巴布亚新几内亚、古巴、伊拉克、南苏丹、尼日尔、刚果（金）、马达加斯加

注：表格中用斜体标识位次发生跨区间变动的国家。

从表1-3可知，2011—2019年有51个国家的国家创新竞争力位次发生变动，阿联酋、南非、希腊和印度从第二区间升入第一区间，孟加拉国从第四区间升入第一区间；爱沙尼亚、立陶宛、文莱与阿根廷从第一区间降入第二区间，拉脱维亚从第一区间降入第三区间；伊朗、菲律宾、科摩罗、多米尼克、阿曼、北马其顿、格鲁吉亚、博茨瓦纳及牙买加从第三区间升入第二区间；萨尔瓦多、蒙古、乌克兰、阿塞拜疆、摩尔多瓦、佛得角和冈比亚从第二区间降入第三区间，东帝汶从第二区间降至第四区间；斯里兰卡、塞拉利昂、加纳、尼泊尔、纳米比亚、利比亚、肯尼亚、乌干达、坦桑尼亚、缅甸、埃塞俄比亚和刚果（布）从第四区间升入第三区间；老挝、柬埔寨、科特迪瓦、卢旺达、毛里塔尼亚、汤加、几内亚、阿富汗、吉布提、伊拉克、刚果（金）和马达加斯加从第三区间降至第四区间。

四、"一带一路"参与国国家创新竞争力的综合得分及其变化

如前所述，评价期内，"一带一路"参与国国家创新竞争力的平均得分下降了1.58分，表明"一带一路"参与国国家创新竞争力的整体水平呈现下降趋势，原中高分国家分数降幅大于原低分国家涨幅。

2011年，中国、德国、英国3个国家的国家创新竞争力得分达到40分以上，其余国家均低于40分；其中，16个国家介于30～40（不含30）分，20个国家介于20～30（不含20）分，25个国家介于15～20（不含15）分，50个国家介于10～15（不含10）分，45个国家不高于10分。2019年，只有中国1个国家的国家创新竞争力得分达到40分以上，德国、韩国2个国家得分介于30～40（不含30）分，其余国家均低于30分；其中，22个国家介于20～30（不含20）分，30个国家介于15～20（不含15）分，64个国家介于10～15（不含10）分，40个国家不高于10分。总的来看，评价期内，超过30分的国家数大幅减少，低于10分的国家数略有减少，中间分数段国家数有所增加。

为更加直观地比较分析"一带一路"参与国家的国家创新竞争力水平，我们将2019年"一带一路"参与国家的国家创新竞争力得分表现在图1-3中。

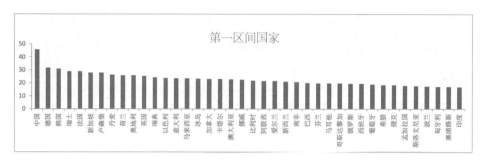

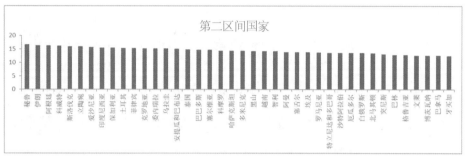

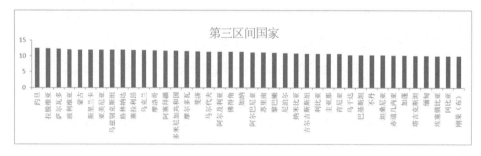

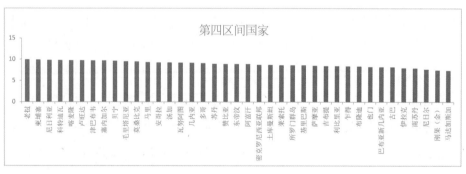

图 1-3　2019 年"一带一路"参与国国家创新竞争力的排位及得分情况

　　由图 1-3 可知，"一带一路"参与国家的国家创新竞争力差距较大，发达国家的国家创新竞争力整体上高于发展中国家。2019 年，发达国家中得分最高的为德国，达到 31.62 分，而发展中国家中得分最高的为中国，得分为 45.49 分，超过德国得分；发达国家中得分最低的为拉脱维亚，为 12.41 分，排在第 82 位，处于中等偏下水平，但与排在它后面的发展中国家相比，还是高出很多。

表 1-4 列出"一带一路"参与国国家创新竞争力的得分变化情况。国家创新竞争力得分上升的国家有 67 个，其余 92 个国家的得分均有不同程度的下降。其中，得分上升最快的是孟加拉国，上升了 8.94 分，其次为阿联酋、南非和伊朗，升幅均超过 6 分；得分下降最快的是英国，下降了 16.16 分，此外还有 10 个发达国家得分降幅超过 10 分。值得注意的是，得分上升明显的国家均为发展中国家，得分下降明显的都是发达国家。

表 1-4 2011—2019 年"一带一路"参与国国家创新竞争力得分变化情况

变化速度排序	国家	2011得分	2019得分	得分变化	2019年得分排名	变化速度排序	国家	2011得分	2019得分	得分变化	2019年得分排名
1	孟加拉国	8.87	17.81	+8.94	35	81	阿尔巴尼亚	11.57	11.12	−0.45	101
2	阿联酋	14.78	21.57	+6.79	22	82	泰国	15.36	14.84	−0.52	56
3	南非	13.83	20.61	+6.78	25	83	斐济	11.99	11.45	−0.54	96
4	伊朗	10.00	16.27	+6.27	42	84	巴布亚新几内亚	8.77	8.23	−0.54	153
5	莫桑比克	4.16	9.51	+5.35	131	85	斯洛伐克	16.69	15.98	−0.71	45
6	坦桑尼亚	4.98	10.26	+5.28	113	86	厄瓜多尔	14.37	13.61	−0.76	71
7	缅甸	5.25	10.12	+4.87	117	87	卢旺达	10.59	9.78	−0.81	126
8	加纳	6.78	11.31	+4.53	100	88	赤道几内亚	11.14	10.25	−0.89	114
9	塞拉利昂	7.64	11.90	+4.26	90	89	巴林	13.85	12.95	−0.90	75
10	马里	5.15	9.36	+4.21	132	90	白俄罗斯	14.59	13.60	−0.99	72
11	斯里兰卡	7.90	11.98	+4.08	86	91	几内亚	10.34	9.21	−1.13	136
12	卢森堡	31.79	27.74	+4.05	7	92	蒙古	13.23	12.01	−1.22	85
13	塞内加尔	5.80	9.72	+3.92	128	93	加蓬	11.52	10.22	−1.30	115
14	乌干达	6.57	10.34	+3.77	110	94	塔吉克斯坦	11.53	10.14	−1.39	116
15	菲律宾	11.76	15.32	+3.56	51	95	特立尼达和多巴哥	15.09	13.68	−1.41	69

变化速度排序	国家	2011得分	2019得分	得分变化	2019年得分排名	变化速度排序	国家	2011得分	2019得分	得分变化	2019年得分排名
16	北马其顿	9.97	13.52	+3.55	73	96	吉布提	9.92	8.48	−1.44	148
17	科摩罗	11.00	14.41	+3.41	59	97	尼日尔	9.19	7.67	−1.52	157
18	多米尼克	11.01	14.36	+3.35	61	98	佛得角	13.03	11.34	−1.69	99
19	肯尼亚	7.41	10.69	+3.28	109	99	汤加	10.99	9.26	−1.73	134
20	埃塞俄比亚	6.81	10.04	+3.23	118	100	科威特	17.98	16.23	−1.75	44
21	尼日利亚	6.79	9.86	+3.07	123	101	土耳其	17.12	15.36	−1.76	50
22	尼泊尔	8.15	10.93	+2.78	104	102	哈萨克斯坦	16.16	14.39	−1.77	60
23	玻利维亚	9.37	12.10	+2.73	84	103	科特迪瓦	11.58	9.80	−1.78	124
24	纳米比亚	8.20	10.81	+2.61	105	104	萨尔瓦多	14.16	12.32	−1.84	83
25	卡塔尔	20.45	22.95	+2.50	18	105	哥斯达黎加	21.68	19.69	−1.99	29
26	印度尼西亚	12.97	15.46	+2.49	48	106	吉尔吉斯斯坦	12.94	10.76	−2.18	106
27	古巴	5.87	8.23	+2.36	154	107	保加利亚	17.81	15.44	−2.37	49
28	南苏丹	5.58	7.90	+2.32	156	108	冰岛	25.71	23.32	−2.39	16
29	多哥	6.98	9.11	+2.13	137	109	乌拉圭	17.85	15.24	−2.61	54
30	约旦	10.35	12.44	+2.09	81	110	阿富汗	11.55	8.92	−2.63	141
31	利比亚	8.67	10.75	+2.08	107	111	马达加斯加	10.10	7.42	−2.68	159
32	马来西亚	21.47	23.50	+2.03	15	112	罗马尼亚	16.45	13.75	−2.70	68
33	新加坡	34.24	27.86	+2.02	6	113	委内瑞拉	18.00	15.26	−2.74	53
34	博茨瓦纳	10.87	12.63	+1.76	78	114	刚果（金）	10.36	7.49	−2.87	158
35	巴巴多斯	13.12	14.78	+1.66	57	115	突尼斯	16.07	13.15	−2.92	74
36	所罗门群岛	7.25	8.65	+1.40	145	116	塞尔维亚	17.72	14.77	−2.95	58
37	利比里亚	7.17	8.47	+1.30	149	117	伊拉克	11.06	7.97	−3.09	155
38	基里巴斯	7.41	8.64	+1.23	146	118	波兰	20.55	17.41	−3.14	37
39	摩洛哥	10.50	11.74	+1.24	92	119	冈比亚	13.34	10.01	−3.33	119
40	瓦努阿图	8.03	9.22	+1.19	135	120	瑞士	32.37	28.90	−3.47	4
41	赞比亚	7.80	8.94	+1.14	139	121	葡萄牙	22.55	19.03	−3.52	32
42	秘鲁	15.56	16.67	+1.11	41	122	捷克	22.21	18.55	−3.66	34
43	布隆迪	7.27	8.37	+1.10	151	123	黑山	17.90	14.21	−3.69	62

变化速度排序	国家	2011得分	2019得分	得分变化	2019年得分排名	变化速度排序	国家	2011得分	2019得分	得分变化	2019年得分排名
44	土库曼斯坦	7.64	8.71	+1.07	143	124	乌克兰	15.82	11.87	−3.95	91
45	巴基斯坦	9.36	10.32	+0.96	111	125	阿塞拜疆	15.67	11.70	−3.97	93
46	阿曼	12.96	13.86	+0.90	65	126	巴拿马	16.84	12.62	−4.22	79
47	刚果（布）	9.15	10.00	+0.85	120	127	克罗地亚	19.69	15.26	−4.43	52
48	喀麦隆	8.95	9.79	+0.84	125	128	东帝汶	13.52	8.93	−4.59	140
49	乌兹别克斯坦	11.15	11.96	+0.81	88	129	智利	19.23	14.18	−5.05	64
50	埃及	13.04	13.83	+0.79	67	130	沙特阿拉伯	18.76	13.68	−5.08	70
51	密克罗尼西亚联邦	7.95	8.74	+0.79	142	131	匈牙利	22.46	17.29	−5.17	38
52	格鲁吉亚	12.20	12.93	+0.73	76	132	阿根廷	21.82	16.27	−5.55	43
53	安提瓜和巴布达	14.43	15.11	+0.68	55	133	奥地利	31.37	25.78	−5.59	10
54	津巴布韦	9.08	9.75	+0.67	127	134	斯洛文尼亚	23.56	17.57	−5.99	36
55	莱索托	8.10	8.67	+0.57	144	135	巴西	26.07	19.97	−6.10	26
56	阿尔及利亚	10.88	11.38	+0.50	98	137	摩尔多瓦	17.87	11.55	−6.32	95
57	贝宁	9.16	9.65	+0.49	129	138	亚美尼亚	18.43	11.96	−6.47	87
58	安哥拉	8.79	9.28	+0.49	133	139	马耳他	26.40	19.73	−6.67	28
59	萨摩亚	8.13	8.54	+0.41	147	140	立陶宛	22.73	15.89	−6.84	46
60	格林纳达	11.55	11.95	+0.40	89	141	法国	35.68	28.80	−6.88	5
61	中国	45.15	45.49	+0.34	1	142	以色列	30.98	23.79	−7.19	13
62	印度	16.70	16.91	+0.21	40	143	新西兰	28.45	21.03	−7.42	24
63	柬埔寨	9.73	9.93	+0.20	122	144	拉脱维亚	20.51	12.41	−8.10	82
64	也门	8.06	8.26	+0.20	152	145	爱尔兰	29.74	21.48	−8.26	23
65	不丹	10.15	10.30	+0.15	112	146	文莱	21.94	12.69	−9.25	77
66	毛里塔尼亚	9.46	9.54	+0.08	130	147	丹麦	35.90	26.27	−9.63	8
67	苏里南	11.06	11.11	+0.05	102	148	西班牙	29.30	19.36	−9.94	31
68	多米尼加共和国	11.69	11.68	−0.01	94	149	瑞典	34.59	24.39	−10.20	12
69	塞舌尔	13.29	13.83	+0.54	66	150	比利时	32.27	21.66	−10.61	21

变化速度排序	国家	2011得分	2019得分	得分变化	2019年得分排名	变化速度排序	国家	2011得分	2019得分	得分变化	2019年得分排名
70	老挝	10.05	9.97	−0.08	121	151	意大利	34.54	23.57	−10.97	14
71	牙买加	12.67	12.54	−0.13	80	152	德国	42.71	31.62	−11.09	2
72	马尔代夫	11.54	11.39	−0.15	97	153	澳大利亚	34.35	22.79	−11.56	19
73	圭亚那	10.86	10.70	−0.16	108	154	爱沙尼亚	27.59	15.72	−11.87	47
74	越南	14.40	14.20	−0.20	63	155	加拿大	36.29	22.96	−13.33	17
75	韩国	31.06	30.82	−0.24	3	156	荷兰	39.17	25.81	−13.36	9
76	希腊	18.81	18.56	−0.25	33	157	芬兰	33.96	19.81	−14.15	27
77	俄罗斯	19.79	19.53	−0.26	30	158	挪威	37.92	22.48	−15.44	20
78	乍得	8.71	8.43	−0.28	150	159	英国	41.49	25.33	−16.16	11
79	苏丹	9.34	8.96	−0.38	138		平均分	15.99	14.41	−1.58	—
80	黎巴嫩	11.51	11.08	−0.43	103						

五、"一带一路"参与国国家创新竞争力二级指标得分及其变化

表1-5和表1-6列出了2011年和2019年"一带一路"参与国国家创新竞争力二级指标（具体说明见本章附录）的评价结果，展示了"一带一路"参与国国家创新竞争力5个二级指标的得分及排名波动情况。

表1-5 2011年"一带一路"参与国国家创新竞争力及二级指标的得分及排名情况

项目 国家	国家创新竞争力		创新基础竞争力		创新环境竞争力		创新投入竞争力		创新产出竞争力		创新持续竞争力	
	排名	得分	排名	得分	排名	得分	排名	得分	排名	得分	排名	得分
阿尔巴尼亚	89	11.57	71	5.32	103	23.35	86	0	107	1.39	86	26.67
阿尔及利亚	103	10.88	74	4.16	82	26.90	86	0	135	0.54	110	22.47
阿富汗	90	11.55	149	0.52	147	12.22	86	0	12	14.29	77	28.31
阿根廷	34	21.82	44	11.92	11	43.32	43	7.56	56	4.08	31	41.99
阿联酋	65	14.78	50	9.69	33	36.37	59	2.93	100	1.77	110	22.47

续上表

项目 国家	国家创新 竞争力		创新基础 竞争力		创新环境 竞争力		创新投入 竞争力		创新产出 竞争力		创新持续 竞争力	
	排名	得分	排名	得分	排名	得分	排名	得分	排名	得分	排名	得分
阿曼	81	12.96	56	8.32	57	31.71	71	1.12	155	0.12	110	22.47
阿塞拜疆	61	15.67	47	11.18	90	25.43	73	1.09	116	1.07	42	37.89
埃及	78	13.04	91	2.55	64	30.61	46	5.53	104	1.47	95	25.83
埃塞俄比亚	149	6.81	132	0.79	108	22.23	86	0	114	1.12	150	9.67
爱尔兰	20	29.74	15	29.67	45	34.07	25	17.70	18	11.5	15	52.36
爱沙尼亚	23	27.59	28	16.64	21	39.04	22	20.56	33	7.30	13	53.89
安哥拉	128	8.79	86	2.90	122	18.04	83	0.17	153	0.13	110	22.47
安提瓜和巴布达	67	14.43	93	2.52	16	41.27	86	0	52	4.67	110	22.47
奥地利	17	31.37	21	26.25	12	43.32	8	33.77	41	6.32	21	48.35
澳大利亚	11	34.35	6	40.72	19	40.59	27	16.66	17	11.90	6	58.96
巴巴多斯	77	13.12	69	5.39	44	34.19	86	0	88	2.27	110	22.47
巴布亚新几内亚	129	8.77	119	1.23	152	11.51	86	0	34	7.25	110	22.47
巴基斯坦	120	9.36	76	3.77	155	9.55	61	2.75	102	1.55	72	29.23
巴林	71	13.85	62	6.97	24	38.27	86	0	140	0.38	110	22.47
巴拿马	54	16.84	77	3.62	62	30.94	68	1.24	14	13.35	58	32.51
巴西	25	26.07	17	29.06	91	25.04	28	16.11	20	10.27	16	51.77
白俄罗斯	66	14.59	92	2.54	47	33.60	55	3.47	117	1.01	59	32.43
保加利亚	51	17.81	53	9.35	72	30.07	42	7.71	75	2.95	40	38.35
北马其顿	115	9.97	105	1.83	107	22.39	62	2.44	109	1.27	143	21.82
贝宁	123	9.16	142	0.65	120	18.85	86	0	72	3.22	110	22.47
比利时	15	32.27	11	35.01	25	38.13	14	25.53	39	6.68	12	54.45
冰岛	27	25.71	31	14.73	26	38.04	11	28.10	40	6.67	30	42.16
波兰	37	20.55	34	14.41	68	30.45	34	10.43	57	4.08	28	43.19
玻利维亚	119	9.37	118	1.23	67	30.47	86	0	54	4.59	151	9.62
博茨瓦纳	104	10.87	82	3.14	81	27.56	86	0	134	0.59	110	22.47
不丹	111	10.15	126	1.03	121	18.42	86	0	141	0.37	63	30.68
布隆迪	145	7.27	159	0.33	153	10.93	86	0	106	1.44	108	23.36

项目 国家	国家创新 竞争力 排名	得分	创新基础 竞争力 排名	得分	创新环境 竞争力 排名	得分	创新投入 竞争力 排名	得分	创新产出 竞争力 排名	得分	创新持续 竞争力 排名	得分
赤道几内亚	97	11.14	57	8.20	100	23.60	86	0	157	0.08	110	22.47
丹麦	7	35.90	12	34.75	22	38.57	7	34.81	35	7.24	2	63.73
德国	2	42.71	7	39.13	5	48.28	4	47.49	6	22.87	5	61.65
东帝汶	73	13.52	115	1.48	139	15.08	86	0	22	9.75	36	39.40
多哥	148	6.98	155	0.45	150	11.74	84	0.11	98	1.81	145	20.47
多米尼加共和国	87	11.69	68	5.40	95	23.81	86	0	91	2.06	94	26.07
多米尼克	100	11.01	104	1.84	87	26.09	86	0	61	3.70	110	22.47
俄罗斯	40	19.79	27	18.04	69	30.18	18	23.07	36	7.23	105	24.57
厄瓜多尔	69	14.37	89	2.63	66	30.57	63	2.41	105	1.44	49	34.71
法国	8	35.68	9	36.52	2	50.01	5	40.03	3	23.55	61	31.26
菲律宾	86	11.76	99	1.97	54	32.13	72	1.10	108	1.30	110	22.47
斐济	85	11.99	110	1.69	88	25.91	86	0	96	1.89	65	29.86
芬兰	13	33.96	19	26.73	36	36.06	2	49.68	42	6.15	10	54.62
佛得角	79	13.03	116	1.48	101	23.42	79	0.53	38	7.07	60	31.31
冈比亚	74	13.34	150	0.52	51	32.72	75	0.80	47	5.19	87	26.66
刚果（布）	124	9.15	108	1.71	112	21.20	86	0	156	0.10	110	22.47
刚果（金）	108	10.36	154	0.45	80	28.55	86	0	147	0.26	110	22.47
哥斯达黎加	35	21.68	52	9.39	42	34.75	51	4.42	15	12.97	27	44.00
格林纳达	91	11.55	111	1.65	77	28.85	86	0	58	3.84	110	22.47
格鲁吉亚	84	12.20	112	1.56	76	29.39	86	0	85	2.40	84	27.04
古巴	153	5.87	101	1.90	156	8.24	66	1.39	142	0.36	146	17.47
圭亚那	105	10.86	98	2.00	106	22.54	86	0	138	0.47	74	28.88
哈萨克斯坦	58	16.16	70	5.37	28	37.82	64	1.89	27	8.09	93	26.11
韩国	18	31.06	33	14.46	4	48.44	3	48.05	4	23.33	100	25.48
荷兰	4	39.17	4	44.27	10	43.51	19	22.71	2	25.77	14	53.67
黑山	48	17.90	58	8.11	27	38.02	53	3.81	26	8.18	70	29.32
基里巴斯	144	7.41	138	0.71	151	11.67	86	0	99	1.79	110	22.47

项目\国家	国家创新竞争力		创新基础竞争力		创新环境竞争力		创新投入竞争力		创新产出竞争力		创新持续竞争力	
	排名	得分	排名	得分	排名	得分	排名	得分	排名	得分	排名	得分
吉布提	116	9.92	133	0.77	136	15.40	86	0	23	9.30	110	22.47
吉尔吉斯斯坦	82	12.94	137	0.72	117	20.20	76	0.78	46	5.30	45	36.83
几内亚	110	10.34	151	0.50	94	24.08	86	0	131	0.64	91	26.31
加拿大	6	36.29	8	37.31	23	38.31	12	27.99	13	14.24	3	63.62
加纳	151	6.78	123	1.04	127	17.60	86	0	122	0.92	148	14.09
加蓬	94	11.52	72	4.71	98	23.71	86	0	154	0.12	78	28.30
柬埔寨	117	9.73	148	0.56	113	20.89	86	0	97	1.81	103	25.03
捷克	32	22.21	36	13.58	60	31.03	26	16.80	30	7.53	32	41.92
津巴布韦	125	9.08	143	0.64	115	20.84	86	0	113	1.16	110	22.47
喀麦隆	126	8.95	131	0.82	134	16.08	86	0	136	0.49	83	27.23
卡塔尔	39	20.45	18	27.00	53	32.58	86	0	145	0.28	41	38.22
科摩罗	101	11.00	134	0.74	99	23.64	86	0	79	2.75	82	27.26
科特迪瓦	88	11.58	135	0.73	111	21.31	86	0	45	5.33	69	29.54
科威特	47	17.98	24	23.55	39	35.36	74	0.88	119	0.99	99	25.52
克罗地亚	41	19.69	49	10.89	32	36.39	37	9.02	59	3.77	43	37.60
肯尼亚	143	7.41	130	0.83	89	25.61	86	0	112	1.20	153	9.16
拉脱维亚	38	20.51	42	12.59	59	31.42	40	8.62	67	3.53	26	45.23
莱索托	135	8.10	136	0.72	135	15.66	85	0.08	110	1.25	110	22.47
老挝	113	10.05	140	0.66	116	20.53	86	0	73	3.08	101	25.37
黎巴嫩	95	11.51	81	3.28	92	24.75	86	0	74	2.96	97	25.59
立陶宛	29	22.73	37	13.51	29	37.23	30	12.20	60	3.71	24	46.27
利比里亚	147	7.17	152	0.50	149	11.92	86	0	124	0.77	110	22.47
利比亚	131	8.67	80	3.41	128	16.76	86	0	149	0.18	110	22.47
卢森堡	16	31.79	2	49.86	18	40.68	17	23.10	63	3.66	46	36.71
卢旺达	106	10.59	156	0.45	131	16.39	86	0	44	5.38	66	29.80
罗马尼亚	57	16.45	60	8.02	65	30.59	48	5.24	51	4.76	56	32.79
马达加斯加	112	10.10	157	0.44	124	17.90	77	0.68	65	3.61	81	27.34

项目\国家	国家创新竞争力		创新基础竞争力		创新环境竞争力		创新投入竞争力		创新产出竞争力		创新持续竞争力	
	排名	得分	排名	得分	排名	得分	排名	得分	排名	得分	排名	得分
马尔代夫	92	11.54	88	2.74	102	23.39	86	0	95	1.89	73	28.94
马耳他	24	26.40	39	13.17	17	41.24	38	8.93	11	15.44	18	49.98
马来西亚	36	21.47	67	5.61	49	32.79	32	11.31	9	17.69	39	38.59
马里	157	5.15	113	1.53	140	14.74	86	0	103	1.52	155	7.46
毛里塔尼亚	118	9.46	124	1.04	119	19.45	86	0	151	0.17	89	26.46
蒙古	76	13.23	109	1.70	79	28.58	70	1.15	137	0.47	51	34.11
孟加拉国	127	8.87	87	2.78	148	12.20	86	0	126	0.68	75	28.39
秘鲁	62	15.56	51	9.40	78	28.80	80	0.45	84	2.49	48	35.13
密克罗尼西亚联邦	138	7.95	139	0.70	133	16.14	86	0	143	0.29	110	22.47
缅甸	156	5.25	125	1.03	159	0.57	86	0	129	0.64	107	23.84
摩尔多瓦	49	17.87	64	6.62	61	31.02	50	4.68	62	3.67	29	42.46
摩洛哥	107	10.54	96	2.06	63	30.87	54	3.61	115	1.12	147	15.30
莫桑比克	159	4.16	120	1.21	123	17.99	86	0	127	0.66	158	0.68
纳米比亚	132	8.20	94	2.51	96	23.79	86	0	111	1.23	149	12.85
南非	72	13.83	61	7.61	97	23.78	44	7.14	55	4.16	88	26.60
南苏丹	155	5.58	141	0.65	158	3.05	86	0	159	0	106	24.12
尼泊尔	133	8.15	102	1.88	142	14.45	86	0	81	2.72	144	20.96
尼日尔	122	9.19	153	0.47	137	15.28	86	0	90	2.11	80	27.67
尼日利亚	150	6.79	85	2.97	157	7.70	86	0	118	1.01	110	22.47
挪威	5	37.92	1	52.75	35	36.17	16	24.01	29	7.65	1	64.05
葡萄牙	30	22.55	35	13.72	30	37.19	23	19.55	82	2.66	34	40.68
瑞典	9	34.59	13	32.35	20	39.55	9	32.93	19	11.10	8	56.54
瑞士	14	32.37	10	36.28	15	41.28	86	0	8	19.61	7	56.88
萨尔瓦多	70	14.16	73	4.42	43	34.26	82	0.18	80	2.72	79	28.08
萨摩亚	134	8.13	103	1.85	143	13.66	86	0	93	2.00	110	22.47
塞尔维亚	52	17.72	54	8.35	58	31.50	39	8.86	121	0.92	37	39.01
塞拉利昂	142	7.64	158	0.43	154	10.06	86	0	133	0.60	85	26.93

续上表

项目 国家	国家创新 竞争力		创新基础 竞争力		创新环境 竞争力		创新投入 竞争力		创新产出 竞争力		创新持续 竞争力	
	排名	得分	排名	得分	排名	得分	排名	得分	排名	得分	排名	得分
塞内加尔	154	5.80	107	1.75	129	16.49	86	0	120	0.97	152	9.37
塞浦路斯	26	26.00	26	20.39	40	35.18	49	5.06	10	15.45	19	48.87
塞舌尔	75	13.29	84	3.00	52	32.67	86	0	132	0.62	68	29.57
沙特阿拉伯	44	18.76	29	16.47	7	45.48	47	5.45	128	0.65	102	25.27
斯里兰卡	139	7.90	114	1.49	50	32.77	86	0	101	1.60	157	3.25
斯洛伐克	56	16.69	63	6.64	71	30.11	31	11.33	77	2.86	55	33.06
斯洛文尼亚	28	23.56	30	15.11	74	29.80	15	24.05	83	2.51	22	47.50
苏丹	121	9.34	122	1.09	109	22.12	86	0	123	0.81	110	22.47
苏里南	99	11.06	83	3.12	84	26.49	86	0	87	2.30	110	22.47
所罗门群岛	146	7.25	129	0.86	146	12.58	86	0	152	0.17	110	22.47
塔吉克斯坦	93	11.53	147	0.60	126	17.67	78	0.61	66	3.56	50	34.63
泰国	63	15.36	78	3.61	83	26.83	52	3.85	25	9.09	57	32.75
坦桑尼亚	158	4.98	146	0.61	110	21.51	86	0	86	2.38	159	0
汤加	102	10.99	79	3.51	114	20.85	86	0	53	4.61	104	24.65
特立尼达和多巴哥	64	15.09	40	13.17	70	30.15	81	0.20	150	0.17	67	29.60
突尼斯	59	16.07	66	5.96	48	33.38	36	9.18	68	3.53	76	28.33
土耳其	53	17.12	38	13.45	73	30.00	35	10.06	69	3.52	71	29.27
土库曼斯坦	141	7.64	95	2.14	145	12.97	86	0	144	0.28	110	22.47
瓦努阿图	137	8.03	117	1.25	144	13.66	86	0	89	2.17	110	22.47
委内瑞拉	46	18.00	41	12.99	9	43.56	65	1.65	130	0.64	64	29.87
文莱	33	21.94	25	23.28	31	37.19	86	0	31	7.49	47	36.64
乌干达	152	6.57	145	0.62	118	19.60	86	0	32	7.43	156	3.94
乌克兰	60	15.82	90	2.57	55	32.10	41	8.37	76	2.87	52	34.03
乌拉圭	50	17.85	59	8.09	37	35.83	56	3.47	70	3.44	44	37.16
乌兹别克斯坦	96	11.15	121	1.14	86	26.21	58	2.97	146	0.26	98	25.56
西班牙	21	29.30	23	24.23	3	48.46	24	19.01	43	5.74	17	50.49
希腊	43	18.81	48	11.12	8	43.60	33	10.93	49	4.91	109	23.24

项目 国家	国家创新 竞争力		创新基础 竞争力		创新环境 竞争力		创新投入 竞争力		创新产出 竞争力		创新持续 竞争力	
	排名	得分	排名	得分	排名	得分	排名	得分	排名	得分	排名	得分
新加坡	12	34.24	16	29.54	14	42.08	13	26.23	7	21.11	20	48.78
新西兰	22	28.45	22	25.12	41	34.84	20	21.90	50	4.80	9	54.64
匈牙利	31	22.46	43	12.18	46	33.64	29	14.02	21	9.89	33	41.53
牙买加	83	12.67	100	1.97	104	23.09	86	0	64	3.65	53	33.75
亚美尼亚	45	18.43	32	14.52	85	26.39	67	1.35	94	1.94	25	45.43
也门	136	8.06	127	1.03	132	16.21	86	0	139	0.43	110	22.47
伊拉克	98	11.06	75	4.10	105	22.63	60	2.80	148	0.23	96	25.72
伊朗	114	10.00	65	6.32	56	31.78	86	0	71	3.27	154	8.33
以色列	19	30.98	20	26.45	13	42.64	21	21.67	28	8.03	11	54.57
意大利	10	34.54	14	31.69	1	51.55	6	37.62	24	9.11	23	47.24
印度	55	16.70	45	11.88	138	15.11	45	5.93	16	12.74	38	38.74
印度尼西亚	80	12.97	55	8.32	125	17.90	86	0	48	4.97	54	33.43
英国	3	41.49	3	44.81	6	46.86	10	29.12	5	23.04	4	63.05
约旦	109	10.35	97	2.00	93	24.67	86	0	92	2.01	110	22.47
越南	68	14.40	106	1.82	75	29.68	69	1.18	37	7.10	62	31.23
赞比亚	140	7.80	128	0.91	141	14.73	86	0	125	0.69	110	22.47
乍得	130	8.71	144	0.63	130	16.49	86	0	158	0.05	92	26.29
智利	42	19.23	46	11.73	34	36.19	57	3.46	78	2.80	35	40.66
中国	1	45.15	5	40.91	38	35.65	1	65.67	1	66.81	90	26.38
最高分	45.15		52.75		51.55		65.67		66.81		64.05	
最低分	4.16		0.33		0.57		0		0		0	
平均分	15.99		9.36		27.38		6.68		4.98		30.97	
标准差	9.09		11.96		10.45		11.85		7.30		13.04	

注：由于数据缺失，一些国家个别项目得分为0。

表1-6 2019年"一带一路"参与国国家创新竞争力及二级指标的得分及排名情况

项目 国家	国家创新 竞争力		创新基础 竞争力		创新环境 竞争力		创新投入 竞争力		创新产出 竞争力		创新持续 竞争力	
	排名	得分	排名	得分	排名	得分	排名	得分	排名	得分	排名	得分
阿尔巴尼亚	101	11.12	99	5.22	87	27.12	96	0.67	116	1.00	50	20.68
阿尔及利亚	98	11.38	81	5.84	83	27.84	96	0.67	114	1.01	50	20.68
阿富汗	141	8.92	155	3.51	138	17.37	96	0.67	76	1.67	50	20.68
阿根廷	42	16.27	59	7.68	8	43.82	49	7.31	62	1.97	50	20.68
阿联酋	22	21.57	26	14.83	30	37.05	32	15.28	143	16.04	26	22.56
阿曼	65	13.86	52	9.45	64	30.51	73	2.66	103	0.61	21	24.94
阿塞拜疆	93	11.70	90	5.57	82	27.88	84	1.49	73	1.14	35	21.59
埃及	66	13.83	76	6.11	103	24.13	47	7.94	6	1.72	12	29.62
埃塞俄比亚	118	10.04	133	3.85	115	21.75	81	1.55	66	1.81	50	20.68
爱尔兰	23	21.48	17	20.18	47	33.70	18	25.57	16	8.26	147	19.64
爱沙尼亚	47	15.72	38	12.34	29	37.08	33	14.62	80	1.62	158	13.11
安哥拉	133	9.28	127	4.10	129	19.75	96	0.67	142	0.63	50	20.68
安提瓜和巴布达	55	15.11	68	6.73	34	36.35	96	0.67	15	8.65	50	20.68
奥地利	10	25.78	12	23.30	7	44.21	7	40.27	42	3.04	46	20.92
澳大利亚	19	22.79	4	30.45	26	37.20	31	15.62	17	7.86	50	20.68
巴巴多斯	57	14.78	49	9.82	19	38.30	96	0.67	49	2.49	50	20.68
巴布亚新几内亚	153	8.23	114	4.42	152	14.26	96	0.67	154	0.44	50	20.68
巴基斯坦	111	10.32	111	4.61	125	20.52	68	3.89	68	1.78	50	20.68
巴林	75	12.95	42	10.68	66	30.19	96	0.67	130	0.78	50	20.68
巴拿马	79	12.62	53	9.17	70	29.78	93	0.87	107	1.11	50	20.68
巴西	26	19.97	20	18.95	15	39.47	34	13.88	19	6.98	50	20.68
白俄罗斯	72	13.60	86	5.68	13	39.68	71	3.00	109	1.07	153	18.02
保加利亚	49	15.44	65	7.21	62	31.11	40	11.43	65	1.89	17	26.02
北马其顿	73	13.52	97	5.37	80	28.58	61	5.12	128	0.83	15	27.53
贝宁	129	9.65	140	3.73	119	21.32	96	0.67	102	1.15	50	20.68
比利时	21	21.66	30	14.05	37	35.16	8	37.42	29	4.46	41	21.01

项目 国家	国家创新 竞争力		创新基础 竞争力		创新环境 竞争力		创新投入 竞争力		创新产出 竞争力		创新持续 竞争力	
	排名	得分	排名	得分	排名	得分	排名	得分	排名	得分	排名	得分
冰岛	16	23.32	7	26.71	33	36.37	16	29.61	27	4.69	149	18.98
波兰	37	17.41	40	11.63	36	35.33	30	16.67	35	3.45	45	20.93
玻利维亚	84	12.10	107	4.84	54	32.85	96	0.67	137	0.67	50	20.68
博茨瓦纳	78	12.63	98	5.35	94	25.58	39	11.45	118	0.96	50	20.68
不丹	112	10.30	115	4.37	100	24.84	96	0.67	156	0.26	50	20.68
布隆迪	151	8.37	159	3.35	151	14.42	80	1.65	131	0.76	38	21.23
赤道几内亚	114	10.25	73	6.29	109	22.14	96	0.67	153	0.47	50	20.68
丹麦	2	31.62	5	28.67	44	34.24	6	46.79	32	3.69	49	20.77
德国	140	8.93	11	23.52	3	46.86	4	47.64	2	24.31	141	20.26
东帝汶	137	9.11	122	4.23	140	16.81	96	0.67	88	1.41	50	20.68
多哥	94	11.68	154	3.52	134	18.79	76	2.31	122	0.90	146	19.68
多米尼加共和国	61	14.36	72	6.37	79	28.72	96	0.67	117	0.97	50	20.68
多米尼克	30	19.53	88	5.66	113	21.98	96	0.67	24	5.00	8	36.83
俄罗斯	71	13.61	28	14.41	31	36.77	25	18.10	20	6.41	24	23.46
厄瓜多尔	5	28.80	74	6.17	53	32.88	58	5.48	104	1.13	29	22.21
法国	51	15.32	17	20.18	1	56.81	11	35.95	8	14.08	138	20.42
菲律宾	96	11.45	80	5.95	24	37.36	77	2.26	14	8.71	50	20.68
斐济	27	19.81	85	5.71	81	28.31	96	0.67	122	0.90	50	20.68
芬兰	99	11.34	24	16.36	71	29.77	12	35.94	41	3.15	156	16.90
佛得角	119	10.01	111	4.61	86	27.16	85	1.37	59	2.02	50	20.68
冈比亚	120	10.00	146	3.61	133	19.22	88	1.13	34	3.46	33	21.65
刚果（布）	158	7.49	116	4.31	108	22.17	96	0.67	91	1.33	50	20.68
刚果（金）	29	19.69	148	3.58	158	11.47	96	0.67	147	0.53	50	20.68
哥斯达黎加	89	11.95	61	7.55	32	36.61	67	3.98	48	2.51	2	46.86
格林纳达	76	12.93	83	5.80	76	29.15	96	0.67	54	2.23	50	20.68
格鲁吉亚	153	8.23	104	4.93	106	23.25	52	6.23	94	1.28	14	28.97
古巴	108	10.70	83	5.80	159	10.60	72	2.79	131	0.76	50	20.68

项目 国家	国家创新 竞争力		创新基础 竞争力		创新环境 竞争力		创新投入 竞争力		创新产出 竞争力		创新持续 竞争力	
	排名	得分	排名	得分	排名	得分	排名	得分	排名	得分	排名	得分
圭亚那	60	14.39	78	6.04	101	24.64	96	0.67	148	0.51	50	20.68
哈萨克斯坦	3	30.82	67	6.84	52	32.92	70	3.39	31	3.90	22	23.87
韩国	8	26.27	15	21.46	11	42.73	1	58.14	5	17.19	145	19.73
荷兰	9	25.81	19	19.30	21	38.08	14	31.83	3	19.83	144	19.86
黑山	62	14.21	89	5.65	25	37.27	63	4.47	60	2.01	40	21.13
基里巴斯	146	8.64	117	4.30	141	16.67	96	0.67	157	0.23	50	20.68
吉布提	148	8.48	110	4.67	150	14.66	96	0.67	125	0.89	50	20.68
吉尔吉斯斯坦	106	10.76	132	3.88	99	24.90	92	1.01	50	2.47	50	20.68
几内亚	136	9.21	143	3.66	127	19.78	96	0.67	139	0.66	50	20.68
加拿大	17	22.96	10	24.83	46	34.16	19	25.03	12	9.72	36	21.48
加纳	100	11.31	117	4.30	73	29.48	96	0.67	133	0.75	50	20.68
加蓬	115	10.22	70	6.48	116	21.74	96	0.67	152	0.49	50	20.68
柬埔寨	122	9.93	123	4.15	109	22.14	96	0.67	96	1.24	50	20.68
捷克	34	18.55	32	13.17	49	33.41	22	21.86	30	4.20	39	21.14
津巴布韦	127	9.75	135	3.83	114	21.97	96	0.67	119	0.95	50	20.68
喀麦隆	125	9.79	131	3.91	112	22.09	96	0.67	119	0.95	50	20.68
卡塔尔	18	22.95	6	27.03	60	31.82	53	6.06	121	0.94	3	45.43
科摩罗	59	14.41	137	3.76	75	29.35	96	0.67	7	14.64	50	20.68
科特迪瓦	124	9.80	120	4.27	121	20.96	96	0.67	79	1.63	50	20.68
科威特	44	16.23	36	12.78	58	32.10	75	2.60	127	0.84	11	31.15
克罗地亚	52	15.26	51	9.49	45	34.21	42	11.02	71	1.74	143	19.89
肯尼亚	109	10.69	121	4.25	98	24.92	96	0.67	56	2.07	50	20.68
拉脱维亚	82	12.41	45	10.07	91	25.74	48	7.48	43	2.71	157	15.18
莱索托	144	8.67	138	3.74	147	15.92	88	1.13	96	1.24	50	20.68
老挝	121	9.97	125	4.12	123	20.87	96	0.67	47	2.52	50	20.68
黎巴嫩	103	11.08	71	6.43	107	22.93	96	0.67	40	3.24	50	20.68
立陶宛	46	15.89	47	9.93	48	33.62	35	13.37	63	1.93	47	20.90

项目 国家	国家创新 竞争力 排名	得分	创新基础 竞争力 排名	得分	创新环境 竞争力 排名	得分	创新投入 竞争力 排名	得分	创新产出 竞争力 排名	得分	创新持续 竞争力 排名	得分
利比里亚	149	8.47	156	3.50	148	14.97	96	0.67	70	1.76	50	20.68
利比亚	107	10.75	66	7.06	105	23.29	96	0.67	122	0.90	50	20.68
卢森堡	7	27.74	2	45.62	14	39.57	17	27.18	46	2.58	140	20.31
卢旺达	126	9.78	148	3.58	118	21.54	95	0.70	76	1.67	50	20.68
罗马尼亚	68	13.75	55	9.02	72	29.71	54	5.80	53	2.24	37	21.37
马达加斯加	159	7.42	158	3.46	156	13.46	159	0.61	112	1.03	154	17.90
马尔代夫	97	11.39	62	7.54	102	24.49	96	0.67	56	2.07	50	20.68
马耳他	28	19.73	25	15.86	5	45.88	45	9.27	25	4.78	42	21.00
马来西亚	15	23.50	57	8.51	22	37.95	28	17.12	13	9.21	4	45.03
马里	132	9.36	144	3.65	130	19.73	78	1.89	150	0.50	50	20.68
毛里塔尼亚	130	9.54	130	4.02	144	16.25	96	0.67	126	0.87	19	25.17
蒙古	85	12.01	103	5.00	77	28.92	90	1.10	52	2.34	32	21.69
孟加拉国	35	17.81	21	18.86	109	22.14	96	0.67	100	1.16	5	43.37
秘鲁	41	16.67	69	6.52	59	32.05	86	1.33	98	1.21	6	41.42
密克罗尼西亚联邦	142	8.74	117	4.30	143	16.47	96	0.67	129	0.81	50	20.68
缅甸	117	10.12	128	4.05	136	17.63	96	0.67	89	1.39	16	26.18
摩尔多瓦	95	11.55	101	5.01	84	27.28	65	4.09	108	1.08	142	19.98
摩洛哥	92	11.74	100	5.15	96	25.24	55	5.78	69	1.77	50	20.68
莫桑比克	131	9.51	144	3.65	124	20.81	96	0.67	109	1.07	50	20.68
纳米比亚	105	10.81	94	5.47	96	25.54	96	0.67	133	0.75	50	20.68
南非	25	20.61	63	7.46	61	31.63	50	6.77	55	2.17	1	54.93
南苏丹	156	7.94	152	3.54	154	13.93	96	0.67	155	0.37	50	20.68
尼泊尔	104	10.93	138	3.74	85	27.27	96	0.67	84	1.54	50	20.68
尼日尔	157	7.67	151	3.56	157	12.20	96	0.67	137	0.67	50	20.68
尼日利亚	123	9.86	106	4.86	117	21.58	96	0.67	105	1.12	50	20.68
挪威	20	22.48	13	22.96	69	29.95	9	37.40	33	3.68	50	20.68
葡萄牙	32	19.03	31	13.37	9	43.58	24	18.91	61	1.99	152	18.14

续上表

项目 国家	国家创新 竞争力		创新基础 竞争力		创新环境 竞争力		创新投入 竞争力		创新产出 竞争力		创新持续 竞争力	
	排名	得分	排名	得分	排名	得分	排名	得分	排名	得分	排名	得分
瑞典	12	24.39	22	18.00	42	34.74	5	47.05	21	5.96	50	20.68
瑞士	4	28.90	8	26.41	18	38.66	3	49.23	10	12.13	50	20.68
萨尔瓦多	83	12.32	105	4.87	57	32.23	79	1.86	94	1.28	50	20.68
萨摩亚	147	8.54	96	5.39	155	13.87	96	0.67	105	1.12	50	20.68
塞尔维亚	58	14.77	75	6.14	43	34.72	41	11.06	136	0.69	30	22.03
塞拉利昂	90	11.90	157	3.49	146	16.15	96	0.67	141	0.65	7	37.95
塞内加尔	128	9.72	129	4.04	122	20.90	96	0.67	85	1.53	50	20.68
塞浦路斯	39	17.12	27	14.42	20	38.27	51	6.69	35	3.45	43	20.96
塞舌尔	66	13.83	58	8.05	27	37.18	96	0.67	100	1.16	50	20.68
沙特阿拉伯	69	13.68	29	14.22	89	27.03	64	4.18	93	1.30	50	20.68
斯里兰卡	86	11.98	109	4.77	63	30.94	83	1.51	90	1.35	50	20.68
斯洛伐克	45	15.98	43	10.62	55	32.81	37	12.20	64	1.91	27	22.43
斯洛文尼亚	36	17.57	34	13.01	41	34.84	21	22.19	86	1.49	155	17.68
苏丹	138	8.96	153	3.53	131	19.32	96	0.67	159	0.14	50	20.68
苏里南	102	11.11	91	5.56	92	25.72	96	0.67	67	1.79	50	20.68
所罗门群岛	145	8.65	125	4.12	142	16.56	96	0.67	145	0.55	50	20.68
塔吉克斯坦	116	10.14	140	3.73	126	20.41	91	1.08	109	1.07	23	23.80
泰国	56	14.84	60	7.65	65	30.31	43	10.62	23	5.20	50	20.68
坦桑尼亚	113	10.26	134	3.84	104	23.80	96	0.67	83	1.59	50	20.68
汤加	134	9.26	86	5.68	139	16.86	96	0.67	91	1.33	50	20.68
特立尼达和多巴哥	69	13.68	50	9.59	40	34.91	87	1.31	150	0.50	50	20.68
突尼斯	74	13.15	108	4.79	74	29.38	44	10.35	82	1.60	139	20.34
土耳其	50	15.36	48	9.82	56	32.76	38	11.60	44	2.68	50	20.68
土库曼斯坦	143	8.71	82	5.81	149	14.90	96	0.67	144	0.60	50	20.68
瓦努阿图	135	9.22	112	4.47	136	17.63	96	0.67	74	1.70	50	20.68
委内瑞拉	52	15.26	33	13.04	35	36.24	56	5.74	158	0.16	50	20.68
文莱	77	12.69	41	11.27	88	27.04	96	0.67	71	1.74	50	20.68
乌干达	110	10.34	142	3.70	95	25.56	96	0.67	146	0.54	50	20.68
乌克兰	91	11.87	92	5.51	78	28.78	60	5.21	114	1.01	150	18.80

项目 国家	国家创新 竞争力 排名	得分	创新基础 竞争力 排名	得分	创新环境 竞争力 排名	得分	创新投入 竞争力 排名	得分	创新产出 竞争力 排名	得分	创新持续 竞争力 排名	得分
乌拉圭	54	15.24	54	9.08	17	38.96	62	4.89	87	1.43	44	20.95
乌兹别克斯坦	87	11.96	124	4.14	90	26.31	74	2.64	139	0.66	18	25.75
西班牙	31	19.36	35	12.90	6	44.77	27	17.50	28	4.64	151	18.61
希腊	33	18.56	37	12.46	16	39.09	26	17.96	51	2.40	33	21.65
新加坡	6	27.86	3	32.36	23	37.73	13	33.55	9	13.36	50	20.68
新西兰	24	21.03	16	20.49	28	37.12	20	24.67	44	2.68	50	20.68
匈牙利	38	17.29	39	12.30	38	34.97	29	16.76	38	3.39	148	19.39
牙买加	80	12.54	93	5.48	132	19.31	96	0.67	99	1.20	9	35.08
亚美尼亚	87	11.96	101	5.01	93	25.60	81	1.55	76	1.67	20	25.13
也门	152	8.26	147	3.60	153	14.00	96	0.67	80	1.62	50	20.68
伊拉克	155	7.97	64	7.27	120	21.21	94	0.73	112	1.03	159	8.63
伊朗	42	16.27	79	5.99	12	39.71	36	12.51	37	3.42	50	20.68
以色列	13	23.79	14	22.06	39	34.93	10	36.94	26	4.76	28	22.40
意大利	14	23.57	9	25.30	4	46.21	23	20.03	22	5.96	48	20.82
印度	40	16.91	44	10.31	50	33.19	46	9.18	11	11.13	30	22.03
印度尼西亚	48	15.46	56	8.66	67	30.09	69	3.41	39	3.31	10	31.71
英国	11	25.33	23	17.92	10	42.86	15	30.02	4	17.68	137	20.53
约旦	81	12.44	94	5.47	128	19.77	59	5.47	74	1.70	13	29.54
越南	63	14.20	77	6.09	68	30.02	57	5.73	18	7.48	50	20.68
赞比亚	139	8.94	136	3.82	135	18.17	96	0.67	135	0.71	50	20.68
乍得	150	8.43	150	3.57	145	16.18	96	0.67	148	0.51	50	20.68
智利	64	14.18	46	9.97	51	33.14	66	4.08	58	2.05	50	20.68
中国	1	45.49	1	45.68	2	49.38	2	54.29	1	62.96	25	22.72
最高分	45.49		45.68		56.81		58.14		62.96		54.93	
最低分	7.42		3.35		10.60		0.61		0.14		8.63	
平均分	14.41		9.33		28.25		8.48		3.39		22.32	
标准差	6.01		7.74		8.96		12.71		6.19		5.80	

注：由于数据缺失，一些国家个别项目得分为0。

从二级指标来看，创新投入竞争力的得分上升最快，平均分从 2011 年的 6.68 分上升到 2019 年的 8.48 分，上升了 1.80 分；创新环境竞争力得分也在上升，平均分上升 0.87 分；创新持续竞争力下降最大，达 8.65 分；创新基础竞争力、创新产出竞争力得分均下降，降幅分别为 0.03 分和 1.59 分。

从各国之间的得分差异来看，2011 年，创新持续竞争力标准差最高，达 13.04；创新基础竞争力、创新投入竞争力和创新环境竞争力均较高，分别为 11.96、11.85 和 10.45；创新产出竞争力最小，为 7.30。2019 年，创新投入竞争力的标准差最高，达到 12.71，表明这个指标的国与国之间差异最大，是导致各国国家创新竞争力差异的最主要因素；创新环境竞争力的标准差也比较大，为 8.96，对各国国家创新竞争力差异的影响相对也比较大。创新持续竞争力的标准差最小，为 5.80，表明创新持续竞争力对各国国家创新竞争力差异的影响最小。

从"一带一路"参与国家各国之间得分差异的动态变化来看，2011—2019 年，国家创新竞争力的标准差由 9.09 下降到 6.01，说明各国国家创新竞争力的差异呈缩小趋势。反映在二级指标上，创新持续竞争力的标准差下降最快，降幅达 7.24；创新基础竞争力、创新环境竞争力和创新产出竞争力的标准差下降较快，分别下降 4.22 分、1.49 分和 1.11 分。仅创新投入竞争力的标准差上升 0.86 分。这说明，创新持续竞争力、创新基础竞争力对缩小各国国家创新竞争力的差异起到了重要作用，而创新投入竞争力则扩大了国家创新竞争力的国与国之间差异。

通过对比 2011—2019 年"一带一路"参与国国家创新竞争力的得分变化情况可知，国家创新竞争力的整体水平呈下降趋势，这主要是由创新持续竞争力大幅下降导致的。在今后的创新活动中，"一带一路"参与国需要在继续保持创新环境竞争力、创新投入竞争力上升的态势，但同时更要止住创新基础竞争力、创新产出竞争力，尤其是创新持续竞争力下滑的步伐。此外，各国国家创新竞争力的差异呈缩小趋势，这主要是创新基础竞争力和创新持续竞争力差距缩小的"功劳"。

六、"一带一路"参与国各区间国家创新竞争力平均得分及其变化

表1-7列出了2011—2019年"一带一路"参与国国家创新竞争力四个区间（第一区间：排在第1至40位的国家；第二区间：排在第41至80位的国家；第三区间：排在第81至120位的国家；第四区间：排在121至159位的国家）的平均得分情况。

表1-7 2011—2019年各区间创新竞争力平均得分情况

项目	平均得分	创新竞争力	创新基础竞争力	创新环境竞争力	创新投入竞争力	创新产出竞争力	创新持续竞争力
第一区间	2011	29.42	26.74	38.76	22.62	12.03	49.23
	2012	28.68	27.57	38.82	24.66	11.47	43.67
	2013	28.33	25.73	39.7	27.09	11.11	42.66
	2014	28.06	25.82	39.3	26.59	10.91	42.30
	2015	29.02	26.13	39.98	26.52	12.23	44.82
	2016	28.39	25.43	39.29	25.85	13.29	42.49
	2017	29.06	26.54	40.14	25.21	11.92	47.63
	2018	26.45	29.10	40.67	23.44	12.51	39.18
	2019	22.97	20.29	39.76	26.84	9.53	28.48
	得分变化	−6.45	−6.45	+1.00	+4.22	−3.50	−20.75
第二区间	2011	15.84	7.01	30.82	3.64	3.96	32.05
	2012	14.97	8.26	31.51	3.78	3.21	29.48
	2013	15.17	8.15	31.64	4.17	3.22	27.99
	2014	14.41	7.71	31.16	4.11	3.85	26.36
	2015	15.69	7.85	31.34	4.21	3.31	31.05
	2016	15.13	7.93	30.67	4.03	3.98	29.57
	2017	16.06	8.13	31.7	3.58	3.04	33.66
	2018	16.68	13.90	32.49	2.99	3.16	28.58
	2019	14.36	8.03	31.57	5.36	2.10	20.74
	得分变化	−1.48	+1.02	+0.75	+1.72	−1.86	−11.31

项目	平均得分	创新竞争力	创新基础竞争力	创新环境竞争力	创新投入竞争力	创新产出竞争力	创新持续竞争力
第三区间	2011	10.97	2.65	23.78	0.28	2.49	24.84
	2012	10.69	2.99	24.63	0	2.15	22.51
	2013	10.96	3.05	24.93	0.33	2.32	21.68
	2014	10.17	2.63	24.35	0.34	2.50	18.34
	2015	11.30	2.86	24.32	0.46	1.70	25.35
	2016	10.75	3.07	23.71	0.34	2.13	22.21
	2017	11.94	4.14	24.49	0.39	2.18	25.50
	2018	13.54	10.37	25.23	0	1.57	25.08
	2019	11.16	5.10	24.43	0.86	1.22	20.68
	得分变化	+0.19	+2.45	+0.65	+0.58	−1.23	−4.16
第四区间	2011	7.53	0.81	15.89	0	1.33	17.41
	2012	7.97	1.43	16.98	0	1.59	14.87
	2013	8.11	1.66	16.7	0	1.44	17.31
	2014	7.55	1.27	15.7	0	1.55	13.96
	2015	8.77	1.37	16.26	0	0.91	20.80
	2016	8.14	1.66	15.82	0	1.02	16.70
	2017	9.10	2.58	16.72	0	0.71	19.21
	2018	10.81	9.12	17.54	0	0.63	16.10
	2019	8.91	3.77	16.86	0	0.63	19.30
	得分变化	+1.38	+2.96	+0.97	0	−0.70	+1.89

注：区间国家均按当年排位选取。部分创新投入竞争力数据缺失，故得分为0。

从该表可以看出，2019年，第一区间国家创新竞争力的平均得分远高于第二区间。创新基础竞争力、创新投入竞争力和创新产出竞争力的得分差距更大，第一区间的平均得分分别约为第二区间的2.53倍、5.01倍和4.54倍。创新环境竞争力、创新持续竞争力的得分差距相对较小。

从各区间得分的变化情况来看，2011—2019年，"一带一路"参与国国家创新竞争力第一区间的平均得分呈逐年下降趋势，下降了6.45分；而第二区间平均得分也呈下降趋势，下降1.48分；第三区间、第四区间的平均得分均有所上升，分别上升0.19分和1.38分。整体来看，第一区间的下降幅度最大，而第四区间的上升幅度最大。

就二级指标而言，第一区间的创新基础竞争力平均分下跌6.45分，其他三个区间的平均得分均有所上升；所有区间的创新环境竞争力、创新投入竞争力均有所上升；四个区间的创新产出竞争力均有所下降；第一区间、第二区间、第三区间的创新持续竞争力均大幅下降，分别下降20.75分、11.31分、4.16分，第四区间上升1.89分。

附录：国家创新竞争力指标体系和预测算法概要 [①]

（一）国家创新竞争力评价指标体系

国家创新竞争力是推动国家持续发展的核心内生动力源，其强弱直接决定国家竞争力的强弱。短期内，国家创新竞争力主要受到创新基础设施、创新环境、创新投入三方面因素直接影响，并不断向国民经济体系提供产出；长期而言，国家创新竞争力持续发展能力受到国民经济结构性因素影响。

我们将国家创新竞争力内涵分为创新基础、创新环境、创新投入、创新产出和创新持续五类，制定了创新基础竞争力、创新环境竞争力、创新投入竞争力、创新产出竞争力和创新持续竞争力5个二级指标，并将其分解为32个三级指标（基础指标）。

创新基础竞争力是国家创新竞争力最基本构成要素，也是衡量创新竞争力强弱的基础性指标。创新基础是国家科技创新的载体，是支撑整个国家创新活动的公共平台和提升国家创新竞争力的重要基础，具有基础性、连续性、公共性等特点。创新基础竞争力考察一个国家经济社会基础设施对创新能力的推动作用及该国创新能力对基础设施的内在需求，反映一个国家经济与社会发展的基础和水

[①] 参考李建平、李闽榕、赵新力等：《二十国集团（G20）国家创新竞争力发展报告（2001～2010），社会科学文献出版社2011年版。

平，体现该国对创新发展的重视和投入程度。创新基础竞争力分为 GDP、人均 GDP、财政收入、人均财政收入、外国直接投资净值（FDI）、受高等教育人员比重（从业人员受高等教育人员所占比重）、全社会劳动生产率（GDP/ 从业人员）7 个三级指标。

创新环境竞争力是国家创新竞争力形成的原始驱动力和必要条件。良好的创新环境能有效聚集创新资源，培育具有较强竞争力的创新载体（企业、大学、研究机构），促进创新成果的市场化转化，提高创新绩效、积蓄创新成长能力。创新环境竞争力是提高国家科技创新竞争力水平的重要保证，分为每千人移动蜂窝订阅、每千人手机用户数、企业开业程序、企业平均税负水平、在线公共服务指数、ISO9001 质量体系认证数 6 个三级指标。

创新投入竞争力是国家创新竞争力形成的基石和有效保障，也是衡量创新竞争力强弱的关键指标。创新投入是支撑创新活动开展和创新体系有效运转的根本保障，没有创新资源的投入，创新竞争力就失去物质基础。创新资源投入的规模、质量和结构优化程度，决定着创新产出的多少和创新效率的高低。创新投入竞争力是一个国家创新竞争力形成的必要保障，综合体现该国对创新投入的贡献力，分为 R&D 经费支出总额、R&D 经费支出占 GDP 比重、人均 R&D 经费支出、R&D 人员、研究人员占从业人员比重、企业研发投入比重 6 个三级指标。

创新产出竞争力是国家创新竞争力形成的实现载体，也是衡量国家科技创新竞争力水平的重要标准。一国的创新产出结果和质量，直接决定其创新能力的高低，体现其创新制度的执行力度和创新活动的开展程度；高水平的国家创新竞争力，也必然对应着良好的创新产出。创新产出竞争力综合反映国家的制度执行能力，是提升国家创新竞争力的主要内容和衡量创新竞争力强弱的重要指标，分为专利授权数、科技论文发表数、专利和许可收入、高技术产品净出口额、高技术产品进出口比重、注册商标数、创意产品出口比重 7 个三级指标。

创新持续竞争力是国家创新竞争力形成的重要体现和重要追求目标，也是衡量创新竞争力强弱的重要指标。只有创新保持活力，实现可持续发展，才能持续提升国家创新竞争力。创新持续竞争力既包括科技创新对国民经济的影响，也包括国民经济发展对科技创新行为或活动的影响；既包括国家创新能力的现状评价，也包括创新发展的潜在影响。在创新活动的直接推动下，创新持续竞争力不仅影响了本国创新竞争力，还会通过扩散、波及、辐射等效应影响其他国家的国家创新竞争力，从而产生更为广泛、效益更佳的影响结果。创新持续竞争力分为公共教育经费支出总额、公共教育经费支出占 GDP 比重、人均公共教育经费支出额、高等教育毛入学率、科技人员增长率、科技经费增长率 6 个三级指标。

表 1-8 国家创新竞争力评价指标体系

一级指标	二级指标	三级指标	主要数据来源
国家创新竞争力	创新基础竞争力	GDP	WB
		人均 GDP	WB
		财政收入	IMF
		人均财政收入	IMF
		外国直接投资净值（FDI）	WB
		受高等教育人员比重（从业人员受高等教育人员所占比重）	UNESCO
		全社会劳动生产率（GDP/ 从业人员）	WB
	创新环境竞争力	每千人移动蜂窝订阅	WB
		每千人手机用户数	WB
		企业开业程序	WB
		企业平均税负水平	WB
		在线公共服务指数	UNESCO
		ISO9001 质量体系认证数	ISO
	创新投入竞争力	R&D 经费支出总额	UNESCO
		R&D 经费支出占 GDP 比重	UNESCO
		人均 R&D 经费支出	UNESCO
		R&D 人员	UNESCO
		研究人员占从业人员比重	UNESCO
		企业研发投入比重	UNESCO
	创新产出竞争力	专利授权数	WIPO
		科技论文发表数	WB
		专利和许可收入	WB
		高技术产品净出口额	WB
		高技术产品进出口比重	WB
		注册商标数	WIPO
		创意产品出口比重	UNCTAD
	创新持续竞争力	公共教育经费支出总额	WB
		公共教育经费支出占 GDP 比重	WB
		人均公共教育经费支出额	WB
		高等教育毛入学率	UNESCO
		科技人员增长率	UNESCO
		科技经费增长率	UNESCO

注：UNESCO 即联合国教科文组织，UNCTAD 即联合国贸易和发展会议，WB 即世界银行，IMF 即国际货币基金组织，WIPO 即世界知识产权组织，ISO 即国际标准化组织。

必须指出，国家创新竞争力是一个开放的概念，不仅要考虑本国自身的内部因素，还要考虑国家发展的外部因素。国家创新竞争力评价指标体系中，外国直接投资净值（FDI）、高技术产品净出口额、高技术产品进出口比重、创意产品出口比重4个基础指标基本属于外部因素，而其他基础指标也与国家间学术合作、科技交流、贸易投资、人员往来等跨国因素密切关联。

（二）国家创新竞争力评价分析方法和合理性说明

国家创新竞争力评价指标体系由众多指标组成，涉及科技、经济、社会等诸多领域。由于国情不同，各国统计体系、统计调查范围和核算过程有所不同，所以各国统计口径不可能完全一致。因此，应尽量保证同一个指标的数据采集来源相同，并对来源不同的采集数据认真核对，确保数据真实性和一致性。

国家创新竞争力模式用于计算各国国家创新竞争力的评价分数，其具体模型为：

$$Y=\Sigma\Sigma x_{ij}w_{ij} \qquad\qquad 式（1）$$

$$Y_i=\Sigma x_{ij}w_{ij} \qquad\qquad 式（2）$$

其中，Y 为国家创新竞争力综合评价分值，Y_i 为第 i 个要素指标的评价分值，x_{ij} 为第 i 个要素第 j 项基础指标无量纲化的数据值，w_{ij} 为该基础指标的权重。

1. 指标的无量纲化处理

由于评价指标体系中基础指标的计量单位和量纲不同，数值也往往相差较大，因此不能直接进行计算，必须先对各指标进行无量纲化处理。本报告采用极大值标准化方法对指标进行无量钢化处理。

当指标为正向指标（越大越好）时，第 i 个指标的无量纲值 X_i 为：

$$X_i=\frac{x_i - x_{min}}{x_{max} - x_{min}}\times 100 \qquad\qquad 式（3）$$

当指标为逆向指标（越小越好）时，第 i 个指标的无量纲值 X_i 为：

$$X_i = \frac{x_{max} - x_i}{x_{max} - x_{min}} \times 100 \qquad\qquad 式（4）$$

其中，X_i 为第 i 个指标的无量纲处理值，x_i 为该指标原始值，x_{max} 和 x_{min} 分为同类指标中的最大原始值和最小原始值。无量纲化处理后，每个指标的数值都在 0 ～ 100 之间，且极性一致。

2. 指标体系验证

构成指标体系的每一个指标都有其具体的功能和独特的作用，是综合评价结果的构成要素，应具有一定的区分度，以反映测度该指标组成要素的内涵变化。波动性是在其他指标不变的情况下，本指标的变动能够对测度结果有所影响，或者本指标在各样本的观察值具有一定波动幅度，具有差别性。衡量指标波动性一般用变异系数测度，公式为：

$$\delta = \sigma\sqrt{x} \qquad\qquad 式（5）$$

其中 $\sigma = \sqrt{\Sigma(x - \bar{x})^2 / (n - 1)}$ 。

在实际操作中，大量指标数据中不可避免地会出现一些"噪音"数据（极大值或极小值），使同一指标在不同个体的波动幅度太大。判别指标数据极值主要根据数据分布的离散状态进行。当某一样本指标值与均值距离超过 3 个标准差时，一般可将其认定为极值，并进行处理，通过复合、修正等方法使数据回归到合理范围内。

在建构指标体系的过程中，由于指标的选择带有明显的主观性，指标之间的关系不完全清晰，不同指标很可能包含相同的信息。由此而来的信息冗余现象，会造成指标重叠，影响综合式竞争力评价的协调性。可以采取"积差法"（皮尔逊公式），通过两个变量与各自平均值的离差乘积来反映它们之间的相关程度。

$$r_{xy} = \frac{\Sigma(x - \bar{x})(y - \bar{y})}{\sqrt{\Sigma(x - \bar{x})^2}\sqrt{\Sigma(y - y)^2}} \qquad\qquad 式（6）$$

反映变量 $\bar{x}$ 和 $\bar{y}$ 间相关程度的统计量简单相关系数记作 r_{xy}，其检验统计量 t 为：

$$t=\sqrt{\frac{r_{xy}^2(n-2)}{1-r_{xy}^2}}\sim t_{\partial/2}(n-2) \qquad 式（7）$$

偏相关研究多变量情况下，控制其他变量影响后，两个变量之间呈线性相关程度。假设总体中扣除 q 个变量影响的偏相关系数为 $r_{(-q)}$，其检验计量 t 为：

$$t=\frac{r_{(-q)}\sqrt{n-q-2}}{\sqrt{1-r_{(-q)}^2}}\sim t_{\partial/2}(n-q-2) \qquad 式（8）$$

当各指标间复相关或偏相关比较明显，且通过显著性检验时，需要对评价指标进行主成分分析，以消除指标冗余信息。

根据式（5）和式（6）分别计算二级指标组中三级指标之间的相关关系矩阵，并给出每个相关系数对应的双尾检验值。在此基础上，通过数学方法，分离重叠信息，将存在相关关系的指标分别进行分解，分析各个指标重复的信息，进而精简指标。

主成分回归是一种多元统计方法，可以将许多相关性很高的变量通过线性变换转化为彼此独立或者不相关的变量，以包含原有信息量为标准，提取少数几个最有代表性的指标作为主成分，剔除信息量少的多数指标，从而既保留绝大部分原有信息，又避免指标间存在相关关系影响因素分析或综合评价。

(1) 设样本数据矩阵为 $X=(x_{ij})_{mxn}$，即包含 m 个样本，每个样本中有 n 个指标，首先对数据进行标准化处理，生成新的矩阵 $X'=(x'_{ij})_{mxn}$：

$$X'_{ij}=(x_{ij}-\bar{x}_j)/\sigma(x_j) \qquad 式（9）$$

其中 $\bar{x}_j$ 和 $\sigma(x_j)$ 分别表示指标 j 数据的均值和标准差。

(2) 计算样本相关系数矩阵 $R=(r_{ij})_{mxn}$，相关系数为：

$$r_{ij}=cov(x_i,\ x_j)/\ \sigma(x_i)\sigma(x_j) \qquad 式（10）$$

其中 $cov(x_i,\ x_j)$ 表示指标 i 和指标 j 的协方差。

(3) 由特征方程 $|R-\lambda\mathrm{I}|=0$ 解出相关系数矩阵 R 的 n 个特征值，并按大小排序：

$$\lambda_1 \geqslant \lambda_2 \geqslant \lambda_3 \geqslant 0$$

由齐次线性方程组 $(R-\lambda\mathrm{I})L=0$ 解出对应的特征向量，L_1，L_2，$\dots L_n$，其中：

$$L_1=(l_{1i}，l_{2i}，\dots l_{ni})^r \quad (i=1，2，\dots n)$$

(4) 计算各主成分贡献率：

$$a_i=\lambda_i/(\Sigma_{i=1}^{n}\lambda_i) \hspace{4cm} 式（11）$$

特征值 λ_i 按大小排列，其对应的奉献率 a_i 也按大小排列。将贡献率从大到小累加，可以确定最大的主成分：

$$(\Sigma_{i=1}^{k}\lambda_i)/(\Sigma_{i=1}^{n}\lambda_i) \geqslant b\% \hspace{3cm} 式（12）$$

这里 $b\%$ 为累加贡献率标准。以其为准则，提取 k 个主成分：

$$Z_i=(z_{ij})_{nxl}=X'L_i=(x'_{ij})_{mxn}(l_{ij})_{nxl} \hspace{1cm} (i=1，2，\dots k) \hspace{1cm} 式（13）$$

由此可以看出，主成分变量 Z_i 是原有 n 个指标标准化后的线性组合。

第二章

"一带一路"参与国国家创新竞争力的区域评价 [①]

一、"一带一路"参与国国家创新竞争力的均衡性分析

按照阈值法进行无量纲化处理和加权求和后得到的各国国家创新竞争力得分及排位结果，反映的只是单个国家的国家创新竞争力状况，要更为准确地反映"一带一路"参与国国家创新竞争力的实际差异及整体状况，还需要分析国家创新竞争力的得分分布情况，对国家创新竞争力得分的实际差距及其均衡性进行深入研究和分析。

图 2-1、图 2-2 分别列出了 2011 年和 2019 年"一带一路"参与国国家创新竞争力评价分值的分布情况。由二图可以看出，"一带一路"参与国国家创新竞争力的得分不呈正态分布，超过 80% 的国家的国家创新竞争力得分处于 5～25 分之间。

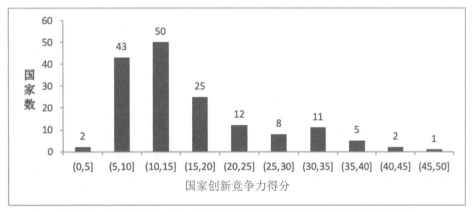

图 2-1　2011 年"一带一路"参与国国家创新竞争力评价分值分布

① 本章作者王鹏举为厦门微志云创有限公司合伙人，李俊杰为厦门理工学院应用数学学院副教授。

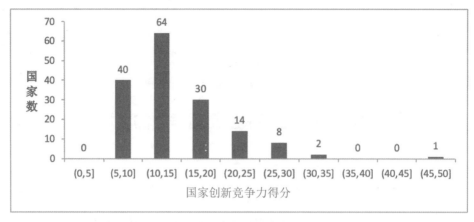

图 2-2　2019 年"一带一路"参与国国家创新竞争力评价分值分布

从国家创新竞争力的综合得分来看，各国差距悬殊，分布的均衡性也比较差。由表 1-1 可知，2019 年，得分最低的马达加斯加只有 7.42 分，仅约为第一名中国得分 45.49 分的 16.3%，两者相差 38.07 分。即使处于第二位的德国，得分也仅为 31.62，与中国相差 13.87 分。需要指出，如果不考虑中国，排名比较接近的国家之间的得分差距并不大，多数相邻两个国家的得分差距在 1 分以内。

二、"一带一路"参与国国家创新竞争力的区域评价分析

表 2-1 列出了本评价对象中的 159 个国家 2011—2019 年按照"一带一路"参与国家所在六大洲（南极洲没有国家存在，此处略去）进行划分的国家创新竞争力的平均得分及其变化情况。

表 2-1 2011—2019 年六大洲区域"一带一路"参与国国家创新竞争力平均得分及其变化

项目	得分	2011	2012	2013	2014	2015	2016	2017	2018	2019	2011—2019 分值变化
亚洲	平均分	15.07	14.54	15.15	14.32	15.71	15.13	16.01	16.86	14.85	−0.22
	东亚	29.81	29.03	29.68	29.32	31.10	30.98	29.51	31.49	29.44	−0.37
	东南亚	13.56	12.85	12.00	12.96	12.99	13.19	12.28	15.49	12.94	−0.62

续上表

项目	得分	2011	2012	2013	2014	2015	2016	2017	2018	2019	2011—2019分值变化
亚洲	南亚	10.38	9.92	11.81	10.43	12.81	11.46	13.87	15.02	12.80	+2.42
	西亚	15.04	14.80	14.69	14.38	15.19	14.81	16.18	15.87	14.23	−0.81
	中亚	11.88	11.93	12.74	11.69	13.14	12.40	12.31	15.24	11.19	−0.69
欧洲	平均分	25.58	24.93	24.63	24.49	25.03	24.45	25.55	23.75	19.39	−6.19
	东欧	19.84	20.14	19.52	18.98	18.51	18.08	19.40	19.66	14.37	−5.47
	南欧	20.88	19.10	18.93	18.41	19.36	18.67	19.45	20.27	16.64	−4.24
	西欧	35.02	33.59	34.70	34.92	35.09	34.54	35.95	31.25	25.14	−9.88
	北欧	33.62	32.61	34.20	33.65	33.07	33.13	34.96	28.30	23.26	−10.36
	中欧	26.91	28.49	25.69	26.68	28.55	27.50	28.25	25.15	22.22	−4.69
非洲	平均分	9.23	9.88	9.72	9.17	10.24	9.77	10.71	13.10	10.33	+1.10
	东非	8.05	10.36	9.83	9.02	9.91	10.00	10.93	13.58	9.97	+1.92
	南非	9.24	9.54	9.79	9.08	10.61	10.05	12.27	13.93	11.42	+2.18
	西非	8.74	9.35	9.55	9.10	9.80	9.24	10.43	12.88	9.78	+1.04
	北非	11.42	11.78	10.53	10.45	11.76	11.39	10.33	13.11	11.63	+0.21
	中非	9.80	9.10	9.16	8.50	9.76	8.82	9.34	11.83	9.35	−0.45
大洋洲		13.33	11.93	12.27	10.62	13.70	11.41	13.22	12.98	11.65	−1.68
北美洲		15.37	13.95	13.37	12.74	13.75	14.02	14.39	14.42	14.16	−1.21
南美洲		16.42	16.28	16.18	15.78	16.78	16.23	16.56	15.98	14.51	−1.91

从六大洲的得分情况来看，2019年欧洲的国家创新竞争力得分最高，平均分达到19.39分；亚洲、南美洲和北美洲平均分数相近，分别为14.85分、14.51分和14.16分；大洋洲平均得分11.65分；非洲得分最低，为10.33分。整体来看，2011—2019年，六大洲"一带一路"参与国国家创新竞争力的整体呈下降趋势，仅非洲平均分上升1.10分；下降幅度最大的是欧洲，平均分下降6.19分；其次为南美洲，平均分下降1.91分；下降幅度最小的是亚洲，平均分下降0.22分。

在亚洲内部，2019年东亚的国家创新竞争力得分最高，平均分达到29.44分，也是所有区域中最高的；其他区域平均分都未超过15分，中亚11.19分最低。

2011—2019 年，仅有南亚的得分上升 2.42 分，其余各区域均下降，其中西亚下降最多。

在欧洲内部，2019 年西欧的国家创新竞争力得分最高，平均分达 25.14 分；北欧和中欧的得分相对也比较高，分别为 23.26 分和 22.22 分；东欧和南欧的得分相对较低，分别为 14.37 分和 16.64 分。2011—2019 年，欧洲所有区域的得分均有较大下降，其中北欧下降最快，降幅达 10.36 分，也是六大洲中下降最快的区域；西欧降幅也达到 9.88 分，在所有区域中降幅排第二；南欧下降的幅度相对较小，下降 4.24 分。

在非洲内部，2019 年，北非的国家创新竞争力最高，平均分为 11.63 分；南非其次，平均分 11.42 分；东非、西非和中非的得分均未超过 10 分，分别为 9.97 分、9.78 分和 9.35 分。2011—2019 年，非洲大部分区域的得分均上升，仅中非下降 0.45 分。南非上升最多，涨幅为 2.18 分；东非其次，涨幅 1.92 分；西非上涨 1.04 分，北非上涨 0.21 分。

三、"一带一路"参与国国家创新竞争力的区域专题评价分析

（一）金砖五国国家创新竞争力评价分析

为进一步分析金砖五国内部各国的国家创新竞争力差异情况，表 2-2 列出了 2011—2019 年金砖五国分别在金砖五国内部和"一带一路"参与国家范围内的国家创新竞争力排位情况。

从金砖五国内部的排位情况来看，2011—2017 年，各国的排位一直未发生变化，中国、巴西一直处于前两位。2018 年，印度异军突起，上升到第 2 位；2019 年，南非上升到第 2 位。

从"一带一路"参与国家范围内的排位情况来看，2011—2019 年，中国和巴西的排位比较靠前，且比较稳定，一直处于"一带一路"参与国家的前 4 位和第 25 位上下；俄罗斯也一直处于第一区间，且排名整体呈上升趋势；印度、南非上升幅度较大，从第二区间进入第一区间。

从"一带一路"参与国家排名的变化情况来看，2011—2019年，南非排位上升最快，上升47位，印度上升了15位，俄罗斯上升了10位，中国排名不变，巴西下降了1位。

表 2-2 金砖五国国家创新竞争力排位比较

项目 \ 国家	巴西	俄罗斯	印度	中国	南非
金砖五国内排位 2011	2	3	4	1	5
2012	2	3	4	1	5
2013	2	3	4	1	5
2014	2	3	4	1	5
2015	2	3	4	1	5
2016	2	3	4	1	5
2017	2	3	4	1	5
2018	4	3	2	1	5
2019	3	4	5	1	2
排位变化	−1	−1	−1	0	+3
"一带一路"内排位 2011	25	40	55	1	72
2012	23	28	61	2	70
2013	18	26	43	1	82
2014	21	27	59	1	76
2015	26	33	39	2	54
2016	23	33	47	2	55
2017	19	28	38	4	43
2018	39	33	28	1	51
2019	26	30	40	1	25
排位变化	−1	+10	+15	0	+47

（二）上合组织各国国家创新竞争力评价分析

为了进一步分析上合组织内部各国（包括成员、观察员国、对话伙伴国）的国家创新竞争力差异情况，表2-3列出2011—2019年上合组织各国国家创新竞争力排位情况。

表 2-3 上合组织各国国家创新竞争力排位比较

项目\国家	中国	俄罗斯	哈萨克斯坦	吉尔吉斯斯坦	塔吉克斯坦	乌兹别克斯坦	巴基斯坦	印度	阿富汗	白俄罗斯	伊朗	蒙古	阿塞拜疆	亚美尼亚	柬埔寨	尼泊尔	土耳其	斯里兰卡
上合组织内排位 2011	1	2	6	10	12	13	16	5	11	8	14	9	7	3	15	17	4	18
2012	1	2	4	9	13	14	18	7	17	8	3	10	6	11	15	16	5	12
2013	1	2	7	11	17	3	12	4	18	9	5	10	8	14	15	16	6	13
2014	1	2	5	12	17	3	18	6	14	9	8	10	7	13	15	16	4	11
2015	1	2	7	13	16	5	12	3	18	10	8	14	9	6	15	17	4	11
2016	1	2	6	11	16	3	17	5	14	7	9	8	10	12	18	13	4	15
2017	1	2	8	11	14	16	10	3	17	7	5	15	9	6	18	13	4	12
2018	1	4	2	17	15	5	18	3	16	7	6	11	9	13	12	8	14	10
2019	1	2	6	14	16	11	15	3	18	7	4	8	12	10	17	13	5	9
排位变化	0	0	0	−4	−4	+2	+1	+2	−7	+1	+10	+1	−5	−7	−2	+4	−1	+9
"一带一路"内排位 2011	1	40	58	82	93	96	120	55	90	66	114	76	61	45	117	133	53	139
2012	2	28	47	71	108	111	157	61	139	63	41	72	54	97	120	123	49	98
2013	1	26	50	79	132	38	84	43	137	66	47	75	64	99	112	119	49	94
2014	1	27	56	86	132	43	140	59	93	62	74	75	61	87	98	111	48	81
2015	2	33	50	94	123	45	93	39	145	69	60	97	68	47	119	126	43	75
2016	2	33	60	76	142	43	143	47	121	66	73	67	75	88	153	101	44	130
2017	4	28	60	78	91	110	75	38	124	55	44	94	65	49	140	87	41	79
2018	1	33	17	148	134	50	158	28	142	57	54	110	73	118	117	64	133	75
2019	1	30	60	106	116	88	111	40	141	72	42	85	93	87	122	104	50	86
排位变化	0	+10	−2	−24	−23	+8	+9	+15	−51	−6	+72	−9	−32	−42	−5	+29	+3	+53

从上合组织内部各国国家创新竞争力的排位情况来看,2011—2019 年,中国、俄罗斯两国的国家创新竞争力长期处于前两位,哈萨克斯坦排位保持不变;伊朗、斯里兰卡排位增幅客观,分别达 10 位、9 位;阿富汗、亚美尼亚降幅较大,均达到 7 位;其他排位上升的国家有乌兹别克斯坦、巴基斯坦、印度、白俄罗斯、蒙古、尼泊尔,其他排位下降的国家有吉尔吉斯斯坦、塔吉克斯坦、阿塞拜疆、柬埔寨、土耳其。

从"一带一路"参与国家范围内的排位情况来看,2011—2019 年,中国长期处于"一带一路"参与国家的首位,俄罗斯处于第 30 位左右。多数上合国家处于"一带一路"参与国排位中部。

从国家的区间分布来看,2019 年,处于第一区间的有中国、俄罗斯、印度 3 个国家,处于第二区间的有哈萨克斯坦、白俄罗斯、伊朗、土耳其 4 个国家;处于第三区间的有 10 个国家,仅阿富汗 1 国处于第四区间。

从"一带一路"参与国家排名的变化情况来看,2011—2019 年,上升幅度最快的是伊朗,上升 72 位;其次为斯里兰卡,上升 53 位;尼泊尔上升 29 位,印度上升 15 位,俄罗斯上升 10 位,巴基斯坦上升 9 位,乌兹别克斯坦上升 8 位,土耳其上升 3 位。排位下降最快的是阿富汗,下降 51 位,亚美尼亚下降 42 位,阿塞拜疆均下降 32 位,吉尔吉斯斯坦下降 24 位,塔吉克斯坦下降 23 位,蒙古下降 9 位,白俄罗斯下降 6 位,柬埔寨下降 5 位,哈萨克斯坦下降 2 位。

(三)中国－中东欧国家合作成员国国家创新竞争力评价分析

为进一步分析中国－中东欧国家合作成员国的国家创新竞争力差异情况,表 2-4 列出了 2011—2019 年中国－中东欧国家合作成员国内部和"一带一路"参与国家范围内的国家创新竞争力排位情况。由于波黑数据不足,包括中国在内,本报告仅选取 17 个国家,展开分析评论。

表2-4 中国－中东欧国家合作成员国国家创新竞争力排位比较①

项目 / 国家	中国	阿尔巴尼亚	保加利亚	克罗地亚	捷克	爱沙尼亚	匈牙利	拉脱维亚	立陶宛	北马其顿	黑山	波兰	罗马尼亚	塞尔维亚	斯洛伐克	斯洛文尼亚	希腊
中国－中东欧国家合作成员国内部排位 2011	1	16	12	9	6	2	5	8	4	17	11	7	15	13	14	3	10
2012	1	16	9	13	4	2	5	8	6	15	17	7	12	14	11	3	10
2013	1	16	9	11	4	2	6	8	5	17	15	7	13	14	12	3	10
2014	1	17	12	15	5	2	7	8	4	16	14	6	13	11	10	3	9
2015	1	16	12	14	3	2	7	9	6	17	15	10	13	11	8	5	4
2016	1	16	14	13	4	2	5	9	7	17	15	6	12	11	10	3	8
2017	1	16	10	14	4	2	8	12	5	17	15	6	13	11	10	3	9
2018	1	17	13	12	3	2	8	7	11	16	14	7	15	10	9	5	4
2019	1	17	10	11	3	9	6	16	8	15	13	5	14	12	7	4	2
排位变化	0	−1	+2	−2	+3	−7	−1	−8	−4	+2	−2	+2	+1	+1	+7	−1	+8
"一带一路"内排位 2011	1	89	51	41	32	23	31	38	29	115	48	37	57	52	56	28	43
2012	2	89	42	60	26	21	30	38	31	86	132	37	53	65	50	25	46
2013	1	101	42	48	31	23	34	36	33	105	74	35	55	67	51	27	44
2014	1	127	53	70	33	22	35	39	32	107	67	34	54	49	41	28	40
2015	2	100	52	65	28	24	36	38	35	118	67	44	53	51	37	32	31
2016	2	94	59	56	31	25	32	41	36	113	77	34	52	51	45	30	39
2017	4	92	46	54	29	22	39	52	31	125	73	37	53	50	34	26	42
2018	1	112	52	48	30	25	41	40	46	83	55	37	59	45	44	32	31
2019	1	101	49	52	34	47	38	82	46	73	62	37	68	58	45	36	33
排位变化	0	−12	+2	−11	−2	−24	−7	−44	−17	+42	−14	0	−11	−6	+11	−8	+10

① 2021年5月，立陶宛宣布退出中国—中东欧国家合作机制。本报告数据截至2019年，我们本着尊重事实的原则，继续保留立陶宛相关数据。

从中国－中东欧国家合作成员国内部的排位情况来看，2011—2019 年，仅中国排位不变，多数国家变动不大。上升最快的是希腊，上升 8 位；其次是斯洛伐克，上升 7 位。下降最快的是拉脱维亚，下降 8 位；其次是爱沙尼亚，下降 7 位。其他排位上升的国家共有 6 个，分别是保加利亚、捷克、北马其顿、波兰、罗马尼亚、塞尔维亚；其他排位下降的国家有 6 个，分别是阿尔巴尼亚、克罗地亚、匈牙利、立陶宛、黑山、斯洛文尼亚。

从"一带一路"参与国家范围内的排位情况来看，2011—2019 年，中国长期处于前几位，其他国家多处于总排位中上游，排位最低的是阿尔巴尼亚。从国家的区间分布来看，2019 年，处于第一区间的有 6 个国家，9 个国家处于第二区间，拉脱维亚、阿尔巴尼亚位于第三区间。

从"一带一路"参与国家排名的变化情况来看，2011—2019 年，中国、波兰 2 国排位未变。排位上升的国家有 4 个，上升最快的是北马其顿，上升 42 位；其次是斯洛伐克，上升 11 位；希腊上升 10 位，保加利亚上升 2 位。其他 13 国排位均不同程度地下降，其中拉脱维亚下降最多，降幅 44 位；其次是爱沙尼亚，下降 24 位；立陶宛下降 17 位，黑山下降 14 位，阿尔巴尼亚下降 12 位，克罗地亚和罗马尼亚均下降 11 位，斯洛文尼亚下降 8 位，匈牙利下降 7 位，塞尔维亚下降 6 位，捷克下降 2 位。

（四）东盟各国国家创新竞争力评价分析

为了进一步分析东盟内部各国的国家创新竞争力差异情况，表 2-5 列出了 2011—2019 年东盟 10 个国家分别在东盟内部和"一带一路"参与国家范围内的国家创新竞争力排位情况。

表 2-5 东盟各国国家创新竞争力排位比较

项目 ＼ 国家		新加坡	马来西亚	印度尼西亚	泰国	越南	菲律宾	缅甸	柬埔寨	老挝	文莱
东盟内排位	2011	1	3	6	4	5	7	10	9	8	2
	2012	1	2	6	5	4	10	9	7	8	3
	2013	1	6	7	2	4	5	10	8	9	3
	2014	1	2	4	5	8	9	10	6	7	3
	2015	1	2	6	3	4	7	10	9	8	5
	2016	1	2	5	3	6	9	8	10	7	4
	2017	1	4	6	2	5	3	9	10	8	7
	2018	2	1	4	9	5	3	10	8	7	6
	2019	1	2	3	5	6	4	8	10	9	7
	排位变化	0	+1	+3	−1	−1	+3	+2	−1	−1	−5
"一带一路"内排位	2011	12	36	80	63	68	86	156	117	113	33
	2012	10	34	106	94	69	147	144	120	127	39
	2013	10	69	71	45	58	65	146	112	118	52
	2014	12	37	72	73	126	141	142	98	101	46
	2015	12	34	73	61	64	80	138	119	105	70
	2016	9	24	69	46	91	145	133	153	99	57
	2017	11	70	72	58	71	62	126	140	123	76
	2018	26	20	60	122	66	47	146	117	105	77
	2019	6	15	48	56	63	51	117	122	121	77
	排位变化	+6	+21	+32	+7	+5	+35	+39	−5	−8	−44

　　从东盟内部的排位情况来看，2011—2019 年，新加坡的国家创新竞争力基本稳居东盟的首位。印度尼西亚和菲律宾排名上升最快，均上升 3 位；缅甸上升 2 位，马来西亚上升 1 位。文莱排名下降最多，达 5 位；泰国、越南、柬埔寨、老挝均下降 1 位。

　　从"一带一路"参与国家范围内的排位情况来看，2011—2019 年，新加坡的排位比较靠前，2019 年排第 6 位；另一个基本处于第一区间的是马来西亚，2019 年排名第 15 位。2019 年，东盟有印度尼西亚、泰国、菲律宾、越南、文莱 5 个国家处于第二区间，缅甸 1 个国家处于第三区间，老挝、柬埔寨 2 个国家处于第四区间。

从"一带一路"参与国家内排名的变化情况来看，2011—2019 年，有 7 个国家排位上升，3 个国家排位下降。其中，缅甸排名上升最快，达 39 位；菲律宾其次，达 35 位；印度尼西亚上升 32 位，马来西亚上升 21 位，泰国上升 7 位，新加坡上升 6 位，越南上升 5 位。文莱下降幅度最大，达 44 位；老挝下降 8 位，柬埔寨下降 5 位。

（五）非盟各国国家创新竞争力评价分析

为了进一步分析非盟各国的国家创新竞争力差异情况，表 2-6 列出了 2011—2019 年非盟 45 个国家分别在非盟内部和"一带一路"参与国家范围内的国家创新竞争力排位情况。非盟共有 55 个成员国，由于资料不全，本报告评价仅选取 45 个非盟国家，进行分析和评价。

表 2-6 非盟各国国家创新竞争力排位比较

项目 国家	非盟内排名									
	2011	2012	2013	2014	2015	2016	2017	2018	2019	排位变化
阿尔及利亚	11	15	17	17	14	14	8	38	9	+2
埃及	5	6	5	6	4	5	6	10	4	+1
埃塞俄比亚	37	10	11	21	7	15	9	27	19	+18
安哥拉	26	43	36	32	22	30	43	36	32	−6
贝宁	22	22	23	22	26	26	23	24	28	−6
博茨瓦纳	12	16	12	34	12	13	20	28	6	+6
布隆迪	34	32	44	30	36	38	32	29	41	−7
赤道几内亚	9	17	19	19	17	21	26	32	17	−8
多哥	36	20	45	24	43	24	16	8	34	+2

项目 国家	非盟内排名									排位变化
	2011	2012	2013	2014	2015	2016	2017	2018	2019	
佛得角	6	33	4	5	18	6	4	22	10	−4
冈比亚	3	21	3	16	10	12	28	15	20	−17
刚果（布）	23	34	32	13	13	29	14	18	21	+2
刚果（金）	15	26	30	39	35	43	42	43	44	−29
吉布提	18	27	18	23	29	33	31	30	38	−20
几内亚	16	35	27	27	21	20	25	31	33	−17
加纳	39	4	15	10	9	16	10	4	11	+28
加蓬	8	11	13	14	20	23	30	33	18	−10
津巴布韦	24	5	31	9	28	28	5	9	26	−2
喀麦隆	25	31	28	28	24	19	17	23	24	+1
科摩罗	10	14	8	4	3	4	3	3	2	+8
科特迪瓦	7	12	21	11	19	10	18	20	23	−16
肯尼亚	33	9	7	7	6	7	7	5	14	+19
莱索托	30	45	38	37	37	45	15	14	37	−7
利比里亚	35	40	43	40	39	44	35	35	39	−4
利比亚	28	18	16	20	15	17	24	26	13	+15
卢旺达	13	19	20	25	11	9	38	17	25	−12
马达加斯加	17	44	35	35	44	36	41	44	45	−28
马里	43	29	26	26	16	37	21	45	31	+12
毛里塔尼亚	19	30	29	38	34	32	40	39	29	−10
摩洛哥	14	13	39	8	33	8	34	21	8	+6
莫桑比克	45	7	10	33	27	22	12	12	30	+15
纳米比亚	29	25	22	18	41	18	19	25	12	+17
南非	2	2	6	3	1	2	1	1	1	+1
南苏丹	42	41	40	42	38	41	44	42	42	0
尼日尔	21	24	9	15	25	40	39	37	43	−22
尼日利亚	38	42	34	36	23	35	33	34	22	+16
塞拉利昂	32	39	41	41	42	39	29	13	7	+25
塞内加尔	41	23	14	12	8	25	13	11	27	+14

项目 国家	非盟内排名									排位变化
	2011	2012	2013	2014	2015	2016	2017	2018	2019	
塞舌尔	4	3	2	2	5	3	2	6	3	+1
苏丹	20	36	33	31	32	34	36	40	35	−15
坦桑尼亚	44	28	24	43	31	31	11	7	16	+28
突尼斯	1	1	1	1	2	1	37	2	5	−4
乌干达	40	8	25	29	45	27	22	19	15	+25
赞比亚	31	38	42	45	30	11	27	16	36	−5
乍得	27	37	37	44	40	42	45	41	40	+13

项目 国家	"一带一路"内排名									排位变化
	2011	2012	2013	2014	2015	2016	2017	2018	2019	
阿尔及利亚	103	101	110	109	109	107	97	140	98	+5
埃及	78	78	78	79	74	83	89	85	67	+11
埃塞俄比亚	149	88	98	117	89	109	98	116	118	+31
安哥拉	128	155	140	135	121	127	156	135	133	−5
贝宁	123	113	123	118	127	123	122	109	129	−6
博茨瓦纳	104	102	100	137	104	106	118	119	78	+26
布隆迪	145	133	158	131	143	141	137	121	151	−6
赤道几内亚	97	103	113	114	114	117	130	125	114	−7
多哥	148	109	159	120	157	120	111	79	137	+11
佛得角	79	134	77	78	115	84	80	107	99	−20
冈比亚	74	112	76	108	101	105	132	96	119	−45
刚果（布）	124	136	135	102	106	126	106	99	120	+4
刚果（金）	108	122	133	147	142	154	155	155	158	−50
吉布提	116	124	111	119	130	134	136	123	148	−32
几内亚	110	137	128	123	120	115	128	124	136	−26
加纳	151	75	106	95	92	110	99	67	100	+51
加蓬	94	91	102	103	117	119	134	128	115	−21
津巴布韦	125	77	134	94	129	125	81	84	127	−2
喀麦隆	126	131	129	125	124	114	114	108	125	+1

项目 国家	"一带一路"内排名									排位变化
	2011	2012	2013	2014	2015	2016	2017	2018	2019	
科摩罗	101	100	87	77	63	72	66	65	59	+42
科特迪瓦	88	92	117	97	116	103	115	103	124	−36
肯尼亚	143	84	85	85	86	86	95	68	109	+34
莱索托	135	159	142	143	144	159	107	94	144	−9
利比里亚	147	149	152	148	151	156	141	130	149	−2
利比亚	131	105	108	115	110	111	127	115	107	+24
卢旺达	106	107	114	121	102	95	144	98	126	−20
马达加斯加	112	158	139	138	158	138	150	156	159	−47
马里	157	128	127	122	113	139	119	157	132	+25
毛里塔尼亚	118	129	130	144	141	132	149	141	130	−12
摩洛哥	107	95	143	90	139	90	139	106	92	+15
莫桑比克	159	79	97	136	128	118	104	87	131	+28
纳米比亚	132	119	120	110	153	112	117	114	105	+27
南非	72	70	82	76	54	55	43	51	25	+47
南苏丹	155	151	145	152	150	148	157	153	156	−1
尼日尔	122	117	89	106	125	146	148	137	157	−35
尼日利亚	150	154	138	139	122	137	138	129	123	+27
塞拉利昂	142	145	149	149	155	144	133	93	90	+52
塞内加尔	154	115	103	99	90	122	105	86	128	+26
塞舌尔	75	74	73	71	79	65	56	70	66	+9
苏丹	121	138	136	133	133	136	142	144	138	−17
坦桑尼亚	158	125	125	154	132	128	101	78	113	+45
突尼斯	59	44	72	68	55	53	143	63	74	−15
乌干达	152	81	126	128	159	124	120	101	110	+42
赞比亚	140	142	151	156	131	104	131	97	139	+1
乍得	130	141	141	155	152	152	158	152	150	−20

从非盟内部各国国家创新竞争力的排位情况来看,2011—2019 年期间,南非、突尼斯、科摩罗、塞舌尔和埃及排位比较靠前,马达加斯加、南苏丹、布隆迪的

排位比较靠后。2011—2019 年，排位上升的国家有 23 个，上升幅度最大的是加纳和坦桑尼亚，均上升 28 位；其次是塞拉利昂和乌干达，均上升 25 位；肯尼亚、埃塞俄比亚、纳米比亚、尼日利亚、利比亚、莫桑比克、塞内加尔、乍得与马里 9 国升幅超过 10 位；10 国升幅在 10 位以内。排位下降的国家有 21 个，下降幅度最大的是刚果（金），降幅 29 位；其次是马达加斯加，下降 28 位；尼日尔下降 22 位，吉布提下降 20 位；冈比亚、几内亚、科特迪瓦、苏丹、卢旺达、加蓬和毛里塔尼亚 7 国降幅超过 10 位；10 国降幅在 10 位以内。仅南苏丹 1 国的排位保持不变。

从"一带一路"参与国家范围内的排位情况来看，2011—2019 年，非盟各国的排位普遍比较靠后，仅 2019 年南非进入第一区间，安哥拉、布隆迪、刚果（金）、吉布提、几内亚、莱索托、利比里亚、利比亚、马达加斯加、马里、毛里塔尼亚、纳米比亚、南苏丹、尼日尔、尼日利亚、苏丹及乍得 17 国长期排在 100 位以后。

从国家的区间分布来看，2019 年，非盟中仅南非处于第一区间；科摩罗、塞舌尔、埃及、突尼斯、博茨瓦纳 5 国处于第二区间；15 个国家处于第三区间；24 个国家处于第四区间。

从"一带一路"参与国家排名的变化情况来看，2011—2019 年，没有排位保持不变的国家。排位上升的国家有 23 个，上升最快的是塞拉利昂，上升 52 位；其次为加纳，上升 51 位；南非上升 47 位，坦桑尼亚上升 45 位，科摩罗、乌干达均上升 42 位；肯尼亚、埃塞俄比亚 2 国升幅在 31 ~ 40 位之间；7 国升幅在 21 ~ 30 位之间；3 国升幅在 11 ~ 20 位之间；5 国升幅在 10 位以内。排位下降的国家有 22 个，下降最快的是刚果（金），下降 50 位；其次是马达加斯加和冈比亚，分别下降 47 位和 45 位；科特迪瓦、尼日尔、吉布提 3 国降幅在 31 ~ 40 位之间；2 国降幅在 21 ~ 30 位之间；6 国降幅在 11 ~ 20 位之间；8 国降幅在 10 位以内。

（六）拉美和加勒比共同体各国国家创新竞争力评价分析

为分析拉美和加勒比共同体内部各国的国家创新竞争力差异情况，表 2-7 列出了 2011—2019 年 21 个拉美和加勒比共同体国家分别在该共同体内部和"一带一路"参与国家范围内的国家创新竞争力排位情况。本报告仅选取签署"一带一路"协议和加入亚投行的拉美和加勒比共同体国家作为考察对象。

表 2-7 拉美和加勒比共同体各国国家创新竞争力排位比较

项目　　　　国家	拉美和加勒比共同体内排名									
	2011	2012	2013	2014	2015	2016	2017	2018	2019	排位变化
阿根廷	2	2	2	3	1	2	2	9	4	−2
安提瓜和巴布达	10	13	11	15	10	10	6	5	7	+3
巴巴多斯	13	5	10	9	11	7	8	6	8	+5
巴拿马	7	20	13	13	15	12	12	17	13	−6
巴西	1	1	1	1	2	1	1	3	1	0
玻利维亚	20	10	16	17	8	15	16	11	16	+4
多米尼加共和国	15	16	17	18	13	11	18	14	18	−3
多米尼克	18	17	19	20	16	19	17	13	9	+9
厄瓜多尔	11	6	9	7	20	20	20	16	12	−1
哥斯达黎加	3	3	3	2	3	3	5	4	2	+1
格林纳达	16	18	18	19	18	18	10	12	17	−1
古巴	21	21	21	21	21	21	21	21	21	0
圭亚那	19	19	20	14	17	13	11	8	20	−1
秘鲁	8	9	6	6	9	9	9	2	3	+5
萨尔瓦多	12	8	7	10	9	8	7	18	15	−3
苏里南	17	14	15	12	14	17	19	15	19	−2
特立尼达和多巴哥	9	12	12	11	12	14	14	20	11	−2
委内瑞拉	5	4	8	8	6	5	13	7	5	0
乌拉圭	6	7	5	5	5	4	4	1	6	0
牙买加	14	15	14	16	19	16	15	10	14	0
智利	4	11	4	4	4	6	3	19	10	−6

项目　　　　国家	"一带一路"内排名									
	2011	2012	2013	2014	2015	2016	2017	2018	2019	排位变化
阿根廷	34	27	30	31	23	28	32	81	43	−9
安提瓜和巴布达	67	80	80	89	76	74	57	49	55	+12
巴巴多斯	77	55	63	60	77	58	61	58	57	+20
巴拿马	54	110	83	83	85	82	84	127	79	−25
巴西	25	23	18	21	26	23	19	39	26	−1

玻利维亚	119	64	93	92	59	92	102	88	84	+35
多米尼加共和国	87	85	96	96	83	81	112	95	94	−7
多米尼克	100	96	116	116	91	108	103	91	61	+39
厄瓜多尔	69	56	61	57	137	131	135	126	71	−2
哥斯达黎加	35	33	39	30	40	35	48	43	29	+6
格林纳达	91	99	104	100	103	98	77	90	89	+2
古巴	153	118	156	159	154	158	146	159	154	−1
圭亚那	105	104	131	88	98	85	83	69	108	−3
秘鲁	62	62	57	52	56	71	69	38	41	+21
萨尔瓦多	70	58	59	69	62	62	59	131	83	−13
苏里南	99	82	88	82	84	97	116	111	102	−3
特立尼达和多巴哥	64	76	81	80	81	87	88	151	69	−5
委内瑞拉	46	51	60	58	49	42	85	61	53	−7
乌拉圭	50	57	53	50	48	40	36	36	54	−4
牙买加	83	83	86	91	108	93	90	82	80	+3
智利	42	67	41	47	42	48	35	138	64	−22

从拉美和加勒比共同体内部各国国家创新竞争力的排位情况来看，评价期内，巴西的国家创新竞争力多数年份处于首位，阿根廷、哥斯达黎加长期位居前3位，玻利维亚、格林纳达、苏里南、圭亚那、牙买加多数年份排在后部，古巴排名长期靠后。2011—2019年，多米尼克排位上升最快，达9位；巴巴多斯、秘鲁2国均上升5位，玻利维亚上升4位，安提瓜和巴布达上升3位，哥斯达黎加上升1位。巴拿马、智利2国排位下降幅度最大，均为6位；多米尼加共和国、萨尔瓦多2国均下降3位，阿根廷、苏里南、特立尼达和多巴哥3国均下降2位，厄瓜多尔、格林纳达、圭亚那3国均下降1位。巴西、委内瑞拉、乌拉圭、牙买加、古巴5国排名没有变化。

从"一带一路"参与国家范围内的排位情况来看，2011—2019年，巴西一直处于第一区间，阿根廷2018年起落出第一区间，哥斯达黎加仅2017年和2018年落出第一区间，古巴长期处于第四区间。2019年，巴西、哥斯达黎加2国处于第一区间，秘鲁、阿根廷、委内瑞拉、乌拉圭、安提瓜和巴布达、巴巴多斯、多米尼克、智利、特立尼达和多巴哥、厄瓜多尔、巴拿马与牙买加12国处于第二区间，萨尔瓦多、玻利维亚、格林纳达、多米尼加共和国、苏里南和圭亚那6国处于第三区间，古巴1国处于第四区间。

从"一带一路"参与国家排名的变化情况来看，2011—2019年，多米尼克排位上升最快，达39位；玻利维亚其次，上升35位；秘鲁和巴巴多斯升幅较大，分别为21位和20位；安提瓜和巴布达上升12位，哥斯达黎加上升6位，牙买加上升3位，格林纳达上升2位。其余13国排位均有所下降，下降最快的是巴拿马，下降25位；其次为智利，下降22位；萨尔瓦多下降13位，阿根廷下降9位，多米尼加共和国、委内瑞拉2国均下降7位，特立尼达和多巴哥下降5位，乌拉圭下降4位，苏里南、圭亚那2国均下降3位，厄瓜多尔下降2位，巴西、古巴2国均下降1位。

第三章
"一带一路"参与国创新基础竞争力的评价与比较分析[①]

一、"一带一路"参与国创新基础竞争力的评价结果

根据"一带一路"参与国创新基础竞争力的评价指标体系和数学模型,对2011—2019年"一带一路"参与国创新基础竞争力进行评价。表3-1列出了本评价期内"一带一路"参与国创新基础竞争力的排位和得分情况。

由表3-1可知,2019年,"一带一路"参与国创新基础竞争力的最高得分为45.68分,比2011年下降7.07分;最低得分为3.35分,比2011年上升3.02分;平均分为9.33分,比2011年下降0.03分;标准差为7.74,比2011年下降4.22。这表明"一带一路"参与国家整体创新基础竞争力水平有所下降,各国创新基础竞争力的差距有所缩小。

创新基础竞争力较高的国家主要是发达国家,2019年,在排名前30位的国家中,就有23个国家是发达国家。这表明,发达国家长期以来经济社会发展基础较好,重视创新投入和创新人才资源的开发和培养,创新体系也比较完善。创新基础竞争力较低的国家受制于经济社会发展水平比较落后,创新资源缺乏,创新基础非常薄弱,甚至有些国家还没能解决基本的温饱问题,根本不能满足创新的基本需求,其增强创新基础竞争力任重而道远。

[①] 本章作者王鹏举为厦门微志云创有限公司合伙人,李俊杰为厦门理工学院应用数学学院副教授。

表3-1 2011—2019年 "一带一路" 参与国创新基础竞争力评价比较表

国家\项目	2011 排名	2011 得分	2012 排名	2012 得分	2013 排名	2013 得分	2014 排名	2014 得分	2015 排名	2015 得分	2016 排名	2016 得分	2017 排名	2017 得分	2018 排名	2018 得分	2019 排名	2019 得分	2011—2019综合变化 排名	2011—2019综合变化 得分
中国	5	40.91	5	44.58	4	43.18	4	44.81	5	41.96	5	39.21	5	42.28	2	45.50	1	45.68	+4	+4.77
卢森堡	2	49.86	1	52.42	1	51.86	1	53.34	1	51.59	2	44.85	3	43.62	1	50.20	2	45.62	0	-4.24
新加坡	16	29.54	11	34.05	11	32.10	12	32.18	10	34.17	9	33.72	7	40.96	7	40.02	3	32.36	+13	+2.82
澳大利亚	6	40.72	3	47.32	6	42.59	5	38.90	6	40.29	7	36.27	6	41.32	4	42.72	4	30.45	+2	-10.27
丹麦	12	34.75	10	34.76	9	34.99	6	35.34	9	35.16	8	35.24	18	28.26	5	40.92	5	28.67	+7	-6.08
卡塔尔	18	27.00	14	29.76	12	30.90	10	32.75	14	29.62	17	27.17	15	29.42	13	30.71	6	27.03	+12	+0.03
冰岛	31	14.73	32	16.04	30	16.93	26	18.36	24	20.91	16	28.82	17	28.35	11	33.42	7	26.71	+24	+11.98
瑞士	10	36.28	7	39.60	19	24.69	7	35.17	4	42.02	4	39.27	11	34.39	9	38.14	8	26.41	+2	-9.87
意大利	14	31.69	15	29.57	17	25.51	14	27.77	20	25.93	20	23.54	20	23.53	15	29.70	9	25.30	+5	-6.39
加拿大	8	37.31	22	25.70	20	24.60	22	23.40	22	22.30	12	32.17	22	22.34	19	27.45	10	24.83	-2	-12.48
德国	7	39.13	8	38.44	7	36.17	9	33.04	11	32.92	10	32.96	12	31.78	6	40.47	11	23.52	-4	-15.61
奥地利	21	26.25	21	26.66	16	26.11	15	27.61	17	27.70	18	26.57	13	31.10	18	28.06	12	23.30	+9	-2.95
挪威	1	52.75	4	47.16	3	44.23	2	50.56	2	47.67	3	44.25	2	49.31	3	44.76	13	22.96	-12	-29.79
以色列	20	26.45	19	28.48	13	27.91	17	27.31	15	29.32	27	18.05	26	20.34	26	25.22	14	22.06	+6	-4.39
韩国	33	14.46	30	17.20	28	17.29	28	17.02	16	28.39	24	19.25	24	21.07	21	26.69	15	21.46	+18	+7.00
新西兰	22	25.12	20	27.81	29	16.96	20	25.15	21	25.49	19	26.20	27	20.09	27	24.92	16	20.49	+6	-4.63

续上表

国家	2011 排名	2011 得分	2012 排名	2012 得分	2013 排名	2013 得分	2014 排名	2014 得分	2015 排名	2015 得分	2016 排名	2016 得分	2017 排名	2017 得分	2018 排名	2018 得分	2019 排名	2019 得分	2011—2019 综合变化 排名	2011—2019 综合变化 得分
法国	9	36.52	9	36.53	8	35.03	11	32.73	12	32.88	13	31.82	10	35.10	12	32.22	17	20.18	-8	-16.34
爱尔兰	15	29.67	25	23.09	23	23.29	19	26.21	8	36.34	14	31.20	4	42.62	10	38.00	18	20.18	-3	-9.49
荷兰	4	44.27	6	44.04	5	42.94	8	34.81	3	42.26	6	38.37	9	35.16	20	27.09	19	19.30	-15	-24.97
巴西	17	29.06	16	29.29	18	25.09	21	24.41	26	19.18	22	19.95	21	22.84	30	24.31	20	18.95	-3	-10.11
孟加拉国	87	2.78	88	3.67	89	3.59	88	3.26	81	4.03	79	4.29	74	5.82	75	11.63	21	18.86	+66	+16.08
瑞典	13	32.35	12	33.73	10	32.87	13	30.77	13	32.27	11	32.44	8	35.72	14	29.84	22	18.00	-9	-14.35
英国	3	44.81	2	48.90	2	46.33	3	47.63	7	37.49	1	46.52	1	51.20	8	39.67	23	17.92	-20	-26.89
芬兰	19	26.73	18	28.65	15	27.28	16	27.36	18	27.45	26	18.72	14	30.50	24	25.74	24	16.36	-5	-10.37
马耳他	39	13.17	39	14.33	34	14.87	34	14.95	29	16.34	31	16.46	37	14.29	28	24.87	25	15.86	+14	+2.69
阿联酋	50	9.69	45	11.71	44	11.58	44	11.26	46	11.52	23	19.57	19	27.15	16	29.13	26	14.83	+24	+5.14
塞浦路斯	26	20.39	23	24.74	24	20.06	24	20.88	25	19.62	25	18.72	41	12.22	25	25.27	27	14.42	-1	-5.97
俄罗斯	27	18.04	27	19.31	26	18.22	38	14.04	56	8.93	54	9.51	43	12.02	38	17.53	28	14.41	-1	-3.63
沙特阿拉伯	29	16.47	28	18.66	22	23.63	33	15.07	44	12.47	44	11.75	23	22.17	34	20.89	29	14.22	0	-2.25
比利时	11	35.01	13	30.26	14	27.39	18	27.20	19	27.03	15	29.52	16	28.77	23	26.29	30	14.05	-19	-20.96
葡萄牙	35	13.72	33	15.17	36	14.67	36	14.40	35	14.22	35	14.65	30	17.13	31	21.65	31	13.37	+4	-0.35
捷克	36	13.58	37	14.83	39	14.08	41	13.36	39	13.61	38	14.20	31	17.02	37	17.65	32	13.17	+4	-0.41
委内瑞拉	41	12.99	60	8.02	64	7.26	58	8.41	27	18.22	28	17.90	49	10.98	43	17.02	33	13.04	+8	+0.05

国家\项目	2011 排名	2011 得分	2012 排名	2012 得分	2013 排名	2013 得分	2014 排名	2014 得分	2015 排名	2015 得分	2016 排名	2016 得分	2017 排名	2017 得分	2018 排名	2018 得分	2019 排名	2019 得分	2011—2019综合变化 排名	2011—2019综合变化 得分
斯洛文尼亚	30	15.11	31	16.43	33	15.99	32	15.48	31	16.19	32	16.08	28	19.00	36	17.79	34	13.01	−4	−2.10
西班牙	23	24.23	24	24.33	31	16.73	23	23.37	23	22.24	21	22.80	32	16.54	17	28.92	35	12.90	−12	−11.33
科威特	24	23.55	17	28.98	21	24.06	25	19.52	37	14.20	42	13.17	38	13.33	35	19.37	36	12.78	−12	−10.77
希腊	48	11.12	48	10.98	47	10.91	29	16.08	32	16.11	33	15.33	46	11.19	39	17.50	37	12.46	+11	+1.34
爱沙尼亚	28	16.64	29	18.61	27	17.86	27	17.30	28	17.61	29	17.25	25	20.88	29	24.56	38	12.34	−10	−4.30
匈牙利	43	12.18	41	13.58	43	12.31	42	12.30	45	11.86	34	14.65	62	7.54	62	13.34	39	12.30	+4	+0.12
波兰	34	14.41	35	15.00	40	13.98	35	14.50	61	7.91	40	13.97	53	9.47	49	16.03	40	11.63	−6	−2.78
文莱	25	23.28	26	20.14	25	18.67	31	15.89	40	12.77	46	10.66	44	11.90	40	17.38	41	11.27	−16	−12.01
巴林	62	6.97	57	8.78	55	9.19	57	8.55	52	9.28	37	14.29	51	9.72	48	16.08	42	10.68	+20	+3.71
斯洛伐克	63	6.64	64	7.18	62	7.50	43	11.87	42	12.65	43	12.46	35	14.83	51	15.50	43	10.62	+20	+3.98
印度	45	11.88	54	9.23	57	8.71	55	8.74	54	9.07	50	10.11	45	11.79	45	16.69	44	10.31	+1	−1.57
拉脱维亚	42	12.59	38	14.52	38	14.35	40	13.51	38	14.07	39	14.18	58	8.15	33	21.34	45	10.07	−3	−2.52
智利	46	11.73	56	9.03	41	13.25	63	7.46	41	12.74	62	7.60	36	14.81	53	14.94	46	9.97	0	−1.76
立陶宛	37	13.51	34	15.04	37	14.37	37	14.12	33	14.71	36	14.40	29	17.69	55	14.72	47	9.93	−10	−3.58
土耳其	38	13.45	36	14.99	35	14.85	39	13.81	36	14.20	41	13.92	34	15.26	54	14.92	48	9.82	−10	−3.63
巴巴多斯	69	5.39	71	6.29	69	6.31	67	5.95	63	7.18	61	7.82	56	8.46	56	14.66	49	9.82	+20	+4.43
特立尼达和多巴哥	40	13.17	61	7.67	61	8.09	61	7.81	59	8.51	60	7.87	59	8.04	58	14.51	50	9.59	−10	−3.58

续上表

国家\项目	2011 排名	2011 得分	2012 排名	2012 得分	2013 排名	2013 得分	2014 排名	2014 得分	2015 排名	2015 得分	2016 排名	2016 得分	2017 排名	2017 得分	2018 排名	2018 得分	2019 排名	2019 得分	2011—2019 综合变化 排名	2011—2019 综合变化 得分
克罗地亚	49	10.89	72	6.03	70	6.25	68	5.78	67	5.88	66	6.59	61	7.71	59	14.43	51	9.49	-2	-1.40
阿曼	56	8.32	50	10.48	52	9.97	53	9.21	58	8.58	63	7.60	57	8.15	52	14.95	52	9.45	+4	+1.13
巴拿马	77	3.62	78	4.91	72	5.36	70	5.27	66	6.32	65	6.86	60	7.85	60	14.06	53	9.17	+24	+5.55
乌拉圭	59	8.09	52	9.76	54	9.91	52	9.37	51	9.94	52	10.04	42	12.17	42	17.03	54	9.08	+5	+0.99
罗马尼亚	60	8.02	55	9.04	56	8.99	56	8.55	55	9.03	55	9.13	48	11.10	61	13.63	55	9.02	+5	+1.00
印度尼西亚	55	8.32	65	6.87	67	6.38	59	8.12	62	7.57	64	7.25	63	6.91	57	14.58	56	8.66	-1	+0.34
马来西亚	67	5.61	69	6.54	66	6.49	66	6.07	68	5.87	48	10.44	64	6.90	63	13.27	57	8.51	+10	+2.90
塞舌尔	84	3.00	84	3.80	79	4.52	79	4.13	71	4.98	68	5.66	65	6.47	64	12.81	58	8.05	+26	+5.05
阿根廷	44	11.92	40	13.79	42	12.48	45	11.16	43	12.62	45	11.56	55	8.86	41	17.17	59	7.68	-15	-4.24
泰国	78	3.61	77	5.04	53	9.96	77	4.17	72	4.60	56	9.09	68	6.04	47	16.29	60	7.65	+18	+4.04
哥斯达黎加	52	9.39	47	11.02	77	4.60	49	10.26	47	10.74	47	10.48	66	6.36	44	16.89	61	7.55	-9	-1.84
马尔代夫	88	2.74	92	3.44	85	3.82	84	3.54	73	4.56	69	5.03	71	6.00	68	12.43	62	7.54	+26	+4.80
南非	61	7.61	58	8.33	71	5.96	64	7.03	64	6.96	70	4.98	52	9.57	65	12.69	63	7.46	-2	-0.15
伊拉克	75	4.10	74	5.61	60	8.52	71	4.86	83	3.91	82	4.07	79	5.40	66	12.54	64	7.27	+11	+3.17
保加利亚	53	9.35	49	10.70	50	10.39	50	9.90	49	10.29	53	10.02	40	12.45	70	12.13	65	7.21	-12	-2.14
利比亚	80	3.41	63	7.36	63	7.35	72	4.81	86	3.78	89	3.53	88	4.69	67	12.45	66	7.06	+14	+3.65
哈萨克斯坦	70	5.37	68	6.62	65	6.73	69	5.70	70	5.05	71	4.74	76	5.79	22	26.34	67	6.84	+3	+1.47

续上表

国家＼项目	2011 排名	2011 得分	2012 排名	2012 得分	2013 排名	2013 得分	2014 排名	2014 得分	2015 排名	2015 得分	2016 排名	2016 得分	2017 排名	2017 得分	2018 排名	2018 得分	2019 排名	2019 得分	2011—2019综合变化 排名	2011—2019综合变化 得分
安提瓜和巴布达	93	2.52	93	3.43	90	3.50	89	3.20	82	3.94	76	4.50	82	5.26	72	11.81	68	6.73	+25	+4.21
秘鲁	51	9.40	46	11.59	51	10.22	54	9.13	53	9.27	83	4.06	83	5.10	50	15.62	69	6.52	−18	−2.88
加蓬	72	4.71	75	5.18	73	5.20	73	4.61	79	4.08	81	4.15	84	5.05	74	11.63	70	6.48	+2	+1.77
黎巴嫩	81	3.28	82	4.25	80	4.29	81	3.81	76	4.23	75	4.55	78	5.49	73	11.81	71	6.43	+10	+3.15
多米尼加共和国	68	5.40	67	6.73	68	6.36	65	6.14	65	6.85	57	9.02	85	4.99	78	11.38	72	6.37	−4	+0.97
赤道几内亚	57	8.20	53	9.40	59	8.62	62	7.65	69	5.71	72	4.73	77	5.68	69	12.24	73	6.29	−16	−1.91
厄瓜多尔	89	2.63	85	3.79	82	4.12	80	3.82	77	4.17	80	4.27	86	4.97	77	11.44	74	6.17	+15	+3.54
塞尔维亚	54	8.35	96	3.23	58	8.66	60	8.05	60	8.30	59	8.22	50	10.37	80	11.16	75	6.14	−21	−2.21
埃及	91	2.55	89	3.63	86	3.78	86	3.47	78	4.10	77	4.35	67	6.05	95	10.63	76	6.11	+15	+3.56
越南	106	1.82	104	2.75	104	2.84	100	2.59	103	2.76	96	3.27	96	4.42	97	10.61	77	6.09	+29	+4.27
圭亚那	98	2.00	98	2.95	94	3.16	94	2.69	91	3.17	86	3.66	91	4.59	81	11.02	78	6.04	+20	+4.04
伊朗	65	6.32	42	13.25	48	10.86	51	9.78	80	4.06	51	10.04	73	5.85	71	12.07	79	5.99	−14	−0.33
菲律宾	99	1.97	99	2.92	49	10.49	91	2.88	96	3.05	88	3.54	90	4.61	88	10.82	80	5.95	+19	+3.98
阿尔及利亚	74	4.16	76	5.13	75	5.05	74	4.45	85	3.80	84	3.98	87	4.79	79	11.25	81	5.84	−7	+1.68
土库曼斯坦	95	2.14	95	3.31	88	3.63	85	3.52	87	3.39	85	3.66	95	4.45	87	10.91	82	5.81	+13	+3.67
古巴	101	1.90	62	7.61	96	3.05	97	2.64	92	3.16	87	3.55	93	4.50	82	11.00	83	5.80	+18	+3.90
格林纳达	111	1.65	113	2.39	112	2.62	109	2.31	98	3.01	91	3.51	94	4.48	86	10.92	84	5.80	+27	+4.15

续上表

国家＼项目	2011 排名	2011 得分	2012 排名	2012 得分	2013 排名	2013 得分	2014 排名	2014 得分	2015 排名	2015 得分	2016 排名	2016 得分	2017 排名	2017 得分	2018 排名	2018 得分	2019 排名	2019 得分	2011—2019综合变化 排名	2011—2019综合变化 得分
斐济	110	1.69	108	2.54	103	2.85	95	2.69	95	3.06	90	3.51	72	5.99	83	10.98	85	5.71	+25	+4.02
汤加	79	3.51	107	2.62	106	2.82	104	2.43	100	2.85	101	3.13	100	4.18	89	10.81	86	5.68	−7	+2.17
白俄罗斯	92	2.54	94	3.38	84	3.84	87	3.45	93	3.12	103	3.07	99	4.18	90	10.80	87	5.68	+5	+3.14
多米尼克	104	1.84	112	2.41	111	2.68	107	2.33	105	2.72	95	3.38	89	4.67	99	10.55	88	5.66	+16	+3.82
黑山	58	8.11	101	2.85	93	3.16	96	2.69	102	2.78	99	3.19	98	4.25	85	10.93	89	5.65	−31	−2.46
阿塞拜疆	47	11.18	43	12.61	45	11.57	46	10.83	50	10.02	58	8.92	47	11.16	93	10.66	90	5.57	−43	−5.61
苏里南	83	3.12	80	4.42	76	4.66	78	4.17	75	4.49	92	3.46	102	4.13	92	10.70	91	5.56	−8	+2.44
乌克兰	90	2.57	90	3.58	91	3.48	110	2.30	116	2.00	111	2.55	109	3.68	102	10.26	92	5.51	−2	+2.94
牙买加	100	1.97	102	2.79	100	2.93	105	2.42	101	2.84	100	3.16	103	4.08	96	10.62	93	5.48	+7	+3.51
纳米比亚	94	2.51	91	3.47	92	3.36	90	2.97	90	3.18	97	3.27	92	4.50	84	10.95	94	5.47	0	+2.96
约旦	97	2.00	100	2.87	95	3.13	93	2.78	94	3.11	94	3.43	97	4.32	91	10.71	95	5.47	+2	+3.47
萨摩亚	103	1.85	105	2.67	101	2.90	103	2.45	99	2.90	98	3.25	101	4.16	98	10.57	96	5.39	+7	+3.54
北马其顿	105	1.83	111	2.48	105	2.84	102	2.45	108	2.62	102	3.07	104	3.98	94	10.65	97	5.37	+8	+3.54
博茨瓦纳	82	3.14	87	3.72	83	3.96	82	3.75	84	3.81	78	4.34	80	5.28	76	11.61	98	5.35	−16	+2.21
阿尔巴尼亚	71	5.32	70	6.52	109	2.68	108	2.31	111	2.36	108	2.74	108	3.74	101	10.43	99	5.22	−28	−0.10
摩洛哥	96	2.06	103	2.77	97	3.03	98	2.63	107	2.67	105	2.98	105	3.92	100	10.44	100	5.15	−4	+3.09
亚美尼亚	32	14.52	117	2.21	115	2.47	114	2.11	34	14.46	110	2.58	33	15.80	106	10.12	101	5.01	−69	−9.51

续上表

国家＼项目	2011 排名	2011 得分	2012 排名	2012 得分	2013 排名	2013 得分	2014 排名	2014 得分	2015 排名	2015 得分	2016 排名	2016 得分	2017 排名	2017 得分	2018 排名	2018 得分	2019 排名	2019 得分	2011—2019综合变化 排名	2011—2019综合变化 得分
摩尔多瓦	64	6.62	59	8.09	46	11.46	47	10.66	48	10.46	115	2.31	115	3.43	46	16.65	102	5.01	-38	-1.61
蒙古	109	1.70	106	2.67	108	2.75	112	2.14	112	2.30	114	2.34	113	3.48	105	10.17	103	5.00	+6	+3.30
格鲁吉亚	112	1.56	44	12.08	110	2.68	48	10.35	110	2.36	49	10.24	39	13.30	103	10.21	104	4.93	+8	+3.37
萨尔瓦多	73	4.42	73	5.74	74	5.18	115	1.98	113	2.29	73	4.61	75	5.80	109	10.09	105	4.87	-32	+0.45
尼日利亚	85	2.97	81	4.29	81	4.21	83	3.57	88	3.26	104	3.07	112	3.59	111	9.98	106	4.86	-21	+1.89
玻利维亚	118	1.23	51	9.80	114	2.50	113	2.11	57	8.60	109	2.73	111	3.60	108	10.10	107	4.84	+11	+3.61
突尼斯	66	5.96	66	6.74	99	2.97	101	2.58	104	2.73	67	6.39	110	3.64	107	10.11	108	4.79	-42	-1.17
斯里兰卡	114	1.49	115	2.27	113	2.54	111	2.16	109	2.44	106	2.82	107	3.74	104	10.18	109	4.77	+5	+3.28
吉布提	133	0.77	133	1.49	123	2.04	123	1.65	118	1.96	112	2.45	117	3.27	113	9.83	110	4.67	+23	+3.90
巴基斯坦	76	3.77	79	4.57	78	4.58	76	4.28	114	2.24	74	4.60	69	6.04	110	10.01	111	4.61	-35	-0.84
佛得角	116	1.48	119	2.11	117	2.38	117	1.93	74	4.55	113	2.39	116	3.30	112	9.91	112	4.61	+4	+3.13
瓦努阿图	117	1.25	121	1.94	120	2.17	119	1.73	119	1.87	116	2.27	118	3.20	114	9.80	113	4.47	+4	+3.22
巴布亚新几内亚	119	1.23	118	2.11	119	2.29	116	1.93	115	2.05	117	2.25	119	3.17	116	9.77	114	4.42	+5	+3.19
不丹	126	1.03	97	3.20	126	1.95	125	1.58	123	1.80	118	2.19	70	6.02	119	9.69	115	4.37	+11	+3.34
刚果（布）	108	1.71	109	2.51	107	2.82	106	2.36	117	1.99	123	1.99	120	3.08	117	9.72	116	4.31	-8	+2.60
加纳	123	1.04	123	1.83	118	2.34	121	1.70	120	1.86	119	2.13	121	3.06	122	9.57	117	4.30	+6	+3.26
基里巴斯	138	0.71	136	1.47	131	1.76	131	1.44	124	1.78	122	2.01	127	2.91	123	9.51	118	4.30	+20	+3.59

续上表

国家＼项目	2011 排名	2011 得分	2012 排名	2012 得分	2013 排名	2013 得分	2014 排名	2014 得分	2015 排名	2015 得分	2016 排名	2016 得分	2017 排名	2017 得分	2018 排名	2018 得分	2019 排名	2019 得分	2011—2019综合变化 排名	2011—2019综合变化 得分
密克罗尼西亚联邦	139	0.70	139	1.43	138	1.69	135	1.37	134	1.53	129	1.91	128	2.88	120	9.65	119	4.30	+20	+3.60
科特迪瓦	135	0.73	137	1.47	130	1.78	92	2.79	126	1.71	120	2.07	122	3.00	121	9.58	120	4.27	+15	+3.54
肯尼亚	130	0.83	131	1.60	129	1.84	130	1.45	133	1.56	127	1.94	123	2.93	126	9.47	121	4.25	+9	+3.42
东帝汶	115	1.48	116	2.25	116	2.44	120	1.72	125	1.73	131	1.83	132	2.71	131	9.27	122	4.23	-7	+2.75
柬埔寨	148	0.56	146	1.30	145	1.56	99	2.62	106	2.72	137	1.72	134	2.68	132	9.23	123	4.15	+25	+3.59
乌兹别克斯坦	121	1.14	122	1.91	32	16.42	30	16.06	30	16.28	30	16.62	130	2.85	32	21.59	124	4.14	-3	+3.00
所罗门群岛	129	0.86	129	1.62	127	1.92	127	1.50	128	1.67	121	2.01	126	2.91	125	9.49	125	4.12	+4	+3.26
老挝	140	0.66	138	1.43	133	1.75	133	1.39	131	1.59	124	1.98	125	2.92	127	9.44	126	4.12	+14	+3.46
安哥拉	86	2.90	86	3.73	87	3.74	75	4.34	89	3.23	107	2.74	114	3.44	115	9.78	127	4.10	-41	+1.20
缅甸	125	1.03	130	1.61	128	1.86	126	1.51	130	1.65	128	1.93	129	2.86	136	9.18	128	4.05	-3	+3.02
塞内加尔	107	1.75	132	1.54	98	2.98	132	1.40	135	1.45	132	1.83	106	3.89	129	9.33	129	4.04	-22	+2.29
毛里塔尼亚	124	1.04	125	1.78	122	2.07	128	1.49	132	1.59	126	1.96	131	2.84	128	9.37	130	4.02	-6	+2.98
喀麦隆	131	0.82	135	1.47	132	1.76	134	1.37	137	1.39	134	1.75	136	2.64	133	9.23	131	3.91	0	+3.09
吉尔吉斯斯坦	137	0.72	142	1.40	135	1.70	139	1.26	139	1.38	135	1.73	137	2.60	135	9.20	132	3.88	+5	+3.16
埃塞俄比亚	132	0.79	154	1.18	147	1.49	146	1.13	144	1.26	139	1.71	135	2.65	141	9.08	133	3.85	-1	+3.06
坦桑尼亚	146	0.61	120	1.98	139	1.65	141	1.24	143	1.28	141	1.62	140	2.53	139	9.10	134	3.84	+12	+3.23
津巴布韦	143	0.64	110	2.49	137	1.69	137	1.27	138	1.39	136	1.73	81	5.27	130	9.28	135	3.83	+8	+3.19

续上表

国家 \ 项目	2011 排名	2011 得分	2012 排名	2012 得分	2013 排名	2013 得分	2014 排名	2014 得分	2015 排名	2015 得分	2016 排名	2016 得分	2017 排名	2017 得分	2018 排名	2018 得分	2019 排名	2019 得分	2011—2019 综合变化 排名	2011—2019 综合变化 得分
赞比亚	128	0.91	128	1.68	125	1.95	129	1.48	136	1.44	138	1.72	133	2.70	134	9.23	136	3.82	−8	+2.91
科摩罗	134	0.74	140	1.42	136	1.70	138	1.27	142	1.29	140	1.64	142	2.52	137	9.12	137	3.76	−3	+3.02
尼泊尔	102	1.88	155	1.16	154	1.43	152	1.02	149	1.13	148	1.49	145	2.42	142	9.05	138	3.74	−36	+1.86
莱索托	136	0.72	141	1.40	142	1.63	143	1.22	140	1.33	142	1.61	141	2.52	138	9.11	139	3.74	−3	+3.02
贝宁	142	0.65	145	1.34	141	1.63	142	1.23	145	1.23	144	1.59	144	2.46	140	9.08	140	3.73	+2	+3.08
塔吉克斯坦	147	0.60	143	1.35	140	1.65	140	1.26	141	1.31	143	1.59	54	8.86	143	9.03	141	3.73	+6	+3.13
乌干达	145	0.62	83	3.90	146	1.54	145	1.16	146	1.21	146	1.51	148	2.40	146	8.98	142	3.70	+3	+3.08
几内亚	151	0.50	152	1.20	151	1.46	151	1.03	150	1.12	145	1.51	146	2.40	145	8.98	143	3.66	+8	+3.16
莫桑比克	120	1.21	134	1.49	134	1.72	136	1.30	127	1.71	149	1.47	124	2.92	151	8.91	144	3.65	−24	+2.44
马里	113	1.53	150	1.21	148	1.48	149	1.06	129	1.65	125	1.96	147	2.40	124	9.51	145	3.65	−32	+2.12
冈比亚	150	0.52	153	1.19	152	1.44	157	0.98	97	3.03	150	1.46	150	2.32	148	8.93	146	3.61	+4	+3.09
也门	127	1.03	124	1.79	121	2.16	122	1.70	121	1.84	133	1.76	143	2.50	144	9.01	147	3.60	−20	+2.57
卢旺达	156	0.45	114	2.30	156	1.40	118	1.86	152	1.07	152	1.43	151	2.31	118	9.69	148	3.58	+8	+3.13
刚果（金）	154	0.45	149	1.22	102	2.90	155	1.00	155	1.04	93	3.45	156	2.26	153	8.87	149	3.58	+5	+3.13
乍得	144	0.63	144	1.34	144	1.59	147	1.11	147	1.15	151	1.43	152	2.29	150	8.91	150	3.57	−6	+2.94
尼日尔	153	0.47	127	1.69	155	1.42	150	1.03	154	1.04	155	1.40	155	2.27	152	8.88	151	3.56	+2	+3.09
南苏丹	141	0.65	147	1.24	143	1.63	148	1.10	148	1.13	147	1.50	149	2.35	149	8.93	152	3.54	−11	+2.89

续上表

项目 / 国家	2011		2012		2013		2014		2015		2016		2017		2018		2019		2011—2019 综合变化	
	排名	得分	排名	得分	排名	得分	排名	得分	排名	得分	排名	得分	排名	得分	排名	得分	排名	得分	排名	得分
苏丹	122	1.09	126	1.72	124	1.95	124	1.59	122	1.83	130	1.84	138	2.60	147	8.97	153	3.53	-31	+2.44
多哥	155	0.45	158	1.08	157	1.37	158	0.96	157	1.02	156	1.37	157	2.25	155	8.86	154	3.52	+1	+3.07
阿富汗	149	0.52	151	1.21	150	1.46	153	1.01	151	1.09	154	1.41	154	2.28	156	8.85	155	3.51	-6	+2.99
利比里亚	152	0.50	148	1.23	149	1.47	156	1.00	153	1.06	153	1.42	153	2.29	154	8.86	156	3.50	-4	+3.00
塞拉利昂	158	0.43	156	1.14	153	1.44	154	1.01	156	1.03	157	1.35	158	2.22	157	8.83	157	3.49	+1	+3.06
马达加斯加	157	0.44	157	1.10	158	1.35	159	0.93	158	0.96	158	1.33	159	2.22	158	8.81	158	3.46	-1	+3.02
布隆迪	159	0.33	159	0.99	159	1.26	144	1.20	159	0.92	159	1.25	139	2.58	159	8.71	159	3.35	0	+3.02
最高分		52.75		52.42		51.86		53.34		51.59		46.52		51.20		50.20		45.68		-7.07
最低分		0.33		0.99		1.26		0.93		0.92		1.25		2.22		8.71		3.35		+3.02
平均分		9.36		10.12		9.70		9.41		9.60		9.57		10.40		15.66		9.33		-0.03
标准差		11.96		11.89		11.01		11.28		11.30		10.78		11.04		9.14		7.74		-4.22

二、"一带一路"参与国创新基础竞争力的综合排名及其变化

2011 年创新基础竞争力排在第 1 至 10 位的国家依次为：挪威、卢森堡、英国、荷兰、中国、澳大利亚、德国、加拿大、法国、瑞士；排在第 11 至 20 位的国家依次为：比利时、丹麦、瑞典、意大利、爱尔兰、新加坡、巴西、卡塔尔、芬兰、以色列；排在第 21 至 30 位的国家依次为：奥地利、新西兰、西班牙、科威特、文莱、塞浦路斯、俄罗斯、爱沙尼亚、沙特阿拉伯、斯洛文尼亚；排在最后 10 位的国家依次为：冈比亚、几内亚、利比里亚、尼日尔、刚果（金）、多哥、卢旺达、马达加斯加、塞拉利昂、布隆迪。

2019 年创新基础竞争力排在第 1 至 10 位的国家依次为：中国、卢森堡、新加坡、澳大利亚、丹麦、卡塔尔、冰岛、瑞士、意大利、加拿大；排在第 11 至 20 位的国家依次为：德国、奥地利、挪威、以色列、韩国、新西兰、法国、爱尔兰、荷兰、巴西；排在第 21 至 30 位的国家依次为：孟加拉国、瑞典、英国、芬兰、马耳他、阿联酋、塞浦路斯、俄罗斯、沙特阿拉伯、比利时；排在最后 10 位的国家依次为：乍得、尼日尔、南苏丹、苏丹、多哥、阿富汗、利比里亚、塞拉利昂、马达加斯加、布隆迪。

总的来看，2011—2019 年，创新基础竞争力排在前 30 位的国家变化不大，只有 5 个席位发生变化，其中爱沙尼亚、科威特、斯洛文尼亚、文莱、西班牙跌出前 30 位，而阿联酋、冰岛、韩国、马耳他、孟加拉国升入前 30 位。"一带一路"参与国创新基础竞争力排在后 10 位的国家变化较大，有 4 个席位发生变化，其中冈比亚、刚果（金）、几内亚、卢旺达升出后 10 位，阿富汗、南苏丹、苏丹、乍得落入后 10 位。

2011—2019 年，各国创新基础竞争力的排名变化情况如表 3-2 所示。创新基础竞争力排位上升的国家有 83 个，其中上升幅度最大的是孟加拉国，由第 87 位上升到第 21 位，上升 66 位；有 11 个国家上升 21 ~ 30 位；25 个国家排位上升 11 ~ 20 位；46 个国家排位上升 10 位以内。排位下降的国家有 70 个，其中，下降幅度最大的是亚美尼亚，从第 32 位下降到第 101 位，下降 69 位；3 个国家排位下降 41 ~ 50 位；7 个国家排位下降 31 ~ 40 位；5 个国家排位下降

21～30位；15个国家排位下降11～20位；39个国家排位下降10位以内。6个国家的排位保持不变。

表3-2 2011—2019年"一带一路"参与国创新基础竞争力的排名变化情况

国家	孟加拉国	越南	格林纳达	塞舌尔	马尔代夫	安提瓜和巴布达	斐济	柬埔寨	冰岛	阿联酋
变化	+66	+29	+27	+26	+26	+25	+25	+25	+24	+24
国家	巴拿马	吉布提	巴林	斯洛伐克	巴巴多斯	圭亚那	基里巴斯	密克罗尼西亚联邦	菲律宾	韩国
变化	+24	+23	+20	+20	+20	+20	+20	+20	+19	+18
国家	泰国	古巴	多米尼克	厄瓜多尔	埃及	科特迪瓦	马耳他	利比亚	老挝	新加坡
变化	+18	+18	+16	+15	+15	+15	+14	+14	+14	+13
国家	土库曼斯坦	卡塔尔	坦桑尼亚	希腊	伊拉克	玻利维亚	不丹	马来西亚	黎巴嫩	奥地利
变化	+13	+12	+12	+11	+11	+11	+11	+10	+10	+9
国家	肯尼亚	委内瑞拉	北马其顿	格鲁吉亚	津巴布韦	几内亚	卢旺达	丹麦	牙买加	萨摩亚
变化	+9	+8	+8	+8	+8	+8	+8	+7	+7	+7
国家	以色列	新西兰	蒙古	加纳	塔吉克斯坦	意大利	乌拉圭	罗马尼亚	白俄罗斯	斯里兰卡
变化	+6	+6	+6	+6	+6	+5	+5	+5	+5	+5
国家	巴布亚新几内亚	吉尔吉斯斯坦	刚果（金）	中国	葡萄牙	捷克	匈牙利	阿曼	佛得角	瓦努阿图
变化	+5	+5	+5	+4	+4	+4	+4	+4	+4	+4
国家	所罗门群岛	冈比亚	哈萨克斯坦	乌干达	澳大利亚	瑞士	加蓬	约旦	贝宁	尼日尔
变化	+4	+4	+3	+3	+2	+2	+2	+2	+2	+2
国家	印度	多哥	塞拉利昂	卢森堡	沙特阿拉伯	智利	纳米比亚	喀麦隆	布隆迪	塞浦路斯
变化	+1	+1	+1	0	0	0	0	0	0	-1
国家	俄罗斯	印度尼西亚	埃塞俄比亚	马达加斯加	加拿大	克罗地亚	南非	乌克兰	爱尔兰	巴西
变化	-1	-1	-1	-1	-2	-2	-2	-2	-3	-3

国家	拉脱维亚	乌兹别克斯坦	缅甸	科摩罗	莱索托	德国	斯洛文尼亚	多米尼加共和国	摩洛哥	利比里亚
变化	−3	−3	−3	−3	−3	−4	−4	−4	−4	−4
国家	芬兰	波兰	毛里塔尼亚	乍得	阿富汗	阿尔及利亚	汤加	东帝汶	法国	苏里南
变化	−5	−6	−6	−6	−6	−7	−7	−7	−8	−8
国家	刚果（布）	赞比亚	瑞典	哥斯达黎加	爱沙尼亚	立陶宛	土耳其	特立尼达和多巴哥	南苏丹	挪威
变化	−8	−8	−9	−9	−10	−10	−10	−10	−11	−12
国家	西班牙	科威特	保加利亚	伊朗	荷兰	阿根廷	文莱	赤道几内亚	博茨瓦纳	秘鲁
变化	−12	−12	−12	−14	−15	−15	−16	−16	−16	−18
国家	比利时	英国	也门	塞尔维亚	尼日利亚	塞内加尔	莫桑比克	阿尔巴尼亚	黑山	苏丹
变化	−19	−20	−20	−21	−21	−22	−24	−28	−31	−31
国家	萨尔瓦多	马里	巴基斯坦	尼泊尔	摩尔多瓦	安哥拉	突尼斯	阿塞拜疆	亚美尼亚	—
变化	−32	−32	−35	−36	−38	−41	−42	−43	−69	

三、"一带一路"参与国创新基础竞争力的综合得分及其变化

"一带一路"参与国创新基础竞争力的平均得分呈波动下降态势，由2011年的9.36分下降到2019年的9.33分，表明"一带一路"参与国创新基础竞争力整体水平有轻微下降。

2011年，挪威是唯一一个创新基础竞争力得分超过50分的国家，其余国家均低于50分；其中，有5个国家介于40～50（不含40）分，8个国家介于30～40（不含30）分，12个国家介于20～30（不含20）分，23个国家介于10～20（不含10）分，110个国家的得分不高于10分。而到2019年，没有国家得分超过50分；仅中国、卢森堡2个国家介于40～50（不含40）分，新加坡、澳大利亚2个国家介于30～40（不含30）分，14个国家介于20～30（不含20）分，27个国家介于10～20（不含10）分，114个国家的得分不高于10分。

各国创新基础竞争力差距非常大，发达国家的创新基础竞争力高于发展中国

家和不发达国家。2019 年，排在第 2 位的卢森堡得分约是排在最后 1 位的布隆迪得分的 13.6 倍，排在前 10 位的国家有 8 个是发达国家。从与平均分的比较来看，有 52 个国家的得分高于平均分，其中有 34 个是发达国家，广大的发展中国家和不发达国家的得分不高，且有 114 个国家得分低于 10 分，大大拉低了平均分的水平。

各国创新基础竞争力的得分变化情况如表 3-3 所示。创新基础竞争力得分上升的国家有 108 个，其中，上升最快的是孟加拉国，得分上升 16.08 分；其次为冰岛，上升 11.97 分；韩国、巴拿马、阿联酋、塞舌尔的得分上升也较快，上升幅度均超过 5 分。得分下降的国家有 51 个，得分下降幅度比较大的基本是部分发达国家的，其中下降幅度最大的是挪威，下降 29.79 分，其次英国的得分下降 26.88 分，荷兰下降 24.97 分，比利时下降 20.96 分，此外还有法国、德国等 7 个发达国家得分降幅超 10 分；仅 3 个发展中国家得分降幅超过 10 分。

表 3-3 2011—2019 年各国创新基础竞争力得分变化情况

变化速度排序	国家	2011 得分	2019 得分	得分变化	2019 年得分排名	变化速度排序	国家	2011 得分	2019 得分	得分变化	2019 年得分排名
1	孟加拉国	2.78	18.86	+16.08	21	81	东帝汶	1.48	4.23	+2.75	122
2	冰岛	14.73	26.71	+11.98	7	82	马耳他	13.17	15.86	+2.69	25
3	韩国	14.46	21.46	+7.00	15	83	刚果（布）	1.71	4.31	+2.60	116
4	巴拿马	3.62	9.17	+5.55	53	84	也门	1.03	3.60	+2.57	147
5	阿联酋	9.69	14.83	+5.14	26	85	苏丹	1.09	3.53	+2.44	153
6	塞舌尔	3.00	8.05	+5.05	58	86	苏里南	3.12	5.56	+2.44	91
7	马尔代夫	2.74	7.54	+4.80	62	87	莫桑比克	1.21	3.65	+2.44	144
8	中国	40.91	45.68	+4.77	1	88	塞内加尔	1.75	4.04	+2.29	129
9	巴巴多斯	5.39	9.82	+4.43	49	89	博茨瓦纳	3.14	5.35	+2.21	98
10	越南	1.82	6.09	+4.27	77	90	汤加	3.51	5.68	+2.17	86
11	安提瓜和巴布达	2.52	6.73	+4.21	68	91	马里	1.53	3.65	+2.12	145
12	格林纳达	1.65	5.80	+4.15	84	92	尼日利亚	2.97	4.86	+1.89	106

变化速度排序	国家	2011得分	2019得分	得分变化	2019年得分排名	变化速度排序	国家	2011得分	2019得分	得分变化	2019年得分排名
13	圭亚那	2.00	6.04	+4.04	78	93	尼泊尔	1.88	3.74	+1.86	138
14	泰国	3.61	7.65	+4.04	60	94	加蓬	4.71	6.48	+1.77	70
15	斐济	1.69	5.71	+4.02	85	95	阿尔及利亚	4.16	5.84	+1.68	81
16	斯洛伐克	6.64	10.62	+3.98	43	96	哈萨克斯坦	5.37	6.84	+1.47	67
17	菲律宾	1.97	5.95	+3.98	80	97	希腊	11.12	12.46	+1.34	37
18	古巴	1.90	5.80	+3.90	83	98	安哥拉	2.90	4.10	+1.20	127
19	吉布提	0.77	4.67	+3.90	110	99	阿曼	8.32	9.45	+1.13	52
20	多米尼克	1.84	5.66	+3.82	88	100	罗马尼亚	8.02	9.02	+1.00	55
21	巴林	6.97	10.68	+3.71	42	101	乌拉圭	8.09	9.08	+0.99	54
22	土库曼斯坦	2.14	5.81	+3.67	82	102	多米尼加共和国	5.40	6.37	+0.97	72
23	利比亚	3.41	7.06	+3.65	66	103	巴基斯坦	3.77	4.61	+0.84	111
24	玻利维亚	1.23	4.84	+3.61	107	104	萨尔瓦多	4.42	4.87	+0.45	105
25	密克罗尼西亚联邦	0.70	4.30	+3.60	119	105	印度尼西亚	8.32	8.66	+0.34	56
26	柬埔寨	0.56	4.15	+3.59	123	106	匈牙利	12.18	12.30	+0.12	39
27	基里巴斯	0.71	4.30	+3.59	118	107	委内瑞拉	12.99	13.04	+0.05	33
28	埃及	2.55	6.11	+3.56	76	108	卡塔尔	27.00	27.03	+0.03	6
29	厄瓜多尔	2.63	6.17	+3.54	74	109	阿尔巴尼亚	5.32	5.22	-0.10	99
30	科特迪瓦	0.73	4.27	+3.54	120	110	南非	7.61	7.46	-0.15	63
31	北马其顿	1.83	5.37	+3.54	97	111	伊朗	6.32	5.99	-0.33	79
32	萨摩亚	1.85	5.39	+3.54	96	112	葡萄牙	13.72	13.37	-0.35	31
33	牙买加	1.97	5.48	+3.51	93	113	捷克	13.58	13.17	-0.41	32
34	约旦	2.00	5.47	+3.47	95	114	突尼斯	5.96	4.79	-1.17	108
35	老挝	0.66	4.12	+3.46	126	115	克罗地亚	10.89	9.49	-1.40	51
36	肯尼亚	0.83	4.25	+3.42	121	116	印度	11.88	10.31	-1.57	44
37	格鲁吉亚	1.56	4.93	+3.37	104	117	摩尔多瓦	6.62	5.01	-1.61	102
38	不丹	1.03	4.37	+3.34	115	118	智利	11.73	9.97	-1.76	46
39	蒙古	1.70	5.00	+3.30	103	119	哥斯达黎加	9.39	7.55	-1.84	61

续上表

变化速度排序	国家	2011得分	2019得分	得分变化	2019年得分排名	变化速度排序	国家	2011得分	2019得分	得分变化	2019年得分排名
40	斯里兰卡	1.49	4.77	+3.28	109	120	赤道几内亚	8.20	6.29	−1.91	73
41	所罗门群岛	0.86	4.12	+3.26	125	121	斯洛文尼亚	15.11	13.01	−2.10	34
42	加纳	1.04	4.30	+3.26	117	122	保加利亚	9.35	7.21	−2.14	65
43	坦桑尼亚	0.61	3.84	+3.23	134	123	塞尔维亚	8.35	6.14	−2.21	75
44	瓦努阿图	1.25	4.47	+3.22	113	124	沙特阿拉伯	16.47	14.22	−2.25	29
45	巴布亚新几内亚	1.23	4.42	+3.19	114	125	黑山	8.11	5.65	−2.46	89
46	津巴布韦	0.64	3.83	+3.19	135	126	拉脱维亚	12.59	10.07	−2.52	45
47	伊拉克	4.10	7.27	+3.17	64	127	波兰	14.41	11.63	−2.78	40
48	吉尔吉斯斯坦	0.72	3.88	+3.16	132	128	秘鲁	9.40	6.52	−2.88	69
49	几内亚	0.50	3.66	+3.16	143	129	奥地利	26.25	23.30	−2.95	12
50	黎巴嫩	3.28	6.43	+3.15	71	130	立陶宛	13.51	9.93	−3.58	47
51	卢旺达	0.45	3.58	+3.13	148	131	特立尼达和多巴哥	13.17	9.59	−3.58	50
52	白俄罗斯	2.54	5.68	+3.14	87	132	俄罗斯	18.04	14.41	−3.63	28
53	刚果（金）	0.45	3.58	+3.13	149	133	土耳其	13.45	9.82	−3.63	48
54	佛得角	1.48	4.61	+3.13	112	134	卢森堡	49.86	45.62	−4.24	2
55	塔吉克斯坦	0.60	3.73	+3.13	141	135	阿根廷	11.92	7.68	−4.24	59
56	冈比亚	0.52	3.61	+3.09	146	136	爱沙尼亚	16.64	12.34	−4.30	38
57	摩洛哥	2.06	5.15	+3.09	100	137	以色列	26.45	22.06	−4.39	14
58	喀麦隆	0.82	3.91	+3.09	131	138	新西兰	25.12	20.49	−4.63	16
59	尼日尔	0.47	3.56	+3.09	151	139	阿塞拜疆	11.18	5.57	−5.61	90
60	贝宁	0.65	3.73	+3.08	140	140	塞浦路斯	20.39	14.42	−5.97	27
61	乌干达	0.62	3.70	+3.08	142	141	丹麦	34.75	28.67	−6.08	5
62	多哥	0.45	3.52	+3.07	154	142	意大利	31.69	25.30	−6.39	9
63	塞拉利昂	0.43	3.49	+3.06	157	143	爱尔兰	29.67	20.18	−9.49	18
64	埃塞俄比亚	0.79	3.85	+3.06	133	144	亚美尼亚	14.52	5.01	−9.51	101
65	马达加斯加	0.44	3.46	+3.02	158	145	瑞士	36.28	26.41	−9.87	8
66	莱索托	0.72	3.74	+3.02	139	146	巴西	29.06	18.95	−10.11	20

变化速度排序	国家	2011得分	2019得分	得分变化	2019年得分排名	变化速度排序	国家	2011得分	2019得分	得分变化	2019年得分排名
67	缅甸	1.03	4.05	+3.02	128	147	澳大利亚	40.72	30.45	−10.27	4
68	科摩罗	0.74	3.76	+3.02	137	148	芬兰	26.73	16.36	−10.37	24
69	布隆迪	0.33	3.35	+3.02	159	149	科威特	23.55	12.78	−10.77	36
70	利比里亚	0.50	3.50	+3.00	156	150	西班牙	24.23	12.90	−11.33	35
71	乌兹别克斯坦	1.14	4.14	+3.00	124	151	文莱	23.28	11.27	−12.01	41
72	阿富汗	0.52	3.51	+2.99	155	152	加拿大	37.31	24.83	−12.48	10
73	毛里塔尼亚	1.04	4.02	+2.98	130	153	瑞典	32.35	18.00	−14.35	22
74	纳米比亚	2.51	5.47	+2.96	94	154	德国	39.13	23.52	−15.61	11
75	乌克兰	2.57	5.51	+2.94	92	155	法国	36.52	20.18	−16.34	17
76	乍得	0.63	3.57	+2.94	150	156	比利时	35.01	14.05	−20.96	30
77	赞比亚	0.91	3.82	+2.91	136	157	荷兰	44.27	19.30	−24.97	19
78	马来西亚	5.61	8.51	+2.90	57	158	英国	44.81	17.92	−26.89	23
79	南苏丹	0.65	3.54	+2.89	152	159	挪威	52.75	22.96	−29.79	13
80	新加坡	29.54	32.36	+2.82	3		平均分	9.36	9.33	−0.03	—

四、"一带一路"参与国创新基础竞争力得分情况

表3-4和表3-5列出了2011年和2019年"一带一路"参与国创新基础竞争力7个三级指标的得分及排名变化情况。

从三级指标的得分变化来看（忽略"受高等教育人员比重"项），财政收入的得分上升最快，平均分从2011年的3.16分上升到2019年的6.90分，上升3.74分，升幅约118.4%；其次是GDP，从2.55分上升到4.08分，上升1.53分，升幅60.0%；人均财政收入有小幅上升，升幅0.15分。其余3个三级指标平均得分均有所下降，其中外国直接投资平均分下降得最多，从26.21分下降到5.23分，下降20.98分，降幅约80.0%；人均GDP和全社会劳动生产率小幅下降，分别下降0.21分和0.65分。由此可见，2011—2019年，"一带一路"参与国创新基础竞争力得分微幅上涨主要是由财政收入、GDP两项带来的，并深

受外国直接投资得分影响。今后，"一带一路"参与国家在继续保持各上升项得分上升的良好态势的同时，需要更加重视外国直接投资对创新基础的影响，切实采取有效措施遏制其得分下降趋势；重视全社会劳动生产率的变动，避免其趋势转向下跌。

各个三级指标得分比较高的国家，其创新基础竞争力的得分往往也比较高，排名也比较靠前，而且在 7 个三级指标中，如果一旦哪个指标的排名明显较为靠后或下降较快，就会成为束缚该国创新基础竞争力提升的"短板"，大大拉低总体创新竞争力的排名。比如 2019 年中国、印度创新基础竞争力得分分别排名第 1 位和第 44 位，全社会劳动生产率得分分别排在第 89 位和第 116 位。

表3-4 2011 年"一带一路"参与国创新基础竞争力及三级指标的得分及排名情况

项目 \ 国家	创新基础竞争力		GDP		人均GDP		财政收入		人均财政收入		外国直接投资		受高等教育人员比重		全社会劳动生产率	
	排名	得分	排名	得分	排名	得分	排名	得分	排名	得分	排名	得分	排名	得分	排名	得分
阿尔巴尼亚	71	5.32	113	0.11	85	4.45	99	0.21	80	3.08	77	23.63	2	0	87	5.07
阿尔及利亚	74	4.16	51	1.19	98	3.24	33	3.37	73	3.31	70	23.72	2	0	78	6.06
阿富汗	149	0.52	105	0.13	156	0.21	104	0.17	138	0.19	134	23.05	2	0	144	0.79
阿根廷	44	11.92	24	3.10	58	8.43	34	3.36	77	3.16	34	26.33	2	0	58	9.35
阿联酋	50	9.69	26	2.93	18	37.44	49	1.27	56	5.49	20	29.84	2	0	24	26.84
阿曼	56	8.32	64	0.53	48	13.18	43	1.66	25	14.14	46	24.72	2	0	49	11.91
阿塞拜疆	47	11.18	83	0.33	88	3.96	47	1.31	55	5.53	69	23.78	2	0	95	4.10
埃及	91	2.55	36	2.11	110	2.41	25	4.55	95	1.92	26	27.49	2	0	92	4.29
埃塞俄比亚	132	0.79	59	0.67	144	0.52	75	0.52	137	0.20	51	24.28	2	0	143	0.79
爱尔兰	15	29.67	29	2.71	3	68.51	143	0	143	0	159	0	2	0	2	70.07
爱沙尼亚	28	16.64	92	0.22	30	20.50	67	0.66	15	21.01	49	24.50	2	0	33	19.48
安哥拉	86	2.90	62	0.62	112	2.21	60	0.82	107	1.09	153	21.01	2	0	108	2.94
安提瓜和巴布达	93	2.52	150	0.01	43	14.72	135	0.02	38	9.26	120	23.10	2	0	154	0
奥地利	21	26.25	25	3.10	12	43.58	10	9.59	5	45.73	155	19.03	2	0	13	42.06
澳大利亚	6	40.72	11	9.74	9	47.88	5	25.21	7	42.07	8	42.83	2	0	9	45.39

项目 国家	创新基础 竞争力		GDP		人均 GDP		财政 收入		人均财 政收入		外国直 接投资		受高等教育 人员比重		全社会劳 动生产率	
	排名	得分	排名	得分	排名	得分	排名	得分	排名	得分	排名	得分	排名	得分	排名	得分
巴巴多斯	69	5.39	137	0.03	39	15.63	119	0.10	23	15.20	115	23.14	2	0	43	14.62
巴布亚新几 内亚	119	1.23	98	0.17	111	2.24	96	0.22	109	1.05	107	23.20	2	0	97	4.05
巴基斯坦	76	3.77	39	1.94	135	0.89	36	3.07	121	0.60	59	24.13	2	0	121	1.64
巴林	62	6.97	89	0.27	31	20.31	77	0.50	29	12.98	84	23.50	2	0	36	17.18
巴拿马	77	3.62	69	0.46	46	13.52	57	0.92	39	9.18	36	26.03	2	0	45	14.07
巴西	17	29.06	7	12.83	64	7.39	2	37.97	44	7.61	3	59.34	2	0	67	7.53
白俄罗斯	92	2.54	71	0.44	76	5.59	59	0.84	68	3.74	74	23.66	2	0	84	5.46
保加利亚	53	9.35	67	0.48	59	8.36	51	1.24	45	7.51	68	23.78	2	0	60	9.07
北马其顿	105	1.83	121	0.09	81	5.03	105	0.16	72	3.31	101	23.27	2	0	81	5.70
贝宁	142	0.65	115	0.10	136	0.84	106	0.16	122	0.58	113	23.15	2	0	131	1.30
比利时	11	35.01	21	3.72	15	40.33	143	0	143	0	158	8.73	2	0	8	45.56
冰岛	31	14.73	100	0.17	5	58.27	78	0.49	4	56.82	149	22.80	2	0	6	48.41
波兰	34	14.41	19	4.15	47	13.48	13	8.81	36	9.82	19	30.92	2	0	44	14.23
玻利维亚	118	1.23	86	0.28	102	2.88	55	1.00	69	3.69	146	22.96	2	0	106	3.11
博茨瓦纳	82	3.14	106	0.13	68	6.73	143	0	143	0	110	23.16	2	0	69	7.40
不丹	126	1.03	144	0.02	107	2.67	130	0.03	94	1.92	135	23.04	2	0	109	2.90
布隆迪	159	0.33	143	0.02	159	0	134	0.02	142	0.08	138	23.04	2	0	153	0.26
赤道几内亚	57	8.20	128	0.08	66	6.88	112	0.15	61	4.58	103	23.26	2	0	59	9.08
丹麦	12	34.75	35	2.44	8	52.35	11	9.23	3	67.11	154	19.16	2	0	5	50.43
德国	7	39.13	2	26.92	14	40.36	143	0	143	0	4	58.70	2	0	16	38.63
东帝汶	115	1.48	146	0.01	127	1.14	117	0.11	70	3.66	127	23.07	2	0	123	1.61
多哥	155	0.45	136	0.04	150	0.37	122	0.07	130	0.39	122	23.10	2	0	149	0.65
多米尼加共 和国	68	5.40	61	0.62	65	7.01	56	0.96	67	3.79	50	24.43	2	0	66	7.77
多米尼克	104	1.84	156	0	67	6.86	139	0.02	37	9.71	132	23.05	2	0	154	0
俄罗斯	27	18.04	9	11.85	53	9.89	6	23.41	47	6.75	11	38.83	2	0	52	10.15
厄瓜多尔	89	2.63	56	0.75	79	5.18	38	2.42	51	5.90	85	23.50	2	0	83	5.48

项目\国家	创新基础竞争力		GDP		人均GDP		财政收入		人均财政收入		外国直接投资		受高等教育人员比重		全社会劳动生产率	
	排名	得分	排名	得分	排名	得分	排名	得分	排名	得分	排名	得分	排名	得分	排名	得分
法国	9	36.52	5	18.93	21	35.16	143	0	143	0	5	48.25	2	0	15	38.96
菲律宾	99	1.97	30	2.63	103	2.82	29	4.08	98	1.60	31	26.83	2	0	99	3.67
斐济	110	1.69	135	0.04	80	5.17	120	0.10	60	4.84	108	23.19	2	0	75	6.61
芬兰	19	26.73	40	1.88	13	42.40	143	0	143	0	28	27.41	2	0	10	42.86
佛得角	116	1.48	147	0.01	101	2.92	131	0.03	86	2.59	126	23.09	2	0	100	3.63
冈比亚	150	0.52	148	0.01	147	0.45	129	0.04	119	0.70	133	23.05	2	0	138	1.02
刚果（布）	108	1.71	124	0.08	116	1.76	113	0.13	108	1.06	47	24.70	2	0	112	2.45
刚果（金）	154	0.45	82	0.35	152	0.28	143	0	143	0	72	23.70	2	0	145	0.74
哥斯达黎加	52	9.39	72	0.43	52	10.47	64	0.72	50	6.05	52	24.27	2	0	50	10.89
格林纳达	111	1.65	152	0.01	55	9.22	133	0.02	42	8.24	123	23.10	2	0	154	0
格鲁吉亚	112	1.56	108	0.12	89	3.88	93	0.25	83	2.88	75	23.66	2	0	98	3.75
古巴	101	1.90	58	0.73	61	7.85	143	0	143	0	141	23.03	2	0	61	8.98
圭亚那	98	2.00	138	0.03	77	5.55	118	0.10	54	5.58	63	23.88	2	0	71	7.12
哈萨克斯坦	70	5.37	49	1.27	60	8.35	45	1.44	74	3.30	45	24.81	2	0	62	8.75
韩国	33	14.46	10	11.48	24	27.60	4	31.69	13	25.94	24	28.25	2	0	26	25.27
荷兰	4	44.27	14	6.32	10	45.50	143	0	143	0	9	40.66	2	0	11	42.63
黑山	58	8.11	134	0.04	63	7.56	143	0	143	0	102	23.26	2	0	63	8.72
基里巴斯	138	0.71	159	0	125	1.22	140	0.02	53	5.83	140	23.03	2	0	154	0
吉布提	133	0.77	141	0.02	104	2.76	123	0.07	76	3.22	119	23.12	2	0	102	3.49
吉尔吉斯斯坦	137	0.72	130	0.06	133	0.92	97	0.22	100	1.43	117	23.14	2	0	127	1.41
几内亚	151	0.50	123	0.08	141	0.61	108	0.15	125	0.51	129	23.06	2	0	133	1.21
加拿大	8	37.31	8	12.11	16	40.14	7	17.93	17	20.19	7	46.67	2	0	17	36.78
加纳	123	1.04	68	0.47	119	1.70	71	0.62	111	0.87	54	24.18	2	0	115	2.26
加蓬	72	4.71	110	0.12	70	6.56	94	0.23	62	4.43	66	23.80	2	0	51	10.19
柬埔寨	148	0.56	95	0.19	126	1.21	81	0.43	106	1.10	44	24.84	2	0	132	1.26
捷克	36	13.58	42	1.75	32	20.30	26	4.52	21	17.92	25	27.64	2	0	31	20.07
津巴布韦	143	0.64	104	0.15	129	1.05	91	0.29	112	0.83	109	23.17	2	0	130	1.33

项目 国家	创新基础 竞争力 排名	得分	GDP 排名	得分	人均 GDP 排名	得分	财政 收入 排名	得分	人均财 政收入 排名	得分	外国直 接投资 排名	得分	受高等教育 人员比重 排名	得分	全社会劳 动生产率 排名	得分
喀麦隆	131	0.82	87	0.27	128	1.09	83	0.41	120	0.66	90	23.42	2	0	124	1.50
卡塔尔	18	27.00	50	1.22	7	54.02	24	4.78	2	71.47	151	21.65	2	0	18	36.08
科摩罗	134	0.74	153	0.01	132	0.97	143	0	143	0	136	23.04	2	0	114	2.27
科特迪瓦	135	0.73	74	0.41	117	1.76	79	0.46	117	0.76	81	23.53	2	0	107	2.99
科威特	24	23.55	54	0.94	23	27.73	52	1.19	31	12.01	93	23.37	2	0	28	24.20
克罗地亚	49	10.89	73	0.42	49	12.82	48	1.29	28	13.38	78	23.61	2	0	42	14.89
肯尼亚	130	0.83	60	0.66	122	1.36	50	1.27	110	1.02	73	23.69	2	0	120	1.74
拉脱维亚	42	12.59	91	0.24	40	15.35	65	0.70	22	15.53	80	23.56	2	0	40	15.12
莱索托	136	0.72	145	0.02	138	0.75	124	0.06	104	1.18	125	23.09	2	0	136	1.06
老挝	140	0.66	107	0.13	114	1.99	100	0.19	105	1.12	98	23.31	2	0	116	2.08
黎巴嫩	81	3.28	80	0.36	72	6.40	69	0.65	66	4.02	58	24.13	2	0	56	9.45
立陶宛	37	13.51	77	0.38	36	16.90	61	0.75	33	11.46	71	23.70	2	0	38	16.34
利比里亚	152	0.50	142	0.02	151	0.32	125	0.05	128	0.42	121	23.10	2	0	150	0.60
利比亚	80	3.41	79	0.36	71	6.49	46	1.40	41	8.74	142	23.03	2	0	57	9.38
卢森堡	2	49.86	66	0.49	1	100.00	44	1.46	1	100.00	156	17.39	2	0	1	100.00
卢旺达	156	0.45	129	0.07	145	0.49	114	0.13	127	0.44	104	23.24	2	0	146	0.71
罗马尼亚	60	8.02	43	1.74	51	11.06	32	3.67	43	8.03	33	26.45	2	0	48	12.21
马达加斯加	157	0.44	116	0.10	155	0.23	116	0.11	140	0.18	114	23.15	2	0	152	0.44
马尔代夫	88	2.74	133	0.04	56	9.06	111	0.15	32	11.80	87	23.47	2	0	64	8.29
马耳他	39	13.17	114	0.10	26	25.83	84	0.39	10	32.64	41	25.25	2	0	23	26.85
马来西亚	67	5.61	33	2.54	54	9.75	27	4.43	52	5.87	32	26.81	2	0	53	10.14
马里	113	1.53	109	0.12	142	0.54	101	0.19	129	0.40	100	23.28	2	0	137	1.03
毛里塔尼亚	124	1.04	132	0.05	124	1.24	109	0.15	101	1.43	150	22.60	2	0	110	2.65
蒙古	109	1.70	117	0.10	94	3.56	102	0.18	92	2.32	53	24.24	2	0	89	4.58
孟加拉国	87	2.78	37	2.11	121	1.39	41	2.05	124	0.53	62	24.02	1	100.00	119	1.88
秘鲁	51	9.40	46	1.58	75	5.87	39	2.40	79	3.12	27	27.43	2	0	86	5.24
密克罗尼西亚联邦	139	0.70	158	0	105	2.71	142	0.01	63	4.33	143	23.03	2	0	154	0

续上表

项目 国家	创新基础 竞争力		GDP		人均 GDP		财政 收入		人均财 政收入		外国直 接投资		受高等教育 人员比重		全社会劳 动生产率	
	排名	得分	排名	得分	排名	得分	排名	得分	排名	得分	排名	得分	排名	得分	排名	得分
缅甸	125	1.03	65	0.53	131	1.00	63	0.73	123	0.57	57	24.17	2	0	129	1.34
摩尔多瓦	64	6.62	126	0.08	91	3.71	110	0.15	89	2.42	95	23.33	2	0	85	5.42
摩洛哥	96	2.06	55	0.83	108	2.57	40	2.12	90	2.40	65	23.82	2	0	91	4.32
莫桑比克	120	1.21	112	0.11	157	0.21	92	0.27	132	0.37	60	24.11	2	0	151	0.51
纳米比亚	94	2.51	122	0.08	86	4.10	90	0.30	58	5.07	145	23.01	2	0	80	5.75
南非	61	7.61	34	2.45	82	5.02	15	7.48	57	5.41	38	25.32	2	0	76	6.58
南苏丹	141	0.65	125	0.08	140	0.64	143	0	143	0	147	22.92	2	0	134	1.12
尼泊尔	102	1.88	93	0.21	139	0.71	74	0.54	115	0.79	118	23.13	2	0	142	0.79
尼日尔	153	0.47	120	0.09	153	0.26	98	0.21	131	0.38	96	23.33	2	0	148	0.67
尼日利亚	85	2.97	23	3.12	118	1.72	53	1.04	136	0.22	48	24.66	2	0	104	3.26
挪威	1	52.75	27	2.81	4	65.67	143	0	143	0	21	29.84	2	0	3	62.40
葡萄牙	35	13.72	44	1.66	33	20.09	23	4.86	18	20.01	30	27.12	2	0	32	19.87
瑞典	13	32.35	22	3.70	11	44.87	143	0	143	0	14	35.09	2	0	12	42.31
瑞士	10	36.28	18	4.90	2	71.42	19	5.57	11	27.47	157	13.95	2	0	4	61.57
萨尔瓦多	73	4.42	96	0.19	96	3.43	85	0.37	88	2.46	92	23.39	2	0	93	4.22
萨摩亚	103	1.85	155	0	95	3.55	136	0.02	65	4.15	139	23.04	2	0	73	6.95
塞尔维亚	54	8.35	81	0.36	73	6.25	73	0.60	71	3.64	42	25.15	2	0	72	6.97
塞拉利昂	158	0.43	139	0.03	154	0.23	126	0.04	135	0.23	106	23.22	2	0	147	0.67
塞内加尔	107	1.75	101	0.16	130	1.04	87	0.32	113	0.83	82	23.52	2	0	113	2.42
塞浦路斯	26	20.39	97	0.17	28	24.11	76	0.51	14	24.05	15	34.81	2	0	35	17.28
塞舌尔	84	3.00	149	0.01	41	15.02	128	0.04	20	18.16	112	23.15	2	0	154	0
沙特阿拉伯	29	16.47	15	5.53	34	19.99	9	11.05	26	13.65	40	25.29	2	0	29	24.03
斯里兰卡	114	1.49	63	0.58	99	3.14	62	0.73	102	1.43	91	23.41	2	0	96	4.10
斯洛伐克	63	6.64	57	0.73	38	16.61	42	1.84	24	14.28	56	24.18	2	0	37	16.70
斯洛文尼亚	30	15.11	78	0.38	29	22.44	54	1.01	16	20.50	64	23.88	2	0	30	22.83
苏丹	122	1.09	94	0.21	158	0.16	107	0.16	141	0.10	144	23.03	2	0	135	1.07
苏里南	83	3.12	140	0.02	78	5.33	127	0.04	81	3.06	128	23.07	2	0	68	7.42

续上表

项目 国家	创新基础 竞争力		GDP		人均 GDP		财政 收入		人均财 政收入		外国直 接投资		受高等教育 人员比重		全社会劳 动生产率	
	排名	得分	排名	得分	排名	得分	排名	得分	排名	得分	排名	得分	排名	得分	排名	得分
所罗门群岛	129	0.86	151	0.01	115	1.85	132	0.03	96	1.84	131	23.05	2	0	117	2.06
塔吉克斯坦	147	0.60	131	0.06	143	0.53	103	0.17	116	0.78	116	23.14	2	0	126	1.44
泰国	78	3.61	20	3.79	69	6.59	17	6.85	64	4.16	35	26.06	2	0	77	6.08
坦桑尼亚	146	0.61	70	0.44	137	0.75	72	0.61	126	0.46	79	23.58	2	0	139	1.01
汤加	79	3.51	157	0	87	4.06	138	0.02	46	7.15	137	23.04	2	0	82	5.51
特立尼达和 多巴哥	40	13.17	99	0.17	42	14.97	82	0.42	30	12.59	124	23.10	2	0	39	15.87
突尼斯	66	5.96	88	0.27	106	2.67	70	0.65	91	2.35	89	23.43	2	0	94	4.14
土耳其	38	13.45	16	5.31	62	7.75	8	12.20	49	6.19	29	27.37	2	0	54	9.95
土库曼斯坦	95	2.14	85	0.29	74	5.88	80	0.44	78	3.14	61	24.10	2	0	74	6.80
瓦努阿图	117	1.25	154	0.01	109	2.49	137	0.02	87	2.57	130	23.05	2	0	105	3.17
委内瑞拉	41	12.99	17	4.91	35	19.62	14	7.78	35	10.62	86	23.50	2	0	27	24.84
文莱	25	23.28	119	0.09	25	26.94	141	0.02	99	1.51	105	23.22	2	0	22	27.08
乌干达	145	0.62	90	0.24	146	0.47	88	0.31	133	0.30	76	23.66	2	0	140	0.92
乌克兰	90	2.57	53	1.07	100	2.97	37	2.66	85	2.67	37	25.92	2	0	103	3.32
乌拉圭	59	8.09	76	0.39	45	13.92	58	0.90	34	11.01	83	23.51	2	0	46	13.86
乌兹别克 斯坦	121	1.14	75	0.40	123	1.28	68	0.65	114	0.82	55	24.18	2	0	122	1.62
西班牙	23	24.23	12	9.71	27	25.64	143	0	143	0	23	28.68	2	0	25	26.28
希腊	48	11.12	47	1.46	37	16.88	22	4.93	19	19.46	39	25.31	2	0	34	19.15
新加坡	16	29.54	32	2.59	6	56.77	20	5.47	8	40.60	2	75.13	2	0	7	45.99
新西兰	22	25.12	48	1.44	20	36.54	21	4.98	6	42.89	43	24.95	2	0	21	32.63
匈牙利	43	12.18	52	1.14	44	14.39	35	3.12	27	13.51	10	38.87	2	0	41	15.10
牙买加	100	1.97	111	0.11	84	4.65	86	0.35	59	5.06	94	23.36	2	0	88	4.82
亚美尼亚	32	14.52	118	0.09	90	3.81	95	0.23	75	3.24	111	23.16	2	0	90	4.57
也门	127	1.03	103	0.16	148	0.45	115	0.13	139	0.18	148	22.85	2	0	125	1.46
伊拉克	75	4.10	45	1.63	83	4.98	18	6.26	48	6.74	152	21.52	2	0	55	9.74
伊朗	65	6.32	31	2.61	92	3.64	30	4.06	93	2.03	67	23.78	2	0	79	5.84

项目 国家	创新基础 竞争力		GDP		人均 GDP		财政 收入		人均财 政收入		外国直 接投资		受高等教育 人员比重		全社会劳 动生产率	
	排名	得分	排名	得分	排名	得分	排名	得分	排名	得分	排名	得分	排名	得分	排名	得分
以色列	20	26.45	28	2.75	17	37.86	16	7.09	9	33.13	17	32.44	2	0	14	41.15
意大利	14	31.69	6	13.97	22	28.81	3	37.12	12	26.05	12	37.47	2	0	20	33.67
印度	45	11.88	3	20	120	1.61	143	0	143	0	6	48.03	2	0	111	2.53
印度尼西亚	55	8.32	13	7.80	97	3.39	12	9.02	103	1.41	13	35.36	2	0	101	3.62
英国	3	44.81	4	19.72	19	36.76	143	0	143	0	16	33.26	2	0	19	35.72
约旦	97	2.00	84	0.31	93	3.62	66	0.68	84	2.85	88	23.44	2	0	70	7.36
越南	106	1.82	41	1.82	113	2.14	31	3.97	97	1.74	18	31.00	2	0	118	1.99
赞比亚	128	0.91	102	0.16	134	0.91	89	0.30	118	0.72	99	23.31	2	0	128	1.37
乍得	144	0.63	127	0.08	149	0.39	121	0.10	134	0.26	97	23.31	2	0	141	0.82
智利	46	11.73	38	1.97	50	12.79	28	4.09	40	9.14	22	28.93	2	0	47	12.88
中国	5	40.91	1	100.00	57	8.74	1	100.00	82	3.03	1	100.00	2	0	65	8.01
最高分	52.75		100.00		100.00		100.00		100.00		100.00		100.00		100.00	
最低分	0.33		0		0		0		0		0		0		0	
平均分	9.36		2.55		12.45		3.16		8.03		26.21		0.63		12.29	
标准差	11.96		8.77		17.16		9.72		14.09		9.70		7.91		16.09	

注：由于数据缺失，一些国家个别项目得分为0。

表3-5 2019年"一带一路"参与国创新基础竞争力及三级指标的得分及排名情况

项目 国家	创新基础 竞争力		GDP		人均 GDP		财政 收入		人均财 政收入		外国直 接投资		受高等教育 人员比重		全社会劳 动生产率	
	排名	得分	排名	得分	排名	得分	排名	得分	排名	得分	排名	得分	排名	得分	排名	得分
阿尔巴尼亚	99	5.22	115	0.17	89	3.63	113	0.27	93	1.78	90	2.09	48	25.18	87	4.17
阿尔及利亚	81	5.84	43	2.65	83	4.51	29	8.07	66	4.13	58	2.54	64	0	66	7.19
阿富汗	155	3.51	105	0.23	152	0.30	118	0.22	152	0.14	139	1.79	64	0	134	0.96
阿根廷	59	7.68	20	7.02	50	10.91	34	7.08	75	3.22	27	4.98	34	38.61	48	11.59
阿联酋	26	14.83	28	4.64	21	33.72	67	1.17	81	2.45	39	3.89	64	0	28	21.98

续上表

项目＼国家	创新基础竞争力		GDP		人均GDP		财政收入		人均财政收入		外国直接投资		受高等教育人员比重		全社会劳动生产率	
	排名	得分	排名	得分	排名	得分	排名	得分	排名	得分	排名	得分	排名	得分	排名	得分
阿曼	52	9.45	60	0.90	36	17.86	56	2.89	24	16.71	72	2.26	64	0	35	17.62
阿塞拜疆	90	5.57	61	0.87	70	6.01	54	3.08	50	6.30	45	3.10	22	53.01	73	5.89
埃及	76	6.11	39	3.12	108	2.20	41	6.11	102	1.36	156	1.63	64	0	95	3.44
埃塞俄比亚	133	3.85	84	0.42	158	0.09	106	0.38	154	0.08	107	1.96	63	2.29	152	0.32
爱尔兰	18	20.18	38	3.14	11	44.67	28	8.16	8	33.44	17	8.79	13	66.71	9	42.76
爱沙尼亚	38	12.34	97	0.31	39	15.04	88	0.71	36	10.01	85	2.11	7	74.53	40	13.80
安哥拉	127	4.10	55	1.48	88	3.78	44	5.40	65	4.18	158	0.88	64	0	82	4.58
安提瓜和巴布达	68	6.73	148	0.01	51	10.82	147	0.02	58	5.01	136	1.80	64	0	154	0
奥地利	12	23.30	24	5.71	12	44.26	21	14.79	9	33.09	18	8.58	38	36.73	12	40.62
澳大利亚	4	30.45	11	18.49	5	53.91	8	34.38	11	28.90	6	21.17	4	80.46	4	47.73
巴巴多斯	49	9.82	133	0.06	40	14.03	127	0.14	37	9.28	112	1.91	64	0	44	12.33
巴布亚新几内亚	114	4.42	103	0.24	112	1.87	99	0.41	110	1.04	143	1.79	64	0	97	3.26
巴基斯坦	111	4.61	42	2.83	133	0.79	53	3.31	136	0.34	79	2.17	55	15.46	120	1.46
巴林	42	10.68	88	0.38	33	19.27	87	0.71	35	10.40	100	2.01	64	0	36	16.06
巴拿马	53	9.17	81	0.46	58	7.89	78	0.89	61	4.48	46	3.08	64	0	61	8.57
巴西	20	18.95	5	34.64	49	11.25	3	82.43	42	7.84	4	32.07	49	24.02	51	11.17
白俄罗斯	87	5.68	64	0.82	73	5.43	66	1.23	82	2.44	50	2.96	64	0	79	4.91
保加利亚	65	7.21	68	0.76	63	6.54	65	1.43	69	3.65	64	2.40	30	43.65	67	6.99
北马其顿	97	5.37	121	0.14	86	4.17	120	0.21	91	1.88	111	1.93	64	0	83	4.49
贝宁	140	3.73	120	0.14	134	0.76	119	0.22	129	0.43	126	1.82	64	0	126	1.15
比利时	30	14.05	22	6.92	16	40.77	18	15.23	15	25.90	3	50.18	16	62.52	8	43.56
冰岛	7	26.71	108	0.20	15	40.92	95	0.45	12	26.73	87	2.10	64	0	21	32.73
波兰	40	11.63	21	6.99	48	11.80	23	12.52	51	6.17	21	7.24	29	44.32	46	11.84
玻利维亚	107	4.84	95	0.31	113	1.82	79	0.86	99	1.58	97	2.03	64	0	113	2.01
博茨瓦纳	98	5.35	107	0.20	66	6.38	93	0.60	53	5.58	121	1.86	64	0	65	7.39
不丹	115	4.37	145	0.02	109	2.00	143	0.04	108	1.09	145	1.79	64	0	111	2.25
布隆迪	159	3.35	143	0.03	159	0	136	0.09	145	0.19	150	1.78	64	0	153	0.23

续上表

项目\国家	创新基础竞争力		GDP		人均GDP		财政收入		人均财政收入		外国直接投资		受高等教育人员比重		全社会劳动生产率	
	排名	得分	排名	得分	排名	得分	排名	得分	排名	得分	排名	得分	排名	得分	排名	得分
赤道几内亚	73	6.29	98	0.28	35	18.52	90	0.65	31	12.45	68	2.36	64	0	27	23.10
丹麦	5	28.67	29	4.55	6	53.24	19	15.00	6	50.54	26	5.79	14	66.44	5	47.66
德国	11	23.52	2	49.58	18	40.16	6	52.30	32	12.23	5	30.63	24	52.53	19	36.46
东帝汶	122	4.23	150	0.01	139	0.60	104	0.39	49	6.57	140	1.79	64	0	130	1.02
多哥	154	3.52	136	0.05	153	0.29	138	0.07	142	0.21	101	1.99	64	0	148	0.53
多米尼加共和国	72	6.37	67	0.77	76	4.90	81	0.83	100	1.58	63	2.43	51	21.55	75	5.76
多米尼克	88	5.66	156	0	71	5.90	150	0.02	57	5.18	147	1.78	64	0	154	0
俄罗斯	28	14.41	7	27.09	44	12.17	7	51.28	47	6.73	7	18.07	64	0	52	10.92
厄瓜多尔	74	6.17	58	1.05	84	4.29	57	2.86	71	3.52	106	1.97	64	0	81	4.73
法国	17	20.18	3	37.89	19	37.69	5	57.07	26	16.40	9	14.85	23	52.68	13	39.02
菲律宾	80	5.95	40	3.10	111	1.91	52	3.40	120	0.67	67	2.37	64	0	108	2.38
斐济	85	5.71	137	0.05	90	3.57	134	0.10	83	2.25	124	1.84	64	0	88	4.00
芬兰	24	16.36	34	3.64	13	44.01	36	6.60	16	23.00	159	0	11	68.37	10	41.48
佛得角	112	4.61	144	0.02	97	3.02	141	0.05	96	1.71	133	1.81	64	0	90	3.77
冈比亚	146	3.61	146	0.02	146	0.44	144	0.04	134	0.37	144	1.79	64	0	135	0.96
刚果（布）	116	4.31	106	0.20	100	2.87	89	0.66	78	2.81	120	1.87	64	0	92	3.56
刚果（金）	149	3.58	92	0.34	157	0.12	155	0	155	0	73	2.25	64	0	150	0.45
哥斯达黎加	61	7.55	76	0.56	59	7.68	86	0.73	77	2.95	56	2.59	31	43.14	63	8.07
格林纳达	84	5.80	154	0.01	69	6.10	149	0.02	70	3.65	141	1.79	64	0	156	0
格鲁吉亚	104	4.93	109	0.20	92	3.27	103	0.39	89	1.97	83	2.12	64	0	105	2.96
古巴	83	5.80	59	0.91	74	5.10	155	0	155	0	151	1.78	64	0	76	5.49
圭亚那	78	6.04	138	0.05	87	4.03	131	0.11	79	2.77	123	1.85	64	0	77	5.18
哈萨克斯坦	67	6.84	44	2.55	53	9.86	46	4.89	54	5.54	25	5.85	64	0	59	8.87
韩国	15	21.46	12	16.59	28	21.51	10	28.07	34	10.56	31	4.67	64	0	31	19.79
荷兰	19	19.30	13	11.97	8	46.67	13	23.44	14	26.36	1	100.00	19	60.04	11	41.44
黑山	89	5.65	134	0.06	67	6.13	155	0	155	0	109	1.94	33	41.05	64	7.59
基里巴斯	118	4.30	159	0	117	1.29	153	0.01	90	1.93	155	1.78	64	0	154	0

项目\国家	创新基础竞争力排名	创新基础竞争力得分	GDP排名	GDP得分	人均GDP排名	人均GDP得分	财政收入排名	财政收入得分	人均财政收入排名	人均财政收入得分	外国直接投资排名	外国直接投资得分	受高等教育人员比重排名	受高等教育人员比重得分	全社会劳动生产率排名	全社会劳动生产率得分
吉布提	110	4.67	147	0.01	123	1.04	140	0.05	109	1.06	135	1.80	64	0	122	1.43
吉尔吉斯斯坦	132	3.88	132	0.08	135	0.76	115	0.27	113	0.91	103	1.98	64	0	132	1.01
几内亚	143	3.66	129	0.09	149	0.35	137	0.08	150	0.14	91	2.06	64	0	140	0.78
加拿大	10	24.83	9	23.68	10	44.88	11	26.79	27	14.65	11	13.12	1	100.00	15	38.06
加纳	117	4.30	79	0.52	119	1.13	83	0.83	122	0.61	54	2.74	64	0	119	1.48
加蓬	70	6.48	102	0.24	56	9.14	92	0.61	46	6.79	84	2.11	64	0	39	14.06
柬埔寨	123	4.15	116	0.17	140	0.55	124	0.16	141	0.21	74	2.23	64	0	142	0.62
捷克	32	13.17	41	3.04	34	18.72	38	6.39	33	11.43	48	3.02	39	34.66	34	17.80
津巴布韦	135	3.83	113	0.18	136	0.73	110	0.32	127	0.46	116	1.88	64	0	137	0.92
喀麦隆	131	3.91	86	0.39	126	1.00	94	0.54	126	0.49	104	1.97	64	0	123	1.33
卡塔尔	6	27.03	49	2.22	4	71.13	35	6.78	4	62.54	94	2.05	64	0	7	44.30
科摩罗	137	3.76	152	0.01	124	1.04	155	0	155	0	146	1.78	64	0	109	2.35
科特迪瓦	120	4.27	94	0.33	131	0.83	108	0.34	137	0.31	118	1.87	64	0	121	1.45
科威特	36	12.78	51	2.04	14	41.88	25	11.77	2	69.78	53	2.74	64	0	18	36.61
克罗地亚	51	9.49	63	0.83	42	12.43	61	1.65	43	7.25	81	2.15	35	38.37	41	13.52
肯尼亚	121	4.25	77	0.55	138	0.63	73	1.02	128	0.44	77	2.21	64	0	133	0.97
拉脱维亚	45	10.07	89	0.38	47	11.81	85	0.79	45	7.16	75	2.23	21	54.54	50	11.21
莱索托	139	3.74	141	0.03	130	0.92	133	0.10	112	0.97	137	1.80	64	0	125	1.19
老挝	126	4.12	126	0.11	127	0.98	128	0.14	130	0.41	119	1.87	64	0	127	1.11
黎巴嫩	71	6.43	78	0.53	65	6.43	74	0.95	73	3.41	55	2.71	64	0	58	8.97
立陶宛	47	9.93	75	0.57	43	12.24	80	0.86	56	5.31	69	2.33	17	61.43	47	11.82
利比里亚	156	3.50	142	0.03	150	0.30	145	0.03	149	0.16	65	2.39	64	0	143	0.56
利比亚	66	7.06	80	0.46	81	4.59	58	2.64	41	7.95	152	1.78	64	0	69	6.47
卢森堡	2	45.62	65	0.79	1	100.00	60	1.89	3	68.63	32	4.39	8	73.31	1	100.00
卢旺达	148	3.58	128	0.09	148	0.36	129	0.11	143	0.20	132	1.81	64	0	144	0.55
罗马尼亚	55	9.02	46	2.43	60	7.66	47	4.53	64	4.22	62	2.48	46	26.76	62	8.10
马达加斯加	158	3.46	119	0.15	154	0.24	130	0.11	153	0.10	98	2.02	64	0	151	0.43

续上表

项目 / 国家	创新基础竞争力 排名	创新基础竞争力 得分	GDP 排名	GDP 得分	人均GDP 排名	人均GDP 得分	财政收入 排名	财政收入 得分	人均财政收入 排名	人均财政收入 得分	外国直接投资 排名	外国直接投资 得分	受高等教育人员比重 排名	受高等教育人员比重 得分	全社会劳动生产率 排名	全社会劳动生产率 得分
马尔代夫	62	7.54	140	0.03	68	6.10	135	0.10	59	4.90	114	1.90	64	0	71	6.13
马耳他	25	15.86	124	0.13	32	19.83	102	0.39	23	17.78	35	4.09	42	28.30	29	21.68
马来西亚	57	8.51	31	3.94	57	8.79	37	6.56	63	4.30	24	6.25	64	0	56	9.43
马里	145	3.65	114	0.17	143	0.51	121	0.18	139	0.22	110	1.94	60	6.76	138	0.91
毛里塔尼亚	130	4.02	130	0.09	116	1.41	125	0.16	116	0.84	108	1.95	64	0	106	2.83
蒙古	103	5.00	122	0.14	96	3.04	114	0.27	92	1.86	44	3.13	64	0	94	3.49
孟加拉国	21	18.86	54	1.70	141	0.53	63	1.46	146	0.18	80	2.15	58	12.53	139	0.90
秘鲁	69	6.52	47	2.27	77	4.87	51	3.48	84	2.23	36	4.05	28	44.56	85	4.32
密克罗尼西亚联邦	119	4.30	158	0	106	2.39	154	0.004	117	0.74	153	1.78	64	0	154	0
缅甸	128	4.05	66	0.79	132	0.80	62	1.52	124	0.56	60	2.52	64	0	131	1.01
摩尔多瓦	102	5.01	127	0.11	107	2.33	126	0.16	111	1.03	115	1.88	37	37.47	96	3.37
摩洛哥	100	5.15	56	1.34	105	2.42	55	2.97	97	1.67	59	2.52	64	0	93	3.51
莫桑比克	144	3.65	112	0.19	151	0.30	112	0.30	138	0.23	51	2.86	62	4.05	145	0.54
纳米比亚	94	5.47	117	0.16	78	4.74	97	0.44	67	3.84	99	2.01	64	0	70	6.40
南非	63	7.46	25	5.51	62	6.72	24	12.05	62	4.35	49	3.00	57	12.88	60	8.78
南苏丹	152	3.54	110	0.20	121	1.10	155	0	155	0	154	1.78	64	0	118	1.49
尼泊尔	138	3.74	100	0.25	147	0.39	111	0.30	140	0.21	134	1.80	59	9.69	147	0.53
尼日尔	151	3.56	125	0.11	155	0.23	122	0.17	144	0.19	89	2.09	64	0	149	0.52
尼日利亚	106	4.86	26	5.36	110	1.94	43	5.45	121	0.63	33	4.39	64	0	104	3.01
挪威	13	22.96	23	6.60	2	86.87	12	26.38	1	100.00	29	4.82	12	67.61	2	76.97
葡萄牙	31	13.37	37	3.24	31	19.86	32	7.33	29	13.03	30	4.68	41	29.61	33	18.29
瑞典	22	18.00	19	7.60	7	52.38	17	18.29	7	36.35	40	3.84	18	61.41	6	46.57
瑞士	8	26.41	16	9.26	3	76.33	27	8.23	19	19.54	19	7.92	9	70.19	3	62.52
萨尔瓦多	105	4.87	99	0.27	102	2.61	100	0.41	104	1.24	130	1.81	52	21.41	98	3.21
萨摩亚	96	5.39	155	0.01	94	3.19	148	0.02	86	2.11	148	1.78	64	0	74	5.86
塞尔维亚	75	6.14	72	0.65	72	5.68	68	1.15	76	2.98	43	3.24	36	38.18	68	6.55

项目 国家	创新基础 竞争力 排名	创新基础 竞争力 得分	GDP 排名	GDP 得分	人均 GDP 排名	人均 GDP 得分	财政 收入 排名	财政 收入 得分	人均财 政收入 排名	人均财 政收入 得分	外国直 接投资 排名	外国直 接投资 得分	受高等教育 人员比重 排名	受高等教育 人员比重 得分	全社会劳 动生产率 排名	全社会劳 动生产率 得分
塞拉利昂	157	3.49	139	0.04	156	0.17	139	0.05	151	0.14	93	2.06	64	0	146	0.53
塞内加尔	129	4.04	104	0.23	129	0.97	107	0.36	125	0.51	117	1.88	61	6.25	112	2.06
塞浦路斯	27	14.42	91	0.36	25	27.83	82	0.83	22	18.22	10	13.74	15	62.64	32	19.10
塞舌尔	58	8.05	149	0.01	52	10.34	142	0.04	39	8.80	129	1.82	64	0	154	0
沙特阿拉伯	29	14.22	17	8.89	30	20.34	9	32.27	17	21.43	22	6.60	64	0	24	25.78
斯里兰卡	109	4.77	62	0.86	104	2.55	76	0.92	115	0.84	92	2.06	64	0	99	3.20
斯洛伐克	43	10.62	57	1.31	38	15.68	59	2.49	40	8.67	42	3.38	64	0	38	14.97
斯洛文尼亚	34	13.01	71	0.68	29	21.51	64	1.43	28	13.09	96	2.04	26	46.58	30	20.43
苏丹	153	3.53	69	0.75	125	1.03	84	0.81	133	0.38	70	2.29	64	0	110	2.33
苏里南	91	5.56	135	0.06	61	6.94	132	0.11	68	3.75	128	1.82	64	0	57	9.15
所罗门群岛	125	4.12	151	0.01	114	1.46	146	0.03	107	1.10	131	1.81	64	0	117	1.58
塔吉克斯坦	141	3.73	131	0.08	142	0.52	123	0.16	132	0.40	127	1.82	64	0	124	1.24
泰国	60	7.65	27	4.91	82	4.54	31	7.49	87	2.08	61	2.51	64	0	91	3.76
坦桑尼亚	134	3.84	82	0.46	145	0.46	105	0.39	148	0.16	82	2.14	64	0	141	0.65
汤加	86	5.68	157	0	93	3.25	152	0.01	85	2.15	149	1.78	56	13.06	86	4.30
特立尼达和 多巴哥	50	9.59	93	0.33	37	16.26	77	0.89	30	12.45	142	1.79	27	44.59	37	15.84
突尼斯	108	4.79	74	0.60	91	3.48	69	1.14	88	1.99	113	1.91	43	27.82	80	4.80
土耳其	48	9.82	15	11.11	54	9.67	16	21.57	55	5.51	23	6.56	45	26.77	43	12.94
土库曼斯坦	82	5.81	87	0.38	79	4.68	98	0.44	98	1.58	52	2.78	64	0	78	5.10
瓦努阿图	113	4.47	153	0.01	103	2.61	151	0.02	105	1.23	138	1.80	64	0	100	3.09
委内瑞拉	33	13.04	30	4.19	55	9.27	33	7.20	60	4.68	41	3.51	25	52.15	53	9.93
文莱	41	11.27	101	0.24	17	40.52	70	1.11	5	52.94	102	1.98	44	27.62	14	38.56
乌干达	142	3.70	90	0.37	144	0.50	109	0.32	147	0.18	95	2.04	64	0	136	0.93
乌克兰	92	5.51	50	2.16	99	2.87	48	4.22	95	1.74	38	3.91	64	0	103	3.06
乌拉圭	54	9.08	73	0.63	45	12.11	72	1.09	52	6.05	57	2.57	50	22.95	49	11.23
乌兹别克斯坦	124	4.14	70	0.75	115	1.45	71	1.10	119	0.70	71	2.26	64	0	114	1.73

续上表

项目\国家	创新基础竞争力 排名	创新基础竞争力 得分	GDP 排名	GDP 得分	人均GDP 排名	人均GDP 得分	财政收入 排名	财政收入 得分	人均财政收入 排名	人均财政收入 得分	外国直接投资 排名	外国直接投资 得分	受高等教育人员比重 排名	受高等教育人员比重 得分	全社会劳动生产率 排名	全社会劳动生产率 得分
西班牙	35	12.90	10	19.58	26	27.17	14	22.91	38	9.20	15	9.71	20	55.57	25	25.45
希腊	37	12.46	32	3.81	27	22.22	26	9.78	25	16.54	88	2.10	64	0	26	23.42
新加坡	3	32.36	33	3.70	9	46.44	45	5.15	20	18.65	8	16.32	5	79.88	17	36.67
新西兰	16	20.49	48	2.23	23	33.06	39	6.20	13	26.53	78	2.18	6	76.62	23	29.05
匈牙利	39	12.30	52	1.87	46	12.09	50	3.82	44	7.20	28	4.95	32	42.01	42	13.32
牙买加	93	5.48	111	0.19	85	4.21	101	0.41	80	2.70	125	1.83	64	0	84	4.47
亚美尼亚	101	5.01	123	0.13	101	2.84	116	0.27	94	1.74	105	1.97	3	91.65	102	3.07
也门	147	3.60	83	0.43	128	0.97	75	0.93	118	0.73	157	1.62	64	0	107	2.50
伊拉克	64	7.27	45	2.45	75	5.01	42	5.53	74	3.38	66	2.39	64	0	54	9.90
伊朗	79	5.99	18	7.69	64	6.52	12	13.80	72	3.47	47	3.04	64	0	55	9.75
以色列	14	22.06	35	3.46	24	28.93	30	7.62	21	18.42	34	4.34	2	92.46	22	29.93
意大利	9	25.30	6	30.35	22	33.20	4	62.85	18	19.87	13	11.97	47	25.63	16	37.99
印度	44	10.31	8	24.14	122	1.05	15	22.69	135	0.34	12	12.57	53	20.75	116	1.60
印度尼西亚	56	8.66	14	11.82	98	2.94	20	14.88	106	1.14	20	7.86	54	16.53	101	3.07
英国	23	17.92	4	35.21	20	36.18	1	100.00	10	29.68	14	9.77	10	69.34	20	33.47
约旦	95	5.47	85	0.39	95	3.12	91	0.64	101	1.57	76	2.22	64	0	72	6.06
越南	77	6.09	53	1.79	120	1.10	49	4.00	114	0.85	37	3.97	64	0	129	1.04
赞比亚	136	3.82	96	0.31	118	1.23	96	0.44	123	0.59	86	2.10	64	0	115	1.69
乍得	150	3.57	118	0.16	137	0.64	117	0.27	131	0.40	122	1.86	64	0	128	1.09
智利	46	9.97	36	3.34	41	12.46	40	6.16	48	6.72	16	9.34	40	31.81	45	12.31
中国	1	45.68	1	100.00	80	4.65	113	91.89	103	1.28	2	84.62	64	0	89	3.94
最高分	45.68		100.00		100.00		100.00		100.00		100.00		100.00		100.00	
最低分	3.35		0		0		0		0		0		0		0	
平均分	9.33		4.08		12.24		6.90		8.18		5.23		17.23		11.64	
标准差	7.74		10.86		17.79		15.82		14.43		11.45		26.02		15.86	

注：由于数据缺失，一些国家个别项目得分为0。

五、"一带一路"参与国创新基础竞争力跨区间变化

表3-6列出了2011年和2019年"一带一路"参与国家的创新基础竞争力排名的区间分布情况（第一区间，排在第1至40位的国家；第二区间，排在第41至80位的国家；第三区间，排在第81至120位的国家；第四区间，排在第121至159位的国家）。

表3-6 2011—2019年"一带一路"参与国创新基础竞争力排名的跨区间变化情况

	2011年	2019年
第一区间国家	爱尔兰、爱沙尼亚、奥地利、澳大利亚、巴西、比利时、冰岛、波兰、丹麦、德国、俄罗斯、法国、芬兰、韩国、荷兰、加拿大、捷克、卡塔尔、科威特、立陶宛、卢森堡、马耳他、挪威、葡萄牙、瑞典、瑞士、塞浦路斯、沙特阿拉伯、斯洛文尼亚、特立尼达和多巴哥、土耳其、文莱、西班牙、新加坡、新西兰、*亚美尼亚*、以色列、意大利、英国、中国	*阿联酋*、爱尔兰、爱沙尼亚、奥地利、澳大利亚、巴西、比利时、冰岛、波兰、丹麦、德国、俄罗斯、法国、芬兰、韩国、荷兰、加拿大、捷克、卡塔尔、科威特、卢森堡、马耳他、*孟加拉国*、挪威、葡萄牙、瑞典、瑞士、塞浦路斯、沙特阿拉伯、斯洛文尼亚、*委内瑞拉*、西班牙、*希腊*、新加坡、新西兰、*匈牙利*、以色列、意大利、英国、中国
第二区间国家	*阿尔巴尼亚*、*阿尔及利亚*、阿根廷、*阿联酋*、阿曼、*阿塞拜疆*、巴巴多斯、*巴基斯坦*、巴林、巴拿马、保加利亚、赤道几内亚、多米尼加共和国、哥斯达黎加、哈萨克斯坦、*黑山*、加蓬、克罗地亚、拉脱维亚、利比亚、罗马尼亚、马来西亚、秘鲁、*摩尔多瓦*、南非、*萨尔瓦多*、塞尔维亚、斯洛伐克、泰国、*汤加*、突尼斯、委内瑞拉、乌拉圭、希腊、匈牙利、伊拉克、伊朗、印度、印度尼西亚、智利	阿根廷、阿曼、*埃及*、安提瓜和巴布达、巴巴多斯、巴林、巴拿马、保加利亚、赤道几内亚、多米尼加共和国、*厄瓜多尔*、菲律宾、哥斯达黎加、*圭亚那*、哈萨克斯坦、加蓬、克罗地亚、拉脱维亚、*黎巴嫩*、*立陶宛*、利比亚、罗马尼亚、马尔代夫、马来西亚、秘鲁、南非、塞尔维亚、塞舌尔、斯洛伐克、泰国、特立尼达和多巴哥、土耳其、文莱、乌拉圭、伊拉克、伊朗、印度、印度尼西亚、*越南*、智利
第三区间国家	埃及、安哥拉、安提瓜和巴布达、巴布亚新几内亚、白俄罗斯、北马其顿、玻利维亚、博茨瓦纳、东帝汶、多米尼克、厄瓜多尔、菲律宾、斐济、佛得角、刚果（布）、格林纳达、格鲁吉亚、古巴、*圭亚那*、黎巴嫩、马尔代夫、马里、蒙古、孟加拉国、摩洛哥、莫桑比克、纳米比亚、*尼泊尔*、尼日利亚、萨摩亚、塞内加尔、塞舌尔、斯里兰卡、苏里南、土库曼斯坦、瓦努阿图、乌克兰、牙买加、约旦、*越南*	阿尔巴尼亚、阿尔及利亚、*阿塞拜疆*、巴布亚新几内亚、*巴基斯坦*、白俄罗斯、北马其顿、玻利维亚、博茨瓦纳、不丹、多米尼克、斐济、佛得角、刚果（布）、格林纳达、格鲁吉亚、古巴、*黑山*、基里巴斯、吉布提、加纳、科特迪瓦、蒙古、密克罗尼西亚联邦、摩尔多瓦、摩洛哥、纳米比亚、尼日利亚、*萨尔瓦多*、萨摩亚、斯里兰卡、苏里南、*汤加*、突尼斯、土库曼斯坦、瓦努阿图、乌克兰、牙买加、*亚美尼亚*、约旦

	2011 年	2019 年
第四区间国家	阿富汗、埃塞俄比亚、贝宁、*不丹*、布隆迪、多哥、冈比亚、刚果（金）、*基里巴斯*、*吉布提*、吉尔吉斯斯坦、几内亚、*加纳*、柬埔寨、津巴布韦、喀麦隆、科摩罗、*科特迪瓦*、肯尼亚、莱索托、老挝、利比里亚、卢旺达、马达加斯加、毛里塔尼亚、*密克罗尼西亚联邦*、缅甸、南苏丹、尼日尔、塞拉利昂、苏丹、所罗门群岛、塔吉克斯坦、坦桑尼亚、乌干达、乌兹别克斯坦、也门、赞比亚、乍得	阿富汗、埃塞俄比亚、*安哥拉*、贝宁、布隆迪、*东帝汶*、多哥、冈比亚、刚果（金）、吉尔吉斯斯坦、几内亚、柬埔寨、津巴布韦、喀麦隆、科摩罗、肯尼亚、莱索托、老挝、利比里亚、卢旺达、马达加斯加、*马里*、毛里塔尼亚、缅甸、*莫桑比克*、南苏丹、*尼泊尔*、尼日尔、塞拉利昂、*塞内加尔*、苏丹、所罗门群岛、塔吉克斯坦、坦桑尼亚、乌干达、乌兹别克斯坦、也门、赞比亚、乍得

注：表格中用斜体标识位次发生区间变动的国家。

评价期内，一些国家的创新基础竞争力出现了跨区间变化。立陶宛、特立尼达和多巴哥、土耳其、文莱 4 国从第一区间下降到第二区间，亚美尼亚从第一区间下降到第三区间；阿联酋、委内瑞拉、希腊、匈牙利从第二区间上升到第一区间，孟加拉国从第三区间上升到第一区间；阿尔巴尼亚、阿尔及利亚、阿塞拜疆、巴基斯坦、黑山、摩尔多瓦、萨尔瓦多、汤加、突尼斯从第二区间下降到第三区间；埃及、安提瓜和巴布达、厄瓜多尔、菲律宾、圭亚那、黎巴嫩、马尔代夫、塞舌尔、越南从第三区间升至第二区间；安哥拉、东帝汶、马里、莫桑比克、尼泊尔、塞内加尔从第三区间下降至第四区间；不丹、基里巴斯、吉布提、加纳、科特迪瓦、密克罗尼西亚联邦从第四区间上升至第三区间。

第四章

"一带一路"参与国创新环境竞争力的评价与比较分析 [①]

一、"一带一路"参与国创新环境竞争力的评价结果

根据"一带一路"参与国创新环境竞争力的评价指标体系和数学模型，对 2011—2019 年"一带一路"参与国创新环境竞争力进行评价。表 4-1 列出了本评价期内"一带一路"参与国创新环境竞争力的排位和得分情况。

由表 4-1 可知，2019 年，创新环境竞争力的最高得分为 56.81 分，比 2011 年上升了 5.26 分；最低得分为 10.60 分，比 2011 年上升了 10.03 分；平均分为 28.25 分，比 2011 年上升了 0.87 分；标准差为 8.96，比 2011 年下降 1.49。这表明"一带一路"参与国家整体的创新环境竞争力水平有较大提高，各国之间的有所缩小。

创新环境竞争力较高的国家主要分布在发达国家，2019 年，在排名前 30 位的国家中，有 19 个国家是发达国家，这说明发达国家整体的创新环境比较好。广大发展中国家和不发达国家的创新环境竞争力普遍较低，排在第 159 位的古巴加仅有 10.60 分，约为排在第 1 位法国得分的 18.7%。

[①] 本章作者王鹏举为厦门微志云创有限公司合伙人，李俊杰为厦门理工学院应用数学学院副教授。

表4-1 2011—2019年 "一带一路" 参与国创新环境竞争力评价比较表

国家\项目	2011 排名	2011 得分	2012 排名	2012 得分	2013 排名	2013 得分	2014 排名	2014 得分	2015 排名	2015 得分	2016 排名	2016 得分	2017 排名	2017 得分	2018 排名	2018 得分	2019 排名	2019 得分	2011—2019综合变化 排名	2011—2019综合变化 得分
法国	2	50.01	6	46.62	1	53.19	1	54.68	1	55.11	1	55.26	1	56.04	1	57.30	1	56.81	+1	+6.80
中国	38	35.65	33	36.26	3	50.69	3	49.73	2	51.06	2	50.25	2	51.11	3	49.37	2	49.38	+36	+13.73
德国	5	48.28	2	49.02	5	49.76	4	47.43	5	48.56	3	49.80	3	50.46	2	50.02	3	46.86	+2	-1.42
意大利	1	51.55	1	50.04	2	51.18	2	50.34	3	49.92	4	48.50	5	45.98	5	48.37	4	46.21	-3	-5.34
马耳他	17	41.24	7	44.40	10	43.00	13	40.76	16	40.83	12	41.01	7	44.29	4	48.74	5	45.88	+12	+4.64
西班牙	3	48.46	5	46.62	4	50.17	6	47.24	6	46.78	6	45.56	6	45.56	6	45.51	6	44.77	-3	-3.69
奥地利	12	43.32	8	44.20	9	43.86	9	44.26	8	45.52	9	42.49	10	43.71	8	44.32	7	44.21	+5	+0.89
阿根廷	11	43.32	11	43.59	7	46.14	5	47.41	4	49.41	5	47.96	4	47.39	9	44.11	8	43.82	+3	+0.50
葡萄牙	30	37.19	25	38.04	30	37.26	26	38.31	24	39.01	23	38.68	11	41.43	7	44.42	9	43.58	+21	+6.39
英国	6	46.86	4	46.65	6	47.13	8	44.95	9	45.02	7	45.05	9	44.09	11	43.31	10	42.86	-4	-4.00
韩国	4	48.44	3	47.08	8	45.96	7	45.56	7	46.15	8	44.50	8	44.20	10	43.40	11	42.73	-7	-5.71
伊朗	56	31.78	46	34.60	46	34.52	46	33.41	41	34.60	38	34.80	30	37.39	21	38.98	12	39.71	+44	+7.93
白俄罗斯	47	33.60	37	36.02	43	34.90	39	34.93	40	34.97	41	34.34	25	37.83	17	40.30	13	39.68	+34	+6.08
卢森堡	18	40.68	18	40.51	20	39.63	23	38.76	23	39.26	28	37.65	17	39.93	12	41.64	14	39.57	+4	-1.11
巴西	91	25.04	87	26.78	14	41.11	16	40.25	19	40.51	15	40.26	15	40.44	14	40.94	15	39.47	+76	+14.43
希腊	8	43.60	9	43.86	24	38.48	22	38.92	20	39.78	19	39.35	12	40.62	13	41.12	16	39.09	-8	-4.51

续上表

国家	2011 排名	2011 得分	2012 排名	2012 得分	2013 排名	2013 得分	2014 排名	2014 得分	2015 排名	2015 得分	2016 排名	2016 得分	2017 排名	2017 得分	2018 排名	2018 得分	2019 排名	2019 得分	2011—2019综合变化 排名	2011—2019综合变化 得分
乌拉圭	37	35.83	49	34.03	27	37.46	12	40.96	15	40.97	16	40.25	13	40.52	15	40.65	17	38.96	+20	+3.13
瑞士	15	41.28	12	43.13	13	41.43	21	39.10	21	39.63	22	38.77	20	39.43	16	40.30	18	38.66	-3	-2.62
巴巴多斯	44	34.19	29	36.99	39	35.09	61	31.57	43	34.27	50	32.84	47	34.58	19	39.24	19	38.30	+25	+4.11
塞浦路斯	40	35.18	35	36.21	45	34.54	47	33.31	46	34.16	51	32.78	40	35.45	66	31.94	20	38.27	+20	+3.09
荷兰	10	43.51	13	42.35	16	40.92	15	40.42	12	41.78	13	40.82	16	40.26	20	39.10	21	38.08	-11	-5.43
马来西亚	49	32.79	42	35.11	44	34.61	43	33.86	47	34.06	35	35.77	24	38.37	18	39.45	22	37.95	+27	+5.16
新加坡	14	42.08	17	41.04	15	40.99	17	40.10	17	40.78	17	40.16	18	39.71	26	38.19	23	37.73	-9	-4.35
菲律宾	54	32.13	51	33.69	53	33.36	48	33.20	48	33.98	45	33.78	34	36.66	35	37.18	24	37.36	+30	+5.23
黑山	27	38.02	44	35.00	40	34.97	37	35.00	39	35.02	40	34.58	38	35.71	24	38.40	25	37.27	+2	-0.75
澳大利亚	19	40.59	22	39.58	19	39.69	20	39.32	22	39.35	20	39.23	21	39.17	25	38.37	26	37.20	-7	-3.39
塞舌尔	52	32.67	61	31.88	66	31.06	55	32.07	57	32.22	57	31.68	49	34.52	33	37.41	27	37.18	+25	+4.51
新西兰	41	34.84	47	34.52	48	34.42	35	35.40	34	36.67	32	36.26	26	37.59	29	37.78	28	37.12	+13	+2.28
爱沙尼亚	21	39.04	16	41.12	22	39.27	28	37.80	31	37.20	33	36.17	31	36.95	34	37.35	29	37.08	-8	-1.96
阿联酋	33	36.37	32	36.94	23	38.97	19	39.63	13	41.65	14	40.62	14	40.51	23	38.79	30	37.05	+3	+0.68
俄罗斯	69	30.18	73	29.79	26	38.13	30	37.59	30	37.67	36	35.44	32	36.72	27	37.98	31	36.77	+38	+6.59
哥斯达黎加	42	34.75	41	35.31	34	36.30	31	36.78	29	37.80	24	38.23	22	38.83	22	38.80	32	36.61	+10	+1.86
冰岛	26	38.04	28	37.17	33	36.70	29	37.77	26	38.44	25	38.06	29	37.43	32	37.43	33	36.37	-7	-1.67

续上表

国家 \ 项目	2011 排名	2011 得分	2012 排名	2012 得分	2013 排名	2013 得分	2014 排名	2014 得分	2015 排名	2015 得分	2016 排名	2016 得分	2017 排名	2017 得分	2018 排名	2018 得分	2019 排名	2019 得分	2011—2019综合变化 排名	2011—2019综合变化 得分
安提瓜和巴布达	16	41.27	45	34.70	49	34.37	58	31.75	33	36.79	30	36.99	27	37.53	31	37.49	34	36.35	−18	−4.92
委内瑞拉	9	43.56	14	41.91	11	43.00	10	44.02	10	43.08	10	41.40	19	39.47	28	37.82	35	36.24	−26	−7.32
波兰	68	30.45	62	31.80	56	32.37	45	33.57	54	33.22	56	31.73	52	33.74	38	36.75	36	35.33	+32	+4.88
比利时	25	38.13	30	36.96	28	37.34	27	38.02	25	38.70	26	38.02	28	37.50	36	37.15	37	35.16	−12	−2.97
匈牙利	46	33.64	39	35.77	41	34.97	42	34.20	51	33.50	47	33.11	45	34.59	41	35.11	38	34.97	+8	+1.33
以色列	13	42.64	15	41.37	17	40.83	14	40.67	11	42.00	18	39.94	23	38.69	30	37.72	39	34.93	−26	−7.71
特立尼达和多巴哥	70	30.15	58	32.12	74	30.25	77	29.04	65	29.88	64	29.50	62	31.07	53	34.36	40	34.91	+30	+4.76
斯洛文尼亚	74	29.80	55	32.94	72	30.47	79	28.23	75	28.62	76	27.99	63	31.06	52	34.49	41	34.84	+33	+5.04
瑞典	20	39.55	21	39.89	25	38.25	32	36.76	27	38.33	27	37.74	33	36.72	37	36.92	42	34.74	−22	−4.81
塞尔维亚	58	31.50	56	32.47	65	31.15	73	29.49	67	29.67	74	28.20	69	30.40	63	32.46	43	34.72	+15	+3.22
丹麦	22	38.57	20	40.02	32	36.91	41	34.22	42	34.55	42	34.20	48	34.54	39	35.59	44	34.24	−22	−4.33
克罗地亚	32	36.39	26	37.76	38	35.21	54	32.29	56	32.35	55	31.87	53	33.29	45	34.79	45	34.21	−13	−2.18
加拿大	23	38.31	31	36.94	35	36.24	34	36.22	35	36.66	31	36.34	37	35.76	42	35.06	46	34.16	−23	−4.15
爱尔兰	45	34.07	54	32.94	52	34.00	38	34.99	38	35.34	43	34.18	46	34.58	46	34.78	47	33.70	−2	−0.37
立陶宛	29	37.23	27	37.50	37	35.91	40	34.80	44	34.26	46	33.69	51	34.10	54	34.27	48	33.62	−19	−3.61
捷克共和国	60	31.03	52	33.26	59	31.90	65	30.70	68	29.64	70	28.71	66	30.68	58	33.18	49	33.41	+11	+2.38
印度	138	15.11	143	15.31	64	31.19	62	31.54	53	33.25	37	35.13	41	35.23	47	34.68	50	33.19	+88	+18.08

续上表

国家 \ 项目	2011 排名	2011 得分	2012 排名	2012 得分	2013 排名	2013 得分	2014 排名	2014 得分	2015 排名	2015 得分	2016 排名	2016 得分	2017 排名	2017 得分	2018 排名	2018 得分	2019 排名	2019 得分	2011—2019综合变化 排名	2011—2019综合变化 得分
智利	34	36.19	38	35.86	36	36.17	33	36.58	32	36.84	34	36.12	39	35.63	44	34.99	51	33.14	−17	−3.05
哈萨克斯坦	28	37.82	19	40.40	18	39.79	25	38.36	36	36.47	44	34.15	43	34.87	51	34.50	52	32.92	−24	−4.90
厄瓜多尔	66	30.57	59	32.09	57	32.29	57	31.89	69	29.59	71	28.58	65	30.72	62	32.74	53	32.88	+13	+2.31
玻利维亚	67	30.47	63	31.75	55	32.69	50	32.71	55	32.70	52	32.15	58	32.20	60	33.13	54	32.85	+13	+2.38
斯洛伐克	71	30.11	67	30.70	61	31.66	60	31.62	61	31.50	59	31.18	56	32.80	50	34.50	55	32.81	+16	+2.70
土耳其	73	30.00	72	30.08	70	30.77	56	31.91	58	31.95	62	30.41	55	33.21	56	33.33	56	32.76	+17	+2.76
萨尔瓦多	43	34.26	43	35.09	51	34.09	49	33.07	50	33.59	48	33.03	54	33.22	57	33.33	57	32.23	−14	−2.03
科威特	39	35.36	40	35.65	29	37.26	24	38.39	28	38.21	29	37.29	42	34.96	48	34.59	58	32.10	−19	−3.26
秘鲁	78	28.80	84	27.44	82	28.24	74	29.28	64	30.04	63	30.10	60	31.84	59	33.16	59	32.05	+19	+3.25
卡塔尔	53	32.58	50	33.81	47	34.46	52	32.54	45	34.17	49	32.92	50	34.37	55	33.81	60	31.82	−7	−0.76
南非	97	23.78	91	26.21	89	25.81	89	26.02	83	27.70	83	26.36	67	30.56	61	32.93	61	31.63	+36	+7.85
保加利亚	72	30.07	48	34.17	68	30.97	84	27.33	88	26.95	87	25.69	77	28.81	65	32.20	62	31.11	+10	+1.04
斯里兰卡	50	32.77	83	27.84	76	29.80	51	32.67	49	33.59	54	31.87	57	32.77	69	31.02	63	30.94	−13	−1.83
阿曼	57	31.71	65	31.30	60	31.80	53	32.51	52	33.40	60	30.78	68	30.50	74	30.14	64	30.51	−7	−1.20
泰国	83	26.83	79	28.22	83	27.98	85	27.19	79	28.08	73	28.43	79	28.42	76	29.82	65	30.31	+18	+3.48
巴林	24	38.27	24	38.89	21	39.38	18	40.00	14	41.08	11	41.30	36	36.22	64	32.43	66	30.19	−42	−8.08
印度尼西亚	125	17.90	118	20.57	62	31.65	66	30.61	71	29.49	66	29.38	59	32.00	78	29.46	67	30.09	+58	+12.19

续上表

国家＼项目	2011 排名	2011 得分	2012 排名	2012 得分	2013 排名	2013 得分	2014 排名	2014 得分	2015 排名	2015 得分	2016 排名	2016 得分	2017 排名	2017 得分	2018 排名	2018 得分	2019 排名	2019 得分	2011—2019综合变化 排名	2011—2019综合变化 得分
越南	75	29.68	70	30.26	79	28.86	72	29.55	76	28.54	80	27.48	74	29.26	43	35.04	68	30.02	+7	+0.34
挪威	35	36.17	36	36.19	50	34.29	59	31.63	59	31.55	61	30.67	64	30.96	68	31.05	69	29.95	−34	−6.22
巴拿马	62	30.94	68	30.68	81	28.61	75	29.24	87	27.32	88	25.66	81	27.99	73	30.19	70	29.78	−8	−1.16
芬兰	36	36.06	34	36.23	58	32.14	64	30.71	60	31.54	53	31.94	61	31.51	70	30.87	71	29.77	−35	−6.29
罗马尼亚	65	30.59	60	32.00	69	30.79	71	30.02	63	30.22	68	28.85	72	30.03	67	31.55	72	29.71	−7	−0.88
加纳	127	17.60	122	19.81	116	21.23	110	21.59	102	23.01	99	23.20	93	25.62	79	29.16	73	29.48	+54	+11.88
突尼斯	48	33.38	64	31.65	54	32.95	36	35.24	37	35.54	39	34.77	35	36.56	49	34.54	74	29.38	−26	−4.00
科摩罗	99	23.64	105	23.16	93	25.25	83	27.43	78	28.39	67	29.11	75	29.14	80	28.91	75	29.35	+24	+5.71
格林纳达	77	28.85	75	28.66	78	29.04	82	27.60	80	28.08	79	27.49	73	29.84	72	30.78	76	29.15	+1	+0.30
蒙古	79	28.58	81	28.02	90	25.73	88	26.30	84	27.66	78	27.53	76	28.90	77	29.66	77	28.92	+2	+0.34
乌克兰	55	32.10	53	33.20	63	31.59	68	30.50	77	28.40	77	27.69	82	27.95	81	28.73	78	28.78	−23	−3.32
多米尼加共和国	95	23.81	90	26.37	92	25.42	99	23.46	98	24.28	97	23.82	89	26.45	87	28.37	79	28.72	+16	+4.91
北马其顿	107	22.39	95	24.95	105	23.61	115	21.23	114	21.28	115	20.78	101	24.45	85	28.43	80	28.58	+27	+6.19
斐济	88	25.91	85	27.02	86	26.97	87	26.57	85	27.60	75	28.04	80	28.23	83	28.50	81	28.31	+7	+2.40
阿塞拜疆	90	25.43	92	25.85	103	23.76	91	25.57	93	25.12	96	23.89	91	26.07	86	28.38	82	27.88	+8	+2.45
阿尔及利亚	82	26.90	76	28.48	85	27.52	86	26.82	89	26.19	84	25.87	87	26.84	84	28.50	83	27.84	−1	+0.94
摩尔多瓦	61	31.02	66	31.01	67	31.02	70	30.25	66	29.80	65	29.45	70	30.26	71	30.82	84	27.28	−23	−3.74

续上表

国家	2011 排名	2011 得分	2012 排名	2012 得分	2013 排名	2013 得分	2014 排名	2014 得分	2015 排名	2015 得分	2016 排名	2016 得分	2017 排名	2017 得分	2018 排名	2018 得分	2019 排名	2019 得分	2011—2019 综合变化 排名	2011—2019 综合变化 得分
尼泊尔	142	14.45	134	17.32	135	17.39	139	16.49	135	18.03	127	18.90	97	24.89	75	30.06	85	27.27	+57	+12.82
佛得角	101	23.42	89	26.42	97	24.85	96	23.59	100	23.97	98	23.37	92	25.90	89	28.07	86	27.16	+15	+3.74
阿尔巴尼亚	103	23.35	97	24.59	99	24.62	98	23.53	97	24.35	95	24.07	86	26.99	92	26.85	87	27.12	+16	+3.77
文莱	31	37.19	23	39.38	31	37.09	44	33.77	95	24.75	90	25.16	90	26.41	88	28.07	88	27.04	−57	−10.15
沙特阿拉伯	7	45.48	10	43.74	12	42.89	11	41.71	18	40.67	21	38.98	44	34.83	40	35.30	89	27.03	−82	−18.45
乌兹别克斯坦	86	26.21	88	26.50	96	25.02	108	21.71	120	20.46	116	20.71	106	22.88	100	25.04	90	26.31	−4	+0.10
拉脱维亚	59	31.42	71	30.13	73	30.27	69	30.49	62	31.42	58	31.40	71	30.16	91	27.18	91	25.74	−32	−5.68
苏里南	84	26.49	86	27.01	71	30.54	63	30.73	73	28.83	91	24.68	94	25.39	95	25.65	92	25.72	−8	−0.77
亚美尼亚	85	26.39	99	24.25	87	26.45	80	27.87	81	28.08	82	27.20	88	26.47	102	24.85	93	25.60	−8	−0.79
博茨瓦纳	81	27.56	82	27.88	84	27.91	81	27.64	82	27.73	86	25.82	100	24.46	109	23.72	94	25.58	−13	−1.98
乌干达	118	19.60	112	22.04	119	21.01	121	19.52	122	19.53	125	18.92	110	22.54	96	25.60	95	25.56	+23	+5.96
纳米比亚	96	23.79	101	23.64	91	25.51	93	24.83	96	24.61	93	24.40	95	25.24	94	25.83	96	25.54	0	+1.75
摩洛哥	63	30.87	77	28.44	77	29.25	67	30.58	70	29.55	72	28.50	83	27.67	90	27.25	97	25.24	−34	−5.63
肯尼亚	89	25.61	93	25.51	95	25.20	94	24.75	92	25.49	106	21.92	113	22.27	104	24.46	98	24.92	−9	−0.69
吉尔吉斯斯坦	117	20.20	107	22.96	120	20.99	118	20.48	121	20.46	120	19.73	115	22.05	101	24.92	99	24.90	+18	+4.70
不丹	121	18.42	116	21.14	121	19.85	123	19.33	117	20.61	113	21.02	108	22.65	111	23.60	100	24.84	+21	+6.42
圭亚那	106	22.54	110	22.42	111	22.21	106	22.04	109	21.89	110	21.57	105	23.38	103	24.63	101	24.64	+5	+2.10

续上表

项目 国家	2011		2012		2013		2014		2015		2016		2017		2018		2019		2011—2019 综合变化	
	排名	得分	排名	得分	排名	得分	排名	得分	排名	得分	排名	得分	排名	得分	排名	得分	排名	得分	排名	得分
马尔代夫	102	23.39	102	23.44	101	24.44	92	24.87	91	25.89	85	25.84	84	27.26	93	26.74	102	24.49	0	+1.10
埃及	64	30.61	69	30.56	75	29.86	76	29.21	72	29.25	69	28.80	78	28.71	99	25.06	103	24.13	-39	-6.48
坦桑尼亚	110	21.51	114	21.58	118	21.11	116	20.85	108	22.09	109	21.69	102	23.67	98	25.10	104	23.80	+6	+2.29
利比亚	128	16.76	98	24.58	94	25.20	97	23.58	90	25.99	94	24.24	103	23.58	105	24.12	105	23.29	+23	+6.53
格鲁吉亚	76	29.39	74	28.98	80	28.84	78	28.85	74	28.72	81	27.46	85	27.20	97	25.14	106	23.25	-30	-6.14
黎巴嫩	92	24.75	94	25.16	104	23.66	103	22.78	101	23.24	89	25.60	107	22.86	110	23.67	107	22.93	-15	-1.82
刚果（布）	112	21.20	113	21.59	112	22.00	105	22.36	103	22.95	114	22.58	117	21.35	122	21.41	108	22.17	+4	+0.97
孟加拉国	148	12.20	153	11.80	114	21.52	117	20.79	115	21.10	114	20.93	96	25.04	82	28.62	109	22.14	+39	+9.94
赤道几内亚	100	23.60	104	23.18	109	22.65	113	21.34	113	21.39	100	23.02	114	22.11	117	22.15	110	22.14	-10	-1.46
柬埔寨	113	20.89	100	24.00	100	24.56	95	23.77	118	20.58	118	20.31	126	19.85	129	20.40	111	22.14	+2	+1.25
喀麦隆	134	16.08	128	18.44	132	18.52	129	18.33	130	18.65	124	19.06	119	21.22	124	21.11	112	22.09	+22	+6.01
多米尼克	87	26.09	80	28.07	88	25.88	104	22.71	94	25.07	107	21.87	99	24.58	108	23.84	113	21.98	-26	-4.11
津巴布韦	115	20.84	108	22.62	108	23.11	112	21.52	107	22.23	108	21.80	116	21.44	127	20.70	114	21.97	+1	+1.13
埃塞俄比亚	108	22.23	106	23.09	107	23.41	101	22.93	99	24.10	92	24.61	104	23.57	107	23.97	115	21.75	-7	-0.48
加蓬	98	23.71	96	24.74	106	23.42	102	22.87	104	22.72	104	22.44	120	21.09	120	21.76	116	21.74	-18	-1.97
尼日利亚	157	7.70	159	8.23	134	18.02	126	18.73	123	19.39	123	19.15	123	20.39	115	22.89	117	21.58	+40	+13.88
卢旺达	131	16.39	136	17.07	129	18.99	111	21.54	112	21.44	121	19.42	121	20.96	116	22.85	118	21.54	+13	+5.15

续上表

国家＼项目	2011 排名	2011 得分	2012 排名	2012 得分	2013 排名	2013 得分	2014 排名	2014 得分	2015 排名	2015 得分	2016 排名	2016 得分	2017 排名	2017 得分	2018 排名	2018 得分	2019 排名	2019 得分	2011—2019 综合变化 排名	2011—2019 综合变化 得分
贝宁	120	18.85	119	20.15	128	19.12	134	17.57	132	18.38	139	16.05	135	18.27	125	21.04	119	21.32	+1	+2.47
伊拉克	105	22.63	111	22.27	110	22.53	114	21.26	119	20.58	119	20.02	122	20.72	121	21.52	120	21.21	-15	-1.42
科特迪瓦	111	21.31	109	22.53	131	18.55	135	17.17	133	18.38	131	18.42	130	19.59	133	19.19	121	20.96	-10	-0.35
塞内加尔	129	16.49	130	17.99	133	18.47	127	18.64	126	19.15	130	18.47	127	19.83	123	21.16	122	20.90	+7	+4.41
老挝	116	20.53	124	19.30	122	19.59	124	19.23	125	19.32	117	20.58	128	19.82	126	21.04	123	20.87	-7	+0.35
莫桑比克	123	17.99	125	18.87	123	19.37	119	20.16	116	20.73	126	18.91	131	18.91	131	20.12	124	20.81	-1	+2.82
巴基斯坦	155	9.55	156	11.14	102	23.99	100	23.05	105	22.62	102	22.65	98	24.70	106	24.09	125	20.52	+30	+10.97
塔吉克斯坦	126	17.67	123	19.50	126	19.22	132	17.89	131	18.45	132	18.36	125	19.89	118	22.00	126	20.41	0	+2.74
几内亚	94	24.08	126	18.78	127	19.19	120	20.06	111	21.59	111	21.29	118	21.32	130	20.17	127	19.78	-33	-4.30
约旦	93	24.67	103	23.22	98	24.70	90	25.77	86	27.50	101	22.76	109	22.60	119	21.84	128	19.77	-35	-4.90
安哥拉	122	18.04	127	18.60	130	18.55	130	18.30	134	18.05	136	16.60	134	18.30	135	18.98	129	19.75	-7	+1.71
马里	140	14.74	131	17.77	125	19.22	122	19.37	127	19.01	133	17.29	132	18.65	134	19.19	130	19.73	+10	+4.99
苏丹	109	22.12	117	21.11	113	21.83	107	21.75	110	21.66	112	21.27	124	20.07	138	18.04	131	19.32	-22	-2.80
牙买加	104	23.09	115	21.58	117	21.15	125	18.82	129	18.99	122	19.28	133	18.54	136	18.78	132	19.31	-28	-3.78
冈比亚	51	32.72	57	32.26	42	34.92	109	21.62	106	22.42	105	22.02	112	22.36	112	23.52	133	19.22	-82	-13.50
多哥	150	11.74	150	13.28	145	14.99	143	14.08	144	14.37	147	13.78	136	17.83	128	20.41	134	18.79	+16	+7.05
赞比亚	141	14.73	129	18.04	143	15.29	149	12.94	147	13.95	148	13.73	138	16.69	132	19.98	135	18.17	+6	+3.44

续上表

国家 \ 项目	2011 排名	2011 得分	2012 排名	2012 得分	2013 排名	2013 得分	2014 排名	2014 得分	2015 排名	2015 得分	2016 排名	2016 得分	2017 排名	2017 得分	2018 排名	2018 得分	2019 排名	2019 得分	2011—2019综合变化 排名	2011—2019综合变化 得分
瓦努阿图	144	13.66	141	15.45	149	13.31	152	12.06	154	12.58	152	12.56	144	15.54	137	18.38	136	17.63	+8	+3.97
缅甸	159	0.57	135	17.12	139	16.68	128	18.35	124	19.38	128	18.70	129	19.81	114	23.01	137	17.63	+22	+17.06
阿富汗	147	12.22	151	13.25	155	12.12	155	11.75	155	12.12	150	13.12	139	16.28	142	16.66	138	17.37	+9	+5.15
汤加	114	20.85	121	19.99	115	21.45	131	17.90	128	19.00	129	18.58	111	22.50	113	23.31	139	16.86	−25	−3.99
东帝汶	139	15.08	144	14.75	146	14.47	137	16.69	140	15.95	138	16.11	137	17.81	141	16.91	140	16.81	−1	+1.73
基里巴斯	151	11.67	155	11.52	154	12.35	151	12.78	150	13.55	146	13.94	148	14.24	150	15.14	141	16.67	+10	+5.00
所罗门群岛	146	12.58	149	13.43	150	13.21	150	12.79	143	14.41	141	14.87	142	15.86	143	16.38	142	16.56	+4	+3.98
密克罗尼西亚联邦	133	16.14	138	16.39	138	16.89	141	15.96	141	15.39	140	15.37	146	15.05	153	14.64	143	16.47	−10	+0.33
毛里塔尼亚	119	19.45	120	20.08	124	19.28	133	17.79	136	17.59	135	17.06	141	15.97	139	17.29	144	16.25	−25	−3.20
乍得	130	16.49	142	15.32	144	15.18	142	14.46	142	14.64	144	14.49	143	15.59	145	15.67	145	16.18	−15	−0.31
塞拉利昂	154	10.06	154	11.66	153	12.36	154	11.75	153	12.80	154	12.23	147	14.80	140	17.11	146	16.15	+8	+6.09
莱索托	135	15.66	133	17.64	136	17.00	138	16.53	138	16.79	134	17.09	140	16.18	147	15.37	147	15.92	−12	+0.26
利比里亚	149	11.92	152	12.60	157	11.80	153	11.95	146	14.01	153	12.54	152	13.83	144	15.88	148	14.97	+1	+3.05
土库曼斯坦	145	12.97	146	13.82	152	12.75	148	12.99	145	14.12	143	14.49	145	15.40	146	15.48	149	14.90	−4	+1.93
吉布提	136	15.40	137	16.68	147	14.06	156	11.17	156	11.56	155	11.72	149	14.17	148	15.28	150	14.66	−14	−0.74
布隆迪	153	10.93	157	9.61	158	7.84	159	6.70	158	8.17	158	8.15	157	10.91	154	14.15	151	14.42	+2	+3.49
巴布亚新几内亚	152	11.51	147	13.72	156	12.00	157	10.19	157	10.50	156	10.51	154	12.84	151	14.94	152	14.26	0	+2.75

续上表

国家＼项目	2011 排名	2011 得分	2012 排名	2012 得分	2013 排名	2013 得分	2014 排名	2014 得分	2015 排名	2015 得分	2016 排名	2016 得分	2017 排名	2017 得分	2018 排名	2018 得分	2019 排名	2019 得分	2011—2019 综合变化 排名	2011—2019 综合变化 得分
也门	132	16.21	145	14.73	141	16.12	136	16.78	139	16.23	137	16.30	150	14.13	157	12.28	153	14.00	−21	−2.21
南苏丹	158	3.05	139	16.24	142	15.52	145	13.57	149	13.70	149	13.66	153	13.77	149	15.16	154	13.93	+4	+10.88
萨摩亚	143	13.66	148	13.65	151	13.09	147	13.00	148	13.73	145	14.44	151	14.04	152	14.71	155	13.87	−12	+0.21
马达加斯加	124	17.90	132	17.73	137	16.92	140	16.13	137	17.39	142	14.66	155	12.77	155	13.67	156	13.46	−32	−4.44
尼日尔	137	15.28	140	16.08	148	13.70	146	13.30	152	13.25	157	10.40	158	10.51	158	11.15	157	12.20	−20	−3.08
刚果（金）	80	28.55	78	28.26	140	16.32	144	13.60	151	13.32	151	12.65	156	11.66	156	12.57	158	11.47	−78	−17.08
古巴	156	8.24	158	8.58	159	7.75	158	6.82	159	7.69	159	8.09	159	9.20	159	10.46	159	10.60	−3	+2.36
最高分		51.55		50.04		53.19		54.68		55.11		55.26		56.04		57.30		56.81		+5.26
最低分		0.57		8.23		7.75		6.70		7.69		8.09		9.20		10.46		10.60		+10.03
平均分		27.38		28.05		28.31		27.71		28.05		27.45		28.33		29.05		28.25		+0.87
标准差		10.45		9.75		9.81		9.89		9.88		9.74		9.45		9.25		8.96		−1.49

二、"一带一路"参与国创新环境竞争力的综合排名及其变化

2011年创新环境竞争力排在第1至10位的国家依次为：意大利、法国、西班牙、韩国、德国、英国、沙特阿拉伯、希腊、委内瑞拉、荷兰；排在第11至20位的国家依次为：阿根廷、奥地利、以色列、新加坡、瑞士、安提瓜和巴布达、马耳他、卢森堡、澳大利亚、瑞典；排在第21至30位的国家依次为：爱沙尼亚、丹麦、加拿大、巴林、比利时、冰岛、黑山、哈萨克斯坦、立陶宛、葡萄牙；排在最后10位的国家依次为：多哥、基里巴斯、巴布亚新几内亚、布隆迪、塞拉利昂、巴基斯坦、古巴、尼日利亚、南苏丹、缅甸。

2019年"一带一路"参与国创新环境竞争力排在第1至10位的国家依次为：法国、中国、德国、意大利、马耳他、西班牙、奥地利、阿根廷、葡萄牙、英国；排在第11至20位的国家依次为：韩国、伊朗、白俄罗斯、卢森堡、巴西、希腊、乌拉圭、瑞士、巴巴多斯、塞浦路斯；排在第21至30位的国家依次为：荷兰、马来西亚、新加坡、菲律宾、黑山、澳大利亚、塞舌尔、新西兰、爱沙尼亚、阿联酋；排在最后10位的国家依次为：吉布提、布隆迪、巴布亚新几内亚、也门、南苏丹、萨摩亚、马达加斯加、尼日尔、刚果（金）、古巴。

总的来看，2011—2019年，创新环境竞争力排在前30位的国家变化较大，阿联酋、巴巴多斯、巴西、白俄罗斯、菲律宾、马来西亚、塞浦路斯、塞舌尔、乌拉圭、新西兰、伊朗、中国12个国家进入前30位，而安提瓜和巴布达、巴林、比利时、冰岛、丹麦、哈萨克斯坦、加拿大、立陶宛、瑞典、沙特阿拉伯、委内瑞拉、以色列12个国家则跌出前30位。前30位内部个别国家的排名也发生较大变化，比如葡萄牙从由第30位上升到第9位，马耳他从第17位升至第5位。创新环境竞争力排在后10位的国家变化较大，巴基斯坦、多哥、基里巴斯、缅甸、尼日利亚、塞拉利昂6国升出后10位，刚果（金）、吉布提、马达加斯加、尼日尔、萨摩亚、也门6国降入后10位。

2011—2019年，各国创新环境竞争力的排名变化情况如表4-2所示。创新环境竞争力排位上升的国家有78个，其中上升最快的是印度，上升88位；其次为巴西，上升76位；还有印度尼西亚、尼泊尔、加纳3个国家排名上升51～60

位；1 个国家排位上升 41 ~ 50 位；8 个国家排名上升 31 ~ 40 位；14 个国家排位上升 21 ~ 30 位；18 个国家排位上升 11 ~ 20 位；32 个国家排位上升 10 位以内。排位下降的国家有 78 个，其中，下降幅度最大的是沙特阿拉伯和冈比亚，均下降 82 位；刚果（金）、文莱排位下降幅度也较大，分别为 78 位、57 位；1 个国家排位下降 41 ~ 50 位；9 个国家排位下降 31 ~ 40 位；16 个国家排位下降 21 ~ 30 位；18 个国家排位下降 11 ~ 20 位；30 个国家排位下降 10 位以内。4 个国家的排位保持不变。

表 4-2 2011—2019 年"一带一路"参与国创新环境竞争力的排名变化情况

国家	印度	巴西	印度尼西亚	尼泊尔	加纳	伊朗	尼日利亚	孟加拉国	俄罗斯	中国
变化	+88	+76	+58	+57	+54	+44	+40	+39	+38	+36
国家	南非	白俄罗斯	斯洛文尼亚	波兰	菲律宾	特立尼达和多巴哥	巴基斯坦	马来西亚	北马其顿	巴巴多斯
变化	+36	+34	+33	+32	+30	+30	+30	+27	+27	+25
国家	塞舌尔	科摩罗	乌干达	利比亚	喀麦隆	缅甸	葡萄牙	不丹	乌拉圭	塞浦路斯
变化	+25	+24	+23	+23	+22	+22	+21	+21	+20	+20
国家	秘鲁	泰国	吉尔吉斯斯坦	土耳其	斯洛伐克	多米尼加共和国	阿尔巴尼亚	多哥	塞尔维亚	佛得角
变化	+19	+18	+18	+17	+16	+16	+16	+16	+15	+15
国家	新西兰	厄瓜多尔	玻利维亚	卢旺达	马耳他	捷克共和国	哥斯达黎加	保加利亚	马里	基里巴斯
变化	+13	+13	+13	+13	+12	+11	+10	+10	+10	+10
国家	阿富汗	匈牙利	阿塞拜疆	瓦努阿图	塞拉利昂	越南	斐济	塞内加尔	坦桑尼亚	赞比亚
变化	+9	+8	+8	+8	+8	+7	+7	+7	+6	+6
国家	奥地利	圭亚那	卢森堡	刚果（布）	所罗门群岛	南苏丹	阿根廷	阿联酋	德国	黑山
变化	+5	+5	+4	+4	+4	+4	+3	+3	+2	+2
国家	蒙古	柬埔寨	布隆迪	法国	格林纳达	津巴布韦	贝宁	利比里亚	纳米比亚	马尔代夫
变化	+2	+2	+2	+1	+1	+1	+1	+1	0	0

国家	塔吉克斯坦	巴布亚新几内亚	阿尔及利亚	莫桑比克	东帝汶	爱尔兰	意大利	西班牙	瑞士	古巴
变化	0	0	-1	-1	-1	-2	-3	-3	-3	-3
国家	英国	乌兹别克斯坦	土库曼斯坦	韩国	澳大利亚	冰岛	卡塔尔	阿曼	罗马尼亚	埃塞俄比亚
变化	-4	-4	-4	-7	-7	-7	-7	-7	-7	-7
国家	老挝	安哥拉	希腊	爱沙尼亚	巴拿马	苏里南	亚美尼亚	新加坡	肯尼亚	赤道几内亚
变化	-7	-7	-8	-8	-8	-8	-8	-9	-9	-10
国家	科特迪瓦	密克罗尼西亚联邦	荷兰	比利时	莱索托	萨摩亚	克罗地亚	斯里兰卡	博茨瓦纳	萨尔瓦多
变化	-10	-10	-11	-12	-12	-12	-13	-13	-13	-14
国家	吉布提	黎巴嫩	伊拉克	乍得	智利	安提瓜和巴布达	加蓬	立陶宛	科威特	尼日尔
变化	-14	-15	-15	-15	-17	-18	-18	-19	-19	-20
国家	也门	瑞典	丹麦	苏丹	加拿大	乌克兰	摩尔多瓦	哈萨克斯坦	汤加	毛里塔尼亚
变化	-21	-22	-22	-22	-23	-23	-23	-24	-25	-25
国家	委内瑞拉	以色列	突尼斯	多米尼克	牙买加	格鲁吉亚	拉脱维亚	马达加斯加	几内亚	挪威
变化	-26	-26	-26	-26	-28	-30	-32	-32	-33	-34
国家	挪威	摩洛哥	芬兰	约旦	埃及	巴林	文莱	刚果（金）	沙特阿拉伯	冈比亚
变化	-34	-34	-35	-35	-39	-42	-57	-78	-82	-82

三、"一带一路"参与国创新环境竞争力的综合得分及其变化

"一带一路"参与国创新环境竞争力的平均得分呈逐年上升趋势，由2011年的27.38分提高到2019年的28.25分，表明"一带一路"参与国创新环境竞争力总体水平在不断提高。

2011年，有2个国家的平均分高于50分，17个国家介于40～50（不含40）分，54个国家介于30～40（不含30）分，44个国家介于20～30（不含20）分，37个国家介于10～20（不含10）分，5个国家不高于10分，约61.6%的国家

分数介于 20 ~ 40 分。而到 2019 年，只有 1 个国家的得分超过 50 分，10 个国家介于 40 ~ 50（不含 40）分，57 个国家介于 30 ~ 40（不含 30）分，58 个国家介于 20 ~ 30（不含 20）分，33 个国家介于 10 ~ 20（不含 10）分，已没有不高于 10 分的国家，约有 72.3% 的国家得分介于 20 ~ 40 分。可见，2019 年与 2011 年相比，大部分国家的得分都有所提高。

各国创新环境竞争力差距比较大，发达国家的创新环境竞争力高于发展中国家。2019 年排在前 10 位的国家，有 8 个是发达国家；排在最后 10 位的国家均为发展中国家；排在前 10 位国家的 3 个发达国家，其平均分是排在后 10 位发展中国家的 3.49 倍。从与平均分的比较来看，有 81 个国家的得分高于平均分，其中有 32 个是发达国家；从发达国家内部来看，得分有一定差距，排在第 1 位的法国和排在第 15 位的卢森堡（发达国家中排第 10）得分相差 17.24 分。从发展中国家和不发达国家内部来看，得分差别相对小一些，排在第 149 位的土库曼斯坦与排在第 159 位的古巴得分相差 4.30 分。

各国创新环境竞争力的得分变化情况如表 4-3 所示。2011—2019 年，创新环境竞争力得分上升最快的是印度，得分增加 18.08 分；其次为缅甸，得分增加 17.06 分；得分上升比较快的国家还有巴西、尼日利亚、中国、尼泊尔、印度尼西亚、加纳、巴基斯坦、南苏丹 8 国，上升幅度均超过 10 分。创新环境竞争力得分下降最快的是沙特阿拉伯，得分减少 18.45 分；其次为刚果（金），下降 17.08 分；得分下降较多的国家还有冈比亚、文莱，下跌幅度均超过 10 分。

表 4-3 2011—2019 年"一带一路"参与国创新环境竞争力得分变化情况

变化速度排序	国家	2011得分	2019得分	得分变化	2019年得分排名	变化速度排序	国家	2011得分	2019得分	得分变化	2019年得分排名
1	印度	15.11	33.19	+18.08	50	81	阿联酋	36.37	37.05	+0.68	30
2	缅甸	0.57	17.63	+17.06	137	82	阿根廷	43.32	43.82	+0.50	8
3	巴西	25.04	39.47	+14.43	15	83	老挝	20.53	20.87	+0.34	123
4	尼日利亚	7.70	21.58	+13.88	117	84	蒙古	28.58	28.92	+0.34	77

变化速度排序	国家	2011得分	2019得分	得分变化	2019年得分排名	变化速度排序	国家	2011得分	2019得分	得分变化	2019年得分排名
5	中国	35.65	49.38	+13.73	2	85	密克罗尼西亚联邦	16.14	16.47	+0.33	143
6	尼泊尔	14.45	27.27	+12.82	85	86	越南	29.68	30.02	+0.34	68
7	印度尼西亚	17.90	30.09	+12.19	67	87	格林纳达	28.85	29.15	+0.30	76
8	加纳	17.60	29.48	+11.88	73	88	莱索托	15.66	15.92	+0.26	147
9	巴基斯坦	9.55	20.52	+10.97	125	89	萨摩亚	13.66	13.87	+0.21	155
10	南苏丹	3.05	13.93	+10.88	154	90	乌兹别克斯坦	26.21	26.31	+0.10	90
11	孟加拉国	12.20	22.14	+9.94	109	91	乍得	16.49	16.18	−0.31	145
12	伊朗	31.78	39.71	+7.93	12	92	科特迪瓦	21.31	20.96	−0.35	121
13	南非	23.78	31.63	+7.85	61	93	爱尔兰	34.07	33.70	−0.37	47
14	多哥	11.74	18.79	+7.05	134	94	埃塞俄比亚	22.23	21.75	−0.48	115
15	法国	50.01	56.81	+6.80	1	95	肯尼亚	25.61	24.92	−0.69	98
16	俄罗斯	30.18	36.77	+6.59	31	96	吉布提	15.40	14.66	−0.74	150
17	利比亚	16.76	23.29	+6.53	105	97	黑山	38.02	37.27	−0.75	25
18	不丹	18.42	24.84	+6.42	100	98	卡塔尔	32.58	31.82	−0.76	60
19	葡萄牙	37.19	43.58	+6.39	9	99	苏里南	26.49	25.72	−0.77	92
20	北马其顿	22.39	28.58	+6.19	80	100	亚美尼亚	26.39	25.60	−0.79	93
21	塞拉利昂	10.06	16.15	+6.09	146	101	罗马尼亚	30.59	29.71	−0.88	72
22	白俄罗斯	33.60	39.68	+6.08	13	102	卢森堡	40.68	39.57	−1.11	14
23	喀麦隆	16.08	22.09	+6.01	112	103	巴拿马	30.94	29.78	−1.16	70
24	乌干达	19.60	25.56	+5.96	95	104	阿曼	31.71	30.51	−1.20	64
25	科摩罗	23.64	29.35	+5.71	75	105	伊拉克	22.63	21.21	−1.42	120
26	菲律宾	32.13	37.36	+5.23	24	106	德国	48.28	46.86	−1.42	3
27	马来西亚	32.79	37.95	+5.16	22	107	赤道几内亚	23.60	22.14	−1.46	110
28	阿富汗	12.22	17.37	+5.15	138	108	冰岛	38.04	36.37	−1.67	33
29	卢旺达	16.39	21.54	+5.15	118	109	黎巴嫩	24.75	22.93	−1.82	107
30	斯洛文尼亚	29.80	34.84	+5.04	41	110	斯里兰卡	32.77	30.94	−1.83	63
31	基里巴斯	11.67	16.67	+5.00	141	111	爱沙尼亚	39.04	37.08	−1.96	29

变化速度排序	国家	2011得分	2019得分	得分变化	2019年得分排名	变化速度排序	国家	2011得分	2019得分	得分变化	2019年得分排名
32	马里	14.74	19.73	+4.99	130	112	加蓬	23.71	21.74	−1.97	116
33	多米尼加共和国	23.81	28.72	+4.91	79	113	博茨瓦纳	27.56	25.58	−1.98	94
34	波兰	30.45	35.33	+4.88	36	114	萨尔瓦多	34.26	32.23	−2.03	57
35	特立尼达和多巴哥	30.15	34.91	+4.76	40	115	克罗地亚	36.39	34.21	−2.18	45
36	吉尔吉斯斯坦	20.20	24.90	+4.70	99	116	也门	16.21	14.00	−2.21	153
37	马耳他	41.24	45.88	+4.64	5	117	瑞士	41.28	38.66	−2.62	18
38	塞舌尔	32.67	37.18	+4.51	27	118	苏丹	22.12	19.32	−2.80	131
39	塞内加尔	16.49	20.90	+4.41	122	119	比利时	38.13	35.16	−2.97	37
40	巴巴多斯	34.19	38.30	+4.11	19	120	智利	36.19	33.14	−3.05	51
41	所罗门群岛	12.58	16.56	+3.98	142	121	尼日尔	15.28	12.20	−3.08	157
42	瓦努阿图	13.66	17.63	+3.97	136	122	毛里塔尼亚	19.45	16.25	−3.20	144
43	阿尔巴尼亚	23.35	27.12	+3.77	87	123	科威特	35.36	32.10	−3.26	58
44	佛得角	23.42	27.16	+3.74	86	124	乌克兰	32.10	28.78	−3.32	78
45	布隆迪	10.93	14.42	+3.49	151	125	澳大利亚	40.59	37.20	−3.39	26
46	泰国	26.83	30.31	+3.48	65	126	立陶宛	37.23	33.62	−3.61	48
47	赞比亚	14.73	18.17	+3.44	135	127	西班牙	48.46	44.77	−3.69	6
48	秘鲁	28.80	32.05	+3.25	59	128	摩尔多瓦	31.02	27.28	−3.74	84
49	塞尔维亚	31.50	34.72	+3.22	43	129	牙买加	23.09	19.31	−3.78	132
50	乌拉圭	35.83	38.96	+3.13	17	130	汤加	20.85	16.86	−3.99	139
51	塞浦路斯	35.18	38.27	+3.09	20	131	突尼斯	33.38	29.38	−4.00	74
52	利比里亚	11.92	14.97	+3.05	148	132	英国	46.86	42.86	−4.00	10
53	莫桑比克	17.99	20.81	+2.82	124	133	多米尼克	26.09	21.98	−4.11	113
54	土耳其	30.00	32.76	+2.76	56	134	加拿大	38.31	34.16	−4.15	46
55	巴布亚新几内亚	11.51	14.26	+2.75	152	135	几内亚	24.08	19.78	−4.30	127
56	塔吉克斯坦	17.67	20.41	+2.74	126	136	丹麦	38.57	34.24	−4.33	44
57	斯洛伐克	30.11	32.81	+2.70	55	137	新加坡	42.08	37.73	−4.35	23

变化速度排序	国家	2011得分	2019得分	得分变化	2019年得分排名	变化速度排序	国家	2011得分	2019得分	得分变化	2019年得分排名
58	贝宁	18.85	21.32	+2.47	119	138	马达加斯加	17.90	13.46	−4.44	156
59	阿塞拜疆	25.43	27.88	+2.45	82	139	希腊	43.60	39.09	−4.51	16
60	斐济	25.91	28.31	+2.40	81	140	瑞典	39.55	34.74	−4.81	42
61	捷克	31.03	33.41	+2.38	49	141	哈萨克斯坦	37.82	32.92	−4.90	52
62	玻利维亚	30.47	32.85	+2.38	54	142	约旦	24.67	19.77	−4.90	128
63	古巴	8.24	10.60	+2.36	159	143	安提瓜和巴布达	41.27	36.35	−4.92	34
64	厄瓜多尔	30.57	32.88	+2.31	53	144	意大利	51.55	46.21	−5.34	4
65	坦桑尼亚	21.51	23.80	+2.29	104	145	荷兰	43.51	38.08	−5.43	21
66	新西兰	34.84	37.12	+2.28	28	146	摩洛哥	30.87	25.24	−5.63	97
67	圭亚那	22.54	24.64	+2.10	101	147	拉脱维亚	31.42	25.74	−5.68	91
68	土库曼斯坦	12.97	14.90	+1.93	149	148	韩国	48.44	42.73	−5.71	11
69	哥斯达黎加	34.75	36.61	+1.86	32	149	格鲁吉亚	29.39	23.25	−6.14	106
70	纳米比亚	23.79	25.54	+1.75	96	150	挪威	36.17	29.95	−6.22	69
71	东帝汶	15.08	16.81	+1.73	140	151	芬兰	36.06	29.77	−6.29	71
72	安哥拉	18.04	19.75	+1.71	129	152	埃及	30.61	24.13	−6.48	103
73	匈牙利	33.64	34.97	+1.33	38	153	委内瑞拉	43.56	36.24	−7.32	35
74	柬埔寨	20.89	22.14	+1.25	111	154	以色列	42.64	34.93	−7.71	39
75	津巴布韦	20.84	21.97	+1.13	114	155	巴林	38.27	30.19	−8.08	66
76	马尔代夫	23.39	24.49	+1.10	102	156	文莱	37.19	27.04	−10.15	88
77	保加利亚	30.07	31.11	+1.04	62	157	冈比亚	32.72	19.22	−13.50	133
78	刚果（布）	21.20	22.17	+0.97	108	158	刚果（金）	28.55	11.47	−17.08	158
79	阿尔及利亚	26.90	27.84	+0.94	83	159	沙特阿拉伯	45.48	27.03	−18.45	89
80	奥地利	43.32	44.21	+0.89	7		平均分	27.38	28.25	+0.87	—

四、"一带一路"参与国创新环境竞争力得分情况

表4-4和表4-5列出了2011年和2019年"一带一路"参与国创新环境竞争

力 6 个二级指标的得分及排名情况。

从三级指标来看，评价期内，3 个三级指标的平均分上升，其中每千人移动蜂窝订阅的得分上升最快，平均分从 33.24 分上升到 43.35 分，上升 10.11 分，升幅约 30.4%；每千人拥有手机数、企业开业程序的平均得分均有一定程度的增长，分别上升 3.70 分和 6.68 分，增幅约为 14.9% 和 21%。3 个三级指标的平均分下降，在线公共服务指数和企业平均税负水平的平均分有所下降，分别降低 19.55 分和 5.96 分，降幅约为 32.9% 和 33.2%，ISO9001 质量体系认证数的平均分略有降低，下降 0.20 分。可见，2011—2019 年，"一带一路"参与国创新环境竞争力得分上升主要是由每千人移动蜂窝订阅、每千人拥有手机数和企业开业程序的得分上升推动的。

各个三级指标得分比较高的国家，其创新环境竞争力的得分也比较高，排名也比较靠前，而且在 6 个三级指标中，不能有"短板"比较严重的指标，否则得分将受到严重影响，排名将大大降低。比如卢森堡，2019 年它的 ISO9001 质量体系认证数便影响了其整体评分。

表 4-4 2011 年"一带一路"参与国创新环境竞争力及三级指标的得分及排名情况

项目 国家	创新环境 竞争力		每千人移动 蜂窝订阅		每千人拥有 手机数		企业开业 程序		企业平均 税负水平		在线公共 服务指数		ISO9001 质 量体系认证数	
	排名	得分	排名	得分	排名	得分	排名	得分	排名	得分	排名	得分	排名	得分
阿尔巴尼亚	103	23.35	116	26.35	91	14.44	92	25.00	81	16.67	43	79.74	70	0.50
阿尔及利亚	82	26.90	86	33.09	84	18.45	5	60.00	10	30.10	143	24.85	62	0.57
阿富汗	147	12.22	140	14.42	140	0.61	113	20.00	6	32.51	121	36.25	137	0.42
阿根廷	11	43.32	45	41.13	53	29.61	5	60.00	2	48.41	39	80.69	12	3.09
阿联酋	33	36.37	1	67.18	37	41.43	152	10.00	147	7.24	9	94.77	27	1.67
阿曼	57	31.71	31	43.87	72	21.97	113	20.00	127	12.48	32	84.15	60	0.61
阿塞拜疆	90	25.43	91	32.21	55	28.53	135	15.00	65	18.53	58	72.51	71	0.49
埃及	64	30.61	112	27.72	89	14.95	92	25.00	53	20.22	93	55.85	40	1.02
埃塞俄比亚	108	22.23	157	5.77	128	1.79	9	55.00	74	17.17	98	50.35	91	0.45

续上表

项目 国家	创新环境 竞争力		每千人移动 蜂窝订阅		每千人拥有 手机数		企业开业 程序		企业平均 税负水平		在线公共 服务指数		ISO9001 质 量体系认证数	
	排名	得分	排名	得分	排名	得分	排名	得分	排名	得分	排名	得分	排名	得分
爱尔兰	45	34.07	95	31.61	16	62.03	135	15.00	129	11.89	40	80.69	43	0.96
爱沙尼亚	21	39.04	17	47.21	36	41.93	135	15.00	39	21.77	7	95.84	52	0.70
安哥拉	122	18.04	150	9.66	139	0.67	35	40.00	32	22.36	109	45.37	84	0.46
安提瓜和巴布达	16	41.27	3	64.26	34	43.09	23	45.00	57	19.58	108	45.75	158	0.42
奥地利	12	43.32	67	36.98	12	71.81	35	40.00	27	23.41	15	91.71	34	1.33
澳大利亚	19	40.59	82	33.56	29	53.16	135	15.00	41	21.58	6	96.97	15	2.94
巴巴多斯	44	34.19	88	32.81	6	82.57	50	35.00	87	16.21	81	62.81	122	0.42
巴布亚新 几内亚	152	11.51	149	10.04	117	3.21	72	30.00	79	16.89	142	24.97	117	0.43
巴基斯坦	155	9.55	133	20.78	125	1.95	92	25.00	94	15.44	89	59.52	137	0.42
巴林	24	38.27	74	35.50	54	28.66	72	30.00	150	6.28	41	80.17	64	0.54
巴拿马	62	30.94	44	41.49	49	29.91	92	25.00	77	16.94	74	64.83	77	0.48
巴西	91	25.04	105	29.17	57	27.36	9	55.00	11	29.64	17	90.65	9	5.02
白俄罗斯	47	33.60	61	38.16	9	81.37	113	20.00	25	24.27	57	72.86	30	1.45
保加利亚	72	30.07	73	35.65	62	23.80	50	35.00	124	12.89	48	77.53	23	1.81
北马其顿	107	22.39	106	29.09	46	32.46	72	30.00	152	5.92	54	73.59	137	0.42
贝宁	120	18.85	122	25.01	144	0.52	72	30.00	34	22.27	100	49.72	99	0.44
比利时	25	38.13	104	29.50	21	58.36	92	25.00	20	25.23	63	71.53	33	1.34
冰岛	26	38.04	63	37.79	15	63.46	92	25.00	105	14.53	51	76.97	92	0.45
波兰	68	30.45	33	43.77	47	30.87	92	25.00	64	18.58	19	90.41	11	3.34
玻利维亚	67	30.47	102	29.90	94	10.75	5	60.00	3	38.11	91	57.85	72	0.49
博茨瓦纳	81	27.56	7	57.16	96	10.49	23	45.00	132	11.43	134	28.95	109	0.43
不丹	121	18.42	110	27.94	115	4.85	35	40.00	88	16.07	87	59.74	137	0.42
布隆迪	153	10.93	142	13.77	147	0.31	113	20.00	62	18.76	125	33.27	129	0.42
赤道几内亚	100	23.60	152	9.12	133	1.42	2	80.00	4	36.16	158	5.72	131	0.42
丹麦	22	38.57	58	39.12	51	29.83	92	25.00	135	10.84	2	99.57	39	1.07

项目 国家	创新环境 竞争力		每千人移动 蜂窝订阅		每千人拥有 手机数		企业开业 程序		企业平均 税负水平		在线公共 服务指数		ISO9001 质 量体系认证数	
	排名	得分	排名	得分	排名	得分	排名	得分	排名	得分	排名	得分	排名	得分
德国	5	48.28	50	40.19	4	82.89	23	45.00	35	22.22	31	84.17	37	6.70
东帝汶	139	15.08	84	33.41	149	0.27	72	30.00	146	7.88	135	28.85	8	0.42
多哥	150	11.74	129	21.08	135	0.92	135	15.00	38	21.95	96	53.33	137	0.43
多米尼加 共和国	95	23.81	125	23.37	82	19.31	50	35.00	35	22.22	62	71.97	115	0.47
多米尼克	87	26.09	94	31.76	108	6.36	92	25.00	100	14.85	95	53.47	81	0.42
俄罗斯	69	30.18	10	53.64	39	37.62	113	20.00	45	21.04	26	87.63	127	0.69
厄瓜多尔	66	30.57	117	26.33	73	21.66	9	55.00	92	15.66	47	77.86	54	0.74
法国	2	50.01	83	33.56	2	99.44	92	25.00	13	27.64	10	94.06	49	61.13
菲律宾	54	32.13	16	50.05	104	6.60	3	65.00	56	19.63	38	81.41	2	1.47
斐济	88	25.91	69	36.26	90	14.84	9	55.00	103	14.62	104	48.72	29	0.43
芬兰	36	36.06	48	40.52	100	8.33	135	15.00	81	16.67	5	97.81	104	0.30
佛得角	101	23.42	89	32.70	86	17.92	23	45.00	76	17.08	99	49.82	159	0.43
冈比亚	51	32.72	26	44.36	116	3.31	72	30.00	37	22.04	154	15.17	114	0.42
刚果（布）	112	21.20	111	27.86	142	0.57	9	55.00	24	24.73	145	24.47	134	0.42
刚果（金）	80	28.55	153	8.23	157	0	113	20.00	28	23.09	152	17.06	157	0.43
哥斯达黎加	42	34.75	12	52.71	74	21.41	15	50.00	17	26.55	69	68.51	111	0.51
格林纳达	77	28.85	99	30.37	31	50.21	72	30.00	39	21.77	115	42.15	68	0.42
格鲁吉亚	76	29.39	38	42.56	70	22.19	156	5.00	155	4.51	75	64.80	132	0.46
古巴	156	8.24	146	12.17	69	22.80	158	0	158	0	137	28.16	83	0.46
圭亚那	106	22.54	126	23.24	48	30.01	50	35.00	113	13.93	110	45.24	82	0.43
哈萨克斯坦	28	37.82	28	44.01	52	29.65	113	20.00	123	12.93	18	90.52	103	0.42
韩国	4	48.44	39	42.48	5	82.71	135	15.00	97	15.12	1	100.00	137	1.05
荷兰	10	43.51	53	39.79	25	55.72	113	20.00	62	18.76	12	92.79	31	1.41
黑山	27	38.02	5	60.70	30	51.34	35	40.00	139	10.11	84	61.03	108	0.43
基里巴斯	151	11.67	151	9.61	156	0.03	50	35.00	99	14.89	117	40.05	155	0.42
吉布提	136	15.40	154	7.64	105	6.59	72	30.00	72	17.26	140	26.03	125	0.42

续上表

项目 国家	创新环境 竞争力 排名	得分	每千人移动 蜂窝订阅 排名	得分	每千人拥有 手机数 排名	得分	企业开业 程序 排名	得分	企业平均 税负水平 排名	得分	在线公共 服务指数 排名	得分	ISO9001质 量体系认证数 排名	得分
吉尔吉斯斯坦	117	20.20	40	42.44	101	7.98	113	20.00	120	13.21	73	65.32	137	0.42
几内亚	94	24.08	103	29.90	157	0	72	30.00	7	31.56	139	26.78	121	0.42
加拿大	23	38.31	114	26.81	19	60.76	152	10.00	133	11.16	21	89.52	7	6.73
加纳	127	17.60	41	42.41	131	1.63	35	40.00	20	25.23	71	67.18	94	0.44
加蓬	98	23.71	30	43.89	129	1.76	50	35.00	43	21.45	138	27.93	112	0.43
柬埔寨	113	20.89	47	40.77	141	0.59	23	45.00	136	10.52	123	35.51	86	0.45
捷克	60	31.03	60	38.39	64	23.61	23	45.00	47	20.99	67	69.54	14	2.95
津巴布韦	115	20.84	118	25.90	118	3.11	23	45.00	106	14.39	113	42.94	79	0.47
喀麦隆	134	16.08	128	22.79	109	6.13	72	30.00	19	26.28	106	46.93	95	0.44
卡塔尔	53	32.58	29	43.91	56	27.91	35	40.00	154	5.15	56	73.29	57	0.66
科摩罗	99	23.64	135	17.50	124	2.02	23	45.00	1	100.00	156	11.15	123	0.42
科特迪瓦	111	21.31	19	46.53	127	1.81	113	20.00	29	22.81	124	34.11	73	0.49
科威特	39	35.36	6	57.29	75	21.35	92	25.00	152	5.92	37	82.50	65	0.52
克罗地亚	32	36.39	92	32.08	27	55.33	50	35.00	142	9.34	59	72.43	38	1.07
肯尼亚	89	25.61	97	31.01	150	0.23	50	35.00	77	16.94	72	65.76	58	0.62
拉脱维亚	59	31.42	87	32.83	79	20.45	113	20.00	71	17.35	80	63.11	55	0.68
莱索托	135	15.66	78	34.76	138	0.68	72	30.00	151	6.19	146	23.44	128	0.42
老挝	116	20.53	138	14.98	40	35.63	23	45.00	134	10.97	150	18.23	106	0.43
黎巴嫩	92	24.75	137	15.34	71	22.05	35	40.00	102	14.66	111	44.96	63	0.56
立陶宛	29	37.23	8	55.30	67	22.86	113	20.00	58	19.40	35	83.44	50	0.73
利比里亚	149	11.92	144	13.38	148	0.30	92	25.00	45	21.04	132	29.68	126	0.42
利比亚	128	16.76	115	26.42	38	41.03	15	50.00	100	14.85	157	6.99	100	0.43
卢森堡	18	40.68	35	42.95	10	74.41	92	25.00	143	9.29	28	85.30	75	0.48
卢旺达	131	16.39	132	20.82	152	0.15	92	25.00	97	15.12	70	67.69	119	0.42
罗马尼亚	65	30.59	71	35.97	50	29.91	72	30.00	144	9.11	66	69.89	10	3.37
马达加斯加	124	17.90	156	7.41	145	0.45	92	25.00	70	17.44	131	30	90	0.45

项目 国家	创新环境 竞争力		每千人移动 蜂窝订阅		每千人拥有 手机数		企业开业 程序		企业平均 税负水平		在线公共 服务指数		ISO9001 质 量体系认证数	
	排名	得分	排名	得分	排名	得分	排名	得分	排名	得分	排名	得分	排名	得分
马尔代夫	102	23.39	14	50.49	113	5.38	72	30.00	115	13.75	107	46.91	137	0.42
马耳他	17	41.24	20	46.08	1	100.00	92	25.00	54	20.04	34	83.47	56	0.66
马来西亚	49	32.79	25	44.38	42	34.72	35	40.00	68	17.62	25	88.01	13	2.97
马里	140	14.74	75	35.23	123	2.05	92	25.00	23	24.82	129	30.87	120	0.42
毛里塔尼亚	119	19.45	96	31.13	120	2.34	113	20.00	9	30.51	155	13.12	118	0.42
蒙古	79	28.58	34	43.42	78	21.03	35	40.00	130	11.70	92	56.92	110	0.43
孟加拉国	148	12.20	100	30.18	132	1.52	23	45.00	96	15.21	116	40.54	137	0.42
秘鲁	78	28.80	59	38.47	88	16.79	35	40.00	80	16.76	46	79.44	45	0.81
密克罗尼西亚 联邦	133	16.14	159	0	95	10.68	50	35.00	15	27.55	141	25.20	136	0.42
缅甸	159	0.57	77	34.77	130	1.66	72	30.00	109	14.21	144	24.66	74	0.48
摩尔多瓦	61	31.02	119	25.63	33	45.41	135	15.00	68	17.62	88	59.55	93	0.44
摩洛哥	63	30.87	51	40.04	97	9.65	113	20.00	48	20.86	86	60.14	47	0.75
莫桑比克	123	17.99	148	10.07	146	0.37	15	50.00	86	16.44	105	47.55	96	0.44
纳米比亚	96	23.79	80	34.51	98	9.60	15	50.00	141	9.43	101	49.26	105	0.43
南非	97	23.78	9	54.09	112	5.92	50	35.00	119	13.30	42	79.85	28	1.60
南苏丹	158	3.05	158	4.75	157	0	5	60.00	108	14.30	159	4.09	137	0.42
尼泊尔	142	14.45	27	44.33	114	4.88	35	40.00	60	19.03	94	54.95	137	0.42
尼日尔	137	15.28	155	7.43	136	0.91	113	20.00	42	21.49	148	22.93	113	0.43
尼日利亚	157	7.70	121	25.19	153	0.12	50	35.00	90	15.85	97	52.82	67	0.51
挪威	35	36.17	90	32.28	85	18.08	113	20.00	85	16.48	13	92.36	78	0.48
葡萄牙	30	37.19	72	35.75	3	85.93	72	30.00	67	18.12	23	89.22	20	2.47
瑞典	20	39.55	56	39.43	44	32.86	113	20.00	32	22.36	11	93.19	59	0.61
瑞士	15	41.28	54	39.75	17	61.83	72	30.00	121	13.11	30	84.71	19	2.56
萨尔瓦多	43	34.26	18	47.12	65	23.52	23	45.00	84	16.58	85	60.71	76	0.48
萨摩亚	143	13.66	136	16.00	102	7.42	113	20.00	145	8.79	130	30.57	137	0.42
塞尔维亚	58	31.50	109	28.24	32	50.10	50	35.00	81	16.67	49	77.31	42	0.97

续上表

项目 国家	创新环境 竞争力		每千人移动 蜂窝订阅		每千人拥有 手机数		企业开业 程序		企业平均 税负水平		在线公共 服务指数		ISO9001 质 量体系认证数	
	排名	得分	排名	得分	排名	得分	排名	得分	排名	得分	排名	得分	排名	得分
塞拉利昂	154	10.06	123	24.42	154	0.08	92	25.00	112	13.98	128	33.00	130	0.42
塞内加尔	129	16.49	85	33.23	121	2.18	113	20.00	51	20.40	103	49.18	102	0.43
塞浦路斯	40	35.18	21	45.97	13	64.22	92	25.00	138	10.20	33	83.63	61	0.59
塞舌尔	52	32.67	2	66.25	41	35.28	23	45.00	116	13.71	82	62.43	137	0.42
沙特阿拉伯	7	45.48	65	37.26	59	26.89	135	15.00	148	7.15	53	74.77	36	1.11
斯里兰卡	50	32.77	76	35.22	81	19.91	50	35.00	22	25.14	65	69.94	137	0.42
斯洛伐克	71	30.11	36	42.89	77	21.20	50	35.00	30	22.63	55	73.45	26	1.69
斯洛文尼亚	74	29.80	64	37.38	22	58.28	135	15.00	110	14.12	36	83.44	44	0.84
苏丹	109	22.12	130	21.05	143	0.55	15	50.00	49	20.67	147	23.18	98	0.44
苏里南	84	26.49	24	44.53	58	27.34	35	40.00	125	12.70	133	29.30	88	0.45
所罗门群岛	146	12.58	134	18.91	126	1.82	50	35.00	104	14.57	136	28.63	133	0.42
塔吉克斯坦	126	17.67	81	33.90	99	9.24	135	15.00	8	30.65	126	33.24	137	0.42
泰国	83	26.83	4	61.77	107	6.43	92	25.00	118	13.43	60	72.40	17	2.82
坦桑尼亚	110	21.51	127	22.95	151	0.23	15	50.00	55	19.95	102	49.20	80	0.47
汤加	114	20.85	139	14.45	93	10.88	113	20.00	126	12.52	114	42.88	156	0.42
特立尼达和多 巴哥	70	30.15	15	50.18	35	42.18	50	35.00	66	18.44	79	63.19	85	0.46
突尼斯	48	33.38	57	39.42	76	21.31	135	15.00	13	27.64	61	72.21	53	0.70
土耳其	73	30.00	107	28.42	63	23.69	50	35.00	59	19.26	24	88.30	22	1.88
土库曼斯坦	145	12.97	11	53.07	80	20.30	158	0	158	0	153	15.58	137	0.42
瓦努阿图	144	13.66	120	25.28	122	2.18	50	35.00	156	3.87	118	39.05	154	0.42
委内瑞拉	9	43.56	141	13.94	45	32.85	1	100.00	5	33.38	120	36.75	69	0.50
文莱	31	37.19	49	40.29	43	34.24	135	15.00	157	3.64	68	68.59	89	0.45
乌干达	118	19.60	143	13.64	137	0.75	3	65.00	95	15.35	90	58.20	87	0.45
乌克兰	55	32.10	46	41.04	87	17.07	72	30.00	50	20.58	77	63.25	48	0.75
乌拉圭	37	35.83	32	43.82	23	57.68	92	25.00	60	19.03	27	87.41	46	0.78
乌兹别克斯坦	86	26.21	101	30.05	83	18.46	135	15.00	106	14.39	44	79.53	137	0.42

项目 国家	创新环境 竞争力		每千人移动 蜂窝订阅		每千人拥有 手机数		企业开业 程序		企业平均 税负水平		在线公共 服务指数		ISO9001质 量体系认证数	
	排名	得分	排名	得分	排名	得分	排名	得分	排名	得分	排名	得分	排名	得分
西班牙	3	48.46	68	36.41	11	72.65	50	35.00	44	21.40	14	92.24	4	10.90
希腊	8	43.60	79	34.62	7	81.82	135	15.00	26	23.63	50	77.07	21	2.42
新加坡	14	42.08	13	50.65	24	56.26	152	10.00	140	9.56	3	98.57	32	1.36
新西兰	41	34.84	37	42.64	14	63.58	156	5.00	91	15.76	8	95.03	51	0.71
匈牙利	46	33.64	93	31.87	28	53.94	72	30.00	72	17.26	52	74.94	24	1.79
牙买加	104	23.09	98	30.56	66	23.13	152	10.00	89	15.98	122	35.75	107	0.43
亚美尼亚	85	26.39	62	37.94	60	26.16	135	15.00	137	10.29	76	63.79	116	0.43
也门	132	16.21	145	12.86	103	7.33	72	30.00	128	12.11	149	21.26	135	0.42
伊拉克	105	22.63	113	27.69	92	12.06	35	40.00	111	14.03	127	33.08	97	0.44
伊朗	56	31.78	22	45.43	20	59.84	15	50.00	52	20.36	83	61.65	41	1.01
以色列	13	42.64	55	39.59	18	61.14	135	15.00	131	11.52	45	79.50	16	2.84
意大利	1	51.55	42	41.95	26	55.52	50	35.00	17	26.91	20	89.98	3	27.91
印度	138	15.11	124	23.72	119	2.63	15	50.00	30	22.63	16	91.16	5	8.98
印度尼西亚	125	17.90	52	39.86	111	6.00	9	55.00	116	13.71	78	63.25	18	2.71
英国	6	46.86	70	36.15	8	81.60	113	20.00	113	13.93	4	97.92	6	7.54
约旦	93	24.67	131	21.01	110	6.04	50	35.00	122	13.02	112	43.04	66	0.51
越南	75	29.68	23	44.99	106	6.50	35	40.00	75	17.12	64	70.18	35	1.32
赞比亚	141	14.73	108	28.26	134	0.93	50	35.00	149	7.10	119	37.29	101	0.43
乍得	130	16.49	147	10.20	155	0.07	35	40.00	12	28.92	151	17.47	124	0.42
智利	34	36.19	43	41.62	61	24.86	72	30.00	93	15.48	29	85.20	25	1.70
中国	38	35.65	66	37.20	68	22.83	113	20.00	16	26.96	22	89.28	1	100.00
最高分	51.55		67.18		100.00		100.00		100.00		100.00		100.00	
最低分	0.57		0		0		0		0		4.09		0.30	
平均分	27.38		33.24		24.87		31.82		17.96		59.38		2.24	
标准差	10.45		13.42		24.97		15.01		9.75		25.14		9.47	

注：由于数据缺失或统计口径不一致，一些国家个别项目得分为0。本表企业开业程序项数值为整数。

表 4-5 2019 年"一带一路"参与国创新环境竞争力及三级指标的得分及排名情况

项目 国家	创新环境 竞争力 排名	创新环境 竞争力 得分	每千人移动 蜂窝订阅 排名	每千人移动 蜂窝订阅 得分	每千人拥有 手机数 排名	每千人拥有 手机数 得分	企业开业 程序 排名	企业开业 程序 得分	企业平均 税负水平 排名	企业平均 税负水平 得分	在线公共 服务指数 排名	在线公共 服务指数 得分	ISO9001 质 量体系认证数 排名	ISO9001 质 量体系认证数 得分
阿尔巴尼亚	87	27.12	75	47.92	83	18.09	97	31.58	70	11.41	93	31.03	75	0.06
阿尔及利亚	83	27.84	89	43.88	98	13.04	10	68.42	11	21.38	133	14.59	69	0.10
阿富汗	138	17.37	141	20.10	158	0.04	117	26.32	84	10.56	130	16.31	134	0
阿根廷	8	43.82	16	66.96	48	36.83	5	73.68	5	31.67	56	48.05	20	2.73
阿联酋	30	37.05	29	59.60	60	31.93	76	36.84	138	4.16	10	84.53	37	1.16
阿曼	64	30.51	14	67.41	96	13.81	76	36.84	126	6.49	30	65.58	65	0.11
阿塞拜疆	82	27.88	66	50.14	67	28.81	97	31.58	64	11.80	95	30.21	79	0.05
埃及	103	24.13	86	44.60	91	16.12	41	47.37	50	12.86	33	61.95	42	0.80
埃塞俄比亚	115	21.75	156	6.13	137	1.41	10	68.42	110	8.58	54	48.84	100	0.01
爱尔兰	47	33.70	71	48.38	17	69.80	131	21.05	119	7.52	42	56.79	40	0.85
爱沙尼亚	29	37.08	26	61.90	31	55.65	117	26.32	21	17.02	18	73.02	52	0.32
安哥拉	129	19.75	135	21.97	140	1.00	54	42.11	25	15.42	102	27.76	98	0.01
安提瓜和巴布达	34	36.35	1	90.24	27	62.25	41	47.37	61	12.09	81	35.64	89	0.02
奥地利	7	44.21	10	70.25	26	62.75	54	42.11	29	14.98	24	68.23	30	1.60
澳大利亚	26	37.20	77	47.78	14	73.46	139	15.79	36	13.95	9	88.75	15	3.84
巴巴多斯	19	38.30	39	55.83	11	77.84	54	42.11	85	10.32	127	19.02	92	0.02
巴布亚新几内亚	152	14.26	147	13.75	126	2.69	97	31.58	56	12.42	145	8.63	96	0.01
巴基斯坦	125	20.52	123	26.39	117	4.85	147	0	147	0	108	26.05	134	0
巴林	66	30.19	28	60.27	54	33.86	76	36.84	140	3.98	4	94.59	70	0.07
巴拿马	70	29.78	4	83.07	79	23.64	97	31.58	50	12.86	87	34.44	80	0.03
巴西	15	39.47	44	53.85	53	34.09	147	0	147	0	40	57.15	10	5.14
白俄罗斯	13	39.68	55	51.50	16	69.98	76	36.84	15	18.58	109	24.65	74	0.07
保加利亚	62	31.11	19	64.65	34	48.22	76	36.84	115	8.02	117	20.78	25	1.93

项目\国家	创新环境竞争力		每千人移动蜂窝订阅		每千人拥有手机数		企业开业程序		企业平均税负水平		在线公共服务指数		ISO9001质量体系认证数	
	排名	得分	排名	得分	排名	得分	排名	得分	排名	得分	排名	得分	排名	得分
北马其顿	80	28.58	72	48.35	61	31.87	97	31.58	146	2.21	119	20.36	134	0
贝宁	119	21.32	105	36.90	128	2.49	27	52.63	24	16.22	154	4.83	112	0.004
比利时	37	35.16	56	51.44	25	65.88	117	26.32	21	17.02	27	67.03	38	1.11
冰岛	33	36.37	73	48.16	5	92.53	117	26.32	107	8.94	47	52.05	57	0.27
波兰	36	35.33	30	59.57	68	28.00	76	36.84	63	11.83	62	42.21	13	4.24
玻利维亚	54	32.85	106	36.77	97	13.44	5	73.68	9	23.59	84	35.25	73	0.07
博茨瓦纳	94	25.58	17	65.55	101	11.59	41	47.37	132	5.75	86	35.00	68	0.11
不丹	100	24.84	118	31.23	111	6.18	54	42.11	76	11.00	122	20.01	134	0
布隆迪	151	14.42	154	8.77	150	0.49	54	42.11	39	13.71	158	0.51	134	0
赤道几内亚	110	22.14	138	21.35	130	2.27	2	94.74	37	13.89	144	9.36	134	0
丹麦	44	34.24	33	58.40	18	69.60	117	26.32	118	7.58	23	68.80	43	0.70
德国	3	46.86	60	50.96	2	99.56	41	47.37	42	13.45	19	71.66	8	6.70
东帝汶	140	16.81	129	24.43	152	0.39	54	42.11	142	3.30	120	20.24	134	0
多哥	134	18.79	143	17.80	138	1.40	76	36.84	32	14.42	159	0	115	0.003
多米尼加共和国	79	28.72	95	40.28	86	17.52	76	36.84	60	12.15	79	35.97	75	0.06
多米尼克	113	21.98	11	70.04	55	33.08	117	26.32	77	10.94	131	16.18	128	0.0004
俄罗斯	31	36.77	20	64.56	36	48.10	147	0	147	0	32	63.31	10	5.14
厄瓜多尔	53	32.88	83	45.47	82	22.68	10	68.42	89	10.14	77	36.26	50	0.43
法国	1	56.81	90	42.71	1	100.00	117	26.32	12	20.05	5	94.28	4	16.73
菲律宾	24	37.36	87	44.53	112	5.79	4	89.47	46	13.12	69	39.29	46	0.59
斐济	81	28.31	100	37.88	80	23.52	41	47.37	71	11.29	83	35.37	113	0.004
芬兰	71	29.77	5	75.72	64	31.36	139	15.79	68	11.53	13	80.18	28	1.76
佛得角	86	27.16	107	35.69	81	23.36	41	47.37	73	11.18	113	22.89	115	0.003
冈比亚	133	19.22	110	34.00	119	4.24	54	42.11	2	81.72	88	34.25	126	0.0008

项目 国家	创新环境 竞争力		每千人移动 蜂窝订阅		每千人拥有 手机数		企业开业 程序		企业平均 税负水平		在线公共 服务指数		ISO9001质 量体系认证数	
	排名	得分	排名	得分	排名	得分	排名	得分	排名	得分	排名	得分	排名	得分
刚果（布）	108	22.17	97	39.83	151	0.47	14	63.16	14	18.61	152	5.14	120	0.002
刚果（金）	158	11.47	152	9.73	157	0.10	19	57.89	1	100.00	155	3.57	117	0.002
哥斯达黎加	32	36.61	94	40.40	51	34.85	14	63.16	20	17.19	46	52.83	72	0.07
格林纳达	76	29.15	57	51.30	44	41.14	97	31.58	44	13.36	80	35.69	128	0.0004
格鲁吉亚	106	23.25	70	49.17	33	51.42	143	10.53	135	4.87	37	60.34	84	0.03
古巴	159	10.60	158	4.29	89	16.60	147	0	147	0	99	28.51	87	0.02
圭亚那	101	24.64	117	31.45	63	31.69	54	42.11	82	10.59	126	19.37	100	0.01
哈萨克斯坦	52	32.92	12	69.79	45	40.49	76	36.84	111	8.55	20	71.25	134	0
韩国	11	42.73	78	47.74	4	92.69	97	31.58	91	10.06	2	97.91	5	10.69
荷兰	21	38.08	46	53.76	22	66.73	97	31.58	67	11.68	3	95.15	24	2.15
黑山	25	37.27	3	84.76	43	42.77	54	42.11	121	7.25	50	51.17	78	0.06
基里巴斯	141	16.67	157	4.97	100	12.62	76	36.84	99	9.38	149	6.19	128	0.0004
吉布提	150	14.66	153	9.35	123	3.35	19	57.89	72	11.24	139	10.56	126	0.0008
吉尔吉斯斯坦	99	24.90	53	51.58	95	14.22	131	21.05	95	9.85	110	24.52	134	0
几内亚	127	19.78	140	20.48	156	0.24	14	63.16	8	24.51	78	36.11	128	0.0004
加拿大	46	34.16	109	34.88	9	82.85	143	10.53	130	6.10	7	92.43	17	3.05
加纳	73	29.48	101	37.50	135	1.72	76	36.84	96	9.70	123	19.82	113	0
加蓬	116	21.74	22	64.06	133	2.06	27	52.63	47	13.09	140	10.38	97	0.01
柬埔寨	111	22.14	91	42.70	113	5.67	19	57.89	125	6.66	137	12.42	109	0.005
捷克	49	33.41	37	56.61	56	32.64	54	42.11	41	13.48	76	36.42	12	4.91
津巴布韦	114	21.97	115	31.93	118	4.29	27	52.63	93	9.88	106	26.29	110	0.004
喀麦隆	112	22.09	133	22.11	115	4.98	76	36.84	34	14.39	129	18.13	107	0.01
卡塔尔	60	31.82	58	51.27	78	23.74	41	47.37	141	3.33	21	69.67	66	0.11
科摩罗	75	29.35	148	13.06	114	5.10	27	52.63	3	64.26	148	6.80	134	0

项目\国家	创新环境竞争力		每千人移动蜂窝订阅		每千人拥有手机数		企业开业程序		企业平均税负水平		在线公共服务指数		ISO9001质量体系认证数	
	排名	得分	排名	得分	排名	得分	排名	得分	排名	得分	排名	得分	排名	得分
科特迪瓦	121	20.96	103	37.09	134	2.02	27	52.63	30	14.77	116	21.34	94	0.02
科威特	58	32.10	9	71.03	73	25.42	14	63.16	143	3.16	52	49.28	64	0.13
克罗地亚	45	34.21	45	53.82	21	67.09	54	42.11	129	6.28	55	48.23	41	0.82
肯尼亚	98	24.92	121	29.00	141	0.99	5	73.68	32	14.42	82	35.48	67	0.11
拉脱维亚	91	25.74	68	49.97	47	38.60	131	21.05	78	10.91	26	67.65	54	0.30
莱索托	147	15.92	122	27.37	125	2.98	76	36.84	139	4.13	114	22.65	128	0.0004
老挝	123	20.87	99	38.88	127	2.62	27	52.63	102	9.26	124	19.77	110	0.004
黎巴嫩	107	22.93	120	29.66	71	25.71	54	42.11	106	9.02	64	41.81	61	0.18
立陶宛	48	33.62	7	73.07	49	36.14	97	31.58	53	12.71	22	69.46	48	0.45
利比里亚	148	14.97	132	22.17	155	0.33	117	26.32	55	12.53	141	10.16	121	0.001
利比亚	105	23.29	8	73.03	74	25.04	147	0	147	0	156	2.45	93	0.02
卢森堡	14	39.57	15	67.12	7	84.17	117	26.32	131	5.84	35	60.60	77	0.06
卢旺达	118	21.54	142	18.88	147	0.56	97	31.58	87	10.23	74	37.07	134	0
罗马尼亚	72	29.71	51	52.23	50	36.02	76	36.84	52	12.83	66	40.07	9	5.54
马达加斯加	156	13.46	144	17.37	143	0.96	41	47.37	59	12.15	98	29.57	103	0.01
马尔代夫	102	24.49	23	63.46	105	9.88	97	31.58	144	2.74	91	32.66	134	0
马耳他	5	45.88	36	56.74	6	87.05	27	52.63	58	12.21	70	38.61	62	0.17
马来西亚	22	37.95	34	58.16	75	24.70	97	31.58	91	10.06	25	68.10	14	4.16
马里	130	19.73	119	31.19	139	1.02	131	21.05	28	15.07	121	20.14	121	0.001
毛里塔尼亚	144	16.25	92	41.55	124	3.11	41	47.37	18	17.49	147	7.19	121	0.001
蒙古	77	28.92	74	48.08	103	10.57	54	42.11	120	7.28	31	63.41	121	0.001
孟加拉国	109	22.14	126	25.06	142	0.99	147	0	147	0	58	47.13	134	0
秘鲁	59	32.05	65	50.27	87	17.37	54	42.11	74	11.09	48	51.65	52	0.32

续上表

项目 国家	创新环境 竞争力		每千人移动 蜂窝订阅		每千人拥有 手机数		企业开业 程序		企业平均 税负水平		在线公共 服务指数		ISO9001质 量体系认证数	
	排名	得分	排名	得分	排名	得分	排名	得分	排名	得分	排名	得分	排名	得分
密克罗尼西亚联邦	143	16.47	151	11.23	99	12.69	76	36.84	19	17.40	128	18.68	134	0
缅甸	137	17.63	159	0	136	1.57	147	0	147	0	157	1.81	106	0.01
摩尔多瓦	84	27.28	108	35.41	40	45.28	54	42.11	105	9.08	44	54.18	80	0.03
摩洛哥	97	25.24	64	50.54	88	17.01	76	36.84	31	14.66	29	65.97	58	0.23
莫桑比克	124	20.81	146	13.92	148	0.54	27	52.63	78	10.91	96	29.92	100	0.01
纳米比亚	96	25.54	82	46.02	102	11.52	27	52.63	127	6.43	107	26.13	103	0.01
南非	61	31.63	38	55.89	94	14.59	97	31.58	99	9.38	97	29.91	34	1.32
南苏丹	154	13.93	155	7.35	159	0	147	0	147	0	138	10.93	134	0
尼泊尔	85	27.27	136	21.75	116	4.86	76	36.84	101	9.29	134	13.94	134	0
尼日尔	157	12.20	150	11.71	145	0.75	27	52.63	48	13.06	135	13.55	119	0.002
尼日利亚	117	21.58	124	25.95	146	0.66	147	0	147	0	125	19.60	90	0.02
挪威	69	29.95	49	52.48	35	48.16	117	26.32	62	12.00	14	77.61	49	0.45
葡萄牙	9	43.58	48	52.94	19	67.30	97	31.58	54	12.56	41	56.98	27	1.79
瑞典	42	34.74	42	54.93	13	74.14	139	15.79	26	15.36	17	74.85	22	2.21
瑞士	18	38.66	35	57.95	3	97.02	97	31.58	112	8.52	49	51.29	35	1.30
萨尔瓦多	57	32.23	27	60.91	70	25.94	41	47.37	86	10.26	34	61.02	71	0.07
萨摩亚	155	13.87	139	21.30	110	6.70	131	21.05	133	5.43	103	27.50	134	0
塞尔维亚	43	34.72	54	51.50	32	52.93	76	36.84	103	9.20	73	37.28	36	1.25
塞拉利昂	146	16.15	145	13.96	154	0.35	97	31.58	98	9.55	153	4.91	134	0
塞内加尔	122	20.90	112	32.12	120	4.13	131	21.05	43	13.42	101	28.22	90	0.02
塞浦路斯	20	38.27	32	58.41	12	74.70	97	31.58	128	6.37	67	39.71	56	0.29
塞舌尔	27	37.18	24	62.71	37	47.56	27	52.63	108	8.85	111	24.26	134	0
沙特阿拉伯	89	27.03	2	87.38	72	25.64	5	73.68	136	4.34	12	81.20	45	0.64

项目 国家	创新环境 竞争力		每千人移动 蜂窝订阅		每千人拥有 手机数		企业开业 程序		企业平均 税负水平		在线公共 服务指数		ISO9001质 量体系认证数	
	排名	得分	排名	得分	排名	得分	排名	得分	排名	得分	排名	得分	排名	得分
斯里兰卡	63	30.94	93	40.48	69	27.68	41	47.37	4	33.29	57	47.79	134	0
斯洛伐克	55	32.81	67	50.12	66	30.55	54	42.11	35	14.24	63	42.16	32	1.46
斯洛文尼亚	41	34.84	76	47.85	20	67.27	143	10.53	96	9.70	61	42.80	44	0.64
苏丹	131	19.32	116	31.71	132	2.11	19	57.89	81	10.65	94	30.31	83	0.03
苏里南	92	25.72	84	45.06	77	24.55	10	68.42	114	8.23	136	12.66	85	0.03
所罗门群岛	142	16.56	131	22.39	129	2.39	76	36.84	117	7.73	150	6.15	134	0
塔吉克斯坦	126	20.41	104	36.94	108	7.70	117	26.32	7	24.92	142	10.15	134	0
泰国	65	30.31	52	52.02	92	15.42	54	42.11	82	10.59	71	37.92	18	2.93
坦桑尼亚	104	23.80	128	24.91	149	0.52	14	63.16	45	13.24	104	27.21	121	0.001
汤加	139	16.86	130	23.48	39	45.35	131	21.05	124	6.96	100	28.26	128	0.0004
特立尼达和多巴哥	40	34.91	25	62.20	52	34.21	54	42.11	104	9.14	90	33.22	82	0.03
突尼斯	74	29.38	50	52.30	85	17.73	19	57.89	16	18.52	45	53.65	59	0.20
土耳其	56	32.76	96	40.08	58	32.41	27	52.63	66	11.71	68	39.51	16	3.65
土库曼斯坦	149	14.90	80	46.33	90	16.53	147	0	147	0	132	14.96	134	0
瓦努阿图	136	17.63	127	25.02	122	3.76	54	42.11	145	2.48	146	8.62	134	0
委内瑞拉	35	36.24	85	45.03	46	39.73	1	100.00	16	18.52	38	57.89	60	0.20
文莱	88	27.04	59	51.03	62	31.74	2	94.74	134	4.92	65	40.70	86	0.03
乌干达	95	25.56	134	21.98	131	2.14	5	73.68	93	9.88	143	9.90	87	0.02
乌克兰	78	28.78	41	55.37	42	43.55	27	52.63	23	16.84	112	23.76	47	0.47
乌拉圭	17	38.96	21	64.30	41	44.83	117	26.32	57	12.36	28	66.86	55	0.30
乌兹别克斯坦	90	26.31	98	39.55	104	10.39	54	42.11	6	28.81	75	36.42	134	0
西班牙	6	44.77	62	50.62	24	66.14	27	52.63	74	11.09	11	83.95	3	26.34
希腊	16	39.09	61	50.76	8	83.08	19	57.89	40	13.54	43	54.73	29	1.61

项目 国家	创新环境 竞争力		每千人移动 蜂窝订阅		每千人拥有 手机数		企业开业 程序		企业平均 税负水平		在线公共 服务指数		ISO9001质 量体系认证数	
	排名	得分	排名	得分	排名	得分	排名	得分	排名	得分	排名	得分	排名	得分
新加坡	23	37.73	13	67.48	28	60.03	139	15.79	123	7.02	1	100.00	23	2.18
新西兰	28	37.12	69	49.41	23	66.62	146	5.26	89	10.14	15	77.25	51	0.37
匈牙利	38	34.97	47	53.60	38	46.40	117	26.32	27	15.28	39	57.60	21	2.64
牙买加	132	19.31	79	47.16	93	14.94	97	31.58	38	13.74	92	31.13	108	0.01
亚美尼亚	93	25.60	63	50.59	59	31.93	131	21.05	69	11.44	60	43.32	95	0.01
也门	153	14.00	137	21.58	109	7.04	97	31.58	88	10.17	105	26.88	105	0.01
伊拉克	120	21.21	102	37.35	107	9.11	19	57.89	109	8.82	115	22.62	117	0.002
伊朗	12	39.71	111	33.66	29	58.25	41	47.37	49	13.01	72	37.29	39	1.08
以色列	39	34.93	40	55.80	15	73.20	117	26.32	116	7.90	8	89.71	19	2.91
意大利	4	46.21	6	73.55	30	58.08	54	42.11	13	19.94	36	60.45	2	55.19
印度	50	33.19	114	32.00	121	4.08	147	0	147	0	59	46.48	31	8.13
印度尼西亚	67	30.09	81	46.09	76	24.65	147	0	147	0	85	35.12	31	1.55
英国	10	42.86	43	54.71	10	81.33	97	31.58	80	10.68	6	93.80	6	9.07
约旦	128	19.77	88	44.11	106	9.48	76	36.84	113	8.32	53	49.14	63	0.14
越南	68	30.02	18	65.25	84	17.90	41	47.37	65	11.77	89	33.97	26	1.85
赞比亚	135	18.17	125	25.85	144	0.92	76	36.84	137	4.25	118	20.51	98	0.01
乍得	145	16.18	149	12.61	153	0.37	19	57.89	10	22.35	151	5.71	134	0
智利	51	33.14	31	58.87	65	30.60	54	42.11	122	7.23	16	76.93	33	1.42
中国	2	49.38	113	32.07	57	32.41	147	0	147	0	51	49.39	1	100.00
最高分	56.81		90.24		100.00		100.00		100.00		100.00		100.00	
最低分	10.60		0		0		0		0		0		0	
平均分	28.25		43.35		28.57		38.50		12.00		39.83		2.04	
标准差	8.96		18.75		27.07		19.90		11.56		24.70		9.36	

注：由于数据缺失或统计口径不一致，一些国家个别项目得分为0。

五、"一带一路"参与国创新环境竞争力跨区间变化

表 4-6 列出了 2011 年和 2019 年"一带一路"参与国家的创新环境竞争力排名的区间分布情况(第一区间,排在第 1 至 40 位的国家;第二区间,排在第 41 至 80 位的国家;第三区间,排在第 81 至 120 位的国家;第四区间,排在第 121 至 159 位的国家)。

表 4-6 2011—2019 年"一带一路"参与国创新环境竞争力排名的跨区间变化情况

	2011 年	2019 年
第一区间国家	阿根廷、阿联酋、爱沙尼亚、安提瓜和巴布达、奥地利、澳大利亚、巴林、比利时、冰岛、丹麦、德国、法国、芬兰、哈萨克斯坦、韩国、荷兰、黑山、加拿大、科威特、克罗地亚、立陶宛、卢森堡、马耳他、挪威、葡萄牙、瑞典、瑞士、塞浦路斯、沙特阿拉伯、委内瑞拉、文莱、乌拉圭、西班牙、希腊、新加坡、以色列、意大利、英国、智利、中国	阿根廷、阿联酋、爱沙尼亚、安提瓜和巴布达、奥地利、澳大利亚、*巴巴多斯*、*巴西*、*白俄罗斯*、比利时、冰岛、*波兰*、德国、*俄罗斯*、法国、*菲律宾*、*哥斯达黎加*、韩国、荷兰、黑山、卢森堡、马耳他、*马来西亚*、葡萄牙、瑞典、塞浦路斯、*塞舌尔*、*特立尼达和多巴哥*、委内瑞拉、乌拉圭、西班牙、希腊、新加坡、*新西兰*、*匈牙利*、*伊朗*、以色列、意大利、英国、中国
第二区间国家	阿曼、*埃及*、爱尔兰、*巴巴多斯*、巴拿马、*白俄罗斯*、保加利亚、波兰、玻利维亚、*俄罗斯*、厄瓜多尔、*菲律宾*、冈比亚、*刚果(金)*、*哥斯达黎加*、格林纳达、格鲁吉亚、捷克、卡塔尔、*拉脱维亚*、罗马尼亚、*马来西亚*、蒙古、秘鲁、摩尔多瓦、摩洛哥、萨尔瓦多、塞尔维亚、*塞舌尔*、斯里兰卡、斯洛伐克、斯洛文尼亚、*特立尼达和多巴哥*、突尼斯、土耳其、乌克兰、*新西兰*、*匈牙利*、*伊朗*、越南	阿曼、爱尔兰、巴林、巴拿马、保加利亚、*北马其顿*、玻利维亚、丹麦、*多米尼加共和国*、厄瓜多尔、芬兰、*格林纳达*、哈萨克斯坦、加拿大、*加纳*、捷克、卡塔尔、*科摩罗*、科威特、克罗地亚、立陶宛、罗马尼亚、蒙古、秘鲁、*南非*、挪威、瑞典、萨尔瓦多、塞尔维亚、斯里兰卡、斯洛伐克、斯洛文尼亚、*泰国*、突尼斯、土耳其、乌克兰、*印度*、*印度尼西亚*、越南、*智利*
第三区间国家	阿尔巴尼亚、阿尔及利亚、阿塞拜疆、埃塞俄比亚、巴西、北马其顿、贝宁、博茨瓦纳、赤道几内亚、多米尼加共和国、多米尼克、斐济、佛得角、*刚果(布)*、圭亚那、吉尔吉斯斯坦、*几内亚*、加蓬、柬埔寨、津巴布韦、科摩罗、科特迪瓦、肯尼亚、老挝、黎巴嫩、马尔代夫、毛里塔尼亚、纳米比亚、南非、苏丹、苏里南、泰国、坦桑尼亚、*汤加*、乌干达、乌兹别克斯坦、*牙买加*、亚美尼亚、*伊拉克*、*约旦*	阿尔巴尼亚、阿尔及利亚、阿塞拜疆、埃及、埃塞俄比亚、贝宁、博茨瓦纳、*不丹*、赤道几内亚、多米尼克、斐济、佛得角、*刚果(布)*、*格鲁吉亚*、圭亚那、吉尔吉斯斯坦、喀麦隆、肯尼亚、*拉脱维亚*、黎巴嫩、*卢旺达*、马尔代夫、*孟加拉国*、*摩尔多瓦*、摩洛哥、纳米比亚、*尼泊尔*、*尼日利亚*、*沙特阿拉伯*、苏里南、坦桑尼亚、*文莱*、乌干达、乌兹别克斯坦、亚美尼亚、伊拉克
第四区间国家	阿富汗、安哥拉、巴布亚新几内亚、巴基斯坦、不丹、布隆迪、东帝汶、多哥、古巴、基里巴斯、吉布提、加纳、喀麦隆、莱索托、利比里亚、*利比亚*、*卢旺达*、马达加斯加、马里、孟加拉国、密克罗尼西亚联邦、缅甸、莫桑比克、南苏丹、*尼泊尔*、尼日尔、*尼日利亚*、萨摩亚、塞拉利昂、塞内加尔、所罗门群岛、塔吉克斯坦、土库曼斯坦、瓦努阿图、也门、*印度*、*印度尼西亚*、赞比亚、乍得	阿富汗、安哥拉、巴布亚新几内亚、巴基斯坦、布隆迪、东帝汶、多哥、*冈比亚*、*刚果(金)*、古巴、基里巴斯、吉布提、*几内亚*、科特迪瓦、莱索托、老挝、利比里亚、马达加斯加、马里、毛里塔尼亚、密克罗尼西亚联邦、缅甸、莫桑比克、南苏丹、尼日尔、萨摩亚、塞拉利昂、塞内加尔、苏丹、所罗门群岛、塔吉克斯坦、*汤加*、土库曼斯坦、瓦努阿图、*牙买加*、也门、*约旦*、赞比亚、乍得

注:表格中用斜体标识位次发生跨区间变动的国家。

评价期内，一些国家的创新环境竞争力出现了跨区间变化：巴林、丹麦、芬兰、哈萨克斯坦、加拿大、科威特、克罗地亚、立陶宛、挪威、瑞典、智利从第一区间下降到第二区间，沙特阿拉伯、文莱从第一区间下降到第三区间；巴巴多斯、白俄罗斯、波兰、俄罗斯、菲律宾、哥斯达黎加、马来西亚、塞舌尔、特立尼达和多巴哥、新西兰、匈牙利、伊朗从第二区间上升到第一区间，巴西从第三区间上升到第一区间；埃及、格鲁吉亚、拉脱维亚、摩尔多瓦、摩洛哥从第二区间下降至第三区间，冈比亚、刚果（金）从第二区间下降至第四区间；北马其顿、多米尼加共和国、科摩罗、南非、泰国从第三区间上升至第二区间，加纳、印度、印度尼西亚从第四区间上升至第二区间；几内亚、科特迪瓦、老挝、毛里塔尼亚、苏丹、汤加、牙买加、约旦从第三区间下降至第四区间；不丹、喀麦隆、利比亚、卢旺达、孟加拉国、尼泊尔、尼日利亚从第四区间上升到第三区间。

第五章

"一带一路"参与国创新投入竞争力的评价与比较分析 [①]

一、"一带一路"参与国创新投入竞争力的评价结果

根据"一带一路"参与国创新投入竞争力的评价指标体系和数学模型，对2011—2019年"一带一路"参与国创新投入竞争力进行评价。表5-1列出了本评价期内"一带一路"参与国创新投入竞争力的排位和得分情况。本章共选取78个国家，未选取数据缺口较大或统计口径差异较大的国家，多项指标得分及其评价与第一章有所差别。对于选取的国家，个别年份由于数据缺失或统计口径不统一而缺少的得分，我们尽量利用牛顿插值法予以推算。

由于本章仅仅探讨所选78个国家的创新投入竞争力评价得分及其结果，平均分等数据与第一章得分存在较大差别。因此对159个"一带一路"参与国家进行整体探讨时，应仍然采用第一章所列数据。另外，由于国家数目差别很大，本章不再考察创新投入竞争力得分区间及其变化情况。

由表5-1可知，2019年，"一带一路"参与国创新投入竞争力的最高得分为58.14分，比2011年降低7.53分；最低得分为0.61，比2011年上升0.50分；平均分为14.98，比2011年提高1.79分。这表明"一带一路"参与国家整体的创新投入竞争力水平有所提高。标准差为14.37，比2011年增加0.34，说明评价期间创新投入竞争力的国家间差距一直比较大。

创新投入竞争力较高的国家主要是发达国家，2019年，在排名前30位的国家中，有26个国家是发达国家，而创新投入竞争力较低的国家主要是发展中国家。这主要是由发达国家和发展中国家在经济社会发展水平、科技创新投入、科技创新人才资源等方面存在的巨大差异造成的。

---

① 本章作者王鹏举为厦门微志云创有限公司合伙人，李俊杰为厦门理工学院应用数学学院副教授。

表5-1 2011—2019年"一带一路"参与国创新投入竞争力评价比较表

国家	2011 排名	2011 得分	2012 排名	2012 得分	2013 排名	2013 得分	2014 排名	2014 得分	2015 排名	2015 得分	2016 排名	2016 得分	2017 排名	2017 得分	2018 排名	2018 得分	2019 排名	2019 得分	2011—2019 综合变化 排名	2011—2019 综合变化 得分
韩国	3	48.05	1	54.18	1	58.28	1	61.85	1	56.33	1	60.64	1	57.56	1	63.77	1	58.14	+2	+10.09
中国	1	65.67	2	52.45	5	53.56	5	53.78	2	53.67	4	54.26	2	53.14	2	53.93	2	54.29	-1	-11.38
德国	4	47.49	3	51.95	3	53.87	3	54.74	3	48.26	5	53.28	3	48.68	3	52.44	3	47.64	+1	+0.15
瑞典	9	32.93	6	46.02	2	56.04	2	55.48	4	47.48	3	54.99	4	48.03	5	51.48	4	47.05	+5	+14.12
丹麦	7	34.81	5	47.52	6	52.73	4	54.37	5	47.47	2	55.12	5	46.89	4	51.88	5	46.79	+2	+11.98
奥地利	8	33.77	8	38.76	7	43.46	7	46.60	7	38.96	6	45.67	7	38.44	6	44.33	6	40.27	+2	+6.50
比利时	14	25.53	10	33.05	10	36.79	10	39.40	11	35.08	11	40.22	11	35.65	10	40.58	7	37.42	+7	+11.89
挪威	20	24.01	9	35.47	9	40.45	9	41.85	9	35.65	8	42.33	8	37.22	8	41.53	8	37.40	+8	+13.39
以色列	16	21.67	14	31.47	12	35.70	12	37.30	13	32.12	9	41.00	10	35.68	9	41.21	9	36.94	+11	+15.27
法国	5	40.03	7	40.68	8	43.06	8	43.99	8	38.16	10	40.87	9	36.58	12	38.66	10	35.95	-5	-4.08
芬兰	2	49.68	4	50.38	4	53.57	6	53.00	6	42.66	7	45.27	6	39.70	7	43.36	11	35.94	-9	-13.74
新加坡	13	26.23	12	32.48	11	36.16	11	38.69	10	35.50	12	39.15	13	32.03	11	39.02	12	33.55	+1	+7.32
荷兰	19	22.71	15	30.34	16	33.76	15	34.88	15	30.15	15	34.08	15	29.60	13	35.71	13	31.83	+6	+9.12
英国	10	29.12	13	32.08	13	34.38	13	36.09	12	32.61	14	34.26	14	29.93	14	32.25	14	30.02	-4	-0.90
冰岛	11	28.10	18	28.10	19	29.57	23	20.32	14	31.93	20	24.76	12	32.93	20	22.57	15	29.61	-4	+1.51
卢森堡	17	23.10	17	28.53	14	34.11	14	35.46	17	27.90	13	34.64	16	29.02	15	31.84	16	27.18	+1	+4.08
爱尔兰	24	17.70	19	27.27	17	30.64	18	32.07	18	26.34	18	28.75	31	14.79	16	27.73	17	25.57	+7	+7.87

续上表

国家 \ 项目	2011 排名	2011 得分	2012 排名	2012 得分	2013 排名	2013 得分	2014 排名	2014 得分	2015 排名	2015 得分	2016 排名	2016 得分	2017 排名	2017 得分	2018 排名	2018 得分	2019 排名	2019 得分	2011—2019综合变化 排名	2011—2019综合变化 得分
加拿大	12	27.99	11	33.04	15	34.11	17	33.92	16	28.92	16	31.11	17	26.70	31	15.12	18	25.03	-6	-2.96
斯洛文尼亚	15	24.05	16	28.68	18	30.45	19	29.15	19	24.48	19	25.13	18	22.92	17	25.45	19	22.19	-4	-1.86
捷克	25	16.80	22	20.53	22	22.60	20	23.68	20	22.07	22	21.14	19	20.33	19	22.64	20	21.86	+5	+5.06
意大利	6	37.62	24	20.18	23	21.77	22	22.18	22	19.76	21	21.83	20	19.75	22	20.70	21	20.03	-15	-17.59
葡萄牙	22	19.55	23	20.25	26	19.84	25	20.03	24	18.42	23	20.12	21	19.58	21	20.79	22	18.91	0	-0.64
俄罗斯	18	23.07	20	23.10	21	23.03	21	22.91	21	21.05	24	20.01	23	18.79	28	17.64	23	18.10	-5	-4.97
希腊	32	10.93	32	11.97	29	14.63	30	15.23	27	16.40	28	15.39	27	16.54	27	17.69	24	17.96	+8	+7.03
西班牙	23	19.01	25	19.99	25	20.43	24	20.20	25	18.03	25	19.07	24	17.82	23	19.19	25	17.50	-2	-1.51
马来西亚	31	11.31	30	12.53	31	13.89	31	14.66	29	14.82	27	15.96	25	17.30	24	18.46	26	17.12	+5	+5.81
匈牙利	28	14.02	27	15.18	27	16.96	27	17.08	28	15.69	29	15.10	29	15.47	26	17.89	27	16.76	+1	+2.74
波兰	33	10.43	33	11.50	34	12.18	33	13.33	32	13.26	31	13.60	30	15.24	29	16.75	28	16.67	+5	+6.24
澳大利亚	26	16.66	26	16.66	20	28.81	16	34.58	23	19.16	17	29.96	26	17.13	18	25.15	29	15.62	-3	-1.04
阿联酋	56	2.93	56	2.93	61	2.93	44	6.72	35	11.03	30	13.70	22	18.98	30	15.78	30	15.28	+26	+12.35
爱沙尼亚	21	20.56	21	22.06	24	20.54	26	18.81	26	17.19	26	16.71	28	16.05	25	18.11	31	14.62	-10	-5.94
巴西	27	16.11	28	14.32	28	14.98	28	15.45	40	9.28	41	8.82	41	8.14	45	7.28	32	13.88	-5	-2.23
立陶宛	29	12.20	31	12.51	30	14.05	29	15.27	31	13.65	32	13.05	32	12.72	32	13.53	33	13.37	-4	+1.17
斯洛伐克	30	11.33	29	12.75	33	13.16	32	13.71	30	14.35	34	11.20	35	11.25	33	12.81	34	12.20	-4	+0.87

续上表

国家\项目	2011 排名	2011 得分	2012 排名	2012 得分	2013 排名	2013 得分	2014 排名	2014 得分	2015 排名	2015 得分	2016 排名	2016 得分	2017 排名	2017 得分	2018 排名	2018 得分	2019 排名	2019 得分	2011—2019综合变化 排名	2011—2019综合变化 得分
土耳其	34	10.06	35	10.93	35	11.40	34	11.48	33	11.09	33	11.68	33	11.26	35	11.85	35	11.60	-1	+1.54
保加利亚	41	7.71	42	7.94	40	8.74	37	10.08	34	11.06	35	10.96	38	9.65	38	10.40	36	11.43	+5	+3.72
塞尔维亚	38	8.86	36	9.85	39	9.40	38	9.96	36	10.86	37	10.86	36	10.16	39	10.36	37	11.06	+1	+2.20
克罗地亚	36	9.02	38	9.28	38	9.99	40	9.44	39	9.37	36	10.90	37	10.11	36	11.13	38	11.02	-2	+2.00
泰国	50	3.85	50	3.85	48	5.22	48	5.99	47	6.22	42	8.20	40	9.28	37	10.74	39	10.62	+11	+6.77
突尼斯	35	9.18	37	9.73	37	10.65	36	10.74	38	10.31	38	10.75	34	11.25	40	9.37	40	10.35	-5	+1.17
马耳他	37	8.93	34	11.36	36	11.28	35	10.88	37	10.37	40	10.09	39	9.48	41	9.20	41	9.27	-4	+0.34
印度	44	5.93	47	5.33	49	4.88	53	4.73	41	9.01	52	4.41	52	4.20	42	8.57	42	9.18	+2	+3.25
埃及	45	5.53	45	5.48	44	6.36	42	7.06	44	7.44	44	7.36	44	6.72	46	6.85	43	7.94	+2	+2.41
拉脱维亚	39	8.62	39	8.89	41	8.72	39	9.59	42	8.49	45	6.93	42	7.28	43	8.14	44	7.48	-5	-1.14
阿根廷	42	7.56	40	8.41	42	8.50	41	8.34	43	8.30	43	8.00	43	7.14	44	7.69	45	7.31	-3	-0.25
南非	43	7.14	43	6.06	45	6.16	47	6.28	46	6.29	46	6.37	46	6.10	48	6.02	46	6.77	-3	-0.37
塞浦路斯	47	5.06	46	5.48	46	6.08	46	6.33	48	5.53	47	6.27	45	6.17	47	6.51	47	6.69	0	+1.63
格鲁吉亚	60	2.00	62	2.31	66	1.88	58	3.68	51	4.79	51	4.73	50	4.47	51	4.88	48	6.23	+12	+4.23
罗马尼亚	46	5.24	44	5.58	47	5.32	51	5.25	49	5.52	49	5.67	48	5.29	49	5.36	49	5.80	-3	+0.56
委内瑞拉	62	1.65	61	2.58	58	3.31	60	3.26	69	0.85	67	1.02	67	1.04	68	0.88	50	5.74	+12	+4.09
越南	66	1.18	69	1.18	52	4.33	45	6.68	53	4.56	39	10.71	49	4.70	34	12.59	51	5.73	+15	+4.55

续上表

国家 \ 项目	2011 排名	2011 得分	2012 排名	2012 得分	2013 排名	2013 得分	2014 排名	2014 得分	2015 排名	2015 得分	2016 排名	2016 得分	2017 排名	2017 得分	2018 排名	2018 得分	2019 排名	2019 得分	2011—2019 综合变化 排名	2011—2019 综合变化 得分
乌克兰	40	8.37	41	8.31	43	8.21	43	7.05	45	6.57	48	5.89	47	5.33	50	5.35	52	5.21	-12	-3.16
北马其顿	59	2.44	53	3.50	51	4.37	50	5.27	50	4.82	50	4.74	55	3.71	52	3.94	53	5.12	+6	+2.68
乌拉圭	53	3.47	52	3.65	55	3.84	56	3.97	56	3.94	53	4.39	51	4.45	64	1.80	54	4.89	-1	+1.42
黑山	51	3.81	51	3.81	54	4.27	55	4.22	52	4.60	56	3.93	54	3.76	53	3.93	55	4.47	-4	+0.66
摩尔多瓦	48	4.68	48	4.79	50	4.46	54	4.61	54	4.34	55	4.06	53	3.80	54	3.62	56	4.09	-8	-0.59
智利	54	3.46	55	3.45	57	3.62	57	3.75	57	3.61	57	3.77	56	3.34	55	3.60	57	4.08	-3	+0.62
哥斯达黎加	49	4.42	49	4.06	53	4.30	52	5.01	55	3.94	54	4.07	57	3.22	56	3.55	58	3.98	-9	-0.44
巴基斯坦	58	2.75	58	2.75	65	2.59	63	2.54	59	3.07	58	2.85	58	3.17	57	3.09	59	3.89	-1	+1.14
印度尼西亚	73	0.63	72	0.79	74	0.52	66	1.90	63	2.09	62	2.45	61	2.48	60	2.35	60	3.41	+13	+2.78
哈萨克斯坦	61	1.89	60	2.68	59	3.19	59	3.37	58	3.17	59	2.76	60	2.53	59	2.50	61	3.39	0	+1.50
白俄罗斯	52	3.47	54	3.50	56	3.71	61	2.84	60	2.59	60	2.54	59	2.70	58	2.85	62	3.00	-10	-0.47
古巴	63	1.39	63	2.19	64	2.65	64	2.29	62	2.28	64	1.87	63	2.09	61	2.31	63	2.79	0	+1.40
阿曼	68	1.12	64	1.83	67	1.54	65	1.93	64	2.02	63	2.20	65	1.79	63	1.91	64	2.66	+4	+1.54
乌兹别克斯坦	55	2.97	59	2.75	63	2.73	62	2.54	61	2.53	61	2.54	62	2.26	62	2.04	65	2.64	-10	-0.33
科威特	70	0.88	67	1.19	60	2.98	49	5.63	65	1.64	65	1.77	66	1.69	67	1.63	66	2.60	+4	+1.72
多哥	78	0.11	68	1.19	32	13.37	67	1.38	77	0.11	78	0.10	78	0.11	77	0.14	67	2.31	+11	+2.20
萨尔瓦多	77	0.18	78	0.17	78	0.33	77	0.47	68	0.93	69	0.92	69	1.01	65	1.79	68	1.86	+9	+1.68

续上表

国家 \ 项目	2011		2012		2013		2014		2015		2016		2017		2018		2019		2011—2019综合变化	
	排名	得分	排名	得分	排名	得分	排名	得分	排名	得分	排名	得分	排名	得分	排名	得分	排名	得分	排名	得分
亚美尼亚	64	1.35	66	1.22	70	1.16	68	1.23	66	1.24	66	1.14	68	1.01	69	0.84	69	1.55	−5	+0.20
阿塞拜疆	69	1.09	70	1.17	69	1.19	69	1.17	67	1.14	68	1.02	70	0.83	70	0.84	70	1.49	−1	+0.40
秘鲁	75	0.45	76	0.31	76	0.47	74	0.60	72	0.62	72	0.64	74	0.58	73	0.62	71	1.33	+4	+0.88
特立尼达和多巴哥	76	0.20	77	0.27	77	0.39	75	0.56	75	0.52	73	0.60	64	1.90	66	1.68	72	1.31	+4	+1.10
蒙古	67	1.15	65	1.23	68	1.22	70	1.14	70	0.77	70	0.89	73	0.60	74	0.46	73	1.10	−6	−0.05
塔吉克斯坦	74	0.61	74	0.56	73	0.58	76	0.56	76	0.52	76	0.48	75	0.49	76	0.40	74	1.08	0	+0.47
吉尔吉斯斯坦	71	0.78	71	0.82	71	0.74	73	0.60	73	0.57	75	0.51	76	0.46	75	0.42	75	1.01	−4	+0.23
巴拿马	65	1.24	75	0.54	75	0.49	71	0.85	71	0.69	71	0.89	72	0.78	72	0.75	76	0.87	−11	−0.37
伊拉克	57	2.80	57	2.80	62	2.80	72	0.61	74	0.56	74	0.54	71	0.79	71	0.79	77	0.73	−20	−2.07
马达加斯加	72	0.68	73	0.68	72	0.68	78	0.07	78	0.07	77	0.14	77	0.15	78	0.10	78	0.61	−6	−0.07
最高分		65.67		54.18		58.28		61.85		56.33		60.64		57.56		63.77		58.14		−7.53
最低分		0.11		0.17		0.33		0.07		0.07		0.10		0.11		0.10		0.61		+0.50
平均分		13.19		14.53		16.01		16.32		14.70		15.82		14.36		15.53		14.98		+1.79
标准差		14.03		15.14		16.45		16.88		14.77		16.47		14.68		16.03		14.37		+0.34

二、"一带一路"参与国创新投入竞争力的综合排名及其变化

2011 年创新投入竞争力排在第 1 至 10 位的国家依次为：中国、芬兰、韩国、德国、法国、意大利、丹麦、奥地利、瑞典、英国；排在第 11 至 20 位的国家依次为：冰岛、加拿大、新加坡、比利时、斯洛文尼亚、挪威、卢森堡、俄罗斯、荷兰、以色列；排在第 21 至 30 位的国家依次为：爱沙尼亚、葡萄牙、西班牙、爱尔兰、捷克、澳大利亚、巴西、匈牙利、立陶宛、斯洛伐克；排在最后 10 位的国家依次为：阿塞拜疆、科威特、吉尔吉斯斯坦、马达加斯加、印度尼西亚、塔吉克斯坦、秘鲁、特立尼达和多巴哥、萨尔瓦多、多哥。

2019 年"一带一路"参与国创新投入竞争力排在第 1 至 10 位的国家依次为：韩国、中国、德国、瑞典、丹麦、奥地利、比利时、挪威、以色列、法国；排在第 11 至 20 位的国家依次为：芬兰、新加坡、荷兰、英国、冰岛、卢森堡、爱尔兰、加拿大、斯洛文尼亚、捷克；排在第 21 至 30 位的国家依次为：意大利、葡萄牙、俄罗斯、希腊、西班牙、马来西亚、匈牙利、波兰、澳大利亚、阿联酋；排在最后 10 位的国家依次为：亚美尼亚、阿塞拜疆、秘鲁、特立尼达和多巴哥、蒙古、塔吉克斯坦、吉尔吉斯斯坦、巴拿马、伊拉克、马达加斯加。

总的来看，"一带一路"参与国创新投入竞争力排在前 10 位的国家变化不大，芬兰、瑞典、英国被比利时、挪威、以色列取代；排名前 30 位的国家变化较小，仅爱沙尼亚、巴西、立陶宛、斯洛伐克被阿联酋、波兰、马来西亚、希腊取代。排名在最后 10 位的国家变化较大，2019 年，多哥、科威特、萨尔瓦多、印度尼西亚脱离后 10 位，巴拿马、蒙古、亚美尼亚、伊拉克落入后 10 位。

2011—2019 年，各国创新投入竞争力的排名变化情况如图 5-1 所示。创新投入竞争力排位上升的国家有 34 个，其中上升最快的是阿联酋，排位上升 26 位；此外，7 个国家排位上升 11 ～ 20(不含 20) 位，26 个国家排位上升 10 位以内。排位下降的国家有 39 个，其中，下降幅度最大的是伊拉克，下降 20 位；此外，3 个国家排位下降 11 ～ 20（不含 20）位，35 个国家排位下降 10 位以内。5 个国家的排位保持不变。

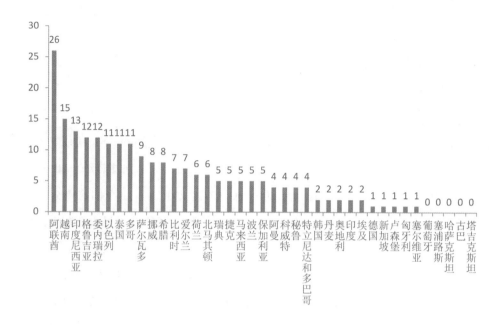

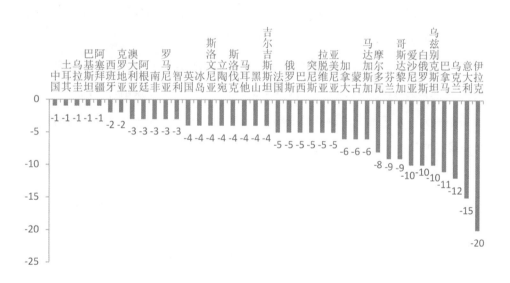

图 5-1 2011—2019 年 "一带一路" 参与国创新投入竞争力的排名变化情况

三、"一带一路"参与国创新投入竞争力的综合得分及其变化

"一带一路"参与国创新投入竞争力的平均得分呈波动上升趋势，由2011年的13.19分提高到2019年的14.98，表明"一带一路"参与国创新投入竞争力整体水平有所提高。

2011年，只有中国1个国家的创新投入竞争力得分超过60分，其余国家均低于50分；其中，4个国家介于40～50（不含40）分，4个国家介于30～40（不含30）分，12个国家得分介于20～30（不含20）分，13个国家得分介于10～20（不含10）分，44个国家不高于10分。而到2019年，已没有国家得分超过60分，仅韩国、中国2个国家得分超过50分，其余国家均低于50分；其中，4个国家介于40～50（不含40）分，8个国家介于30～40（不含30）分，7个国家得分介于20～30（不含20）分，19个国家得分介于10～20（不含10）分，38个国家不高于10分。可见，2019年与2011年相比，"一带一路"参与国创新投入竞争力的整体水平有所提高，但很多国家的得分仍然较低，有48.7%的国家得分低于10分。

各国创新投入竞争力差距很大，发达国家的创新投入竞争力高于发展中国家，在2019年超过平均得分的30个国家中，有26个是发达国家。而且，分数的差距较大，发达国家中得分最低的塞浦路斯得分为6.69分，是发展中国家中得分最低的马达加斯加的近11倍。

各国创新投入竞争力的得分变化情况如表5-2所示。创新投入竞争力得分上升的国家有54个，其中，上升最快的是以色列，得分上升15.27分，其次为瑞典，上升14.12分，挪威、阿联酋、丹麦、比利时、韩国的得分上升也较快，上升幅度均超过10分；其余47个国家得分升幅在10分以内。得分下降的国家有24个，其中，下降幅度最大的是意大利，下降17.59分；其次是芬兰和中国，分别下降13.74分和11.38分；爱沙尼亚得分下降5.94分；其余20个国家得分降幅均在5分以内。

表5-2 2011—2019年"一带一路"参与国创新投入竞争力得分变化情况

变化速度排序	国家	2011得分	2019得分	得分变化	2019年得分排名	变化速度排序	国家	2011得分	2019得分	得分变化	2019年得分排名
1	以色列	21.67	36.94	+15.27	9	41	巴基斯坦	2.75	3.89	+1.14	59
2	瑞典	32.93	47.05	+14.12	4	42	特立尼达和多巴哥	0.20	1.31	+1.11	72
3	挪威	24.01	37.40	+13.39	8	43	英国	29.12	30.02	+0.90	14
4	阿联酋	2.93	15.28	+12.35	30	44	秘鲁	0.45	1.33	+0.88	71
5	丹麦	34.81	46.79	+11.98	5	45	斯洛伐克	11.33	12.20	+0.87	34
6	比利时	25.53	37.42	+11.89	7	46	黑山	3.81	4.47	+0.66	55
7	韩国	48.05	58.14	+10.09	1	47	智利	3.46	4.08	+0.62	57
8	荷兰	22.71	31.83	+9.12	13	48	罗马尼亚	5.24	5.80	+0.56	49
9	爱尔兰	17.70	25.57	+7.87	17	49	塔吉克斯坦	0.61	1.08	+0.47	74
10	新加坡	26.23	33.55	+7.32	12	50	阿塞拜疆	1.09	1.49	+0.40	70
11	希腊	10.93	17.96	+7.03	24	51	马耳他	8.93	9.27	+0.34	41
12	泰国	3.85	10.62	+6.77	39	52	吉尔吉斯斯坦	0.78	1.01	+0.23	75
13	奥地利	33.77	40.27	+6.50	6	53	亚美尼亚	1.35	1.55	+0.20	69
14	波兰	10.43	16.67	+6.24	28	54	德国	47.49	47.64	+0.15	3
15	马来西亚	11.31	17.12	+5.81	26	55	蒙古	1.15	1.10	−0.05	73
16	捷克	16.80	21.86	+5.06	20	56	马达加斯加	0.68	0.61	−0.07	78
17	越南	1.18	5.73	+4.55	51	57	阿根廷	7.56	7.31	−0.25	45
18	格鲁吉亚	2.00	6.23	+4.23	48	58	乌兹别克斯坦	2.97	2.64	−0.33	65
19	委内瑞拉	1.65	5.74	+4.09	50	59	南非	7.14	6.77	−0.37	46
20	卢森堡	23.10	27.18	+4.08	16	60	巴拿马	1.24	0.87	−0.37	76
21	保加利亚	7.71	11.43	+3.72	36	61	哥斯达黎加	4.42	3.98	−0.44	58
22	印度	5.93	9.18	+3.25	42	62	白俄罗斯	3.47	3.00	−0.47	62
23	印度尼西亚	0.63	3.41	+2.78	60	63	摩尔多瓦	4.68	4.09	−0.59	56
24	匈牙利	14.02	16.76	+2.74	27	64	葡萄牙	19.55	18.91	−0.64	22
25	北马其顿	2.44	5.12	+2.68	53	65	澳大利亚	16.66	15.62	−1.04	29
26	埃及	5.53	7.94	+2.41	43	66	拉脱维亚	8.62	7.48	−1.14	44

变化速度排序	国家	2011年得分	2019年得分	得分变化	2019年得分排名	变化速度排序	国家	2011年得分	2019年得分	得分变化	2019年得分排名
27	多哥	0.11	2.31	+2.20	67	67	西班牙	19.01	17.50	−1.51	25
28	塞尔维亚	8.86	11.06	+2.20	37	68	斯洛文尼亚	24.05	22.19	−1.86	19
29	克罗地亚	9.02	11.02	+2.00	38	69	伊拉克	2.80	0.73	−2.07	77
30	科威特	0.88	2.60	+1.72	66	70	巴西	16.11	13.88	−2.23	32
31	萨尔瓦多	0.18	1.86	+1.68	68	71	加拿大	27.99	25.03	−2.96	18
32	塞浦路斯	5.06	6.69	+1.63	47	72	乌克兰	8.37	5.21	−3.16	52
33	阿曼	1.12	2.66	+1.54	64	73	法国	40.03	35.95	−4.08	10
34	土耳其	10.06	11.60	+1.54	35	74	俄罗斯	23.07	18.10	−4.97	23
35	冰岛	28.10	29.61	+1.51	15	75	爱沙尼亚	20.56	14.62	−5.94	31
36	哈萨克斯坦	1.89	3.39	+1.50	61	76	中国	65.67	54.29	−11.38	2
37	乌拉圭	3.47	4.89	+1.42	54	77	芬兰	49.68	35.94	−13.74	11
38	古巴	1.39	2.79	+1.40	63	78	意大利	37.62	20.03	−17.59	21
39	突尼斯	9.18	10.35	+1.17	40	平均分		13.19	14.98	+1.79	—
40	立陶宛	12.20	13.37	+1.17	33						

四、"一带一路"参与国创新投入竞争力得分情况

表5-3、表5-4列出2011年和2019年本章选取"一带一路"参与国创新投入竞争力6个三级指标的得分情况。

表5-3 2011年"一带一路"参与国创新投入竞争力及三级指标的得分情况

项目 国家	创新投入		研发总额		研发占比		人均研发		人员总量		人员占比	
	排名	得分	排名	得分	排名	得分	排名	得分	排名	得分	排名	得分
阿根廷	42	7.56	29	2.23	29	14.11	63	0	16	3.78	38	17.67
阿联酋	56	2.93	31	1.27	31	12.12	18	1.26	62	0	62	0
阿曼	68	1.12	62	0.07	62	3.40	58	0.02	57	0.04	57	2.08
阿塞拜疆	69	1.09	59	0.10	59	5.26	51	0.07	62	0	62	0

项目 国家	创新投入		研发总额		研发占比		人均研发		人员总量		人员占比	
	排名	得分	排名	得分	排名	得分	排名	得分	排名	得分	排名	得分
埃及	45	5.53	35	0.93	35	13.25	41	0.18	20	3.23	46	10.06
爱尔兰	24	17.70	24	2.76	24	38.90	45	0.12	36	1.18	18	45.52
爱沙尼亚	21	20.56	42	0.40	42	57.50	32	0.39	46	0.35	19	44.15
奥地利	8	33.77	15	8.56	15	66.53	4	33.32	23	2.86	13	57.61
澳大利亚	26	16.66	7	23.25	7	55.78	10	4.25	62	0	62	0
巴基斯坦	58	2.75	40	0.52	40	8.21	59	0.01	28	2.04	56	2.98
巴拿马	65	1.24	65	0.04	65	4.31	61	0.01	59	0.03	58	1.80
巴西	27	16.11	8	22.18	8	28.41	8	8.31	8	11.32	45	10.32
白俄罗斯	52	3.47	45	0.31	45	16.89	43	0.17	62	0	62	0
保加利亚	41	7.71	50	0.23	50	13.26	37	0.22	38	0.92	34	23.94
北马其顿	59	2.44	66	0.02	66	5.55	63	0	55	0.07	50	6.55
比利时	14	25.53	16	8.38	16	53.73	12	3.04	19	3.32	9	59.17
冰岛	11	28.10	47	0.27	47	60.17	46	0.11	49	0.17	3	79.80
波兰	33	10.43	23	2.93	23	18.59	15	1.95	12	4.95	35	23.71
丹麦	7	34.81	18	7.53	18	73.41	38	0.19	22	3.04	2	89.87
德国	4	47.49	2	77.86	2	69.69	7	9.41	3	26.13	15	54.34
多哥	78	0.11	76	0	76	0	63	0	61	0.02	61	0.52
俄罗斯	18	23.07	10	15.41	10	25.24	25	0.68	2	34.59	20	39.43
法国	5	40.03	3	46.65	3	54.63	5	20.55	5	20.01	10	58.30
芬兰	2	49.68	19	7.45	19	90.71	3	47.13	21	3.11	1	100.00
哥斯达黎加	49	4.42	54	0.15	54	11.66	11	4.19	52	0.15	52	5.97
格鲁吉亚	60	2.00	76	0	76	0	63	0	62	0	62	0
古巴	63	1.39	55	0.14	55	6.78	57	0.02	62	0	62	0
哈萨克斯坦	61	1.89	51	0.22	51	3.83	56	0.02	44	0.50	54	4.88
韩国	3	48.05	4	34.90	4	93.32	6	13.59	4	22.51	5	75.95
荷兰	19	22.71	13	12.65	13	46.90	13	2.70	13	4.75	17	46.53
黑山	51	3.81	70	0.01	70	7.85	63	0	60	0.03	43	11.17
吉尔吉斯斯坦	71	0.78	74	0.01	74	3.90	63	0	62	0	62	0
加拿大	12	27.99	6	23.83	6	44.65	24	0.74	7	12.75	11	57.97

续上表

项目 国家	创新投入		研发总额		研发占比		人均研发		人员总量		人员占比	
	排名	得分	排名	得分	排名	得分	排名	得分	排名	得分	排名	得分
捷克	25	16.80	25	2.66	25	38.78	21	0.99	26	2.37	21	39.21
科威特	70	0.88	57	0.11	57	2.47	42	0.18	58	0.03	59	1.62
克罗地亚	36	9.02	44	0.35	44	18.71	20	1.14	42	0.53	33	24.39
拉脱维亚	39	8.62	53	0.15	53	17.37	52	0.03	47	0.30	31	25.23
立陶宛	29	12.20	46	0.29	46	22.53	30	0.45	41	0.64	23	37.10
卢森堡	17	23.10	39	0.65	39	36.46	55	0.02	48	0.22	4	78.15
罗马尼亚	46	5.24	37	0.68	37	12.42	40	0.19	33	1.24	42	11.68
马达加斯加	72	0.68	75	0.01	75	2.64	63	0	54	0.09	60	0.68
马耳他	37	8.93	63	0.05	63	16.80	60	0.01	56	0.06	28	27.75
马来西亚	31	11.31	27	2.29	27	25.76	54	0.02	17	3.67	32	24.80
蒙古	67	1.15	69	0.02	69	5.75	63	0	62	0	62	0
秘鲁	75	0.45	58	0.11	58	2.06	49	0.08	62	0	62	0
摩尔多瓦	48	4.68	67	0.02	67	8.42	63	0	50	0.17	39	14.77
南非	43	7.14	28	2.28	28	18.31	9	6.50	31	1.56	49	7.04
挪威	16	24.01	20	6.02	20	40.52	16	1.54	27	2.12	7	69.87
葡萄牙	22	19.55	26	2.65	26	36.32	23	0.81	18	3.42	14	54.55
瑞典	9	32.93	12	13.86	12	80.90	26	0.68	15	3.78	8	65.44
萨尔瓦多	77	0.18	71	0.01	71	0.88	63	0	62	0	62	0
塞尔维亚	38	8.86	48	0.25	48	17.03	44	0.17	39	0.91	30	25.94
塞浦路斯	47	5.06	60	0.09	60	11.36	63	0	53	0.09	40	13.76
斯洛伐克	30	11.33	41	0.49	41	16.53	47	0.10	34	1.19	22	38.33
斯洛文尼亚	15	24.05	34	0.93	34	60.42	31	0.44	40	0.68	12	57.78
塔吉克斯坦	74	0.61	73	0.01	73	3.03	63	0	62	0	62	0
泰国	50	3.85	33	1.00	33	9.01	35	0.32	24	2.82	51	6.11
特立尼达和多巴哥	76	0.20	72	0.01	72	1.00	63	0	62	0	62	0
突尼斯	35	9.18	49	0.24	49	17.66	48	0.08	35	1.19	29	26.73
土耳其	34	10.06	21	4.99	21	19.94	17	1.31	11	5.60	36	18.47
委内瑞拉	62	1.65	43	0.36	43	3.81	50	0.07	43	0.52	55	3.50
乌克兰	40	8.37	36	0.90	36	18.39	39	0.19	14	4.47	37	17.89
乌拉圭	53	3.47	56	0.12	56	8.69	34	0.33	51	0.16	48	8.04

项目 国家	创新投入		研发总额		研发占比		人均研发		人员总量		人员占比	
	排名	得分	排名	得分	排名	得分	排名	得分	排名	得分	排名	得分
乌兹别克斯坦	55	2.97	61	0.08	61	4.86	53	0.03	32	1.31	47	8.56
西班牙	23	19.01	11	14.57	11	33.03	29	0.47	9	10.05	24	36.93
希腊	32	10.93	30	1.44	30	16.75	33	0.35	29	1.97	26	34.17
新加坡	13	26.23	22	4.30	22	51.62	36	0.30	25	2.58	6	72.33
匈牙利	28	14.02	32	1.25	32	29.64	19	1.23	30	1.80	25	36.18
亚美尼亚	64	1.35	68	0.02	68	6.73	62	0.01	62	0	62	0
伊拉克	57	2.80	64	0.05	64	0.87	63	0	37	1.05	41	12.01
以色列	20	21.67	17	7.80	17	100.00	28	0.56	62	0	62	0
意大利	6	37.62	9	20.63	9	30.16	1	100.00	10	8.22	27	29.09
印度	44	5.93	14	10.24	14	18.82	27	0.60	62	0	62	0
印度尼西亚	73	0.63	76	0	76	0	63	0	62	0	62	0
英国	10	29.12	5	32.93	5	41.50	63	0	6	19.30	16	51.88
越南	66	1.18	52	0.19	52	4.75	22	0.98	62	0	64	0
智利	54	3.46	38	0.66	38	8.76	14	2.49	45	0.47	53	4.92
中国	1	65.67	1	100.00	1	44.38	2	72.85	1	100.00	44	11.14
最高分	65.67		100.00		100.00		100.00		100.00		100.00	
最低分	0.11		0		0		0		0		0	
平均分	13.19		6.88		25.31		4.46		4.44		24.70	
标准差	14.03		16.10		24.58		15.18		12.57		26.10	

注：本表中"创新投入竞争力"简写为"创新投入"，"研发经费支出总额"简写为"研发总额"，"研发经费支出占 GDP 比重"简写为"研发占比"，"人均研发经费支出"简写为"人均研发"，"研发人员总量"简写为"人员总量"，"研发人员占从业人员比重"简写为"人员比重"。由于数据缺失或统计口径不一致，一些国家个别项目得分为 0。

表5-4 2019年"一带一路"参与创新投入竞争力及三级指标的得分情况

项目 / 国家	创新投入 排名	创新投入 得分	研发总额 排名	研发总额 得分	研发占比 排名	研发占比 得分	人均研发 排名	人均研发 得分	人员总量 排名	人员总量 得分	人员占比 排名	人员占比 得分
阿根廷	45	7.31	34	0.76	47	11.63	47	1.92	23	3.04	40	19.21
阿联酋	30	15.28	26	1.76	24	27.70	19	20.47	36	1.39	35	25.08
阿曼	64	2.66	59	0.06	62	5.87	51	1.42	60	0.13	61	5.83
阿塞拜疆	70	1.49	66	0.03	67	4.37	70	0.32	73	0.06	73	2.67
埃及	43	7.94	36	0.73	41	16.14	56	0.83	19	4.13	41	17.87
爱尔兰	17	25.57	29	1.22	32	20.96	16	28.05	35	1.60	6	76.03
爱沙尼亚	31	14.62	51	0.10	34	20.56	27	8.30	50	0.31	21	43.82
奥地利	6	40.27	17	4.46	4	65.67	5	57.17	24	2.81	9	71.25
澳大利亚	29	15.62	9	7.37	18	34.90	14	33.09	67	0.06	67	2.67
巴基斯坦	59	3.89	46	0.17	66	4.50	74	0.09	17	4.73	54	9.94
巴拿马	76	0.87	65	0.03	68	3.50	57	0.80	77	0.01	78	0.00
巴西	32	13.88	8	7.76	23	28.02	38	4.19	8	12.90	44	16.55
白俄罗斯	62	3.00	52	0.10	49	10.95	52	1.21	69	0.06	69	2.67
保加利亚	36	11.43	43	0.19	39	18.38	41	3.07	39	0.97	30	34.53
北马其顿	53	5.12	67	0.02	54	9.49	55	0.94	57	0.16	45	14.97
比利时	7	37.42	16	4.70	7	57.91	11	46.62	22	3.25	7	74.63
冰岛	15	29.61	48	0.15	14	40.86	9	47.22	56	0.16	14	59.66
波兰	28	16.67	22	2.19	28	24.42	30	6.55	12	6.56	22	43.63
丹麦	5	46.79	18	3.34	5	62.62	2	65.39	25	2.62	1	100.00
德国	3	47.64	2	36.72	6	62.38	7	50.28	2	23.7	12	65.12
多哥	67	2.31	75	0.01	58	8.11	73	0.09	65	0.08	64	3.24
俄罗斯	23	18.10	12	5.65	31	22.20	36	4.46	4	21.59	29	36.61
法国	10	35.95	4	18.58	10	45.06	15	31.55	6	17.14	10	67.40
芬兰	11	35.94	23	2.06	8	50.22	12	42.41	31	1.97	4	83.03
哥斯达黎加	58	3.98	54	0.08	55	8.72	49	1.75	53	0.20	57	9.16

续上表

项目	创新投入		研发总额		研发占比		人均研发		人员总量		人员占比	
国家	排名	得分	排名	得分	排名	得分	排名	得分	排名	得分	排名	得分
格鲁吉亚	48	6.23	68	0.02	56	8.37	60	0.64	49	0.39	38	21.70
古巴	63	2.79	50	0.15	53	9.60	50	1.47	68	0.06	68	2.67
哈萨克斯坦	61	3.39	57	0.07	71	3.15	64	0.44	42	0.83	50	12.47
韩国	1	58.14	3	24.34	2	96.63	6	53.59	3	22.50	3	93.62
荷兰	13	31.83	11	5.90	12	42.88	13	38.77	15	5.19	11	66.40
黑山	55	4.47	71	0.01	60	7.91	53	1.15	63	0.08	49	13.22
吉尔吉斯斯坦	75	1.01	76	0	76	2.25	77	0.04	76	0.06	76	2.67
加拿大	18	25.03	7	8.54	20	32.55	17	25.86	9	8.47	20	49.73
捷克	20	21.86	27	1.48	15	39.04	22	15.83	27	2.33	19	50.62
科威特	66	2.60	61	0.04	75	2.29	54	0.95	54	0.20	55	9.54
克罗地亚	38	11.02	44	0.18	35	19.72	35	5.01	48	0.47	33	29.70
拉脱维亚	44	7.48	58	0.06	50	10.85	40	3.20	51	0.23	37	23.08
立陶宛	33	13.37	47	0.16	37	19.37	31	6.45	46	0.53	24	40.36
卢森堡	16	27.18	42	0.27	27	25.12	8	49.26	52	0.21	13	61.03
罗马尼亚	49	5.80	38	0.38	51	10.50	45	2.24	38	1.00	46	14.87
马达加斯加	78	0.61	76	0	78	0	78	0	62	0.09	65	2.97
马耳他	41	9.27	62	0.03	48	11.56	34	5.73	61	0.11	34	28.95
马来西亚	26	17.12	24	1.85	19	33.50	29	6.58	16	4.96	26	38.70
蒙古	73	1.10	73	0.01	74	2.62	71	0.16	74	0.06	74	2.67
秘鲁	71	1.33	53	0.10	69	3.46	68	0.35	71	0.06	71	2.67
摩尔多瓦	56	4.09	70	0.01	63	5.39	66	0.38	58	0.16	48	14.52
南非	46	6.77	32	0.94	40	17.99	48	1.83	33	1.80	51	11.28
挪威	8	37.40	19	2.74	11	44.77	4	58.36	32	1.93	5	79.21
葡萄牙	22	18.91	31	0.94	25	26.13	24	10.40	26	2.42	17	54.64
瑞典	4	47.05	14	5.47	3	67.56	3	60.56	18	4.54	2	97.11
萨尔瓦多	68	1.86	69	0.02	64	5.24	67	0.35	64	0.08	63	3.60

项目 国家	创新投入		研发总额		研发占比		人均研发		人员总量		人员占比	
	排名	得分	排名	得分	排名	得分	排名	得分	排名	得分	排名	得分
塞尔维亚	37	11.06	49	0.15	38	19.07	44	2.40	40	0.90	32	32.78
塞浦路斯	47	6.69	60	0.05	45	12.23	37	4.24	59	0.13	43	16.80
斯洛伐克	34	12.20	40	0.31	36	19.61	32	6.42	43	0.80	31	33.87
斯洛文尼亚	19	22.19	41	0.30	16	36.09	21	16.14	45	0.55	15	57.89
塔吉克斯坦	74	1.08	76	0	73	2.64	76	0.04	75	0.06	75	2.67
泰国	39	10.62	25	1.84	30	22.62	42	3.02	14	5.85	39	19.78
特立尼达和多巴哥	72	1.31	74	0.01	72	3.05	58	0.75	70	0.06	70	2.67
突尼斯	40	10.35	56	0.07	46	12.01	59	0.67	37	1.30	27	37.72
土耳其	35	11.60	21	2.37	33	20.79	39	3.23	13	6.55	36	25.06
委内瑞拉	50	5.74	28	1.45	42	13.98	33	5.79	47	0.52	60	6.96
乌克兰	52	5.21	45	0.18	57	8.35	62	0.48	29	2.20	47	14.86
乌拉圭	54	4.89	55	0.08	52	10.19	43	2.72	55	0.19	52	11.26
乌兹别克斯坦	65	2.64	63	0.03	70	3.33	75	0.09	41	0.89	58	8.87
西班牙	25	17.50	15	5.05	29	24.13	23	12.20	11	7.31	25	38.80
希腊	24	17.96	33	0.81	26	25.63	26	8.59	30	2.13	18	52.63
新加坡	12	33.55	20	2.37	13	41.9	10	47.21	28	2.24	8	74.00
匈牙利	27	16.76	35	0.74	21	29.88	25	8.59	34	1.71	23	42.89
亚美尼亚	69	1.55	72	0.01	65	4.67	69	0.33	72	0.06	72	2.67
伊拉克	77	0.73	64	0.03	77	1.49	72	0.10	78	0	77	2.05
以色列	9	36.94	10	6.04	1	100.00	1	75.93	66	0.06	66	2.67
意大利	21	20.03	6	8.86	22	29.35	20	16.74	10	7.87	28	37.34
印度	42	9.18	13	5.58	44	13.25	63	0.47	5	19.41	59	7.18
印度尼西亚	60	3.41	30	1.01	61	6.45	65	0.43	21	3.54	62	5.64
英国	14	30.02	5	15.01	17	35.08	18	25.57	7	16.60	16	57.81
越南	51	5.73	37	0.53	43	13.65	61	0.63	20	3.75	53	10.09
智利	57	4.08	39	0.32	59	8.05	46	1.95	44	0.62	56	9.44

续上表

项目 国家	创新投入		研发总额		研发占比		人均研发		人员总量		人员占比	
	排名	得分	排名	得分	排名	得分	排名	得分	排名	得分	排名	得分
中国	2	54.29	1	100.00	9	45.90	28	8.15	1	100.00	42	17.40
最高分	58.14		100.00		100.00		100.00		100.00		100.00	
最低分	0.61		0		0		0		0		0	
平均分	14.98		3.91		22.78		13.60		4.53		30.07	
标准差	14.37		12.34		20.85		19.63		12.18		26.98	

注：本表中"创新投入竞争力"简写为"创新投入"，"研发经费支出总额"简写为"研发总额"，"研发经费支出占 GDP 比重"简写为"研发占比"，"人均研发经费支出"简写为"人均研发"，"研发人员总量"简写为"人员总量"，"研发人员占从业人员比重"简写为"人员比重"。由于数据缺失或统计口径不一致，一些国家个别项目得分为 0。

　　2011—2019 年，78 个"一带一路"参与国的创新投入竞争力平均得分从13.19 分上升到 14.98 分，升幅约 13.6%。从三级指标的得分变化来看，人均研发经费支出平均分上升明显，达 9.14 分，升幅约 204.9%；研发人员总量和研发人员占从业人员比重的平均分有所上升，分别增长 0.09 分和 5.37 分，增长率分别约为 2.0% 和 21.7%；研发经费支出总额、研发经费支出占 GDP 比重的平均分有所降低，分别降低 2.97 分（43.2%）和 2.53 分（10.0%）。由此可见，2011—2019 年，"一带一路"参与创新投入竞争力得分上升主要是由人均研发经费支出得分大幅上升推动的。

第六章
"一带一路"参与国创新产出竞争力的评价与比较分析 [①]

一、"一带一路"参与国创新产出竞争力的评价结果

根据"一带一路"参与国创新产出竞争力的评价指标体系和数学模型，对2011—2019年"一带一路"参与国创新产出竞争力进行评价。表6-1列出了本评价期内"一带一路"参与国创新产出竞争力的排位和得分情况。

由表6-1可知，2019年，"一带一路"参与国创新产出竞争力的最高得分为62.96分，比2011年降低3.85分；最低得分为0.14，比2011年上升0.14分；平均分为3.39，比2011年下降1.59分。这表明"一带一路"参与国创新产出竞争力的整体水平略有下降。2019年，"一带一路"参与国创新产出竞争力的标准差为6.19，比2011年下降1.11，表明创新产出竞争力国家间差距有略微缩小。

创新产出竞争力较高的国家主要是发达国家，2019年，在排名前30位的国家中，有18个国家是发达国家，创新投入竞争力较低的国家主要是发展中国家。这主要是由于发达国家和发展中国家在创新基础、创新环境、科技投入等方面存在巨大差异造成的。

---

① 本章作者王鹏举为厦门微志云创有限公司合伙人，李俊杰为厦门理工学院应用数学学院副教授。

表6-1 2011—2019年 "一带一路" 参与国创新产出竞争力评价比较表

国家\项目	2011 排名	2011 得分	2012 排名	2012 得分	2013 排名	2013 得分	2014 排名	2014 得分	2015 排名	2015 得分	2016 排名	2016 得分	2017 排名	2017 得分	2018 排名	2018 得分	2019 排名	2019 得分	2011—2019综合变化 排名	2011—2019综合变化 得分
中国	1	66.81	1	66.84	1	65.50	1	64.55	1	51.59	1	51.73	1	50.02	1	52.02	1	62.96	0	-3.85
德国	6	22.87	3	22.33	2	24.39	2	24.42	3	28.07	2	33.54	2	30.07	3	29.40	2	24.31	+4	+1.44
荷兰	2	25.77	2	25.44	3	24.29	3	23.97	6	23.63	8	22.79	7	20.92	6	22.08	3	19.83	-1	-5.94
英国	5	23.04	6	21.67	4	22.02	5	20.37	7	23.20	4	25.67	4	23.84	5	23.71	4	17.68	+1	-5.36
韩国	4	23.33	4	22.09	5	21.51	4	21.11	2	30.58	3	30.57	3	28.15	2	29.47	5	17.19	-1	-6.14
阿联酋	100	1.77	84	2.35	87	2.21	51	4.16	72	2.44	20	9.62	59	3.25	51	3.53	6	16.04	+94	+14.27
科摩罗	79	2.75	61	3.48	26	7.19	24	8.94	12	15.14	14	14.41	8	18.65	14	14.32	7	14.64	+72	+11.89
法国	3	23.55	5	21.77	6	20.23	6	19.05	5	23.93	5	25.55	6	21.95	7	21.52	8	14.08	-5	-9.47
新加坡	7	21.11	7	20.76	7	19.12	7	18.64	8	22.49	7	23.11	9	17.24	8	19.60	9	13.36	-2	-7.75
瑞士	8	19.61	8	19.80	8	19.03	8	16.92	9	17.24	9	22.09	11	15.48	12	15.40	10	12.13	-2	-7.48
印度	16	12.74	13	12.36	13	12.11	15	11.63	4	24.21	6	24.25	5	23.36	4	24.21	11	11.13	+5	-1.61
加拿大	13	14.24	11	14.34	12	13.48	14	12.50	13	13.41	15	13.71	16	12.11	16	12.54	12	9.72	+1	-4.52
马来西亚	9	17.69	9	17.38	9	15.40	9	15.20	10	17.05	10	17.62	14	12.76	10	16.23	13	9.21	-4	-8.48
菲律宾	108	1.30	118	0.98	117	1.18	116	1.36	93	1.55	98	1.88	15	12.50	9	16.38	14	8.71	+94	+7.41
安提瓜和巴布达	52	4.67	80	2.56	64	3.22	81	2.84	77	2.08	58	4.10	13	13.29	19	11.13	15	8.65	+37	+3.98
爱尔兰	18	11.50	16	11.24	17	10.13	19	9.71	17	11.96	12	14.84	19	10.59	17	12.07	16	8.26	+2	-3.24

续上表

国家\项目	2011 排名	2011 得分	2012 排名	2012 得分	2013 排名	2013 得分	2014 排名	2014 得分	2015 排名	2015 得分	2016 排名	2016 得分	2017 排名	2017 得分	2018 排名	2018 得分	2019 排名	2019 得分	2011—2019 综合变化 排名	2011—2019 综合变化 得分
澳大利亚	17	11.90	15	11.31	16	11.00	16	10.54	14	13.40	16	13.68	18	10.96	18	11.36	17	7.86	0	−4.04
越南	37	7.10	19	9.46	18	10.12	20	9.57	15	13.36	13	14.42	17	11.27	15	13.36	18	7.48	+19	+0.38
巴西	20	10.27	18	10.30	21	9.46	23	9.17	11	16.29	11	16.45	10	16.21	11	15.74	19	6.98	+1	−3.29
俄罗斯	36	7.23	30	7.25	25	7.38	27	7.61	18	10.57	17	11.17	20	9.31	20	9.23	20	6.41	+16	−0.82
意大利	24	9.11	23	8.54	23	7.94	28	7.21	29	6.70	22	9.41	22	8.61	24	8.24	21	5.96	+3	−3.15
瑞典	19	11.10	17	10.87	20	9.97	21	9.55	20	10.13	18	10.71	26	7.74	26	7.66	22	5.96	−3	−5.14
泰国	25	9.09	22	9.17	24	7.85	26	7.90	19	10.48	19	10.61	25	7.91	21	8.85	23	5.20	+2	−3.89
多米尼克	61	3.70	50	4.11	78	2.70	57	3.94	103	1.12	56	4.20	28	6.75	25	8.05	24	5.00	+37	+1.30
马耳他	11	15.44	10	14.59	14	11.30	17	10.35	22	9.21	29	7.40	30	6.44	22	8.68	25	4.78	−14	−10.66
以色列	28	8.03	26	8.12	28	6.93	29	6.86	23	8.26	26	8.25	36	5.65	28	7.13	26	4.76	+2	−3.27
冰岛	40	6.67	46	4.80	46	4.31	48	4.54	36	5.76	33	6.81	41	4.71	36	5.66	27	4.69	+13	−1.98
西班牙	43	5.74	39	5.67	34	5.93	41	5.57	25	7.71	24	8.32	27	7.48	29	7.00	28	4.64	+15	−1.10
比利时	39	6.68	33	6.89	30	6.66	32	6.52	24	7.73	25	8.28	33	6.00	33	6.25	29	4.46	+10	−2.22
捷克	30	7.53	31	7.18	33	6.00	36	5.90	28	6.71	35	6.61	38	4.89	32	6.26	30	4.20	0	−3.33
哈萨克斯坦	27	8.09	20	9.44	19	10.05	18	9.89	16	12.24	21	9.50	43	4.58	35	5.86	31	3.90	−4	−4.19
丹麦	35	7.24	32	7.01	32	6.26	35	5.97	30	6.56	37	6.44	45	4.53	40	5.00	32	3.69	+3	−3.55
挪威	29	7.65	29	7.31	31	6.34	31	6.52	27	7.23	32	7.10	39	4.85	34	5.95	33	3.68	−4	−3.97

国家 \ 项目	2011 排名	2011 得分	2012 排名	2012 得分	2013 排名	2013 得分	2014 排名	2014 得分	2015 排名	2015 得分	2016 排名	2016 得分	2017 排名	2017 得分	2018 排名	2018 得分	2019 排名	2019 得分	2011—2019 综合变化 排名	2011—2019 综合变化 得分
冈比亚	47	5.19	88	2.10	55	3.84	50	4.28	95	1.49	67	3.38	60	3.21	55	3.25	34	3.46	+13	−1.73
塞浦路斯	10	15.45	25	8.13	27	6.99	39	5.76	44	4.55	46	5.26	51	3.63	37	5.32	35	3.45	−25	−12.00
波兰	57	4.08	48	4.32	49	4.29	47	4.69	38	5.58	41	5.86	42	4.64	41	4.98	36	3.45	+21	−0.63
伊朗	71	3.27	85	2.31	66	3.16	72	3.07	81	1.91	44	5.41	24	8.15	27	7.14	37	3.42	+34	+0.15
匈牙利	21	9.89	24	8.17	29	6.70	40	5.66	33	6.08	34	6.65	46	4.48	38	5.32	38	3.39	−17	−6.50
印度尼西亚	48	4.97	59	3.62	50	4.12	56	3.96	35	5.81	38	6.36	32	6.01	31	6.52	39	3.31	+9	−1.66
黎巴嫩	74	2.96	77	2.67	53	3.99	37	5.90	85	1.85	64	3.91	44	4.55	46	4.04	40	3.24	+34	+0.28
芬兰	42	6.15	38	5.75	40	4.98	49	4.47	45	4.55	47	5.18	49	3.82	45	4.11	41	3.15	+1	−3.00
奥地利	41	6.32	37	6.33	35	5.92	38	5.88	34	5.87	40	6.05	48	4.10	44	4.40	42	3.04	−1	−3.28
拉脱维亚	67	3.53	55	3.86	43	4.56	42	5.19	39	5.54	45	5.39	53	3.56	39	5.25	43	2.71	+24	−0.82
土耳其	69	3.52	67	3.11	69	3.03	75	3.00	26	7.59	30	7.37	23	8.18	30	6.92	44	2.68	+25	−0.84
新西兰	50	4.80	47	4.61	47	4.30	53	4.10	49	4.44	48	4.88	55	3.43	47	3.98	45	2.68	+5	−2.12
卢森堡	63	3.66	65	3.29	77	2.73	66	3.22	63	3.04	62	3.96	63	3.09	57	3.19	46	2.58	+17	−1.08
老挝	73	3.08	70	2.98	75	2.77	33	6.40	21	9.65	23	9.23	31	6.20	23	8.55	47	2.52	+26	−0.56
哥斯达黎加	15	12.97	14	12.17	15	11.25	22	9.23	40	5.20	42	5.72	50	3.80	43	4.72	48	2.51	−33	−10.46
巴巴多斯	88	2.27	110	1.11	96	1.95	104	1.91	130	0.51	132	0.87	120	0.88	120	0.87	49	2.49	+39	+0.22
吉尔吉斯斯坦	46	5.30	57	3.76	42	4.86	44	5.09	47	4.46	27	7.73	40	4.82	52	3.52	50	2.47	−4	−2.83

续上表

国家 项目	2011 排名	2011 得分	2012 排名	2012 得分	2013 排名	2013 得分	2014 排名	2014 得分	2015 排名	2015 得分	2016 排名	2016 得分	2017 排名	2017 得分	2018 排名	2018 得分	2019 排名	2019 得分	2011—2019 综合变化 排名	2011—2019 综合变化 得分
希腊	49	4.91	52	3.99	62	3.25	54	4.06	53	4.23	51	4.69	65	2.84	48	3.68	51	2.40	-2	-2.51
蒙古	137	0.47	140	0.32	44	4.48	45	4.97	149	0.14	52	4.66	154	0.19	153	0.20	52	2.34	+85	+1.87
罗马尼亚	51	4.76	62	3.46	73	2.81	73	3.02	57	3.68	60	4.04	66	2.81	54	3.37	53	2.24	-2	-2.52
格林纳达	58	3.84	69	3.00	67	3.11	55	3.97	108	0.99	85	2.34	74	2.33	71	2.10	54	2.23	+4	-1.61
南非	55	4.16	53	3.92	58	3.60	60	3.56	43	4.66	55	4.47	58	3.25	50	3.58	55	2.17	0	-1.99
肯尼亚	112	1.20	119	0.85	88	2.11	113	1.61	80	1.92	71	3.15	83	1.96	79	2.00	56	2.07	+56	+0.87
马尔代夫	95	1.89	106	1.19	94	2.02	68	3.20	111	0.97	94	2.12	85	1.90	85	1.81	57	2.07	+38	+0.18
智利	78	2.80	78	2.67	72	2.86	80	2.88	54	3.93	54	4.50	52	3.61	49	3.58	58	2.05	+20	-0.75
佛得角	38	7.07	42	5.33	38	5.23	30	6.83	104	1.09	77	2.96	61	3.16	88	1.74	59	2.02	-21	-5.05
黑山	26	8.18	41	5.36	41	4.87	25	7.91	42	4.82	61	4.01	67	2.81	67	2.50	60	2.01	-34	-6.17
葡萄牙	82	2.66	82	2.41	83	2.49	87	2.48	61	3.09	68	3.38	64	2.93	63	2.93	61	1.99	+21	-0.67
阿根廷	56	4.08	60	3.54	59	3.35	70	3.14	32	6.35	39	6.33	34	5.95	42	4.75	62	1.97	-6	-2.11
立陶宛	60	3.71	58	3.64	63	3.23	67	3.20	55	3.85	63	3.96	70	2.56	58	3.19	63	1.93	-3	-1.78
斯洛伐克	77	2.86	64	3.34	60	3.34	64	3.34	58	3.63	66	3.62	69	2.62	59	3.05	64	1.91	+13	-0.95
保加利亚	75	2.95	73	2.81	80	2.56	91	2.39	66	2.80	73	3.07	75	2.20	62	2.94	65	1.89	+10	-1.06
埃塞俄比亚	114	1.12	96	1.62	123	1.00	58	3.78	70	2.54	74	3.00	21	9.12	13	14.92	66	1.81	+48	+0.69
苏里南	87	2.30	28	7.56	57	3.70	43	5.18	62	3.04	43	5.68	86	1.86	96	1.53	67	1.79	+20	-0.51

续上表

国家 \ 项目	2011 排名	2011 得分	2012 排名	2012 得分	2013 排名	2013 得分	2014 排名	2014 得分	2015 排名	2015 得分	2016 排名	2016 得分	2017 排名	2017 得分	2018 排名	2018 得分	2019 排名	2019 得分	2011—2019综合变化 排名	2011—2019综合变化 得分
巴基斯坦	102	1.55	101	1.32	107	1.39	114	1.53	73	2.39	78	2.91	62	3.16	61	2.98	68	1.78	+34	+0.23
摩洛哥	115	1.12	122	0.83	121	1.06	120	1.19	86	1.85	88	2.26	80	2.05	69	2.21	69	1.77	+46	+0.65
利比里亚	124	0.77	136	0.39	137	0.46	129	0.89	106	1.02	101	1.86	90	1.75	102	1.37	70	1.76	+54	+0.99
文莱	31	7.49	45	5.03	39	5.03	65	3.25	37	5.66	50	4.71	35	5.69	128	0.69	71	1.74	-40	-5.75
克罗地亚	59	3.77	49	4.24	52	4.00	61	3.55	60	3.42	53	4.64	77	2.09	64	2.61	72	1.74	-13	-2.03
埃及	104	1.47	105	1.23	113	1.27	110	1.72	88	1.71	99	1.87	79	2.06	73	2.09	73	1.72	+31	+0.25
约旦	92	2.01	95	1.67	89	2.08	90	2.40	98	1.35	87	2.27	89	1.78	72	2.09	74	1.70	+18	-0.31
瓦努阿图	89	2.17	102	1.31	74	2.80	101	2.08	110	0.98	113	1.42	101	1.55	108	1.14	75	1.70	+14	-0.47
卢旺达	44	5.38	91	2.04	92	2.07	63	3.53	50	4.36	59	4.06	126	0.74	116	0.91	76	1.67	-32	-3.71
亚美尼亚	94	1.94	98	1.57	100	1.85	103	1.92	87	1.82	90	2.19	94	1.71	74	2.04	77	1.67	+17	-0.27
阿富汗	12	14.29	63	3.45	56	3.77	12	14.03	125	0.75	76	2.97	76	2.15	90	1.69	78	1.67	-66	-12.62
科特迪瓦	45	5.33	76	2.74	114	1.24	77	2.96	78	2.05	83	2.47	108	1.29	91	1.66	79	1.63	-34	-3.70
也门	139	0.43	129	0.55	110	1.33	126	0.95	69	2.54	72	3.10	88	1.78	94	1.61	80	1.62	+59	+1.19
爱沙尼亚	33	7.30	35	6.55	36	5.74	34	6.32	31	6.51	36	6.45	56	3.37	82	1.84	81	1.62	-48	-5.68
突尼斯	68	3.53	74	2.81	82	2.50	85	2.61	67	2.71	75	2.97	82	2.02	70	2.10	82	1.60	-14	-1.93
坦桑尼亚	86	2.38	56	3.80	79	2.63	95	2.23	126	0.65	106	1.67	91	1.75	60	3.00	83	1.59	+3	-0.79
尼泊尔	81	2.72	79	2.57	45	4.43	46	4.70	119	0.88	81	2.53	73	2.35	92	1.64	84	1.54	-3	-1.18

续上表

国家	2011 排名	2011 得分	2012 排名	2012 得分	2013 排名	2013 得分	2014 排名	2014 得分	2015 排名	2015 得分	2016 排名	2016 得分	2017 排名	2017 得分	2018 排名	2018 得分	2019 排名	2019 得分	2011—2019综合变化 排名	2011—2019综合变化 得分
塞内加尔	120	0.97	123	0.81	116	1.19	102	2.00	92	1.59	95	1.98	96	1.66	83	1.83	85	1.53	+35	+0.56
斯洛文尼亚	83	2.51	83	2.41	86	2.24	97	2.16	76	2.22	84	2.39	102	1.49	78	2.02	86	1.49	-3	-1.02
乌拉圭	70	3.44	54	3.89	65	3.20	78	2.95	46	4.49	69	3.35	84	1.92	77	2.02	87	1.43	-17	-2.01
东帝汶	22	9.75	44	5.25	22	9.31	11	14.29	56	3.75	31	7.20	29	6.75	53	3.50	88	1.41	-66	-8.34
缅甸	129	0.64	127	0.65	135	0.58	112	1.62	133	0.42	79	2.83	87	1.78	87	1.74	89	1.39	+40	+0.75
斯里兰卡	101	1.60	109	1.14	105	1.55	111	1.65	105	1.05	107	1.61	112	1.15	103	1.35	90	1.35	+11	-0.25
刚果（布）	156	0.10	156	0.08	153	0.14	140	0.55	139	0.38	143	0.53	137	0.63	117	0.90	91	1.33	+65	+1.23
汤加	53	4.61	36	6.34	48	4.29	71	3.12	102	1.12	112	1.43	104	1.47	84	1.82	92	1.33	-39	-3.28
沙特阿拉伯	128	0.65	128	0.59	127	0.74	131	0.83	99	1.26	119	1.26	81	2.03	81	1.89	93	1.30	+35	+0.65
萨尔瓦多	80	2.72	86	2.26	95	2.01	98	2.13	84	1.85	93	2.12	93	1.71	75	2.04	94	1.28	-14	-1.44
格鲁吉亚	85	2.40	92	1.85	99	1.88	82	2.68	75	2.33	82	2.50	98	1.58	93	1.61	95	1.28	-10	-1.12
柬埔寨	97	1.81	117	1.03	91	2.07	88	2.45	114	0.94	110	1.54	106	1.35	104	1.33	96	1.24	+1	-0.57
莱索托	110	1.25	108	1.14	90	2.08	99	2.12	128	0.52	123	1.12	119	1.01	121	0.83	97	1.24	+13	-0.01
秘鲁	84	2.49	93	1.70	103	1.76	107	1.80	65	2.81	80	2.75	72	2.44	65	2.58	98	1.21	-14	-1.28
牙买加	64	3.65	87	2.13	81	2.52	83	2.66	117	0.89	89	2.20	37	5.27	130	0.63	99	1.20	-35	-2.45
孟加拉国	126	0.68	126	0.66	128	0.73	123	1.09	112	0.96	125	1.10	107	1.29	107	1.16	100	1.16	+26	+0.48
塞舌尔	132	0.62	133	0.50	61	3.32	94	2.25	71	2.49	108	1.60	12	14.86	86	1.77	101	1.16	+31	+0.54

续上表

国家	2011 排名	2011 得分	2012 排名	2012 得分	2013 排名	2013 得分	2014 排名	2014 得分	2015 排名	2015 得分	2016 排名	2016 得分	2017 排名	2017 得分	2018 排名	2018 得分	2019 排名	2019 得分	2011—2019综合变化 排名	2011—2019综合变化 得分
贝宁	72	3.22	94	1.70	84	2.38	74	3.00	115	0.91	92	2.13	95	1.71	101	1.40	102	1.15	-30	-2.07
阿塞拜疆	116	1.07	71	2.93	54	3.90	86	2.56	94	1.51	114	1.38	117	1.07	100	1.40	103	1.14	+13	+0.07
厄瓜多尔	105	1.44	111	1.08	102	1.77	106	1.81	64	2.84	70	3.28	78	2.09	76	2.03	104	1.13	+1	-0.31
萨摩亚	93	2.00	75	2.80	98	1.88	69	3.15	124	0.80	115	1.37	105	1.43	95	1.60	105	1.12	-12	-0.88
尼日利亚	118	1.01	113	1.07	109	1.36	125	1.01	59	3.62	116	1.33	118	1.02	113	1.03	106	1.12	+12	+0.11
巴拿马	14	13.35	40	5.48	37	5.43	62	3.53	68	2.61	65	3.90	54	3.51	111	1.05	107	1.11	-93	-12.24
摩尔多瓦	62	3.67	81	2.43	101	1.82	84	2.62	89	1.70	103	1.73	100	1.55	106	1.16	108	1.08	-46	-2.59
塔吉克斯坦	66	3.56	99	1.53	68	3.05	52	4.13	123	0.82	105	1.69	111	1.16	109	1.09	109	1.07	-43	-2.49
莫桑比克	127	0.66	27	7.73	51	4.07	92	2.27	136	0.41	117	1.30	68	2.63	80	1.99	110	1.07	+17	+0.41
白俄罗斯	117	1.01	115	1.05	106	1.46	117	1.34	96	1.45	104	1.70	115	1.12	105	1.32	111	1.07	+6	+0.06
马达加斯加	65	3.61	124	0.74	126	0.89	124	1.06	137	0.40	130	0.93	129	0.70	125	0.71	112	1.03	-47	-2.58
伊拉克	148	0.23	144	0.20	141	0.34	130	0.86	145	0.21	135	0.76	124	0.78	122	0.80	113	1.03	+35	+0.80
阿尔及利亚	135	0.54	134	0.45	131	0.64	138	0.64	127	0.65	129	0.97	116	1.08	119	0.88	114	1.01	+21	+0.47
乌克兰	76	2.87	66	3.25	70	3.03	76	2.98	52	4.26	57	4.16	57	3.26	56	3.22	115	1.01	-39	-1.86
阿尔巴尼亚	107	1.39	116	1.04	122	1.03	121	1.15	118	0.88	127	1.06	123	0.83	123	0.73	116	1.00	-9	-0.39
多米尼加共和国	91	2.06	97	1.59	97	1.91	100	2.10	83	1.88	86	2.28	71	2.49	66	2.56	117	0.97	-26	-1.09
博茨瓦纳	134	0.59	130	0.52	134	0.59	135	0.71	131	0.45	145	0.47	127	0.72	126	0.71	118	0.96	+16	+0.37

续上表

国家＼项目	2011 排名	2011 得分	2012 排名	2012 得分	2013 排名	2013 得分	2014 排名	2014 得分	2015 排名	2015 得分	2016 排名	2016 得分	2017 排名	2017 得分	2018 排名	2018 得分	2019 排名	2019 得分	2011—2019 综合变化 排名	2011—2019 综合变化 得分
津巴布韦	113	1.16	89	2.09	124	0.99	137	0.68	107	0.99	109	1.57	138	0.59	129	0.65	119	0.95	−6	−0.21
喀麦隆	136	0.49	142	0.27	112	1.27	93	2.25	91	1.60	91	2.16	92	1.72	124	0.73	120	0.95	+16	+0.46
卡塔尔	145	0.28	143	0.20	143	0.33	141	0.50	90	1.61	140	0.59	134	0.67	118	0.90	121	0.94	+24	+0.66
斐济	96	1.89	112	1.07	115	1.22	119	1.23	122	0.82	118	1.29	110	1.17	99	1.47	122	0.90	−26	−0.99
利比亚	149	0.18	147	0.18	140	0.41	128	0.89	140	0.29	121	1.16	130	0.70	136	0.59	123	0.90	+26	+0.72
多哥	98	1.81	43	5.30	71	2.91	96	2.19	109	0.98	100	1.87	103	1.48	115	1.01	124	0.90	−26	−0.91
吉布提	23	9.30	21	9.20	11	14.29	13	13.97	41	5.02	133	0.86	139	0.58	134	0.59	125	0.89	−102	−8.41
毛里塔尼亚	151	0.17	148	0.17	145	0.29	134	0.72	141	0.27	136	0.66	133	0.67	127	0.69	126	0.87	+25	+0.70
科威特	119	0.99	150	0.15	132	0.64	145	0.39	146	0.17	139	0.60	135	0.66	97	1.51	127	0.84	−8	−0.15
北马其顿	109	1.27	104	1.23	125	0.97	132	0.81	113	0.94	141	0.59	128	0.71	114	1.02	128	0.83	−19	−0.44
密克罗尼西亚联邦	143	0.29	139	0.34	139	0.42	136	0.70	142	0.27	148	0.38	143	0.49	140	0.54	129	0.81	+14	+0.52
巴林	140	0.38	132	0.51	133	0.64	122	1.13	132	0.42	134	0.84	136	0.64	132	0.61	130	0.78	+10	+0.40
古巴	142	0.36	138	0.34	138	0.43	146	0.38	144	0.24	144	0.50	142	0.51	141	0.52	131	0.76	+11	+0.40
布隆迪	106	1.44	121	0.84	93	2.03	109	1.73	101	1.20	111	1.44	132	0.68	144	0.39	132	0.76	−26	−0.68
纳米比亚	111	1.23	90	2.05	108	1.37	108	1.74	135	0.41	124	1.11	122	0.86	137	0.58	133	0.75	−22	−0.48
加纳	122	0.92	72	2.91	104	1.68	79	2.93	74	2.35	126	1.07	114	1.14	68	2.26	134	0.75	−12	−0.17
赞比亚	125	0.69	103	1.30	130	0.68	139	0.60	79	1.95	28	7.64	121	0.87	131	0.63	135	0.71	−10	+0.02

续上表

国家	2011 排名	2011 得分	2012 排名	2012 得分	2013 排名	2013 得分	2014 排名	2014 得分	2015 排名	2015 得分	2016 排名	2016 得分	2017 排名	2017 得分	2018 排名	2018 得分	2019 排名	2019 得分	2011—2019综合变化 排名	2011—2019综合变化 得分
塞尔维亚	121	0.92	125	0.68	129	0.69	133	0.75	134	0.42	142	0.53	141	0.53	142	0.51	136	0.69	-15	-0.23
玻利维亚	54	4.59	68	3.00	76	2.75	89	2.41	82	1.89	102	1.78	99	1.56	98	1.48	137	0.67	-83	-3.92
尼日尔	90	2.11	51	4.03	10	14.56	10	14.71	48	4.45	122	1.13	97	1.63	112	1.04	138	0.67	-48	-1.44
几内亚	131	0.64	135	0.44	111	1.28	105	1.89	129	0.51	137	0.65	148	0.28	145	0.37	139	0.66	-8	+0.02
乌兹别克斯坦	146	0.26	145	0.20	142	0.33	144	0.40	143	0.25	147	0.42	125	0.75	135	0.59	140	0.66	+6	+0.40
塞拉利昂	133	0.60	149	0.15	152	0.16	153	0.18	147	0.16	150	0.29	145	0.40	133	0.60	141	0.65	-8	+0.05
安哥拉	153	0.13	153	0.12	150	0.16	147	0.34	51	4.35	49	4.82	47	4.30	89	1.71	142	0.63	+11	+0.50
阿曼	155	0.12	107	1.19	119	1.11	118	1.34	97	1.41	120	1.21	109	1.18	138	0.58	143	0.61	+12	+0.49
土库曼斯坦	144	0.28	154	0.11	147	0.21	149	0.27	152	0.09	149	0.32	147	0.35	146	0.33	144	0.60	0	+0.32
所罗门群岛	152	0.17	152	0.13	154	0.13	152	0.19	120	0.86	138	0.64	146	0.37	139	0.55	145	0.55	+7	+0.38
乌干达	32	7.43	34	6.82	118	1.16	115	1.38	121	0.83	131	0.92	131	0.70	110	1.09	146	0.54	-114	-6.89
刚果（金）	147	0.26	151	0.14	149	0.19	150	0.22	151	0.10	153	0.19	153	0.19	152	0.20	147	0.53	0	+0.27
乍得	158	0.05	158	0.03	158	0.06	156	0.13	157	0.05	155	0.14	155	0.19	151	0.21	148	0.51	+10	+0.46
圭亚那	138	0.47	141	0.31	144	0.32	142	0.45	148	0.16	151	0.23	150	0.24	147	0.29	149	0.51	-11	+0.04
马里	103	1.52	120	0.84	146	0.23	148	0.33	154	0.06	96	1.92	144	0.41	150	0.23	150	0.50	-47	-1.02
特立尼达和多巴哥	150	0.17	137	0.35	151	0.16	151	0.19	150	0.13	154	0.17	152	0.20	149	0.23	151	0.50	-1	+0.33
加蓬	154	0.12	155	0.09	156	0.11	154	0.17	153	0.09	152	0.20	151	0.23	148	0.24	152	0.49	+2	+0.37

项目 国家	2011		2012		2013		2014		2015		2016		2017		2018		2019		2011—2019综合变化	
	排名	得分	排名	得分	排名	得分	排名	得分	排名	得分	排名	得分	排名	得分	排名	得分	排名	得分	排名	得分
赤道几内亚	157	0.08	157	0.03	157	0.07	157	0.10	158	0.04	156	0.12	156	0.16	154	0.19	153	0.47	+4	+0.39
巴布亚新几内亚	34	7.25	100	1.44	148	0.20	155	0.15	155	0.06	157	0.11	157	0.13	155	0.18	154	0.44	−120	−6.81
南苏丹	159	0	159	0	159	0	159	0	159	0	159	0	158	0.06	156	0.11	155	0.37	+4	+0.37
不丹	141	0.37	146	0.19	155	0.12	158	0.09	156	0.05	158	0.01	159	0.01	158	0.03	156	0.26	−15	−0.11
基里巴斯	99	1.79	12	14.29	85	2.27	59	3.65	100	1.24	97	1.88	140	0.57	143	0.46	157	0.23	−58	−1.56
委内瑞拉	130	0.64	131	0.51	136	0.48	143	0.42	116	0.91	128	1.01	113	1.15	159	0.02	158	0.16	−28	−0.48
苏丹	123	0.81	114	1.05	120	1.07	127	0.92	138	0.39	146	0.43	149	0.24	157	0.11	159	0.14	−36	−0.67
最高分	66.81		66.84		65.50		64.55		51.59		51.73		50.02		52.02		62.96		−3.85	
最低分	0		0		0		0		0		0		0.01		0.02		0.14		+0.14	
平均分	4.98		4.62		4.54		4.72		4.56		5.13		4.49		4.49		3.39		−1.59	
标准差	7.30		7.14		6.92		6.78		6.91		7.10		6.61		6.83		6.19		−1.11	

二、"一带一路"参与国创新产出竞争力的综合排名及其变化

2011 年"一带一路"参与国中创新产出竞争力排在第 1 至 10 位的国家依次为：中国、荷兰、法国、韩国、英国、德国、新加坡、瑞士、马来西亚、塞浦路斯；排在第 11 至 20 位的国家依次为：马耳他、阿富汗、加拿大、巴拿马、哥斯达黎加、印度、澳大利亚、爱尔兰、瑞典、巴西；排在第 21 至 30 位的国家依次为：匈牙利、东帝汶、吉布提、意大利、泰国、黑山、哈萨克斯坦、以色列、挪威、捷克；排在最后 10 位的国家依次为：特立尼达和多巴哥、毛里塔尼亚、所罗门群岛、安哥拉、加蓬、阿曼、刚果（布）、赤道几内亚、乍得、南苏丹。

2019 年"一带一路"参与国中创新产出竞争力排在第 1 至 10 位的国家依次为：中国、德国、荷兰、英国、韩国、阿联酋、科摩罗、法国、新加坡、瑞士；排在第 11 至 20 位的国家依次为：印度、加拿大、马来西亚、菲律宾、安提瓜和巴布达、爱尔兰、澳大利亚、越南、巴西、俄罗斯；排在第 21 至 30 位的国家依次为：意大利、瑞典、泰国、多米尼克、马耳他、以色列、冰岛、西班牙、比利时、捷克；排在最后 10 位的国家依次为：马里、特立尼达和多巴哥、加蓬、赤道几内亚、巴布亚新几内亚、南苏丹、不丹、基里巴斯、委内瑞拉、苏丹。

总的来看，"一带一路"参与国创新产出竞争力排在前 10 位的国家发生一些变化，马来西亚、塞浦路斯被阿联酋、科摩罗取代；但排在前 30 位的国家变化较大，有 10 个国家出现更替。排名在最后 10 位的国家变化较大，有 6 个国家发生了更替。

2011—2019 年，各国创新产出竞争力的排名变化情况如表 6-2 所示。创新产出竞争力排位上升的国家有 83 个，其中，上升最快的是阿联酋和菲律宾，排位均上升 94 位；蒙古、科摩罗、刚果（布）上升幅度也相当可观，分别为 85 位、72 位、65 位；此外有 3 个国家上升 51 ~ 60 位，2 个国家上升 41 ~ 50 位，13 个国家上升 31 ~ 40 位，10 个国家上升 21 ~ 30 位，23 个国家上升 11 ~ 20 位，27 个国家上升 10 位以内。排位下降的国家有 70 个，其中，下降幅度最大的是巴布亚新几内亚，下降 120 位，其次是乌干达，下降 114 位，吉布提、巴拿马、玻利维亚也降幅明显，分别下降 102 位、93 位、83 位；此外有 2 个国家下

降 61 ～ 70 位，1 个国家下降 51 ～ 60 位，6 个国家下降 41 ～ 50 位，9 个国家下降 31 ～ 40 位，9 个国家下降 21 ～ 30 位，13 个国家下降 11 ～ 20 位，25 个国家下降 10 位以内，6 个国家的排位保持不变。

表 6-2 2011—2019 年"一带一路"参与国创新产出竞争力的排名变化情况

国家	阿联酋	菲律宾	蒙古	科摩罗	刚果（布）	也门	肯尼亚	利比里亚	埃塞俄比亚	摩洛哥
变化	+94	+94	+85	+72	+65	+59	+56	+54	+48	+46
国家	缅甸	巴巴多斯	马尔代夫	安提瓜和巴布达	多米尼克	塞内加尔	沙特阿拉伯	伊拉克	伊朗	黎巴嫩
变化	+40	+39	+38	+37	+37	+35	+35	+35	+34	+34
国家	巴基斯坦	埃及	塞舌尔	老挝	孟加拉国	利比亚	土耳其	毛里塔尼亚	拉脱维亚	卡塔尔
变化	+34	+31	+31	+26	+26	+26	+25	+25	+24	+24
国家	波兰	葡萄牙	阿尔及利亚	智利	苏里南	越南	约旦	卢森堡	亚美尼亚	莫桑比克
变化	+21	+21	+21	+20	+20	+19	+18	+17	+17	+17
国家	俄罗斯	博茨瓦纳	喀麦隆	西班牙	瓦努阿图	密克罗尼西亚联邦	冰岛	冈比亚	斯洛伐克	莱索托
变化	+16	+16	+16	+15	+14	+14	+13	+13	+13	+13
国家	阿塞拜疆	尼日利亚	阿曼	斯里兰卡	古巴	安哥拉	比利时	保加利亚	巴林	乍得
变化	+13	+12	+12	+11	+11	+11	+10	+10	+10	+10
国家	印度尼西亚	所罗门群岛	白俄罗斯	乌兹别克斯坦	印度	新西兰	德国	格林纳达	赤道几内亚	南苏丹
变化	+9	+7	+6	+6	+5	+5	+4	+4	+4	+4
国家	意大利	丹麦	坦桑尼亚	爱尔兰	泰国	以色列	加蓬	英国	加拿大	巴西
变化	+3	+3	+3	+2	+2	+2	+2	+1	+1	+1
国家	芬兰	柬埔寨	厄瓜尔多	中国	澳大利亚	捷克	南非	土库曼斯坦	刚果（金）	荷兰
变化	+1	+1	+1	0	0	0	0	0	0	−1
国家	韩国	奥地利	特立尼达和多巴哥	新加坡	瑞士	希腊	罗马尼亚	瑞典	立陶宛	尼泊尔

变化	−1	−1	−1	−2	−2	−2	−2	−3	−3	−3
国家	斯洛文尼亚	马来西亚	哈萨克斯坦	挪威	吉尔吉斯斯坦	法国	阿根廷	津巴布韦	科威特	几内亚
变化	−3	−4	−4	−4	−4	−5	−6	−6	−8	−8
国家	塞拉利昂	阿尔巴尼亚	格鲁吉亚	赞比亚	圭亚那	萨摩亚	加纳	克罗地亚	马耳他	突尼斯
变化	−8	−9	−10	−10	−11	−12	−12	−13	−14	−14
国家	萨尔瓦多	秘鲁	塞尔维亚	不丹	匈牙利	乌拉圭	北马其顿	佛得角	纳米比亚	塞浦路斯
变化	−14	−14	−15	−15	−17	−17	−19	−21	−22	−25
国家	多米尼加共和国	斐济	多哥	布隆迪	委内瑞拉	贝宁	卢旺达	哥斯达黎加	黑山	科特迪瓦
变化	−26	−26	−26	−26	−28	−30	−32	−33	−34	−34
国家	牙买加	苏丹	汤加	乌克兰	文莱	塔吉克斯坦	摩尔多瓦	马达加斯加	马里	爱沙尼亚
变化	−35	−36	−39	−39	−40	−43	−46	−47	−47	−48
国家	尼日尔	基里巴斯	阿富汗	东帝汶	玻利维亚	巴拿马	吉布提	乌干达	巴布亚新几内亚	—
变化	−48	−58	−66	−66	−83	−93	−102	−114	−120	

三、"一带一路"参与国创新产出竞争力的综合得分及其变化

"一带一路"参与国创新产出竞争力的平均得分呈逐年下降趋势,由2011年的4.98分下降到2019年的3.39分,表明"一带一路"参与国创新产出竞争力整体水平有所下降。

2011年,只有中国1个国家的创新产出竞争力得分超过60分,其余国家低于30分;其中,6个国家介于20~30(不含20)分,13个国家介于10~20(不含10)分,其余的139个国家均不高于10分。而到2019年,仍然只有中国的创新产出竞争力得分超过60分,其余国家除德国达到24.31分外,其他国家均低于20分;其中,9个国家介于10~20(不含10)分,其余148个国家均低于10分。

"一带一路"参与国创新产出竞争力的整体水平比较低,除了排名靠前的几个国家外,其余国家得分都很低,国家间差距较小。综合来看,发达国家的创

新产出竞争力普遍比发展中国家高，但个别发达国家的创新产出竞争力也很低，如 2019 年葡萄牙、立陶宛、斯洛文尼亚的得分分别仅为 1.99 分、1.93 分、1.49 分，而个别发展中国家的得分很高，如中国是"一带一路"参与国家得分最高的国家。

各国创新产出竞争力的得分变化情况如表 6-3 所示。创新产出竞争力得分上升的国家有 54 个，其中，上升最快的是阿联酋，上升 14.27 分；其次为科摩罗，上升 11.89 分；菲律宾、安提瓜和巴布达分别上升 7.41 分和 3.99 分；此外还有 5 个国家的得分上升较快，上升幅度均超过 1 分；得分下降的国家有 105 个，其中，下降幅度最大的是阿富汗，下降 12.62 分；其次为巴拿马，下降 12.25 分；塞浦路斯、马耳他、哥斯达黎加的下降幅度也比较大，分别下降 12.00 分、10.66 分、10.46 分；此外还有 48 个国家得分下降较快，降幅均超过 2 分。

表 6-3 2011—2019 年"一带一路"参与国创新产出竞争力得分变化情况

变化速度排序	国家	2011得分	2019得分	得分变化	2019年得分排名	变化速度排序	国家	2011得分	2019得分	得分变化	2019年得分排名
1	阿联酋	1.77	16.04	+14.27	6	81	土耳其	3.52	2.68	−0.84	44
2	科摩罗	2.75	14.64	+11.89	7	82	萨摩亚	2.00	1.12	−0.88	105
3	菲律宾	1.30	8.71	+7.41	14	83	多哥	1.81	0.90	−0.91	124
4	安提瓜和巴布达	4.67	8.65	+3.98	15	84	斯洛伐克	2.86	1.91	−0.95	64
5	蒙古	0.47	2.34	+1.87	52	85	斐济	1.89	0.90	−0.99	122
6	德国	22.87	24.31	+1.44	2	86	马里	1.52	0.50	−1.02	150
7	多米尼克	3.70	5.00	+1.30	24	87	斯洛文尼亚	2.51	1.49	−1.02	86
8	刚果（布）	0.10	1.33	+1.23	91	88	保加利亚	2.95	1.89	−1.06	65
9	也门	0.43	1.62	+1.19	80	89	卢森堡	3.66	2.58	−1.08	46
10	利比里亚	0.77	1.76	+0.99	70	90	多米尼加共和国	2.06	0.97	−1.09	117
11	肯尼亚	1.20	2.07	+0.87	56	91	西班牙	5.74	4.64	−1.10	28
12	伊拉克	0.23	1.03	+0.80	113	92	格鲁吉亚	2.40	1.28	−1.12	95
13	缅甸	0.64	1.39	+0.75	89	93	尼泊尔	2.72	1.54	−1.18	84

变化速度排序	国家	2011得分	2019得分	得分变化	2019年得分排名	变化速度排序	国家	2011得分	2019得分	得分变化	2019年得分排名
14	利比亚	0.18	0.90	+0.72	123	94	秘鲁	2.49	1.21	−1.28	98
15	毛里塔尼亚	0.17	0.87	+0.70	126	95	萨尔瓦多	2.72	1.28	−1.44	94
16	埃塞俄比亚	1.12	1.81	+0.69	66	96	尼日尔	2.11	0.67	−1.44	138
17	卡塔尔	0.28	0.94	+0.66	121	97	基里巴斯	1.79	0.23	−1.56	157
18	摩洛哥	1.12	1.77	+0.65	69	98	印度	12.74	11.13	−1.61	11
19	沙特阿拉伯	0.65	1.30	+0.65	93	99	格林纳达	3.84	2.23	−1.61	54
20	塞内加尔	0.97	1.53	+0.56	85	100	印度尼西亚	4.97	3.31	−1.66	39
21	塞舌尔	0.62	1.16	+0.54	101	101	冈比亚	5.19	3.46	−1.73	34
22	密克罗尼西亚联邦	0.29	0.81	+0.52	129	102	立陶宛	3.71	1.93	−1.78	63
23	安哥拉	0.13	0.63	+0.50	142	103	乌克兰	2.87	1.01	−1.86	115
24	阿曼	0.12	0.61	+0.49	143	104	突尼斯	3.53	1.60	−1.93	82
25	孟加拉国	0.68	1.16	+0.48	100	105	冰岛	6.67	4.69	−1.98	27
26	阿尔及利亚	0.54	1.01	+0.47	114	106	南非	4.16	2.17	−1.99	55
27	喀麦隆	0.49	0.95	+0.46	120	107	乌拉圭	3.44	1.43	−2.01	87
28	乍得	0.05	0.51	+0.46	148	108	克罗地亚	3.77	1.74	−2.03	72
29	莫桑比克	0.66	1.07	+0.41	110	109	贝宁	3.22	1.15	−2.07	102
30	古巴	0.36	0.76	+0.40	131	110	阿根廷	4.08	1.97	−2.11	62
31	巴林	0.38	0.78	+0.40	130	111	新西兰	4.80	2.68	−2.12	45
32	乌兹别克斯坦	0.26	0.66	+0.40	140	112	比利时	6.68	4.46	−2.22	29
33	赤道几内亚	0.08	0.47	+0.39	153	113	牙买加	3.65	1.20	−2.45	99
34	所罗门群岛	0.17	0.55	+0.38	145	114	塔吉克斯坦	3.56	1.07	−2.49	109
35	越南	7.10	7.48	+0.38	18	115	希腊	4.91	2.40	−2.51	51
36	加蓬	0.12	0.49	+0.37	152	116	罗马尼亚	4.76	2.24	−2.52	53
37	博茨瓦纳	0.59	0.96	+0.37	118	117	马达加斯加	3.61	1.03	−2.58	112
38	南苏丹	0	0.37	+0.37	155	118	摩尔多瓦	3.67	1.08	−2.59	108
39	特立尼达和多巴哥	0.17	0.50	+0.33	151	119	吉尔吉斯斯坦	5.30	2.47	−2.83	50

变化速度排序	国家	2011得分	2019得分	得分变化	2019年得分排名	变化速度排序	国家	2011得分	2019得分	得分变化	2019年得分排名
40	土库曼斯坦	0.28	0.60	+0.32	144	120	芬兰	6.15	3.15	−3.00	41
41	黎巴嫩	2.96	3.24	+0.28	40	121	意大利	9.11	5.96	−3.15	21
42	刚果（金）	0.26	0.53	+0.27	147	122	爱尔兰	11.50	8.26	−3.24	16
43	埃及	1.47	1.72	+0.25	73	123	以色列	8.03	4.76	−3.27	26
44	巴基斯坦	1.55	1.78	+0.23	68	124	奥地利	6.32	3.04	−3.28	42
45	巴巴多斯	2.27	2.49	+0.22	49	125	汤加	4.61	1.33	−3.28	92
46	马尔代夫	1.89	2.07	+0.18	57	126	巴西	10.27	6.98	−3.29	19
47	伊朗	3.27	3.42	+0.15	37	127	捷克	7.53	4.20	−3.33	30
48	尼日利亚	1.01	1.12	+0.11	106	128	丹麦	7.24	3.69	−3.55	32
49	阿塞拜疆	1.07	1.14	+0.07	103	129	科特迪瓦	5.33	1.63	−3.70	79
50	白俄罗斯	1.01	1.07	+0.06	111	130	卢旺达	5.38	1.67	−3.71	76
51	塞拉利昂	0.60	0.65	+0.05	141	131	中国	66.81	62.96	−3.85	1
52	圭亚那	0.47	0.51	+0.04	149	132	泰国	9.09	5.20	−3.89	23
53	赞比亚	0.69	0.71	+0.02	135	133	玻利维亚	4.59	0.67	−3.92	137
54	几内亚	0.64	0.66	+0.02	139	134	挪威	7.65	3.68	−3.97	33
55	莱索托	1.25	1.24	−0.01	97	135	澳大利亚	11.90	7.86	−4.04	17
56	不丹	0.37	0.26	−0.11	156	136	哈萨克斯坦	8.09	3.90	−4.19	31
57	科威特	0.99	0.84	−0.15	127	137	加拿大	14.24	9.72	−4.52	12
58	加纳	0.92	0.75	−0.17	134	138	佛得角	7.07	2.02	−5.05	59
59	津巴布韦	1.16	0.95	−0.21	119	139	瑞典	11.10	5.96	−5.14	22
60	塞尔维亚	0.92	0.69	−0.23	136	140	英国	23.04	17.68	−5.36	4
61	斯里兰卡	1.60	1.35	−0.25	90	141	爱沙尼亚	7.30	1.62	−5.68	81
62	亚美尼亚	1.94	1.67	−0.27	77	142	文莱	7.49	1.74	−5.75	71
63	约旦	2.01	1.70	−0.31	74	143	荷兰	25.77	19.83	−5.94	3
64	厄瓜多尔	1.44	1.13	−0.31	104	144	韩国	23.33	17.19	−6.14	5
65	阿尔巴尼亚	1.39	1.00	−0.39	116	145	黑山	8.18	2.01	−6.17	60
66	北马其顿	1.27	0.83	−0.44	128	146	匈牙利	9.89	3.39	−6.50	38

变化速度排序	国家	2011得分	2019得分	得分变化	2019年得分排名	变化速度排序	国家	2011得分	2019得分	得分变化	2019年得分排名
67	瓦努阿图	2.17	1.70	-0.47	75	147	巴布亚新几内亚	7.25	0.44	-6.81	154
68	纳米比亚	1.23	0.75	-0.48	133	148	乌干达	7.43	0.54	-6.89	146
69	委内瑞拉	0.64	0.16	-0.48	158	149	瑞士	19.61	12.13	-7.48	10
70	苏里南	2.30	1.79	-0.51	67	150	新加坡	21.11	13.36	-7.75	9
71	老挝	3.08	2.52	-0.56	47	151	东帝汶	9.75	1.41	-8.34	88
72	柬埔寨	1.81	1.24	-0.57	96	152	吉布提	9.30	0.89	-8.41	125
73	波兰	4.08	3.45	-0.63	36	153	马来西亚	17.69	9.21	-8.48	13
74	葡萄牙	2.66	1.99	-0.67	61	154	法国	23.55	14.08	-9.47	8
75	苏丹	0.81	0.14	-0.67	159	155	哥斯达黎加	12.97	2.51	-10.46	48
76	布隆迪	1.44	0.76	-0.68	132	156	马耳他	15.44	4.78	-10.66	25
77	智利	2.80	2.05	-0.75	58	157	塞浦路斯	15.45	3.45	-12.00	35
78	坦桑尼亚	2.38	1.59	-0.79	83	158	巴拿马	13.35	1.11	-12.24	107
79	俄罗斯	7.23	6.41	-0.82	20	159	阿富汗	14.29	1.67	-12.62	78
80	拉脱维亚	3.53	2.71	-0.82	43		平均分	4.98	3.39	-1.59	—

四、"一带一路"参与国创新产出竞争力得分情况

表6-4和表6-5列出了2011年和2019年"一带一路"参与国创新产出竞争力7个三级指标的得分及排名变化情况。

2011—2019年,"一带一路"参与国的创新产出竞争力平均得分下降1.59分,降幅约31.9%。从三级指标的平均得分变化来看,高技术产品出口比重下降9.98分,降幅约62.6%;科技论文发表数下降0.42分,降幅约15%;高技术产品净出口额下降0.15分,降幅约5.1%;注册商标数下降0.15分,降幅约10.9%;创意产品出口比重下降0.84分,降幅约11.1%。仅专利和许可收入1项平均分上升0.47分,升幅约16%。专利授权数平均得分不变。由此可见,2011—2019年,"一带一路"参与国创新产出竞争力得分下降主要是由高技术产

品出口比重得分大幅下降导致的。

各个三级指标得分比较高的国家,其创新产出竞争力的得分往往也比较高,排名也比较靠前,而且在 7 个三级指标中,如果一旦哪个指标的排名明显较为靠后或下降较快,就会成为束缚该国创新投入竞争力提升的"短板",排名将大大降低。

表 6-4 2011 年"一带一路"参与国创新产出竞争力及三级指标的得分及排名情况

项目 国家	创新产出 竞争力		专利授 权数		科技论文 发表数		专利和许可 收入		高技术产品 净出口额		高技术产品 出口比重		注册 商标数		创意产品 出口比重	
	排名	得分	排名	得分	排名	得分	排名	得分	排名	得分	排名	得分	排名	得分	排名	得分
阿尔巴尼亚	107	1.39	89	0.007	99	0.04	49	0.05	88	0.002	96	2.13	89	0.02	38	7.51
阿尔及利亚	135	0.54	30	0.73	50	0.75	69	0.006	102	0.001	103	1.13	58	0.18	148	0.97
阿富汗	12	14.29	99	0	125	0.01	78	0.002	115	0	114	0	103	0	1	100.00
阿根廷	56	4.08	16	3.74	32	2.37	30	0.56	40	0.36	56	15.40	8	4.50	129	1.66
阿联酋	100	1.77	25	1.20	56	0.44	95	0	115	0	114	0	51	0.25	28	10.54
阿曼	155	0.12	99	0	69	0.18	95	0	115	0	114	0	103	0	155	0.67
阿塞拜疆	116	1.07	85	0.01	68	0.20	90	0	89	0.002	89	3.75	63	0.15	81	3.37
埃及	104	1.47	23	1.44	35	2.24	95	0	64	0.02	97	2.08	31	0.79	76	3.73
埃塞俄比亚	114	1.12	73	0.03	76	0.15	93	0	96	0.001	85	4.83	87	0.03	96	2.80
爱尔兰	18	11.50	99	0	36	2.24	7	18.09	14	5.15	14	52.16	67	0.12	97	2.77
爱沙尼亚	33	7.30	81	0.01	57	0.43	46	0.08	36	0.47	20	46.52	79	0.07	79	3.52
安哥拉	153	0.13	99	0	131	0.005	95	0	115	0	114	0	103	0	149	0.90
安提瓜和巴布达	52	4.67	89	0.007	158	0	95	0	115	0	114	0	101	0.001	6	32.65
奥地利	41	6.32	45	0.25	24	3.60	17	3.75	18	3.30	35	27.75	38	0.45	53	5.11
澳大利亚	17	11.90	6	20.93	10	13.78	18	3.43	30	1.05	27	37.91	11	3.15	90	3.03
巴巴多斯	88	2.27	64	0.06	126	0.01	52	0.04	115	0	114	0	96	0.01	18	15.75
巴布亚新几内亚	34	7.25	99	0	123	0.01	95	0	72	0.01	15	49.74	103	0	146	1.02
巴基斯坦	102	1.55	29	0.78	38	1.95	56	0.03	55	0.06	87	3.86	27	1.10	88	3.07
巴林	140	0.38	56	0.13	95	0.05	95	0	106	0	108	0.32	90	0.02	117	2.12

项目 国家	创新产出竞争力		专利授权数		科技论文发表数		专利和许可收入		高技术产品净出口额		高技术产品出口比重		注册商标数		创意产品出口比重	
	排名	得分	排名	得分	排名	得分	排名	得分	排名	得分	排名	得分	排名	得分	排名	得分
巴拿马	14	13.35	39	0.38	102	0.04	54	0.03	33	0.90	5	75.79	43	0.33	17	16.01
巴西	20	10.27	5	21.66	11	13.57	24	1.09	25	1.69	39	22.71	3	9.63	131	1.53
白俄罗斯	117	1.01	55	0.13	61	0.34	45	0.08	54	0.10	82	5.36	48	0.29	153	0.80
保加利亚	75	2.95	75	0.02	48	0.76	50	0.04	48	0.20	53	16.40	45	0.32	94	2.89
北马其顿	109	1.27	95	0.003	79	0.14	51	0.04	66	0.02	74	8.60	76	0.07	158	0
贝宁	72	3.22	99	0	101	0.04	95	0	115	0	114	0	103	0	13	22.52
比利时	39	6.68	57	0.11	19	4.84	13	9.15	10	6.77	42	22.11	20	1.66	118	2.12
冰岛	40	6.67	75	0.02	75	0.17	95	0	61	0.03	22	44.07	81	0.05	111	2.39
波兰	57	4.08	49	0.22	16	7.88	26	0.98	24	1.80	62	13.86	26	1.12	99	2.73
玻利维亚	54	4.59	99	0	110	0.03	55	0.03	76	0.009	34	27.77	59	0.18	69	4.15
博茨瓦纳	134	0.59	89	0.007	97	0.05	91	0	115	0	114	0	88	0.03	73	4.06
不丹	141	0.37	99	0	132	0.005	92	0	114	0	113	0	102	0.001	103	2.61
布隆迪	106	1.44	99	0	141	0.003	94	0	115	0	114	0	103	0	29	10.05
赤道几内亚	157	0.08	99	0	155	0.001	95	0	115	0	114	0	103	0	156	0.58
丹麦	35	7.24	52	0.18	25	3.49	14	8.92	23	1.93	31	31.97	52	0.24	74	3.96
德国	6	22.87	8	11.27	2	30.84	5	38.74	2	37.62	30	34.36	7	4.76	108	2.51
东帝汶	22	9.75	99	0	153	0.001	95	0	115	0	114	0	103	0	2	68.24
多哥	98	1.81	99	0	117	0.02	95	0	104	0.001	99	1.56	103	0	26	11.06
多米尼加共和国	91	2.06	42	0.29	130	0.006	95	0	70	0.02	84	5.00	40	0.37	34	8.73
多米尼克	61	3.70	99	0	146	0.002	95	0	115	0	114	0	103	0	11	25.92
俄罗斯	36	7.23	7	13.49	12	10.99	20	2.01	28	1.08	48	17.80	13	2.61	104	2.61
厄瓜多尔	105	1.44	99	0	96	0.05	95	0	74	0.01	77	7.49	103	0	107	2.53
法国	3	23.55	22	1.90	5	21.61	3	55.43	5	20.90	10	53.00	6	6.73	49	5.30
菲律宾	108	1.30	18	2.72	62	0.27	62	0.02	115	0	114	0	30	0.83	50	5.24
斐济	96	1.89	99	0	114	0.02	87	0.001	98	0.001	72	9.07	103	0	71	4.11
芬兰	42	6.15	58	0.11	27	3.15	11	11.70	27	1.19	38	23.19	50	0.27	80	3.42

项目 国家	创新产出 竞争力 排名	得分	专利授 权数 排名	得分	科技论文 发表数 排名	得分	专利和许可 收入 排名	得分	高技术产品 净出口额 排名	得分	高技术产品 出口比重 排名	得分	注册 商标数 排名	得分	创意产品 出口比重 排名	得分
佛得角	38	7.07	99	0	154	0.001	95	0	111	0	101	1.26	103	0	4	48.22
冈比亚	47	5.19	99	0	127	0.01	95	0	112	0	75	8.46	99	0.002	9	27.84
刚果（布）	156	0.10	99	0	116	0.02	95	0	115	0	114	0	103	0	154	0.68
刚果（金）	147	0.26	99	0	122	0.01	95	0	115	0	114	0	103	0	127	1.81
哥斯达黎加	15	12.97	35	0.57	89	0.08	95	0	37	0.47	4	85.81	37	0.53	82	3.32
格林纳达	58	3.84	99	0	129	0.008	89	0.000	115	0	114	0	103	0	10	26.88
格鲁吉亚	85	2.40	48	0.24	77	0.14	63	0.02	86	0.002	92	3.16	80	0.07	22	13.21
古巴	142	0.36	54	0.17	53	0.46	95	0	115	0	114	0	91	0.02	125	1.87
圭亚那	138	0.47	99	0	138	0.003	42	0.18	110	0	105	0.48	103	0	102	2.63
哈萨克斯坦	27	8.09	43	0.29	85	0.12	95	0	35	0.48	9	53.76	64	0.15	126	1.87
韩国	4	23.33	2	36.98	8	16.44	8	15.89	3	24.71	8	58.99	4	8.84	134	1.48
荷兰	2	25.77	44	0.28	14	9.19	1	100.00	6	15.73	12	52.82	103	0	110	2.40
黑山	26	8.18	62	0.08	100	0.04	76	0.003	84	0.003	28	37.28	97	0.007	14	19.86
基里巴斯	99	1.79	99	0	159	0	95	0	115	0	114	0	103	0	23	12.51
吉布提	23	9.30	99	0	150	0.001	95	0	115	0	114	0	103	0	3	65.07
吉尔吉斯斯坦	46	5.30	94	0.005	120	0.01	71	0.005	87	0.002	76	8.28	93	0.01	8	28.78
几内亚	131	0.64	99	0	137	0.003	95	0	115	0	114	0	103	0	62	4.45
加拿大	13	14.24	4	27.45	7	17.63	10	12.09	13	5.21	32	31.50	19	1.67	70	4.11
加纳	122	0.92	99	0	81	0.13	95	0	81	0.004	91	3.56	103	0	98	2.75
加蓬	154	0.12	99	0	115	0.02	95	0	115	0	114	0	103	0	152	0.84
柬埔寨	97	1.81	67	0.04	113	0.02	73	0.004	94	0.001	110	0.24	78	0.07	24	12.32
捷克	30	7.53	60	0.09	21	4.10	25	1.03	15	4.97	25	39.15	36	0.64	100	2.71
津巴布韦	113	1.16	99	0	98	0.05	68	0.007	91	0.002	80	5.82	103	0	115	2.23
喀麦隆	136	0.49	99	0	80	0.13	81	0.001	115	0	114	0	103	0	83	3.28
卡塔尔	145	0.28	99	0	78	0.14	95	0	109	0	112	0.01	82	0.05	128	1.73
科摩罗	79	2.75	99	0	152	0.001	95	0	115	0	114	0	103	0	15	19.25

续上表

项目 国家	创新产出 竞争力 排名	得分	专利授 权数 排名	得分	科技论文 发表数 排名	得分	专利和许可 收入 排名	得分	高技术产品 净出口额 排名	得分	高技术产品 出口比重 排名	得分	注册 商标数 排名	得分	创意产品 出口比重 排名	得分
科特迪瓦	45	5.33	99	0	94	0.06	95	0	60	0.03	29	35.16	103	0	120	2.07
科威特	119	0.99	99	0	64	0.25	95	0	65	0.02	81	5.80	103	0	151	0.85
克罗地亚	59	3.77	75	0.02	43	1.36	44	0.09	50	0.14	47	18.19	68	0.11	40	6.48
肯尼亚	112	1.20	59	0.11	65	0.24	40	0.20	115	0	114	0	54	0.20	37	7.67
拉脱维亚	67	3.53	88	0.009	58	0.40	53	0.04	52	0.12	45	19.82	71	0.10	66	4.24
莱索托	110	1.25	99	0	135	0.004	83	0.001	115	0	114	0	103	0	33	8.75
老挝	73	3.08	67	0.04	119	0.02	95	0	82	0.004	50	17.08	95	0.01	64	4.41
黎巴嫩	74	2.96	99	0	63	0.27	47	0.06	73	0.01	79	6.18	103	0	20	14.22
立陶宛	60	3.71	81	0.01	49	0.75	77	0.003	42	0.29	41	22.22	62	0.16	106	2.55
利比里亚	124	0.77	99	0	142	0.003	115	0	115	0	114	0	103	0	48	5.38
利比亚	149	0.18	99	0	103	0.04	95	0	115	0	114	0	103	0	139	1.25
卢森堡	63	3.66	67	0.04	71	0.18	29	0.86	46	0.21	46	18.94	103	0	47	5.39
卢旺达	44	5.38	99	0	121	0.01	95	0	101	0.001	33	31.38	103	0	42	6.26
罗马尼亚	51	4.76	70	0.04	29	3.08	28	0.90	29	1.05	36	24.35	35	0.66	85	3.27
马达加斯加	65	3.61	65	0.05	107	0.03	48	0.06	75	0.01	44	20.36	84	0.05	58	4.70
马尔代夫	95	1.89	99	0	147	0.002	95	0	115	0	114	0	103	0	21	13.21
马耳他	11	15.44	93	0.005	92	0.06	27	0.93	45	0.24	2	99.46	86	0.03	39	7.33
马来西亚	9	17.69	13	4.86	20	4.24	31	0.54	8	12.31	3	98.85	28	1.02	121	2.03
马里	103	1.52	99	0	109	0.03	82	0.001	93	0.001	71	9.19	103	0	135	1.41
毛里塔尼亚	151	0.17	99	0	134	0.004	95	0	115	0	114	0	103	0	140	1.20
蒙古	137	0.47	99	0	105	0.03	66	0.009	115	0	114	0	103	0	84	3.27
孟加拉国	126	0.68	47	0.24	54	0.45	74	0.004	79	0.008	107	0.41	34	0.68	92	2.96
秘鲁	84	2.49	26	1.02	70	0.18	59	0.02	57	0.06	63	13.69	103	0	109	2.42
密克罗尼西亚联邦	143	0.29	99	0	149	0.002	95	0	115	0	114	0	103	0	122	2.00
缅甸	129	0.64	99	0	108	0.03	95	0	100	0.001	106	0.42	46	0.31	77	3.71
摩尔多瓦	62	3.67	86	0.01	93	0.06	60	0.02	83	0.004	55	15.54	70	0.10	30	9.99

项目\国家	创新产出竞争力 排名	得分	专利授权数 排名	得分	科技论文发表数 排名	得分	专利和许可收入 排名	得分	高技术产品净出口额 排名	得分	高技术产品出口比重 排名	得分	注册商标数 排名	得分	创意产品出口比重 排名	得分
摩洛哥	115	1.12	28	0.80	51	0.60	58	0.02	115	0	114	0	39	0.43	45	5.99
莫桑比克	127	0.66	81	0.01	112	0.02	85	0.001	115	0	114	0	75	0.07	61	4.51
纳米比亚	111	1.23	99	0	118	0.02	61	0.02	77	0.009	88	3.82	103	0	57	4.74
南非	55	4.16	11	5.96	31	2.54	32	0.49	34	0.51	64	13.08	22	1.53	55	5.03
南苏丹	159	0	99	0	157	0	95	0	115	0	114	0	103	0	158	0
尼泊尔	81	2.72	81	0.01	84	0.12	95	0	105	0.001	104	0.87	60	0.17	16	17.85
尼日尔	90	2.11	99	0	128	0.01	95	0	103	0.001	67	12.18	103	0	105	2.59
尼日利亚	118	1.01	31	0.68	46	1.12	95	0	80	0.008	93	2.67	21	1.61	147	0.99
挪威	29	7.65	33	0.59	30	2.96	21	1.16	31	1.00	21	45.21	49	0.27	112	2.38
葡萄牙	82	2.66	63	0.07	23	3.65	36	0.24	41	0.34	73	8.65	24	1.23	63	4.41
瑞典	19	11.10	41	0.30	18	5.62	6	23.99	16	4.80	24	39.31	32	0.73	91	2.97
瑞士	8	19.61	38	0.40	17	6.07	2	56.94	9	9.47	11	52.93	29	0.86	27	10.62
萨尔瓦多	80	2.72	99	0	133	0.005	84	0.001	58	0.04	61	13.89	103	0	54	5.09
萨摩亚	93	2.00	99	0	148	0.002	95	0	108	0	95	2.16	103	0	25	11.84
塞尔维亚	121	0.92	66	0.04	41	1.46	38	0.21	56	0.06	114	0	72	0.09	60	4.61
塞拉利昂	133	0.60	99	0	139	0.003	75	0.003	115	0	114	0	103	0	67	4.21
塞内加尔	120	0.97	99	0	88	0.08	72	0.005	90	0.002	98	1.87	103	0	56	4.84
塞浦路斯	10	15.45	89	0.007	66	0.23	95	0	69	0.02	7	63.54	83	0.05	5	44.29
塞舌尔	132	0.62	99	0	140	0.003	70	0.006	115	0	114	0	98	0.007	65	4.35
沙特阿拉伯	128	0.65	34	0.58	40	1.49	95	0	59	0.04	102	1.24	103	0	142	1.19
斯里兰卡	101	1.60	50	0.21	74	0.18	95	0	71	0.01	94	2.17	41	0.37	35	8.25
斯洛伐克	77	2.86	74	0.03	44	1.18	64	0.01	32	0.93	54	15.75	56	0.18	124	1.92
斯洛文尼亚	83	2.51	86	0.01	47	1.11	41	0.19	43	0.28	65	13.01	69	0.11	95	2.88
苏丹	123	0.81	95	0.003	87	0.09	67	0.008	115	0	114	0	77	0.07	46	5.52
苏里南	87	2.30	99	0	151	0.001	95	0	97	0.001	58	14.52	92	0.02	130	1.58
所罗门群岛	152	0.17	99	0	145	0.002	88	0	115	0	114	0	103	0	144	1.16
塔吉克斯坦	66	3.56	98	0.001	124	0.01	95	0	115	0	114	0	94	0.01	12	24.89

续上表

项目 国家	创新产出 竞争力 排名	得分	专利授 权数 排名	得分	科技论文 发表数 排名	得分	专利和许可 收入 排名	得分	高技术产品 净出口额 排名	得分	高技术产品 出口比重 排名	得分	注册 商标数 排名	得分	创意产品 出口比重 排名	得分
泰国	25	9.09	19	2.71	34	2.24	37	0.21	11	6.70	17	47.54	17	1.84	113	2.38
坦桑尼亚	86	2.38	97	0.002	83	0.12	95	0	78	0.008	66	12.36	103	0	68	4.16
汤加	53	4.61	99	0	156	0.001	95	0	113	0	111	0.17	103	0	7	32.08
特立尼达和 多巴哥	150	0.17	99	0	90	0.07	79	0.002	95	0.001	109	0.26	103	0	150	0.88
突尼斯	68	3.53	36	0.49	45	1.15	43	0.10	47	0.20	49	17.43	66	0.13	51	5.21
土耳其	69	3.52	51	0.21	15	8.36	95	0	38	0.41	86	4.43	5	8.14	86	3.13
土库曼斯坦	144	0.28	99	0	136	0.004	95	0	115	0	114	0	103	0	123	1.96
瓦努阿图	89	2.17	99	0	143	0.002	86	0.001	115	0	114	0	103	0	19	15.21
委内瑞拉	130	0.64	24	1.41	59	0.39	95	0	115	0	114	0	25	1.17	133	1.50
文莱	31	7.49	99	0	111	0.02	95	0	67	0.02	18	47.21	100	0.001	52	5.16
乌干达	32	7.43	99	0	82	0.13	57	0.02	62	0.03	19	47.21	103	0	59	4.64
乌克兰	76	2.87	20	2.35	39	1.92	33	0.39	39	0.40	69	10.61	23	1.32	87	3.07
乌拉圭	70	3.44	32	0.60	72	0.18	80	0.002	63	0.03	60	14.02	55	0.19	32	9.07
乌兹别克 斯坦	146	0.26	46	0.25	86	0.12	95	0	115	0	114	0	65	0.14	138	1.36
西班牙	43	5.74	53	0.18	9	15.99	95	0	20	2.61	59	14.34	10	3.36	78	3.67
希腊	49	4.91	79	0.02	22	3.66	35	0.25	44	0.26	37	23.55	44	0.32	41	6.34
新加坡	7	21.11	9	7.90	28	3.13	12	9.61	4	24.49	1	100.00	42	0.33	114	2.28
新西兰	50	4.80	15	4.26	33	2.34	22	1.13	49	0.17	43	20.96	33	0.68	72	4.08
匈牙利	21	9.89	72	0.03	37	1.97	15	7.90	17	4.23	13	52.70	47	0.30	116	2.13
牙买加	64	3.65	61	0.08	91	0.06	65	0.01	99	0.001	57	15.35	73	0.09	31	9.99
亚美尼亚	94	1.94	80	0.02	73	0.18	95	0	92	0.001	78	7.06	74	0.09	43	6.24
也门	139	0.43	71	0.03	104	0.03	95	0	107	0	100	1.39	61	0.17	137	1.36
伊拉克	148	0.23	99	0	67	0.20	95	0	115	0	114	0	103	0	136	1.39
伊朗	71	3.27	37	0.44	13	9.64	95	0	51	0.13	70	9.41	15	2.11	143	1.16
以色列	28	8.03	12	5.00	26	3.44	16	3.97	22	2.16	26	38.51	53	0.20	93	2.92
意大利	24	9.11	27	0.84	6	18.50	9	14.56	12	6.32	51	16.88	12	2.90	75	3.79

项目\国家	创新产出竞争力		专利授权数		科技论文发表数		专利和许可收入		高技术产品净出口额		高技术产品出口比重		注册商标数		创意产品出口比重	
	排名	得分	排名	得分	排名	得分	排名	得分	排名	得分	排名	得分	排名	得分	排名	得分
印度	16	12.74	3	30.25	4	22.69	23	1.09	19	2.69	52	16.52	2	13.85	119	2.09
印度尼西亚	48	4.97	14	4.79	52	0.58	34	0.28	26	1.35	40	22.31	9	3.98	132	1.50
英国	5	23.04	10	6.25	3	29.32	4	53.61	7	14.20	16	49.35	14	2.45	44	6.08
约旦	92	2.01	40	0.33	55	0.44	95	0	68	0.02	83	5.34	57	0.18	36	7.73
越南	37	7.10	17	2.95	60	0.37	95	0	21	2.17	23	39.37	18	1.76	89	3.05
赞比亚	125	0.69	75	0.02	106	0.03	95	0	85	0.003	90	3.63	85	0.04	145	1.11
乍得	158	0.05	99	0	144	0.002	95	0	115	0	114	0	103	0	157	0.37
智利	78	2.80	21	2.22	42	1.37	39	0.20	53	0.10	68	11.11	16	1.98	101	2.65
中国	1	66.81	1	100.00	1	100.00	19	2.69	1	100.00	6	63.81	1	100.00	141	1.19
最高分	66.81		100.00		100.00		100.00		100.00		100.00		100.00		100.00	
最低分	0.00		0		0		0		0		0		0		0	
平均分	4.98		2.12		2.80		2.93		2.12		15.94		1.33		7.58	
标准差	7.30		9.32		9.32		11.59		9.16		21.83		8.06		12.68	

注：由于数据缺失或统计口径不同，一些国家个别项目得分为0。

表6-5 2019年"一带一路"参与国创新产出竞争力及三级指标的得分及排名情况

项目\国家	创新产出竞争力		专利授权数		科技论文发表数		专利和许可收入		高技术产品净出口额		高技术产品出口比重		注册商标数		创意产品出口比重	
	排名	得分	排名	得分	排名	得分	排名	得分	排名	得分	排名	得分	排名	得分	排名	得分
阿尔巴尼亚	116	1.00	81	0.01	99	0.04	49	0.05	73	0	100	0	84	0.04	37	6.66
阿尔及利亚	114	1.01	30	0.73	49	0.75	64	0.01	73	0	100	0	43	0.26	64	5.15
阿富汗	78	1.67	94	0	120	0.01	73	0	73	0	100	0	103	0	14	11.41
阿根廷	62	1.97	16	3.74	32	2.37	30	0.56	52	0.08	65	3.79	10	2.58	146	2.90
阿联酋	6	16.04	25	1.20	55	0.44	73	0	17	4.23	1	100.00	41	0.28	59	5.66
阿曼	143	0.61	94	0	69	0.18	73	0	73	0	100	0	103	0	121	3.57
阿塞拜疆	103	1.14	81	0.01	67	0.20	73	0	73	0	67	3.60	83	0.04	102	3.93

项目\国家	创新产出竞争力 排名	创新产出竞争力 得分	专利授权数 排名	专利授权数 得分	科技论文发表数 排名	科技论文发表数 得分	专利和许可收入 排名	专利和许可收入 得分	高技术产品净出口额 排名	高技术产品净出口额 得分	高技术产品出口比重 排名	高技术产品出口比重 得分	注册商标数 排名	注册商标数 得分	创意产品出口比重 排名	创意产品出口比重 得分
埃及	73	1.72	23	1.44	34	2.24	73	0	55	0.05	80	1.70	29	0.72	49	6.08
埃塞俄比亚	66	1.81	71	0.03	76	0.15	73	0	73	0	100	0	82	0.04	12	11.95
爱尔兰	16	8.26	94	0	34	2.24	7	18.09	12	5.50	12	18.88	66	0.10	131	3.37
爱沙尼亚	81	1.62	81	0.01	57	0.43	45	0.08	73	0	48	6.73	74	0.06	101	3.94
安哥拉	142	0.63	94	0	120	0.01	73	0	73	0	100	0	103	0	92	4.18
安提瓜和巴布达	15	8.65	81	0.01	134	0	73	0	73	0	100	0	101	0.002	2	60.30
奥地利	42	3.04	45	0.25	24	3.60	17	3.75	23	2.23	38	8.36	44	0.23	88	4.25
澳大利亚	17	7.86	6	20.93	10	13.78	18	3.43	31	0.90	18	15.65	13	2.24	71	4.74
巴巴多斯	49	2.49	64	0.06	120	0.01	50	0.04	73	0	29	9.95	97	0.005	32	7.18
巴布亚新几内亚	154	0.44	94	0	120	0.01	73	0	73	0	100	0	103	0	147	2.85
巴基斯坦	68	1.78	29	0.78	38	1.95	54	0.03	54	0.06	81	1.69	17	1.55	46	6.18
巴林	130	0.78	55	0.13	95	0.05	73	0	73	0	100	0	91	0.01	66	4.96
巴拿马	107	1.11	39	0.38	99	0.04	54	0.03	73	0	100	0	59	0.13	35	7.06
巴西	19	6.98	5	21.66	11	13.57	23	1.09	28	1.32	30	9.65	4	7.63	129	3.42
白俄罗斯	111	1.07	55	0.13	61	0.34	45	0.08	48	0.11	71	3.09	81	0.04	127	3.48
保加利亚	65	1.89	75	0.02	48	0.76	50	0.04	40	0.29	41	7.90	47	0.19	112	3.70
北马其顿	128	0.83	94	0	77	0.14	50	0.04	57	0.04	72	3.07	88	0.03	152	2.31
贝宁	102	1.15	94	0	99	0.04	73	0	73	0	88	0.91	103	0	36	6.84
比利时	29	4.46	57	0.11	19	4.84	13	9.15	10	5.70	36	8.74	25	0.88	123	3.53
冰岛	27	4.69	75	0.02	75	0.17	73	0	57	0.04	6	27.68	87	0.04	98	4.01
波兰	36	3.45	49	0.22	16	7.88	26	0.98	20	2.84	44	7.35	30	0.58	82	4.36
玻利维亚	137	0.67	94	0	104	0.03	54	0.03	73	0	100	0	53	0.15	95	4.09
博茨瓦纳	118	0.96	81	0.01	95	0.05	73	0	73	0	96	0.28	90	0.03	47	6.13
不丹	156	0.26	94	0	120	0.01	73	0	73	0	100	0	102	0.004	156	1.55
布隆迪	132	0.76	94	0	134	0	73	0	73	0	85	1.11	103	0	100	3.98
赤道几内亚	153	0.47	94	0	134	0	73	0	73	0	100	0	103	0	141	3.05

项目\国家	创新产出竞争力		专利授权数		科技论文发表数		专利和许可收入		高技术产品净出口额		高技术产品出口比重		注册商标数		创意产品出口比重	
	排名	得分	排名	得分	排名	得分	排名	得分	排名	得分	排名	得分	排名	得分	排名	得分
丹麦	32	3.69	52	0.18	25	3.49	14	8.92	27	1.34	35	8.75	63	0.11	107	3.74
德国	2	24.31	8	11.27	2	30.84	5	38.74	2	29.15	27	11.98	9	3.09	113	3.69
东帝汶	88	1.41	94	0	134	0	73	0	73	0	100	0	103	0	22	9.65
多哥	124	0.90	94	0	111	0.02	73	0	73	0	98	0.11	103	0	54	5.91
多米尼加共和国	117	0.97	42	0.29	120	0.01	73	0	73	0	100	0	36	0.35	50	6.04
多米尼克	24	5.00	94	0	134	0	73	0	73	0	100	0	103	0	3	34.75
俄罗斯	20	6.41	7	13.49	12	10.99	20	2.01	26	1.52	31	9.45	14	2.19	89	4.22
厄瓜多尔	104	1.13	94	0	95	0.05	73	0	66	0.01	63	4.02	103	0	143	3.01
法国	8	14.08	22	1.90	5	21.61	3	55.43	5	16.89	11	19.62	7	3.97	58	5.67
菲律宾	14	8.71	18	2.72	62	0.27	57	0.02	14	5.00	2	45.24	22	0.97	39	6.63
斐济	122	0.90	94	0	111	0.02	73	0	73	0	100	0	103	0	51	6.02
芬兰	41	3.15	57	0.11	27	3.15	11	11.70	34	0.64	49	6.70	58	0.13	113	3.69
佛得角	59	2.02	94	0	134	0	73	0	73	0	100	0	103	0	9	13.87
冈比亚	34	3.46	94	0	120	0.01	73	0	73	0	100	0	99	0.003	4	23.96
刚果（布）	91	1.33	94	0	111	0.02	73	0	73	0	61	4.85	103	0	90	4.20
刚果（金）	147	0.53	94	0	120	0.01	73	0	73	0	100	0	103	0	128	3.44
哥斯达黎加	48	2.51	35	0.57	87	0.08	73	0	44	0.16	23	12.77	42	0.28	115	3.68
格林纳达	54	2.23	94	0	120	0.01	73	0	73	0	100	0	103	0	6	15.34
格鲁吉亚	95	1.28	47	0.24	77	0.14	57	0.02	73	0	79	1.87	68	0.08	40	6.55
古巴	131	0.76	54	0.17	53	0.46	73	0	73	0	100	0	86	0.04	69	4.80
圭亚那	149	0.51	94	0	134	0	42	0.18	73	0	100	0	103	0	135	3.29
哈萨克斯坦	31	3.90	42	0.29	83	0.12	73	0	39	0.31	10	21.64	52	0.16	82	4.36
韩国	5	17.19	2	36.98	8	16.44	8	15.89	3	21.45	7	23.56	3	8.06	131	3.37
荷兰	3	19.83	44	0.28	14	9.19	1	100.00	7	12.17	16	16.76	103	0	120	3.59
黑山	60	2.01	61	0.08	99	0.04	73	0	73	0	100	0	95	0.007	8	13.89
基里巴斯	157	0.23	94	0	134	0	73	0	73	0	100	0	103	0	157	1.36

续上表

项目 国家	创新产出竞争力		专利授权数		科技论文发表数		专利和许可收入		高技术产品净出口额		高技术产品出口比重		注册商标数		创意产品出口比重	
	排名	得分	排名	得分	排名	得分	排名	得分	排名	得分	排名	得分	排名	得分	排名	得分
吉布提	125	0.89	94	0	134	0	73	0	73	0	100	0	103	0	53	5.96
吉尔吉斯斯坦	50	2.47	94	0.00	120	0.01	64	0.01	73	0	60	4.92	92	0.01	10	12.09
几内亚	139	0.66	94	0	134	0	73	0	73	0	100	0	103	0	84	4.35
加拿大	12	9.72	4	27.45	7	17.63	10	12.09	16	4.53	26	12.00	20	1.21	77	4.57
加纳	134	0.75	94	0	80	0.13	73	0	73	0	90	0.83	103	0	105	3.86
加蓬	152	0.49	94	0	111	0.02	73	0	73	0	100	0	103	0	137	3.19
柬埔寨	96	1.24	66	0.04	111	0.02	73	0	63	0.02	89	0.87	62	0.11	30	7.29
捷克	30	4.20	60	0.09	21	4.10	25	1.03	13	5.29	19	15.12	39	0.32	122	3.54
津巴布韦	119	0.95	94	0	95	0.05	64	0.01	73	0	67	3.60	103	0	148	2.76
喀麦隆	120	0.95	94	0	80	0.13	73	0	73	0	100	0	103	0	44	6.20
卡塔尔	121	0.94	94	0	77	0.14	73	0	73	0	100	0	72	0.06	63	5.42
科摩罗	7	14.64	94	0	134	0	73	0	73	0	76	2.20	103	0	1	100.00
科特迪瓦	79	1.63	94	0	91	0.06	73	0	63	0.02	39	8.16	103	0	145	2.92
科威特	127	0.84	94	0	64	0.25	73	0	73	0	92	0.66	103	0	78	4.55
克罗地亚	72	1.74	75	0.02	43	1.36	44	0.09	46	0.13	51	6.04	77	0.05	74	4.73
肯尼亚	56	2.07	57	0.11	65	0.24	39	0.20	66	0.01	70	3.34	49	0.18	17	10.30
拉脱维亚	43	2.71	81	0.01	58	0.40	50	0.04	43	0.21	25	12.53	69	0.08	60	5.59
莱索托	97	1.24	94	0	134	0	73	0	73	0	100	0	103	0	27	8.39
老挝	47	2.52	66	0.04	111	0.02	73	0	59	0.03	20	14.98	93	0.01	154	2.29
黎巴嫩	40	3.24	94	0	62	0.27	47	0.06	73	0	100	0	103	0	5	21.98
立陶宛	63	1.93	81	0.01	49	0.75	73	0	37	0.35	36	8.74	60	0.12	126	3.49
利比里亚	70	1.76	94	0	134	0	73	0	73	0	100	0	103	0	11	12.08
利比亚	123	0.90	94	0	99	0.04	73	0	73	0	100	0	103	0	52	6.01
卢森堡	46	2.58	66	0.04	69	0.18	29	0.86	48	0.11	62	4.77	103	0	44	6.20
卢旺达	76	1.67	94	0	120	0.01	73	0	73	0	42	7.67	103	0	106	3.75
罗马尼亚	53	2.24	66	0.04	29	3.08	28	0.90	30	0.98	40	8.05	34	0.36	110	3.72

项目\国家	创新产出竞争力		专利授权数		科技论文发表数		专利和许可收入		高技术产品净出口额		高技术产品出口比重		注册商标数		创意产品出口比重	
	排名	得分	排名	得分	排名	得分	排名	得分	排名	得分	排名	得分	排名	得分	排名	得分
马达加斯加	112	1.03	65	0.05	104	0.03	47	0.06	73	0	95	0.35	85	0.04	40	6.55
马尔代夫	57	2.07	94	0	134	0	73	0	73	0	100	0	103	0	7	14.21
马耳他	25	4.78	81	0.01	91	0.06	27	0.93	48	0.11	9	21.65	89	0.03	20	9.86
马来西亚	13	9.21	13	4.86	20	4.24	31	0.54	8	12.09	4	37.69	23	0.94	75	4.63
马里	150	0.50	94	0	104	0.03	73	0	73	0	100	0	103	0	136	3.22
毛里塔尼亚	126	0.87	94	0	134	0	73	0	73	0	99	0.01	103	0	55	5.83
蒙古	52	2.34	94	0	104	0.03	64	0.01	66	0.01	22	13.77	103	0	155	2.24
孟加拉国	100	1.16	47	0.24	54	0.45	73	0	73	0	100	0	33	0.39	38	6.65
秘鲁	98	1.21	26	1.02	69	0.18	57	0.02	59	0.03	73	2.96	103	0	90	4.20
密克罗尼西亚联邦	129	0.81	94	0	134	0	73	0	73	0	100	0	103	0	62	5.43
缅甸	89	1.39	94	0	104	0.03	73	0	59	0.03	78	2.00	46	0.22	33	7.13
摩尔多瓦	108	1.08	81	0.01	91	0.06	57	0.02	73	0	77	2.15	75	0.06	65	5.02
摩洛哥	69	1.77	28	0.80	51	0.60	57	0.02	45	0.14	69	3.56	35	0.36	57	5.68
莫桑比克	110	1.07	81	0.01	111	0.02	73	0	73	0	100	0	73	0.06	34	7.12
纳米比亚	133	0.75	94	0	111	0.02	57	0.02	73	0	97	0.17	103	0	68	4.82
南非	55	2.17	11	5.96	31	2.54	32	0.49	41	0.29	64	3.97	24	0.94	149	2.60
南苏丹	155	0.37	94	0	134	0	73	0	73	0	100	0	103	0	152	2.31
尼泊尔	84	1.54	81	0.01	83	0.12	73	0	73	0	100	0	50	0.17	18	10.18
尼日尔	138	0.67	94	0	120	0.01	73	0	73	0	100	0	103	0	81	4.42
尼日利亚	106	1.12	31	0.68	46	1.12	73	0	66	0.01	86	1.08	27	0.80	71	4.74
挪威	33	3.68	33	0.59	30	2.96	21	1.16	33	0.65	17	16.44	45	0.22	79	4.51
葡萄牙	61	1.99	63	0.07	23	3.65	36	0.24	36	0.50	57	5.05	26	0.85	94	4.13
瑞典	22	5.96	41	0.30	18	5.62	6	23.99	22	2.45	28	10.62	37	0.34	97	4.04
瑞士	10	12.13	38	0.40	17	6.07	2	56.94	18	4.17	32	9.39	31	0.58	24	9.05
萨尔瓦多	94	1.28	94	0	120	0.01	73	0	59	0.03	66	3.73	103	0	67	4.86
萨摩亚	105	1.12	94	0	134	0	73	0	73	0	83	1.66	103	0	43	6.21

项目 国家	创新产出 竞争力		专利授 权数		科技论文 发表数		专利和许可 收入		高技术产品 净出口额		高技术产品 出口比重		注册 商标数		创意产品 出口比重	
	排名	得分	排名	得分	排名	得分	排名	得分	排名	得分	排名	得分	排名	得分	排名	得分
塞尔维亚	136	0.69	66	0.04	41	1.46	37	0.21	73	0	100	0	71	0.07	124	3.52
塞拉利昂	141	0.65	94	0	134	0	73	0	73	0	100	0	103	0	86	4.30
塞内加尔	85	1.53	94	0	87	0.08	64	0.01	73	0	91	0.68	103	0	21	9.71
塞浦路斯	35	3.45	81	0.01	66	0.23	73	0	66	0.01	21	14.45	78	0.05	23	9.38
塞舌尔	101	1.16	94	0	134	0	64	0.01	73	0	84	1.60	100	0.002	42	6.22
沙特阿拉伯	93	1.30	34	0.58	40	1.49	73	0	57	0.04	94	0.47	103	0	87	4.26
斯里兰卡	90	1.35	50	0.21	69	0.18	73	0	73	0	100	0	38	0.34	28	8.38
斯洛伐克	64	1.91	71	0.03	44	1.18	64	0.01	29	1.12	45	7.20	64	0.11	129	3.42
斯洛文尼亚	86	1.49	81	0.01	47	1.11	41	0.19	38	0.33	56	5.35	79	0.05	118	3.64
苏丹	159	0.14	94	0	87	0.09	64	0.01	73	0	100	0	67	0.08	158	0.58
苏里南	67	1.79	94	0	134	0	73	0	73	0	33	9.10	96	0.007	139	3.16
所罗门群岛	145	0.55	94	0	134	0	73	0	73	0	100	0	103	0	119	3.62
塔吉克斯坦	109	1.07	94	0	120	0.01	73	0	73	0	100	0	98	0.004	31	7.23
泰国	23	5.20	19	2.71	34	2.24	37	0.21	11	5.62	13	17.16	18	1.40	115	3.68
坦桑尼亚	83	1.59	94	0	83	0.12	73	0	73	0	100	0	103	0	16	10.73
汤加	92	1.33	94	0	134	0	73	0	73	0	100	0	103	0	25	9.03
特立尼达和 多巴哥	151	0.50	94	0	90	0.07	73	0	73	0	100	0	103	0	140	3.09
突尼斯	82	1.60	36	0.49	45	1.15	43	0.10	47	0.12	58	5.00	57	0.13	85	4.31
土耳其	44	2.68	50	0.21	15	8.36	73	0	35	0.60	75	2.21	6	4.60	110	3.72
土库曼斯坦	144	0.60	94	0	134	0	73	0	73	0	100	0	103	0	103	3.92
瓦努阿图	75	1.70	94	0	134	0	73	0	73	0	100	0	103	0	13	11.66
委内瑞拉	158	0.16	24	1.41	59	0.39	73	0	73	0	100	0	28	0.74	159	0
文莱	71	1.74	94	0	111	0.02	73	0	66	0.01	50	6.18	94	0.007	61	5.58
乌干达	146	0.54	94	0	80	0.13	57	0.02	73	0	100	0	103	0	131	3.37
乌克兰	115	1.01	20	2.35	39	1.92	33	0.39	73	0	100	0	19	1.29	151	2.38
乌拉圭	87	1.43	32	0.60	69	0.18	73	0	63	0.02	52	6.01	65	0.10	142	3.03

项目 / 国家	创新产出竞争力		专利授权数		科技论文发表数		专利和许可收入		高技术产品净出口额		高技术产品出口比重		注册商标数		创意产品出口比重	
	排名	得分	排名	得分	排名	得分	排名	得分	排名	得分	排名	得分	排名	得分	排名	得分
乌兹别克斯坦	140	0.66	45	0.25	83	0.12	73	0	73	0	93	0.53	55	0.15	125	3.50
西班牙	28	4.64	52	0.18	9	15.99	73	0	24	2.11	59	4.99	11	2.41	99	3.99
希腊	51	2.40	75	0.02	22	3.66	35	0.25	42	0.25	33	9.10	48	0.18	71	4.74
新加坡	9	13.36	9	7.90	28	3.13	12	9.61	4	21.09	3	37.89	40	0.31	70	4.75
新西兰	45	2.68	15	4.26	33	2.34	22	1.13	52	0.08	46	7.17	32	0.43	80	4.48
匈牙利	38	3.39	71	0.03	37	1.97	15	7.90	21	2.59	24	12.69	51	0.16	138	3.18
牙买加	99	1.20	61	0.08	91	0.06	64	0.01	73	0	74	2.23	76	0.05	56	5.82
亚美尼亚	77	1.67	75	0.02	69	0.18	73	0	66	0.01	47	7.12	70	0.07	93	4.14
也门	80	1.62	71	0.03	104	0.03	73	0	73	0	100	0	54	0.15	15	10.91
伊拉克	113	1.03	94	0	67	0.20	73	0	73	0	100	0	103	0	48	6.10
伊朗	37	3.42	37	0.44	13	9.64	73	0	73	0	100	0	5	4.81	26	8.81
以色列	26	4.76	12	5.00	26	3.44	16	3.97	25	1.76	15	16.78	61	0.12	76	4.62
意大利	21	5.96	27	0.84	6	18.50	9	14.56	15	4.79	53	5.88	16	1.68	109	3.73
印度	11	11.13	3	30.25	4	22.69	23	1.09	19	3.30	43	7.49	2	13.61	115	3.68
印度尼西亚	39	3.31	14	4.79	52	0.58	34	0.28	32	0.81	54	5.53	12	2.31	104	3.89
英国	4	17.68	10	6.25	3	29.32	4	53.61	9	10.92	14	17.06	8	3.21	29	7.59
约旦	74	1.70	40	0.33	55	0.44	73	0	66	0.01	87	0.99	56	0.15	19	9.98
越南	18	7.48	17	2.95	60	0.37	73	0	6	12.63	5	29.39	15	1.81	107	3.74
赞比亚	135	0.71	75	0.02	104	0.03	73	0	73	0	82	1.68	80	0.04	144	2.97
乍得	148	0.51	94	0	134	0	73	0	73	0	100	0	103	0	134	3.33
智利	58	2.05	21	2.22	42	1.37	39	0.20	51	0.09	55	5.47	21	1.19	96	4.06
中国	1	62.96	1	100.00	1	100.00	19	2.69	1	100.00	8	22.38	1	100.00	150	2.59
最高分	62.96		100.00		100.00		100.00		100.00		100.00		100.00		100.00	
最低分	0.14		0		0		0		0		0		0		0	
平均分	3.39		2.12		2.38		3.40		1.97		5.96		1.18		6.74	
标准差	6.19		8.84		8.76		13.00		8.79		10.94		8.02		9.50	

注：由于数据缺失或统计口径不同，一些国家个别项目得分为 0。

五、"一带一路"参与国创新产出竞争力跨区间变化

表6-6列出了2011年和2019年"一带一路"参与国家的创新产出竞争力排名的区间分布情况（第一区间，排在第1至40位的国家；第二区间，排在第41至80位的国家；第三区间，排在第81至120位的国家；第四区间，排在第121至159位的国家）。

表6-6　2011—2019年"一带一路"参与国创新产出竞争力排名的跨区间变化情况

	2011年	2019年
第一区间国家	阿富汗、爱尔兰、爱沙尼亚、澳大利亚、巴布亚新几内亚、巴拿马、巴西、比利时、冰岛、丹麦、德国、东帝汶、俄罗斯、法国、佛得角、哥斯达黎加、哈萨克斯坦、韩国、荷兰、黑山、吉布提、加拿大、捷克、马耳他、马来西亚、挪威、瑞典、瑞士、塞浦路斯、泰国、文莱、乌干达、新加坡、匈牙利、以色列、意大利、印度、英国、越南、中国	阿联酋、爱尔兰、安提瓜和巴布达、澳大利亚、巴西、比利时、冰岛、波兰、丹麦、德国、多米尼克、俄罗斯、法国、菲律宾、冈比亚、哈萨克斯坦、韩国、荷兰、加拿大、捷克、科摩罗、黎巴嫩、马耳他、马来西亚、挪威、瑞典、瑞士、塞浦路斯、泰国、西班牙、新加坡、匈牙利、伊朗、以色列、意大利、印度、印度尼西亚、英国、越南、中国
第二区间国家	阿根廷、安提瓜和巴布达、奥地利、保加利亚、贝宁、波兰、玻利维亚、多米尼克、芬兰、冈比亚、格林纳达、吉尔吉斯斯坦、科摩罗、科特迪瓦、克罗地亚、拉脱维亚、老挝、黎巴嫩、立陶宛、卢森堡、卢旺达、罗马尼亚、马达加斯加、摩尔多瓦、南非、萨尔瓦多、斯洛伐克、塔吉克斯坦、汤加、突尼斯、土耳其、乌克兰、乌拉圭、西班牙、希腊、新西兰、牙买加、伊朗、印度尼西亚、智利	阿富汗、阿根廷、埃及、埃塞俄比亚、奥地利、巴巴多斯、巴基斯坦、保加利亚、芬兰、佛得角、哥斯达黎加、格林纳达、黑山、吉尔吉斯斯坦、科特迪瓦、克罗地亚、肯尼亚、拉脱维亚、老挝、立陶宛、利比里亚、卢森堡、卢旺达、罗马尼亚、马尔代夫、蒙古、摩洛哥、南非、葡萄牙、斯洛伐克、苏里南、土耳其、瓦努阿图、文莱、希腊、新西兰、亚美尼亚、也门、约旦、智利
第三区间国家	阿尔巴尼亚、阿联酋、阿塞拜疆、埃及、埃塞俄比亚、巴巴多斯、巴基斯坦、白俄罗斯、北马其顿、布隆迪、多哥、多米尼加共和国、厄瓜多尔、菲律宾、斐济、格鲁吉亚、基里巴斯、柬埔寨、津巴布韦、科威特、肯尼亚、莱索托、马尔代夫、马里、秘鲁、摩洛哥、纳米比亚、尼泊尔、尼日尔、尼日利亚、葡萄牙、萨摩亚、塞内加尔、斯里兰卡、斯洛文尼亚、苏里南、坦桑尼亚、瓦努阿图、亚美尼亚、约旦	阿尔巴尼亚、阿尔及利亚、阿塞拜疆、爱沙尼亚、巴拿马、白俄罗斯、贝宁、博茨瓦纳、东帝汶、多米尼加共和国、厄瓜多尔、刚果（布）、格鲁吉亚、柬埔寨、津巴布韦、喀麦隆、莱索托、马达加斯加、孟加拉国、秘鲁、缅甸、摩尔多瓦、莫桑比克、尼泊尔、尼日利亚、萨尔瓦多、萨摩亚、塞内加尔、塞舌尔、沙特阿拉伯、斯里兰卡、斯洛文尼亚、塔吉克斯坦、坦桑尼亚、汤加、突尼斯、乌克兰、乌拉圭、牙买加、伊拉克

2011 年	2019 年
阿尔及利亚、阿曼、安哥拉、巴林、*博茨瓦纳*、不丹、赤道几内亚、*刚果（布）*、刚果（金）、古巴、圭亚那、几内亚、加纳、加蓬、*喀麦隆*、卡塔尔、*利比里亚*、利比亚、毛里塔尼亚、*蒙古*、*孟加拉国*、密克罗尼西亚联邦、*缅甸*、*莫桑比克*、南苏丹、塞尔维亚、塞拉利昂、*塞舌尔*、*沙特阿拉伯*、苏丹、所罗门群岛、特立尼达和多巴哥、土库曼斯坦、委内瑞拉、乌兹别克斯坦、*也门*、*伊拉克*、赞比亚、乍得	阿曼、安哥拉、*巴布亚新几内亚*、巴林、*北马其顿*、*玻利维亚*、不丹、*布隆迪*、赤道几内亚、*多哥*、*斐济*、刚果（金）、古巴、圭亚那、*基里巴斯*、*吉布提*、几内亚、加纳、加蓬、卡塔尔、*科威特*、利比亚、*马里*、毛里塔尼亚、密克罗尼西亚联邦、*纳米比亚*、南苏丹、*尼日尔*、塞尔维亚、塞拉利昂、苏丹、所罗门群岛、特立尼达和多巴哥、土库曼斯坦、委内瑞拉、*乌干达*、乌兹别克斯坦、赞比亚、乍得

注：表格中用斜体标识位次发生跨区间变动的国家。

　　评价期内，一些国家的创新产出竞争力出现了跨区间变化。阿富汗、佛得角、哥斯达黎加、黑山、文莱由第一区间下降到第二区间，爱沙尼亚、巴拿马、东帝汶从第一区间下降到第三区间，巴布亚新几内亚、吉布提、乌干达从第一区间下降到第四区间；安提瓜和巴布达、波兰、多米尼克、冈比亚、科摩罗、黎巴嫩、西班牙、伊朗、印度尼西亚从第二区间上升到第一区间，阿联酋、菲律宾从第三区间上升到第一区间；贝宁、马达加斯加、摩尔多瓦、萨尔瓦多、塔吉克斯坦、汤加、突尼斯、乌克兰、乌拉圭、牙买加从第二区间下降至第三区间，玻利维亚从第二区间下降至第四区间；埃及、埃塞俄比亚、巴巴多斯、巴基斯坦、肯尼亚、马尔代夫、摩洛哥、葡萄牙、苏里南、瓦努阿图、亚美尼亚、约旦从第三区间上升至第二区间，利比里亚、蒙古、也门从第四区间上升至第二区间；北马其顿、布隆迪、多哥、斐济、基里巴斯、科威特、马里、纳米比亚从第三区间下降至第四区间；阿尔及利亚、博茨瓦纳、刚果（布）、喀麦隆、孟加拉国、缅甸、莫桑比克、塞舌尔、沙特阿拉伯、伊拉克从第四区间上升至第三区间。

第七章

"一带一路"参与国创新持续竞争力的
评价与比较分析 ①

一、"一带一路"参与国创新持续竞争力的评价结果

根据"一带一路"参与国创新持续竞争力的评价指标体系和数学模型，对 2011—2019 年"一带一路"参与国创新持续竞争力进行评价。表 7-1 列出了本评价期内"一带一路"参与国创新持续竞争力的排位和得分情况。受疫情影响，2019 年数据缺失比较严重，个别三级指标得分代表性受到一定影响。

由表 7-1 可知，2019 年，"一带一路"参与国创新持续竞争力的最高得分为 54.93 分，比 2011 年降低 9.12 分；最低得分为 8.63 分，比 2011 年上升 7.95 分；平均分为 22.32 分，比 2011 年下降 8.73 分。这表明"一带一路"参与国创新持续竞争力的整体水平有较大幅度的下降。标准差为 5.80，比 2011 年降低 7.09，表明创新持续竞争力的国家间差距大大缩小。

"一带一路"参与国创新持续竞争力得分较高的国家主要是发展中国家，2019 年，在排名前 10 位的国家中，全是发展中国家；排名前 30 位的国家中，发达国家也仅有 2 个。此外，39 个第四区间国家中有 15 个发达国家。这一定程度上说明，在技术全球化扩散影响下，发展中国家比发达国家的创新持续竞争力更强。

---

① 本章作者王鹏举为厦门微志云创有限公司合伙人，李俊杰为厦门理工学院应用数学学院副教授。

表 7-1 2011—2019 年 "一带一路" 参与国创新持续竞争力评价比较表

国家\项目	2011 排名	2011 得分	2012 排名	2012 得分	2013 排名	2013 得分	2014 排名	2014 得分	2015 排名	2015 得分	2016 排名	2016 得分	2017 排名	2017 得分	2018 排名	2018 得分	2019 排名	2019 得分	2011—2019综合变化 排名	2011—2019综合变化 得分
南非	88	26.60	107	21.46	117	18.87	101	18.00	33	37.76	38	34.48	21	44.37	32	35.40	1	54.93	+87	+28.33
哥斯达黎加	27	44.00	18	43.44	33	34.66	14	45.38	28	39.42	16	43.36	44	37.23	42	33.48	2	46.86	+25	+2.86
卡塔尔	41	38.22	42	33.47	105	21.59	41	30.83	139	23.67	154	12.77	37	39.07	86	25.05	3	45.43	+38	+7.21
马来西亚	39	38.59	33	36.04	157	13.65	46	29.77	44	34.16	26	39.02	155	12.51	2	52.81	4	45.03	+35	+6.44
孟加拉国	75	28.39	79	26.02	84	24.16	105	17.48	94	26.25	83	25.60	103	24.74	71	27.24	5	43.37	+70	+14.98
秘鲁	48	35.13	47	32.07	30	35.47	33	33.37	34	37.06	61	29.45	65	32.67	4	48.86	6	41.42	+42	+6.29
塞拉利昂	85	26.93	88	24.91	93	22.87	86	21.45	111	23.67	78	26.05	73	31.45	7	42.31	7	37.95	+78	+11.02
多米尼克	110	22.47	120	18.82	128	18.16	120	15.63	72	29.01	111	19.66	113	21.67	87	25.05	8	36.83	+102	+14.36
牙买加	53	33.75	45	32.48	44	31.18	48	29.38	53	31.87	48	31.50	60	33.50	13	41.58	9	35.08	+44	+1.33
印度尼西亚	54	33.43	110	20.79	75	25.27	85	21.45	103	24.28	100	22.67	104	24.50	72	27.21	10	31.71	+44	-1.72
科威特	99	25.52	93	24.01	155	16.67	104	17.80	157	10.40	148	18.67	106	23.84	133	24.31	11	31.15	+88	+5.63
埃及	95	25.83	111	20.72	108	20.60	99	18.51	95	26.19	108	19.92	149	19.97	74	27.04	12	29.62	+83	+3.79
约旦	111	22.47	121	18.82	131	18.16	121	15.63	106	23.67	27	37.29	84	29.35	140	21.47	13	29.54	+98	+7.07
格鲁吉亚	84	27.04	83	25.85	154	17.16	19	41.27	58	31.35	33	35.89	30	41.29	19	38.78	14	28.97	+70	+1.93
北马其顿	143	21.82	85	25.77	98	22.13	96	19.36	147	21.50	107	20.16	150	18.62	61	28.09	15	27.53	+128	+5.71
缅甸	107	23.84	122	18.82	134	18.16	122	15.63	118	23.67	112	19.66	98	26.25	145	17.87	16	26.18	+91	+2.34

国家 \ 项目	2011 排名	2011 得分	2012 排名	2012 得分	2013 排名	2013 得分	2014 排名	2014 得分	2015 排名	2015 得分	2016 排名	2016 得分	2017 排名	2017 得分	2018 排名	2018 得分	2019 排名	2019 得分	2011—2019 综合变化 排名	2011—2019 综合变化 得分
保加利亚	40	38.35	38	35.03	28	35.95	67	25.45	48	32.88	86	25.33	35	39.64	62	28.03	17	26.02	+23	−12.33
乌兹别克斯坦	98	25.56	118	19.26	12	47.79	13	45.55	10	50.71	8	49.76	88	28.78	29	35.70	18	25.75	+80	+0.19
毛里塔尼亚	89	26.46	98	23.46	94	22.77	123	15.63	112	23.67	94	23.79	114	21.67	88	25.05	19	25.17	+70	−1.29
亚美尼亚	25	45.43	92	24.27	89	23.47	81	21.63	21	41.41	90	24.82	24	42.79	135	23.82	20	25.13	+5	−20.30
阿曼	112	22.47	70	27.49	65	27.37	84	21.49	90	27.13	105	20.82	146	21.60	56	28.76	21	24.94	+91	+2.47
哈萨克斯坦	93	26.11	73	26.50	99	21.96	118	15.93	91	27.00	103	21.44	83	29.61	1	54.46	22	23.87	+71	−2.24
塔吉克斯坦	50	34.63	67	28.25	116	18.95	115	16.02	75	28.86	149	17.98	75	30.46	136	23.66	23	23.80	+27	−10.83
俄罗斯	105	24.57	29	36.79	32	34.73	36	32.46	52	32.01	46	32.03	27	42.15	134	24.26	24	23.46	+81	−1.11
中国	90	26.38	108	21.29	111	19.80	110	16.62	99	25.27	106	20.51	110	23.25	64	27.78	25	22.72	+65	−3.66
阿联酋	113	22.47	154	10.36	130	18.16	124	15.63	100	25.20	50	31.38	153	16.67	27	36.73	26	22.56	+87	+0.09
斯洛伐克	55	33.06	57	30.12	58	28.05	35	33.09	26	39.69	58	30.22	28	42.05	57	28.74	27	22.43	+28	−10.63
以色列	11	54.57	7	53.17	9	51.10	9	49.32	7	53.64	19	41.70	16	45.46	82	25.99	28	22.40	−17	−32.17
厄瓜多尔	49	34.71	31	36.40	38	33.73	39	31.29	158	8.13	159	6.89	159	9.93	147	13.12	29	22.21	+20	−12.50
印度	38	38.74	41	33.72	41	32.06	113	16.24	105	23.87	153	13.49	108	23.39	130	25.03	30	22.03	+8	−16.71
塞尔维亚	37	39.01	63	29.21	85	24.03	38	31.31	36	36.63	39	34.44	39	38.30	15	40.09	31	22.03	+6	−16.98
蒙古	51	34.11	46	32.22	57	28.35	63	25.88	93	26.30	43	32.65	93	27.76	137	23.57	32	21.69	+19	−12.42
希腊	109	23.24	149	17.92	107	21.10	75	22.88	49	32.44	91	24.61	99	25.78	73	27.07	33	21.65	+76	−1.59

续上表

国家	2011 排名	2011 得分	2012 排名	2012 得分	2013 排名	2013 得分	2014 排名	2014 得分	2015 排名	2015 得分	2016 排名	2016 得分	2017 排名	2017 得分	2018 排名	2018 得分	2019 排名	2019 得分	2011—2019综合变化 排名	2011—2019综合变化 得分
冈比亚	87	26.66	152	14.06	101	21.75	91	20.49	74	28.87	93	23.90	115	21.67	48	31.03	34	21.65	+53	−5.01
阿塞拜疆	42	37.89	40	33.73	42	31.90	45	29.77	47	33.28	68	28.59	53	35.19	35	34.79	35	21.59	+7	−16.30
加拿大	3	63.62	147	18.72	151	18.13	152	15.43	146	22.16	42	32.76	112	22.19	155	11.63	36	21.48	−33	−42.14
罗马尼亚	56	32.79	50	31.46	52	29.49	53	27.76	41	34.54	47	31.88	49	36.36	78	26.55	37	21.37	+19	−11.42
布隆迪	108	23.36	48	31.85	153	17.18	42	30.79	50	32.30	63	29.43	68	32.23	23	37.41	38	21.23	+70	−2.13
捷克	32	41.92	27	38.18	31	35.45	34	33.18	23	40.98	23	39.48	25	42.32	58	28.43	39	21.14	−7	−20.78
黑山	70	29.32	151	17.10	124	18.16	116	15.99	96	25.92	150	17.87	107	23.73	63	27.98	40	21.13	+30	−8.19
比利时	12	54.45	16	44.09	8	51.40	6	50.72	8	52.35	5	53.77	6	58.83	68	27.47	41	21.01	−29	−33.44
马耳他	18	49.98	58	30.09	15	42.84	20	40.62	24	40.22	29	37.19	40	38.11	52	30.60	42	21.00	−24	−28.98
塞浦路斯	19	48.87			13	45.56	17	43.76	19	43.44	12	48.10	34	40.08	31	35.63	43	20.96	−24	−27.91
乌拉圭	44	37.16	99	23.25	96	22.57	94	19.72	85	27.95	30	36.78	23	42.92	16	39.52	44	20.95	0	−16.21
波兰	28	43.19	23	42.22	21	39.99	25	39.12	43	34.33	21	39.66	32	40.47	55	29.09	45	20.93	−17	−22.26
奥地利	21	48.35	12	46.16	14	43.82	15	44.81	14	47.20	9	48.95	12	52.12	67	27.55	46	20.92	−25	−27.43
立陶宛	24	46.27	25	40.85	20	40.24	26	38.22	29	38.56	28	37.21	17	45.38	65	27.62	47	20.90	−23	−25.37
意大利	23	47.24	19	43.40	25	38.48	23	39.90	18	43.99	25	39.12	26	42.19	83	25.97	48	20.82	−25	−26.42
丹麦	2	63.73	3	57.69	3	59.45	4	55.67	46	33.49	60	30.11	11	53.63	37	34.68	49	20.77	−47	−42.96
挪威	1	64.05	5	54.98	6	53.48	1	63.34	1	63.78	1	66.17	1	72.18	81	26.30	50	20.68	−49	−43.37

续上表

国家	2011 排名	2011 得分	2012 排名	2012 得分	2013 排名	2013 得分	2014 排名	2014 得分	2015 排名	2015 得分	2016 排名	2016 得分	2017 排名	2017 得分	2018 排名	2018 得分	2019 排名	2019 得分	2011—2019综合变化 排名	2011—2019综合变化 得分
澳大利亚	6	58.96	10	50.56	5	55.49	16	44.39	3	59.28	17	42.95	5	60.42	138	22.88	51	20.68	-45	-38.28
瑞士	7	56.88	4	55.02	62	27.67	8	50.25	4	57.60	11	48.56	14	47.14	141	20.72	52	20.68	-45	-36.20
新西兰	9	54.64	34	35.95	24	38.68	43	30.59	12	49.75	56	30.73	22	43.52	30	35.67	53	20.68	-44	-33.96
巴西	16	51.77	9	51.21	11	49.49	11	47.78	45	33.76	10	48.91	9	55.60	146	16.85	54	20.68	-38	-31.09
新加坡	20	48.78	14	44.71	17	42.27	47	29.39	32	37.77	53	31.20	48	36.43	157	10.53	55	20.68	-35	-28.10
阿根廷	31	41.99	20	43.06	23	39.18	28	36.46	17	45.24	20	39.68	36	39.55	158	4.51	56	20.68	-25	-21.31
智利	35	40.66	109	20.82	34	34.55	44	30.40	25	39.87	36	34.85	18	44.80	8	42.22	57	20.68	-22	-19.98
东帝汶	36	39.40	39	34.23	53	29.43	37	32.12	40	35.34	31	36.67	46	36.71	9	42.19	58	20.68	-22	-18.72
吉尔吉斯斯坦	45	36.83	35	35.72	43	31.68	57	26.83	64	30.36	41	32.96	52	35.57	148	13.12	59	20.68	-14	-16.15
文莱	47	36.64	68	28.03	121	18.16	61	26.06	107	23.67	44	32.41	117	21.67	99	25.05	60	20.68	-13	-15.96
泰国	57	32.75	153	11.86	37	33.78	102	17.98	101	25.14	49	31.42	92	27.81	159	4.36	61	20.68	-4	-12.07
巴拿马	58	32.51	158	7.65	118	18.50	109	16.67	145	22.91	98	23.35	111	22.73	150	13.12	62	20.68	-4	-11.83
佛得角	60	31.31	155	8.46	56	28.37	58	26.79	149	21.00	54	31.11	62	33.00	89	25.05	63	20.68	-3	-10.63
越南	62	31.23	100	23.04	47	30.35	111	16.48	140	23.67	156	10.16	143	21.67	144	18.55	64	20.68	-2	-10.55
不丹	63	30.68	113	20.52	51	29.70	50	29.09	42	34.50	37	34.76	31	40.83	5	43.80	65	20.68	-2	-10.00
委内瑞拉	64	29.87	59	30.06	95	22.60	117	15.99	148	21.01	59	30.16	156	11.73	126	25.05	66	20.68	-2	-9.19
斐济	65	29.86	131	18.82	71	26.20	132	15.63	119	23.67	120	19.66	109	23.37	98	25.05	67	20.68	-2	-9.18

续上表

国家	2011 排名	2011 得分	2012 排名	2012 得分	2013 排名	2013 得分	2014 排名	2014 得分	2015 排名	2015 得分	2016 排名	2016 得分	2017 排名	2017 得分	2018 排名	2018 得分	2019 排名	2019 得分	2011—2019综合变化 排名	2011—2019综合变化 得分
卢旺达	66	29.80	60	29.54	63	27.53	108	16.88	80	28.66	76	26.85	151	18.34	41	33.78	68	20.68	-2	-9.12
特立尼达和多巴哥	67	29.60	115	19.68	110	20.19	98	18.72	144	23.15	146	19.32	147	21.51	142	19.01	69	20.68	-2	-8.92
塞舌尔	68	29.57	87	25.02	68	26.39	64	25.82	109	23.67	55	30.78	118	21.67	100	25.05	70	20.68	-2	-8.89
科特迪瓦	69	29.54	65	28.86	60	27.71	56	27.45	78	28.73	72	28.31	77	30.03	33	34.98	71	20.68	-2	-8.86
土耳其	71	29.27	78	26.03	83	24.39	89	20.70	71	29.11	81	25.87	87	29.17	76	26.77	72	20.68	-1	-8.59
巴基斯坦	72	29.23	157	7.82	70	26.20	157	8.59	83	28.07	157	9.47	72	31.52	143	18.85	73	20.68	-1	-8.55
马尔代夫	73	28.94	71	27.35	69	26.28	72	23.82	62	30.72	64	29.28	119	21.67	101	25.05	74	20.68	-1	-8.26
圭亚那	74	28.88	80	25.91	119	18.16	51	29.02	55	31.56	40	33.27	50	35.80	12	41.83	75	20.68	-1	-8.20
阿富汗	77	28.31	91	24.39	77	25.05	73	23.75	81	28.16	69	28.56	76	30.29	93	25.05	76	20.68	+1	-7.63
加蓬	78	28.30	81	25.87	79	24.78	79	22.02	121	23.67	125	19.66	127	21.67	109	25.05	77	20.68	+1	-7.62
萨尔瓦多	79	28.08	51	31.25	36	34.25	54	27.71	38	35.61	52	31.24	51	35.70	156	10.76	78	20.68	+1	-7.40
尼日尔	80	27.67	76	26.28	73	25.52	103	17.94	68	29.81	80	25.93	95	27.14	39	34.05	79	20.68	+1	-6.99
科摩罗	82	27.26	89	24.69	92	22.91	80	21.67	88	27.18	123	19.66	125	21.67	107	25.05	80	20.68	+2	-6.58
喀麦隆	83	27.23	90	24.65	88	23.76	82	21.62	86	27.58	85	25.35	89	28.50	40	33.90	81	20.68	+2	-6.55
阿尔巴尼亚	86	26.67	96	25.48	74	25.48	127	15.63	79	28.73	71	28.39	80	29.73	94	25.05	82	20.68	+4	-5.99
几内亚	91	26.31	103	22.72	91	23.39	87	20.94	89	27.13	89	25.01	96	26.60	49	30.97	83	20.68	+8	-5.63
乍得	92	26.29	97	23.54	87	23.84	149	15.63	136	23.67	142	19.66	152	16.94	125	25.05	84	20.68	+8	-5.61

续上表

国家＼项目	2011		2012		2013		2014		2015		2016		2017		2018		2019		2011—2019综合变化	
	排名	得分	排名	得分	排名	得分	排名	得分	排名	得分	排名	得分	排名	得分	排名	得分	排名	得分	排名	得分
多米尼加共和国	94	26.07	101	22.85	103	21.64	97	19.20	87	27.40	84	25.52	121	21.67	103	25.05	85	20.68	+9	-5.39
黎巴嫩	97	25.59	95	23.81	90	23.45	135	15.63	122	23.67	126	19.66	128	21.67	110	25.05	86	20.68	+11	-4.91
老挝	101	25.37	102	22.74	81	24.66	78	22.16	120	23.67	124	19.66	126	21.67	108	25.05	87	20.68	+14	-4.69
沙特阿拉伯	102	25.27	117	19.42	72	25.82	156	8.91	114	23.67	115	19.66	69	32.02	91	25.05	88	20.68	+14	-4.59
柬埔寨	103	25.03	106	22.16	97	22.25	83	21.50	98	25.32	155	12.77	116	21.67	50	30.93	89	20.68	+14	-4.35
汤加	104	24.65	133	18.82	136	18.16	137	15.63	124	23.67	128	19.66	130	21.67	112	25.05	90	20.68	+14	-3.97
南苏丹	106	24.12	126	18.82	109	20.22	100	18.35	97	25.70	99	22.94	122	21.67	104	25.05	91	20.68	+15	-3.44
津巴布韦	114	22.47	43	33.14	152	17.42	49	29.22	113	23.67	113	19.66	43	37.32	14	41.12	92	20.68	+22	-1.79
巴巴多斯	115	22.47	49	31.82	49	30.11	40	31.22	108	23.67	45	32.40	63	32.95	90	25.05	93	20.68	+22	-1.79
贝宁	116	22.47	74	26.45	78	24.81	76	22.60	84	28.07	82	25.79	85	29.22	43	32.73	94	20.68	+22	-1.79
巴林	117	22.47	75	26.39	82	24.42	71	24.29	154	15.96	97	23.46	142	21.67	124	25.05	95	20.68	+22	-1.79
土库曼斯坦	118	22.47	82	25.86	135	18.16	77	22.42	123	23.67	79	26.04	90	28.16	96	25.05	96	20.68	+22	-1.79
利比里亚	119	22.47	84	25.79	104	21.59	136	15.63	117	23.67	127	19.66	129	21.67	111	25.05	97	20.68	+22	-1.79
刚果（金）	120	22.47	104	22.59	86	24.03	90	20.61	92	26.70	119	19.66	94	27.51	46	31.45	98	20.68	+22	-1.79
博茨瓦纳	121	22.47	123	18.82	114	19.26	59	26.61	134	23.67	116	19.66	71	31.55	92	25.05	99	20.68	+22	-1.79
瓦努阿图	122	22.47	124	18.82	120	18.16	68	24.73	57	31.36	114	19.66	59	33.50	36	34.70	100	20.68	+22	-1.79
刚果（布）	123	22.47	125	18.82	122	18.16	92	19.94	66	30.18	110	19.70	102	24.78	97	25.05	101	20.68	+22	-1.79

续上表

国家 \ 项目	2011 排名	2011 得分	2012 排名	2012 得分	2013 排名	2013 得分	2014 排名	2014 得分	2015 排名	2015 得分	2016 排名	2016 得分	2017 排名	2017 得分	2018 排名	2018 得分	2019 排名	2019 得分	2011—2019综合变化 排名	2011—2019综合变化 得分
密克罗尼西亚联邦	124	22.47	127	18.82	125	18.16	126	15.63	22	41.40	67	28.79	120	21.67	102	25.05	102	20.68	+22	-1.79
赞比亚	125	22.47	128	18.82	127	18.16	128	15.63	67	30.16	73	28.12	78	29.83	34	34.96	103	20.68	+22	-1.79
吉布提	126	22.47	129	18.82	129	18.16	129	15.63	77	28.78	74	27.64	81	29.72	22	37.68	104	20.68	+22	-1.79
萨摩亚	127	22.47	130	18.82	132	18.16	131	15.63	110	23.67	118	19.66	86	29.21	95	25.05	105	20.68	+22	-1.79
格林纳达	128	22.47	132	18.82	133	18.16	133	15.63	116	23.67	121	19.66	123	21.67	105	25.05	106	20.68	+22	-1.79
安提瓜和巴布达	129	22.47	134	18.82	137	18.16	138	15.63	125	23.67	129	19.66	131	21.67	113	25.05	107	20.68	+22	-1.79
赤道几内亚	130	22.47	135	18.82	138	18.16	139	15.63	126	23.67	130	19.66	132	21.67	114	25.05	108	20.68	+22	-1.79
基里巴斯	131	22.47	136	18.82	139	18.16	140	15.63	127	23.67	131	19.66	133	21.67	115	25.05	109	20.68	+22	-1.79
利比亚	132	22.47	137	18.82	140	18.16	141	15.63	128	23.67	132	19.66	134	21.67	116	25.05	110	20.68	+22	-1.79
尼日利亚	133	22.47	138	18.82	141	18.16	142	15.63	129	23.67	133	19.66	135	21.67	117	25.05	111	20.68	+22	-1.79
苏丹	134	22.47	139	18.82	142	18.16	143	15.63	130	23.67	134	19.66	136	21.67	118	25.05	112	20.68	+22	-1.79
苏里南	135	22.47	140	18.82	143	18.16	144	15.63	131	23.67	135	19.66	137	21.67	119	25.05	113	20.68	+22	-1.79
所罗门群岛	136	22.47	141	18.82	144	18.16	145	15.63	132	23.67	136	19.66	138	21.67	120	25.05	114	20.68	+22	-1.79
也门	137	22.47	142	18.82	145	18.16	146	15.63	133	23.67	137	19.66	139	21.67	121	25.05	115	20.68	+22	-1.79
阿尔及利亚	138	22.47	144	18.82	146	18.16	148	15.63	135	23.67	141	19.66	145	21.67	154	11.93	116	20.68	+22	-1.79
巴布亚新几内亚	139	22.47	145	18.82	147	18.16	150	15.63	137	23.67	143	19.66	154	16.04	53	30.55	117	20.68	+22	-1.79
安哥拉	140	22.47	146	18.82	123	18.16	159	6.72	138	23.67	138	19.66	140	21.67	122	25.05	118	20.68	+22	-1.79

续上表

项目 国家	2011 排名	2011 得分	2012 排名	2012 得分	2013 排名	2013 得分	2014 排名	2014 得分	2015 排名	2015 得分	2016 排名	2016 得分	2017 排名	2017 得分	2018 排名	2018 得分	2019 排名	2019 得分	2011—2019 综合变化 排名	2011—2019 综合变化 得分
菲律宾	141	22.47	148	18.60	67	26.69	125	15.63	142	23.67	2	60.54	38	38.61	6	42.72	119	20.68	+22	-1.79
莱索托	142	22.47	156	8.46	148	18.16	112	16.43	141	23.67	144	19.66	157	11.73	127	25.05	120	20.68	+22	-1.79
尼泊尔	144	20.96	72	26.86	76	25.09	70	24.41	76	28.81	65	29.05	61	33.49	18	38.85	121	20.68	+23	-0.28
古巴	146	17.47	62	29.42	113	19.39	153	15.07	102	24.85	151	17.59	100	25.59	149	13.12	122	20.68	+24	+3.21
摩洛哥	147	15.30	119	19.03	159	5.37	151	15.63	156	10.50	145	19.66	158	11.73	128	25.05	123	20.68	+24	+5.38
加纳	148	14.09	32	36.08	61	27.69	66	25.76	65	30.18	101	22.56	82	29.64	24	37.39	124	20.68	+24	+6.59
纳米比亚	149	13.32	116	19.54	149	18.16	158	7.55	155	10.50	117	19.66	74	31.28	28	35.83	125	20.68	+24	+7.36
埃塞俄比亚	150	12.85	143	18.82	66	27.22	147	15.63	63	30.43	139	19.66	141	21.67	123	25.05	126	20.68	+24	+7.83
玻利维亚	151	9.67	54	30.82	126	18.16	107	16.97	61	30.90	140	19.66	144	21.67	153	11.93	127	20.68	+24	+11.01
塞内加尔	152	9.62	69	27.79	45	30.92	134	15.63	60	31.29	122	19.66	124	21.67	106	25.05	128	20.68	+24	+11.06
肯尼亚	153	9.37	64	29.00	54	29.18	52	28.29	59	31.30	95	23.65	64	32.94	20	38.13	129	20.68	+24	+11.31
伊朗	154	9.16	55	30.82	46	30.44	55	27.50	73	28.93	51	31.36	58	33.53	10	42.06	130	20.68	+24	+11.52
马里	155	8.33	36	35.24	80	24.70	155	14.06	69	29.53	152	15.03	70	31.74	131	24.89	131	20.68	+24	+12.35
乌干达	156	7.46	77	26.24	100	21.94	74	23.64	159	3.28	109	19.85	79	29.74	151	12.56	132	20.68	+24	+13.22
斯里兰卡	157	3.94	86	25.75	106	21.57	93	19.90	70	29.27	92	24.23	97	26.54	51	30.81	133	20.68	+24	+16.74
莫桑比克	158	3.25	105	22.18	48	30.34	95	19.67	104	24.21	158	7.82	91	28.07	45	32.39	134	20.68	+24	+17.43
坦桑尼亚	159	0.68	52	30.93	150	18.16	130	15.63	115	23.67	88	25.06	57	33.98	17	39.05	135	20.68	+24	+20.00

续上表

国家	2011 排名	2011 得分	2012 排名	2012 得分	2013 排名	2013 得分	2014 排名	2014 得分	2015 排名	2015 得分	2016 排名	2016 得分	2017 排名	2017 得分	2018 排名	2018 得分	2019 排名	2019 得分	2011—2019综合变化 排名	2011—2019综合变化 得分
瑞典	8	56.54	2	59.43	1	61.23	5	55.42	5	57.44	3	60.29	3	64.96	85	25.59	136	20.68	-128	-35.86
英国	4	63.05	44	32.57	2	61.11	2	61.47	6	55.18	7	51.17	2	67.10	75	26.99	137	20.53	-133	-42.52
法国	61	31.26	66	28.50	64	27.49	69	24.71	56	31.54	75	27.64	4	62.79	80	26.37	138	20.42	-77	-10.84
突尼斯	76	28.33	26	38.51	112	19.71	119	15.81	51	32.26	96	23.57	148	21.36	129	25.05	139	20.34	-63	-7.99
卢森堡	46	36.71	11	47.69	40	32.35	10	48.98	13	49.64	104	20.88	29	41.70	84	25.82	140	20.31	-94	-16.40
德国	5	61.65	1	60.46	4	58.17	3	56.16	2	60.46	4	60.01	8	56.42	44	32.39	141	20.26	-136	-41.39
摩尔多瓦	29	42.46	24	41.56	59	27.87	21	40.30	54	31.74	57	30.56	54	34.98	3	49.96	142	19.98	-113	-22.48
克罗地亚	43	37.60	150	17.78	55	29.01	154	14.78	143	23.35	102	22.08	67	32.42	59	28.25	143	19.89	-100	-17.71
荷兰	14	53.67	8	53.04	10	50.07	12	47.52	11	50.62	6	51.67	20	44.47	26	36.85	144	19.86	-130	-33.81
韩国	100	25.48	112	20.59	115	18.96	106	17.10	37	35.94	24	39.26	105	24.22	69	27.42	145	19.73	-45	-5.75
多哥	145	20.47	61	29.52	158	8.76	60	26.08	151	19.80	62	29.43	56	34.55	11	41.99	146	19.68	-1	-0.79
爱尔兰	15	52.36	21	42.85	26	36.88	32	34.07	39	35.47	35	35.60	42	37.79	132	24.82	147	19.64	-132	-32.72
匈牙利	33	41.53	28	37.17	27	36.53	31	34.51	35	36.99	32	36.35	41	37.85	54	29.95	148	19.39	-115	-22.14
冰岛	30	42.16	94	23.86	19	40.46	30	34.60	15	46.71	14	43.80	10	55.22	152	12.10	149	18.98	-119	-23.18
乌克兰	52	34.03	37	35.18	39	32.49	65	25.78	152	19.67	70	28.52	55	34.83	66	27.61	150	18.80	-98	-15.23
西班牙	17	50.49	13	45.38	35	34.41	18	41.51	16	45.34	13	45.12	33	40.40	38	34.12	151	18.61	-134	-31.88
葡萄牙	34	40.68	30	36.45	29	35.76	29	35.56	31	37.96	77	26.07	19	44.73	47	31.24	152	18.14	-118	-22.54

第七章 "一带一路"参与国创新持续竞争力的评价与比较分析 ■

续上表

国家＼项目	2011 排名	2011 得分	2012 排名	2012 得分	2013 排名	2013 得分	2014 排名	2014 得分	2015 排名	2015 得分	2016 排名	2016 得分	2017 排名	2017 得分	2018 排名	2018 得分	2019 排名	2019 得分	2011—2019综合变化 排名	2011—2019综合变化 得分
白俄罗斯	59	32.43	56	30.45	50	30.05	62	26.01	82	28.16	66	28.91	47	36.68	77	26.74	153	18.02	-94	-14.41
马达加斯加	81	27.34	159	4.98	102	21.68	88	20.84	153	16.19	87	25.30	101	25.36	139	22.16	154	17.90	-73	-9.44
斯洛文尼亚	22	47.50	22	42.34	22	39.67	27	37.29	30	38.25	22	39.63	15	45.83	60	28.11	155	17.68	-133	-29.82
芬兰	10	54.62	6	54.68	7	52.02	7	50.65	9	51.48	15	43.68	7	57.45	79	26.39	156	16.90	-146	-37.72
拉脱维亚	26	45.23	15	44.48	16	42.79	24	39.13	27	39.49	34	35.60	45	37.00	25	37.20	157	15.18	-131	-30.05
爱沙尼亚	13	53.89	17	43.48	18	40.51	22	40.09	20	43.00	18	42.28	13	50.30	21	38.03	158	13.11	-145	-40.78
伊拉克	96	25.72	114	19.86	156	16.23	114	16.21	150	20.91	147	19.18	66	32.64	70	27.31	159	8.63	-63	-17.09
最高分		64.05		60.46		61.23		63.34		63.78		66.17		72.18		54.46		54.93		-9.12
最低分		0.68		4.98		5.37		6.72		3.28		6.89		9.93		4.36		8.63		+7.95
平均分		31.05		28.23		27.47		25.57		30.56		28.31		31.71		28.20		22.32		-8.73
标准差		12.89		11.02		10.67		11.58		10.25		10.74		11.65		8.49		5.80		-7.09

二、"一带一路"参与国创新持续竞争力的综合排名及其变化

2011 年"一带一路"参与国创新持续竞争力排在第 1 至 10 位的国家依次为：挪威、丹麦、加拿大、英国、德国、澳大利亚、瑞士、瑞典、新西兰、芬兰；排在第 11 至 20 位的国家依次为：以色列、比利时、爱沙尼亚、荷兰、爱尔兰、巴西、西班牙、马耳他、塞浦路斯、新加坡；排在第 21 至 30 位的国家依次为：奥地利、斯洛文尼亚、意大利、立陶宛、亚美尼亚、拉脱维亚、哥斯达黎加、波兰、摩尔多瓦、冰岛；排在最后 10 位的国家依次为：纳米比亚、埃塞俄比亚、玻利维亚、塞内加尔、肯尼亚、伊朗、马里、乌干达、斯里兰卡、莫桑比克。

2019 年"一带一路"参与国创新持续竞争力排在第 1 至 10 位的国家依次为：南非、哥斯达黎加、卡塔尔、马来西亚、孟加拉国、秘鲁、塞拉利昂、多米尼克、牙买加、印度尼西亚；排在第 11 至 20 位的国家依次为：科威特、埃及、约旦、格鲁吉亚、北马其顿、缅甸、保加利亚、乌兹别克斯坦、毛里塔尼亚、亚美尼亚；排在第 21 至 30 位的国家依次为：阿曼、哈萨克斯坦、塔吉克斯坦、俄罗斯、中国、阿联酋、斯洛伐克、以色列、厄瓜多尔、印度；排在最后 10 位的国家依次为：乌克兰、西班牙、葡萄牙、白俄罗斯、马达加斯加、斯洛文尼亚、芬兰、拉脱维亚、爱沙尼亚、伊拉克。

总的来看，"一带一路"参与国创新持续竞争力排在前 10 位的国家发生彻底变化，所有国家被更替；排在前 30 位的国家同样变化极大，仅哥斯达黎加、亚美尼亚、以色列 3 个国家 2011 年、2019 年均进入前 30 位。排名在最后 10 位的国家也发生彻底变化，所有国家被更替。

2011—2019 年，各国创新持续竞争力的排名变化情况如表 7-2 所示。创新持续竞争力排位上升的国家有 97 个，其中，上升最快的是北马其顿，排位上升 128 位；其次为多米尼克，上升 102 位；3 个国家排位上升 91 ～ 100 位，5 个国家排位上升 81 ～ 90 位，4 个国家排位上升 71 ～ 80 位，5 个国家排位上升 61 ～ 70 位，1 个国家排位上升 51 ～ 60 位，3 个国家排位上升 41 ～ 50 位，2 个国家排位上升 31 ～ 40 位，49 个国家排位上升 21 ～ 30 位，9 个国家排位上升 11 ～ 20 位，

14 个国家排位上升 10 位以内。排位下降的国家有 61 个,其中,下降幅度最大的是芬兰,下降 146 位;其次是爱沙尼亚,下降 145 位;排位下降幅度超过 100 位的国家还有 12 个;8 个国家排位下降 51 ～ 100 位,9 个国家排位下降 31 ～ 50 位,13 个国家排位下降 11 ～ 30 位,17 个国家排位下降 10 位以内。仅乌拉圭 1 个国家的排位保持不变。

表 7-2 2011—2019 年"一带一路"参与国创新持续竞争力的排名变化情况

国家	北马其顿	多米尼克	约旦	阿曼	缅甸	科威特	阿联酋	南非	埃及	俄罗斯
变化	+128	+102	+98	+91	+91	+88	+87	+87	+83	+81
国家	乌兹别克斯坦	塞拉利昂	希腊	哈萨克斯坦	格鲁吉亚	布隆迪	孟加拉国	毛里塔尼亚	中国	冈比亚
变化	+80	+78	+76	+71	+70	+70	+70	+70	+65	+53
国家	牙买加	印度尼西亚	秘鲁	卡塔尔	马来西亚	黑山	斯洛伐克	塔吉克斯坦	哥斯达黎加	肯尼亚
变化	+44	+44	+42	+38	+35	+30	+28	+27	+25	+24
国家	莫桑比克	塞内加尔	加纳	坦桑尼亚	斯里兰卡	乌干达	摩洛哥	纳米比亚	玻利维亚	伊朗
变化	+24	+24	+24	+24	+24	+24	+24	+24	+24	+24
国家	古巴	马里	埃塞俄比亚	尼泊尔	保加利亚	莱索托	津巴布韦	赞比亚	吉布提	刚果(布)
变化	+24	+24	+24	+23	+23	+22	+22	+22	+22	+22
国家	贝宁	利比里亚	巴布亚新几内亚	巴巴多斯	菲律宾	巴林	土库曼斯坦	瓦努阿图	刚果(金)	萨摩亚
变化	+22	+22	+22	+22	+22	+22	+22	+22	+22	+22
国家	格林纳达	密克罗尼西亚联邦	安提瓜和巴布达	赤道几内亚	基里巴斯	利比亚	尼日利亚	苏丹	苏里南	所罗门群岛
变化	+22	+22	+22	+22	+22	+22	+22	+22	+22	+22
国家	也门	博茨瓦纳	安哥拉	阿尔及利亚	厄瓜多尔	罗马尼亚	蒙古	南苏丹	柬埔寨	老挝
变化	+22	+22	+22	+22	+20	+19	+19	+15	+14	+14
国家	沙特阿拉伯	汤加	黎巴嫩	多米尼加共和国	几内亚	乍得	印度	阿塞拜疆	塞尔维亚	亚美尼亚
变化	+14	+14	+11	+9	+8	+8	+8	+7	+6	+5

国家	阿尔巴尼亚	喀麦隆	科摩罗	尼日尔	阿富汗	加蓬	萨尔瓦多	乌拉圭	多哥	圭亚那
变化	+4	+2	+2	+1	+1	+1	+1	0	−1	−1
国家	土耳其	马尔代夫	巴基斯坦	不丹	科特迪瓦	卢旺达	委内瑞拉	斐济	塞舌尔	特立尼达和多巴哥
变化	−1	−1	−1	−2	−2	−2	−2	−2	−2	−2
国家	越南	佛得角	巴拿马	泰国	捷克	文莱	吉尔吉斯斯坦	波兰	以色列	智利
变化	−2	−3	−4	−4	−7	−13	−14	−17	−17	−22
国家	东帝汶	立陶宛	塞浦路斯	马耳他	奥地利	意大利	阿根廷	比利时	加拿大	新加坡
变化	−22	−23	−24	−24	−25	−25	−25	−29	−33	−35
国家	巴西	新西兰	韩国	澳大利亚	瑞士	丹麦	挪威	伊拉克	突尼斯	马达加斯加
变化	−38	−44	−45	−45	−45	−47	−49	−63	−63	−73
国家	法国	白俄罗斯	卢森堡	乌克兰	克罗地亚	摩尔多瓦	匈牙利	葡萄牙	冰岛	瑞典
变化	−77	−94	−94	−98	−100	−113	−115	−118	−119	−128
国家	荷兰	拉脱维亚	爱尔兰	斯洛文尼亚	英国	西班牙	德国	爱沙尼亚	芬兰	—
变化	−130	−131	−132	−133	−133	−134	−136	−145	−146	

三、"一带一路"参与国创新持续竞争力的综合得分及其变化

"一带一路"参与国创新持续竞争力的平均得分呈波动下降趋势，由 2011 年的 31.05 分下降到 2019 年的 22.32 分，表明"一带一路"参与国创新持续竞争力的整体水平有较大幅度的下降。

2011 年，挪威、丹麦、加拿大、英国、德国 5 国创新持续竞争力得分超过 60 分，其余国家均低于 60 分；其中，有 12 个国家介于 50 ~ 60（不含 50）分，18 个国家介于 40 ~ 50（不含 40）分，28 个国家介于 30 ~ 40（不含 30）分，82 个国家介于 20 ~ 30（不含 20）分，5 个国家介于 10 ~ 20（不含 10）分，9 个国家不高于 10 分。而到 2019 年，没有一个国家的得分超过 60 分，仅南非 1 个

国家超过 50 分, 其余国家均低于 50 分; 其中, 5 个国家介于 40 ~ 50 (不含 40) 分, 5 个国家介于 30 ~ 40 (不含 30) 分, 130 个国家介于 20 ~ 30 (不含 20) 分, 17 个国家介于 10 ~ 20 (不含 10) 分, 1 个国家不高于 10 分。可见, 各国创新持续竞争力水平出现大幅下降。

2011 年, "一带一路"参与国家中, 发达国家的创新持续竞争力普遍比发展中国家高, 发展中国家排名最高的巴西, 仅排在第 16 位。2019 年, 情况发生了根本性的变化, 发达国家的创新持续竞争力得分和排名大幅下跌, 发达国家中排名最高的斯洛伐克、以色列, 仅排在第 27、28 位; 排名最后 25 位的国家中, 则有 16 个发达国家。

"一带一路"参与国创新持续竞争力的得分变化情况如表 7-3 所示。创新持续竞争力得分上升的国家有 32 个, 其中, 得分上升最快的是南非, 上升 28.33 分; 其次为莫桑比克, 上升 20.01 分; 11 个国家上升 10 ~ 20 分, 19 个国家上升 10 分以内。其余 127 个国家的得分下降, 其中, 下降幅度最大的是挪威, 下降 43.37 分; 丹麦、英国、加拿大、德国、爱沙尼亚 5 国得分下降也超过 40 分, 分别下降 42.95 分、42.52 分、42.14 分、41.40 分、40.78 分; 此外 12 个国家得分下降 30 ~ 40 分, 15 个国家得分下降 20 ~ 30 分, 25 个国家得分下降 10 ~ 20 分, 69 个国家得分下降 10 分以内。

表 7-3 2011—2019 年"一带一路"参与国创新持续竞争力得分变化情况

变化速度排序	国家	2011得分	2019得分	得分变化	2019年得分排名	变化速度排序	国家	2011得分	2019得分	得分变化	2019年得分排名
1	南非	26.60	54.93	+28.33	1	81	韩国	25.48	19.73	−5.75	145
2	莫桑比克	0.68	20.68	+20.00	51	82	阿尔巴尼亚	26.67	20.68	−5.99	104
3	斯里兰卡	3.25	20.68	+17.43	52	83	喀麦隆	27.23	20.68	−6.55	105
4	乌干达	3.94	20.68	+16.74	53	84	科摩罗	27.26	20.68	−6.58	106
5	孟加拉国	28.39	43.37	+14.98	5	85	尼日尔	27.67	20.68	−6.99	107
6	多米尼克	22.47	36.83	+14.36	8	86	萨尔瓦多	28.08	20.68	−7.40	108

续上表

变化速度排序	国家	2011得分	2019得分	得分变化	2019年得分排名	变化速度排序	国家	2011得分	2019得分	得分变化	2019年得分排名
7	马里	7.46	20.68	+13.22	54	87	加蓬	28.30	20.68	−7.62	109
8	伊朗	8.33	20.68	+12.35	55	88	阿富汗	28.31	20.68	−7.63	110
9	肯尼亚	9.16	20.68	+11.52	56	89	突尼斯	28.33	20.34	−7.99	139
10	塞内加尔	9.37	20.68	+11.31	57	90	黑山	29.32	21.13	−8.19	40
11	玻利维亚	9.62	20.68	+11.06	58	91	圭亚那	28.88	20.68	−8.20	111
12	塞拉利昂	26.93	37.95	+11.02	7	92	马尔代夫	28.94	20.68	−8.26	112
13	埃塞俄比亚	9.67	20.68	+11.01	59	93	巴基斯坦	29.23	20.68	−8.55	113
14	纳米比亚	12.85	20.68	+7.83	60	94	土耳其	29.27	20.68	−8.59	114
15	坦桑尼亚	13.32	20.68	+7.36	61	95	科特迪瓦	29.54	20.68	−8.86	115
16	卡塔尔	38.22	45.43	+7.21	3	96	塞舌尔	29.57	20.68	−8.89	116
17	约旦	22.47	29.54	+7.07	13	97	特立尼达和多巴哥	29.60	20.68	−8.92	117
18	加纳	14.09	20.68	+6.59	62	98	卢旺达	29.80	20.68	−9.12	118
19	马来西亚	38.59	45.03	+6.44	4	99	斐济	29.86	20.68	−9.18	119
20	秘鲁	35.13	41.42	+6.29	6	100	委内瑞拉	29.87	20.68	−9.19	120
21	北马其顿	21.82	27.53	+5.71	15	101	马达加斯加	27.34	17.90	−9.44	154
22	科威特	25.52	31.15	+5.63	11	102	不丹	30.68	20.68	−10.00	121
23	摩洛哥	15.30	20.68	+5.38	63	103	越南	31.23	20.68	−10.55	122
24	埃及	25.83	29.62	+3.79	12	104	斯洛伐克	33.06	22.43	−10.63	27
25	古巴	17.47	20.68	+3.21	64	105	佛得角	31.31	20.68	−10.63	123
26	哥斯达黎加	44.00	46.86	+2.86	2	106	塔吉克斯坦	34.63	23.80	−10.83	23
27	阿曼	22.47	24.94	+2.47	21	107	法国	31.26	20.42	−10.84	138
28	缅甸	23.84	26.18	+2.34	16	108	罗马尼亚	32.79	21.37	−11.42	37
29	格鲁吉亚	27.04	28.97	+1.93	14	109	巴拿马	32.51	20.68	−11.83	124
30	牙买加	33.75	35.08	+1.33	9	110	泰国	32.75	20.68	−12.07	125
31	乌兹别克斯坦	25.56	25.75	+0.19	18	111	保加利亚	38.35	26.02	−12.33	17
32	阿联酋	22.47	22.56	+0.09	26	112	蒙古	34.11	21.69	−12.42	32
33	尼泊尔	20.96	20.68	−0.28	65	113	厄瓜多尔	34.71	22.21	−12.50	29

变化速度排序	国家	2011得分	2019得分	得分变化	2019年得分排名	变化速度排序	国家	2011得分	2019得分	得分变化	2019年得分排名
34	多哥	20.47	19.68	-0.79	146	114	白俄罗斯	32.43	18.02	-14.41	153
35	俄罗斯	24.57	23.46	-1.11	24	115	乌克兰	34.03	18.80	-15.23	150
36	毛里塔尼亚	26.46	25.17	-1.29	19	116	文莱	36.64	20.68	-15.96	126
37	希腊	23.24	21.65	-1.59	33	117	吉尔吉斯斯坦	36.83	20.68	-16.15	127
38	印度尼西亚	33.43	31.71	-1.72	10	118	乌拉圭	37.16	20.95	-16.21	44
39	莱索托	22.47	20.68	-1.79	66	119	阿塞拜疆	37.89	21.59	-16.30	35
40	津巴布韦	22.47	20.68	-1.79	67	120	卢森堡	36.71	20.31	-16.40	140
41	赞比亚	22.47	20.68	-1.79	68	121	印度	38.74	22.03	-16.72	30
42	吉布提	22.47	20.68	-1.79	69	122	塞尔维亚	39.01	22.03	-16.98	31
43	刚果（布）	22.47	20.68	-1.79	70	123	伊拉克	25.72	8.63	-17.09	159
44	贝宁	22.47	20.68	-1.79	71	124	克罗地亚	37.60	19.89	-17.71	143
45	利比里亚	22.47	20.68	-1.79	72	125	东帝汶	39.40	20.68	-18.72	128
46	巴布亚新几内亚	22.47	20.68	-1.79	73	126	智利	40.66	20.68	-19.98	129
47	巴巴多斯	22.47	20.68	-1.79	74	127	亚美尼亚	45.43	25.13	-20.30	20
48	菲律宾	22.47	20.68	-1.79	75	128	捷克	41.92	21.14	-20.78	39
49	巴林	22.47	20.68	-1.79	76	129	阿根廷	41.99	20.68	-21.31	130
50	土库曼斯坦	22.47	20.68	-1.79	77	130	匈牙利	41.53	19.39	-22.14	148
51	瓦努阿图	22.47	20.68	-1.79	78	131	波兰	43.19	20.93	-22.26	45
52	刚果（金）	22.47	20.68	-1.79	79	132	摩尔多瓦	42.46	19.98	-22.48	142
53	萨摩亚	22.47	20.68	-1.79	80	133	葡萄牙	40.68	18.14	-22.54	152
54	格林纳达	22.47	20.68	-1.79	81	134	冰岛	42.16	18.98	-23.18	149
55	密克罗尼西亚联邦	22.47	20.68	-1.79	82	135	立陶宛	46.27	20.90	-25.37	47
56	安提瓜和巴布达	22.47	20.68	-1.79	83	136	意大利	47.24	20.82	-26.42	48
57	赤道几内亚	22.47	20.68	-1.79	84	137	奥地利	48.35	20.92	-27.43	46
58	基里巴斯	22.47	20.68	-1.79	85	138	塞浦路斯	48.87	20.96	-27.91	43
59	利比亚	22.47	20.68	-1.79	86	139	新加坡	48.78	20.68	-28.10	131
60	尼日利亚	22.47	20.68	-1.79	87	140	马耳他	49.98	21.00	-28.98	42

变化速度排序	国家	2011得分	2019得分	得分变化	2019年得分排名	变化速度排序	国家	2011得分	2019得分	得分变化	2019年得分排名
61	苏丹	22.47	20.68	-1.79	88	141	斯洛文尼亚	47.50	17.68	-29.82	155
62	苏里南	22.47	20.68	-1.79	89	142	拉脱维亚	45.23	15.18	-30.05	157
63	所罗门群岛	22.47	20.68	-1.79	90	143	巴西	51.77	20.68	-31.09	132
64	也门	22.47	20.68	-1.79	91	144	西班牙	50.49	18.61	-31.88	151
65	博茨瓦纳	22.47	20.68	-1.79	92	145	以色列	54.57	22.40	-32.17	28
66	安哥拉	22.47	20.68	-1.79	93	146	爱尔兰	52.36	19.64	-32.72	147
67	阿尔及利亚	22.47	20.68	-1.79	94	147	比利时	54.45	21.01	-33.44	41
68	布隆迪	23.36	21.23	-2.13	38	148	荷兰	53.67	19.86	-33.81	144
69	哈萨克斯坦	26.11	23.87	-2.24	22	149	新西兰	54.64	20.68	-33.96	133
70	南苏丹	24.12	20.68	-3.44	95	150	瑞典	56.54	20.68	-35.86	136
71	中国	26.38	22.72	-3.66	25	151	瑞士	56.88	20.68	-36.20	134
72	汤加	24.65	20.68	-3.97	96	152	芬兰	54.62	16.90	-37.72	156
73	柬埔寨	25.03	20.68	-4.35	97	153	澳大利亚	58.96	20.68	-38.28	135
74	沙特阿拉伯	25.27	20.68	-4.59	98	154	爱沙尼亚	53.89	13.11	-40.78	158
75	老挝	25.37	20.68	-4.69	99	155	德国	61.65	20.26	-41.39	141
76	黎巴嫩	25.59	20.68	-4.91	100	156	加拿大	63.62	21.48	-42.14	36
77	冈比亚	26.66	21.65	-5.01	34	157	英国	63.05	20.53	-42.52	137
78	多米尼加共和国	26.07	20.68	-5.39	101	158	丹麦	63.73	20.77	-42.96	49
79	乍得	26.29	20.68	-5.61	102	159	挪威	64.05	20.68	-43.37	50
80	几内亚	26.31	20.68	-5.63	103		平均分	31.05	22.32	-8.73	—

四、"一带一路"参与国创新持续竞争力得分情况

表7-4和表7-5分别列出了2011年和2019年"一带一路"参与国创新持续竞争力6个三级指标的得分及排名变化情况。

2011—2019年,"一带一路"参与国创新持续竞争力平均分下降8.73分,降

幅约28.1。从三级指标的平均得分变化来看，忽略2019年统计数据缺口较大的公共教育支出总额、公共教育支出占GDP比重、人均公共教育支出额、高等教育毛入学率4个指标，研发经费增长率下降11.60分，降幅约21.0%；研发人员增长率平均得分上升9.19分，升幅约12.6%。

各个三级指标得分比较高的国家，其创新持续竞争力的得分也比较高，排名比较靠前，但对于存在"短板"的国家来说，得分将受到严重影响，排名将大大降低。

表7-4 2011年"一带一路"参与国创新持续竞争力三级指标的得分及排名情况

项目 国家	创新持续 竞争力		公共教育 支出总额		公共教育支出 占GDP比重		人均公共 教育支出额		高等教育 毛入学率		研发人员 增长率		研发经费 增长率	
	排名	得分	排名	得分	排名	得分	排名	得分	排名	得分	排名	得分	排名	得分
阿尔巴尼亚	86	26.67	99	0	99	0	99	0	48	25.18	35	77.12	48	57.73
阿尔及利亚	110	22.47	99	0	99	0	99	0	64	0	35	77.12	48	57.73
阿富汗	77	28.31	67	0.34	70	34.36	86	0.32	64	0	35	77.12	48	57.73
阿根廷	31	41.99	16	15.53	28	52.51	32	10.47	34	38.61	35	77.12	48	57.73
阿联酋	110	22.47	99	0	99	0	99	0	64	0	35	77.12	48	57.73
阿曼	110	22.47	99	0	99	0	99	0	64	0	35	77.12	48	57.73
阿塞拜疆	42	37.89	52	0.89	85	24.17	57	2.70	22	53.01	35	77.12	21	69.45
埃及	95	25.83	99	0	99	0	99	0	64	0	28	78.66	7	76.29
埃塞俄比亚	150	9.67	51	0.97	25	54.45	87	0.30	63	2.29	149	0	145	0
爱尔兰	15	52.36	24	7.70	18	58.14	10	46.78	13	66.71	35	77.12	48	57.73
爱沙尼亚	13	53.89	55	0.64	34	49.33	27	13.49	7	74.53	9	85.35	1	100.00
安哥拉	110	22.47	99	0	99	0	99	0	64	0	35	77.12	48	57.73
安提瓜和巴 布达	110	22.47	99	0	99	0	99	0	64	0	35	77.12	48	57.73
奥地利	21	48.35	18	13.34	22	55.50	12	44.25	38	36.73	29	78.10	42	62.17
澳大利亚	6	58.96	7	39.23	32	50.36	8	48.86	4	80.46	35	77.12	48	57.73
巴巴多斯	110	22.47	99	0	99	0	99	0	64	0	35	77.12	48	57.73

项目 国家	创新持续 竞争力		公共教育 支出总额		公共教育支出 占GDP比重		人均公共 教育支出额		高等教育 毛入学率		研发人员 增长率		研发经费 增长率	
	排名	得分	排名	得分	排名	得分	排名	得分	排名	得分	排名	得分	排名	得分
巴布亚新几内亚	110	22.47	99	0	99	0	99	0	64	0	35	77.12	48	57.73
巴基斯坦	72	29.23	35	2.63	91	22.05	82	0.40	55	15.46	35	77.12	48	57.73
巴林	110	22.47	99	0	99	0	99	0	64	0	35	77.12	48	57.73
巴拿马	58	32.51	56	0.61	73	31.35	44	4.55	64	0	35	77.12	3	81.43
巴西	16	51.77	2	83.08	20	56.94	28	11.70	49	24.02	35	77.12	48	57.73
白俄罗斯	59	32.43	40	1.60	45	46.50	43	4.70	64	0	35	77.12	33	64.69
保加利亚	40	38.35	49	1.13	67	35.40	46	4.29	30	43.65	12	83.59	43	62.03
北马其顿	143	21.82	99	0	99	0	99	0	64	0	147	64.58	28	66.32
贝宁	110	22.47	99	0	99	0	99	0	64	0	35	77.12	48	57.73
比利时	12	54.45	12	18.61	13	63.84	9	46.90	16	62.52	35	77.12	48	57.73
冰岛	30	42.16	58	0.57	7	67.67	7	49.89	64	0	35	77.12	48	57.73
波兰	28	43.19	17	14.10	40	47.84	33	10.30	29	44.32	142	76.79	30	65.78
玻利维亚	151	9.62	99	0	99	0	99	0	64	0	149	0	48	57.73
博茨瓦纳	110	22.47	99	0	99	0	99	0	64	0	35	77.12	48	57.73
不丹	63	30.68	92	0.05	43	47.29	63	1.88	64	0	35	77.12	48	57.73
布隆迪	108	23.36	87	0.08	15	62.72	92	0.24	64	0	35	77.12	145	0
赤道几内亚	110	22.47	99	0	99	0	99	0	64	0	35	77.12	48	57.73
丹麦	2	63.73	14	16.16	2	84.21	2	80.69	14	66.44	35	77.12	48	57.73
德国	5	61.65	1	100.00	39	47.89	16	34.66	24	52.53	35	77.12	48	57.73
东帝汶	36	39.40	91	0.06	1	100.00	67	1.47	64	0	35	77.12	48	57.73
多哥	145	20.47	83	0.09	50	42.77	83	0.39	64	0	25	79.56	145	0
多米尼加共和国	94	26.07	99	0	99	0	99	0	51	21.55	35	77.12	48	57.73
多米尼克	110	22.47	99	0	99	0	99	0	64	0	35	77.12	48	57.73
俄罗斯	105	24.57	99	0	99	0	99	0	64	0	30	78.02	23	69.40
厄瓜多尔	49	34.71	38	2.07	44	46.91	51	3.79	64	0	1	100.00	141	55.50

项目\国家	创新持续竞争力		公共教育支出总额		公共教育支出占GDP比重		人均公共教育支出额		高等教育毛入学率		研发人员增长率		研发经费增长率	
	排名	得分	排名	得分	排名	得分	排名	得分	排名	得分	排名	得分	排名	得分
法国	61	31.26	99	0	99	0	99	0	23	52.68	35	77.12	48	57.73
菲律宾	110	22.47	99	0	99	0	99	0	64	0	35	77.12	48	57.73
斐济	65	29.86	83	0.09	53	41.42	55	2.81	64	0	35	77.12	48	57.73
芬兰	10	54.62	21	9.82	12	63.97	6	50.70	11	68.37	35	77.12	48	57.73
佛得角	60	31.31	92	0.05	33	50.06	54	2.91	64	0	35	77.12	48	57.73
冈比亚	87	26.66	96	0.02	84	24.82	89	0.29	64	0	35	77.12	48	57.73
刚果（布）	110	22.47	99	0	99	0	99	0	64	0	35	77.12	48	57.73
刚果（金）	110	22.47	99	0	99	0	99	0	64	0	35	77.12	48	57.73
哥斯达黎加	27	44.00	43	1.51	10	64.07	39	9.07	31	43.14	16	83.03	37	63.16
格林纳达	110	22.47	99	0	99	0	99	0	64	0	35	77.12	48	57.73
格鲁吉亚	84	27.04	75	0.22	83	25.57	66	1.60	64	0	35	77.12	48	57.73
古巴	146	17.47	99	0	99	0	99	0	64	0	35	77.12	144	27.71
圭亚那	74	28.88	90	0.07	66	35.65	56	2.72	64	0	35	77.12	48	57.73
哈萨克斯坦	93	26.11	99	0	99	0	99	0	64	0	20	81.48	9	75.15
韩国	100	25.48	99	0	99	0	99	0	64	0	10	84.60	25	68.30
荷兰	14	53.67	9	27.34	26	54.22	11	45.57	19	60.04	35	77.12	48	57.73
黑山	70	29.32	99	0	99	0	99	0	33	41.05	35	77.12	48	57.73
基里巴斯	110	22.47	99	0	99	0	99	0	64	0	35	77.12	48	57.73
吉布提	110	22.47	99	0	99	0	99	0	64	0	35	77.12	48	57.73
吉尔吉斯斯坦	45	36.83	74	0.23	8	67.40	68	1.18	64	0	35	77.12	10	75.04
几内亚	91	26.31	83	0.09	89	22.70	93	0.23	64	0	35	77.12	48	57.73
加拿大	3	63.62	4	52.22	29	52.35	13	42.31	1	100.00	35	77.12	48	57.73
加纳	148	14.09	39	1.77	3	80.80	62	1.94	64	0	149	0	145	0
加蓬	78	28.30	70	0.30	78	29.65	41	4.97	64	0	35	77.12	48	57.73
柬埔寨	103	25.03	82	0.11	96	14.99	95	0.21	64	0	35	77.12	48	57.73
捷克	32	41.92	29	5.43	51	42.40	26	14.39	39	34.66	22	80.89	13	73.77

项目 国家	创新持续 竞争力		公共教育 支出总额		公共教育支出 占GDP比重		人均公共 教育支出额		高等教育 毛入学率		研发人员 增长率		研发经费 增长率	
	排名	得分	排名	得分	排名	得分	排名	得分	排名	得分	排名	得分	排名	得分
津巴布韦	110	22.47	99	0	99	0	99	0	64	0	35	77.12	48	57.73
喀麦隆	83	27.23	61	0.45	80	27.46	77	0.60	64	0	35	77.12	48	57.73
卡塔尔	41	38.22	31	3.73	58	39.82	5	50.92	64	0	35	77.12	48	57.73
科摩罗	82	27.26	96	0.02	79	28.09	76	0.63	64	0	35	77.12	48	57.73
科特迪瓦	69	29.54	57	0.58	55	41.06	74	0.77	64	0	35	77.12	48	57.73
科威特	99	25.52	99	0	99	0	99	0	64	0	32	77.88	8	75.22
克罗地亚	43	37.60	44	1.44	54	41.19	36	9.34	35	38.37	145	74.33	47	60.92
肯尼亚	153	9.16	45	1.24	27	52.95	73	0.80	64	0	149	0	145	0
拉脱维亚	26	45.23	53	0.78	36	48.96	31	10.56	21	54.54	33	77.64	4	78.92
莱索托	110	22.47	99	0	99	0	99	0	64	0	35	77.12	48	57.73
老挝	101	25.37	87	0.08	94	16.95	84	0.36	64	0	35	77.12	48	57.73
黎巴嫩	97	25.59	65	0.37	95	16.40	61	1.95	64	0	35	77.12	48	57.73
立陶宛	24	46.27	46	1.24	30	50.89	29	11.36	17	61.43	144	74.53	6	78.16
利比里亚	110	22.47	99	0	99	0	99	0	64	0	35	77.12	48	57.73
利比亚	110	22.47	99	0	99	0	99	0	64	0	35	77.12	48	57.73
卢森堡	46	36.71	99	0	99	0	99	0	8	73.31	14	83.55	36	63.38
卢旺达	66	29.80	77	0.17	48	43.34	80	0.45	64	0	35	77.12	48	57.73
罗马尼亚	56	32.79	34	3.10	76	30.36	47	4.29	46	26.76	148	62.80	22	69.41
马达加斯加	81	27.34	78	0.15	86	23.64	96	0.19	64	0	34	77.61	39	62.46
马尔代夫	73	28.94	92	0.05	68	34.80	50	3.94	64	0	35	77.12	48	57.73
马耳他	18	49.98	63	0.42	4	77.38	18	27.80	42	28.30	2	97.61	24	68.40
马来西亚	39	38.59	22	9.50	19	57.20	37	9.23	64	0	5	88.31	27	67.28
马里	155	7.46	71	0.27	64	37.26	79	0.48	60	6.76	149	0	145	0
毛里塔尼亚	89	26.46	83	0.09	87	23.14	75	0.67	64	0	35	77.12	48	57.73
蒙古	51	34.11	72	0.27	46	45.74	58	2.67	64	0	35	77.12	5	78.86
孟加拉国	75	28.39	42	1.52	92	21.17	90	0.28	58	12.53	35	77.12	48	57.73
秘鲁	48	35.13	36	2.53	82	26.43	59	2.41	28	44.56	35	77.12	48	57.73

项目 国家	创新持续 竞争力		公共教育 支出总额		公共教育支出 占GDP比重		人均公共 教育支出额		高等教育 毛入学率		研发人员 增长率		研发经费 增长率	
	排名	得分	排名	得分	排名	得分	排名	得分	排名	得分	排名	得分	排名	得分
密克罗尼西亚联邦	110	22.47	99	0	99	0	99	0	64	0	35	77.12	48	57.73
缅甸	107	23.84	73	0.26	98	7.82	98	0.14	64	0	35	77.12	48	57.73
摩尔多瓦	29	42.46	69	0.33	5	70.83	53	3.23	37	37.47	27	78.74	34	64.16
摩洛哥	147	15.30	99	0	99	0	99	0	64	0	3	91.81	145	0
莫桑比克	158	0.68	99	0	99	0	99	0	62	4.05	149	0	145	0
纳米比亚	149	12.85	99	0	99	0	99	0	64	0	35	77.12	145	0
南非	88	26.60	99	0	99	0	99	0	57	12.88	17	82.87	35	63.83
南苏丹	106	24.12	87	0.08	97	9.56	94	0.22	64	0	35	77.12	48	57.73
尼泊尔	144	20.96	64	0.40	62	38.14	81	0.41	59	9.69	35	77.12	145	0
尼日尔	80	27.67	80	0.15	75	30.79	91	0.24	64	0	35	77.12	48	57.73
尼日利亚	110	22.47	99	0	99	0	99	0	64	0	35	77.12	48	57.73
挪威	1	64.05	13	17.80	11	64.06	1	100.00	12	67.61	35	77.12	48	57.73
葡萄牙	34	40.68	25	6.94	31	50.85	25	18.29	41	29.61	19	81.91	139	56.47
瑞典	8	56.54	10	20.23	14	63.19	4	59.57	18	61.41	35	77.12	48	57.73
瑞士	7	56.88	11	19.24	35	49.33	3	67.67	9	70.19	35	77.12	48	57.73
萨尔瓦多	79	28.08	62	0.44	61	38.69	60	1.96	52	21.41	35	77.12	143	28.87
萨摩亚	110	22.47	99	0	99	0	99	0	64	0	35	77.12	48	57.73
塞尔维亚	37	39.01	48	1.16	52	42.07	45	4.44	36	38.18	18	82.03	29	66.17
塞拉利昂	85	26.93	95	0.04	81	26.49	97	0.18	64	0	35	77.12	48	57.73
塞内加尔	152	9.37	60	0.48	38	48.42	70	1.03	61	6.25	149	0	145	0
塞浦路斯	19	48.87	50	1.00	9	64.89	20	24.68	15	62.64	141	76.96	38	63.08
塞舌尔	68	29.57	96	0.02	65	35.79	40	6.77	64	0	35	77.12	48	57.73
沙特阿拉伯	102	25.27	99	0	99	0	99	0	64	0	35	77.12	11	74.51
斯里兰卡	157	3.25	54	0.65	93	17.95	71	0.89	64	0	149	0	145	0
斯洛伐克	55	33.06	37	2.16	60	39.00	30	11.11	64	0	31	77.88	26	68.21
斯洛文尼亚	22	47.50	41	1.58	24	55.00	24	21.42	26	46.58	6	87.68	15	72.74

项目 国家	创新持续 竞争力		公共教育 支出总额		公共教育支出 占 GDP 比重		人均公共 教育支出额		高等教育 毛入学率		研发人员 增长率		研发经费 增长率	
	排名	得分	排名	得分	排名	得分	排名	得分	排名	得分	排名	得分	排名	得分
苏丹	110	22.47	99	0	99	0	99	0	64	0	35	77.12	48	57.73
苏里南	110	22.47	99	0	99	0	99	0	64	0	35	77.12	48	57.73
所罗门群岛	110	22.47	99	0	99	0	99	0	64	0	35	77.12	48	57.73
塔吉克斯坦	50	34.63	81	0.14	59	39.06	78	0.51	64	0	35	77.12	2	90.95
泰国	57	32.75	20	9.86	42	47.69	49	4.06	64	0	35	77.12	48	57.73
坦桑尼亚	159	0	99	0	99	0	99	0	64	0	149	0	145	0
汤加	104	24.65	99	0	99	0	99	0	56	13.06	35	77.12	48	57.73
特立尼达和 多巴哥	67	29.60	99	0	99	0	99	0	27	44.59	35	77.12	140	55.89
突尼斯	76	28.33	99	0	99	0	99	0	43	27.82	24	80.52	44	61.63
土耳其	71	29.27	99	0	99	0	99	0	45	26.77	7	86.43	40	62.40
土库曼斯坦	110	22.47	99	0	99	0	99	0	64	0	35	77.12	48	57.73
瓦努阿图	110	22.47	99	0	99	0	99	0	64	0	35	77.12	48	57.73
委内瑞拉	64	29.87	99	0	99	0	99	0	25	52.15	4	89.31	142	37.76
文莱	47	36.64	68	0.34	71	32.97	22	24.07	44	27.62	35	77.12	48	57.73
乌干达	156	3.94	66	0.36	88	23.00	88	0.30	64	0	149	0	145	0
乌克兰	52	34.03	28	5.57	17	61.16	52	3.39	64	0	146	72.79	46	61.30
乌拉圭	44	37.16	47	1.16	49	43.23	35	9.55	50	22.95	143	75.84	19	70.25
乌兹别克斯 坦	98	25.56	99	0	99	0	99	0	64	0	13	83.55	20	69.81
西班牙	17	50.49	6	40.08	37	48.60	23	23.86	20	55.57	35	77.12	48	57.73
希腊	109	23.24	99	0	99	0	99	0	64	0	35	77.12	41	62.33
新加坡	20	48.78	30	4.69	77	30.08	19	25.15	5	79.88	23	80.80	16	72.10
新西兰	9	54.64	26	6.47	6	68.83	14	41.05	6	76.62	35	77.12	48	57.73
匈牙利	33	41.53	33	3.60	47	45.56	34	10.05	32	42.01	15	83.21	32	64.73
牙买加	53	33.75	59	0.50	16	62.20	42	4.93	64	0	35	77.12	48	57.73
亚美尼亚	25	45.43	76	0.18	74	31.20	65	1.71	3	91.65	35	77.12	18	70.76

续上表

项目\国家	创新持续竞争力 排名	创新持续竞争力 得分	公共教育支出总额 排名	公共教育支出总额 得分	公共教育支出占GDP比重 排名	公共教育支出占GDP比重 得分	人均公共教育支出额 排名	人均公共教育支出额 得分	高等教育毛入学率 排名	高等教育毛入学率 得分	研发人员增长率 排名	研发人员增长率 得分	研发经费增长率 排名	研发经费增长率 得分
也门	110	22.47	99	0	99	0	99	0	64	0	35	77.12	48	57.73
伊拉克	96	25.72	99	0	99	0	99	0	64	0	21	81.38	14	72.96
伊朗	154	8.33	19	11.20	69	34.59	48	4.18	64	0	149	0	145	0
以色列	11	54.57	23	8.06	23	55.25	17	28.87	2	92.46	35	77.12	31	65.68
意大利	23	47.24	5	52.21	56	40.85	21	24.47	47	25.63	26	78.94	45	61.33
印度	38	38.74	8	38.31	63	37.68	72	0.85	53	20.75	35	77.12	48	57.73
印度尼西亚	54	33.43	15	15.76	72	31.65	64	1.79	54	16.53	35	77.12	48	57.73
英国	4	63.05	3	82.36	21	55.53	15	36.22	10	69.34	35	77.12	48	57.73
约旦	110	22.47	99	0	99	0	99	0	64	0	35	77.12	48	57.73
越南	62	31.23	32	3.61	41	47.78	69	1.13	64	0	35	77.12	48	57.73
赞比亚	110	22.47	99	0	99	0	99	0	64	0	35	77.12	48	57.73
乍得	92	26.29	79	0.15	90	22.41	85	0.34	64	0	35	77.12	48	57.73
智利	35	40.66	27	5.65	57	40.15	38	9.12	40	31.81	8	86.17	17	71.08
中国	90	26.38	99	0	99	0	99	0	64	0	11	83.88	12	74.40
最高分	64.05		100.00		100.00		100.00		100.00		100.00		100.00	
最低分	0		0		0		0		0		0		0	
平均分	30.97		5.09		26.97		8.31		17.23		72.87		55.32	
标准差	13.04		14.58		25.08		16.91		26.02		20.25		19.57	

注：由于数据缺失或统计口径不同，一些国家个别项目得分为0。

表 7-5 2019 年"一带一路"参与国创新持续竞争力三级指标的得分及排名情况

项目 国家	创新持续 竞争力 排名	创新持续 竞争力 得分	公共教育 支出总额 排名	公共教育 支出总额 得分	公共教育支出 占GDP比重 排名	公共教育支出 占GDP比重 得分	人均公共 教育支出额 排名	人均公共 教育支出额 得分	高等教育 毛入学率 排名	高等教育 毛入学率 得分	研发人员 增长率 排名	研发人员 增长率 得分	研发经费 增长率 排名	研发经费 增长率 得分
阿尔巴尼亚	50	20.68	13	0	13	0	13	0	2	0	36	82.00	32	42.10
阿尔及利亚	50	20.68	13	0	13	0	13	0	2	0	36	82.00	32	42.10
阿富汗	50	20.68	13	0	13	0	13	0	2	0	36	82.00	32	42.10
阿根廷	50	20.68	13	0	13	0	13	0	2	0	36	82.00	32	42.10
阿联酋	26	22.56	13	0	13	0	13	0	2	0	12	87.75	20	47.62
阿曼	21	24.94	13	0	13	0	13	0	2	0	15	85.73	10	63.88
阿塞拜疆	35	21.59	13	0	13	0	13	0	2	0	36	82.00	21	47.53
埃及	12	29.62	13	0	13	0	13	0	2	0	7	90.33	2	87.40
埃塞俄比亚	50	20.68	13	0	13	0	13	0	2	0	36	82.00.	32	42.10
爱尔兰	147	19.64	13	0	13	0	13	0	2	0	6	90.52	155	27.34
爱沙尼亚	158	13.11	13	0	13	0	13	0	2	0	150	78.63	159	0
安哥拉	50	20.68	13	0	13	0	13	0	2	0	36	82.00	32	42.10
安提瓜和巴 布达	50	20.68	13	0	13	0	13	0	2	0	36	82.00	32	42.10
奥地利	46	20.92	13	0	13	0	13	0	2	0	32	82.95	30	42.59
澳大利亚	50	20.68	13	0	13	0	13	0	2	0	36	82.00	32	42.10
巴巴多斯	50	20.68	13	0	13	0	13	0	2	0	36	82.00	32	42.10
巴布亚新几 内亚	50	20.68	13	0	13	0	13	0	2	0	36	82.00	32	42.10
巴基斯坦	50	20.68	13	0	13	0	13	0	2	0	36	82.00	32	42.10
巴林	50	20.68	13	0	13	0	13	0	2	0	36	82.00	32	42.10
巴拿马	50	20.68	13	0	13	0	13	0	2	0	36	82.00	32	42.10
巴西	50	20.68	13	0	13	0	13	0	2	0	36	82.00	32	42.10
白俄罗斯	153	18.02	13	0	13	0	13	0	2	0	36	82.00	156	26.10
保加利亚	17	26.02	13	0	13	0	13	0	2	0	22	84.39	7	71.70
北马其顿	15	27.53	13	0	13	0	13	0	2	0	4	91.99	5	73.18

项目\国家	创新持续竞争力 排名	创新持续竞争力 得分	公共教育支出总额 排名	公共教育支出总额 得分	公共教育支出占GDP比重 排名	公共教育支出占GDP比重 得分	人均公共教育支出额 排名	人均公共教育支出额 得分	高等教育毛入学率 排名	高等教育毛入学率 得分	研发人员增长率 排名	研发人员增长率 得分	研发经费增长率 排名	研发经费增长率 得分
贝宁	50	20.68	13	0	13	0	13	0	2	0	36	82.00	32	42.10
比利时	41	21.01	13	0	13	0	13	0	2	0	19	84.59	134	41.48
冰岛	149	18.98	13	0	13	0	13	0	2	0	36	82.00	150	31.88
波兰	45	20.93	13	0	13	0	13	0	2	0	25	84.01	133	41.57
玻利维亚	50	20.68	13	0	13	0	13	0	2	0	36	82.00	32	42.10
博茨瓦纳	50	20.68	13	0	13	0	13	0	2	0	36	82.00	32	42.10
不丹	50	20.68	13	0	13	0	13	0	2	0	36	82.00	32	42.10
布隆迪	38	21.23	13	0	13	0	13	0	2	0	16	85.30	32	42.10
赤道几内亚	50	20.68	13	0	13	0	13	0	2	0	36	82.00	32	42.10
丹麦	49	20.77	13	0	13	0	13	0	2	0	28	83.60	136	41.03
德国	141	20.26	13	0	13	0	13	0	2	0	29	83.55	142	37.98
东帝汶	50	20.68	13	0	13	0	13	0	2	0	36	82.00	32	42.10
多哥	146	19.68	13	0	13	0	13	0	2	0	155	75.99	32	42.10
多米尼加共和国	50	20.68	13	0	13	0	13	0	2	0	36	82.00	32	42.10
多米尼克	8	36.83	12	0.14	4	72.36	4	24.35	2	0	36	82.00	32	42.10
俄罗斯	24	23.46	13	0	13	0	13	0	2	0	35	82.07	13	58.69
厄瓜多尔	29	22.21	13	0	13	0	13	0	2	0	36	82.00	17	51.28
法国	138	20.42	13	0	13	0	13	0	2	0	33	82.81	139	39.72
菲律宾	50	20.68	13	0	13	0	13	0	2	0	36	82.00	32	42.10
斐济	50	20.68	13	0	13	0	13	0	2	0	36	82.00	32	42.10
芬兰	156	16.90	13	0	13	0	13	0	2	0	152	78.40	157	23.03
佛得角	50	20.68	13	0	13	0	13	0	2	0	36	82.00	32	42.10
冈比亚	33	21.65	13	0	13	0	13	0	2	0	11	87.82	32	42.10
刚果（布）	50	20.68	13	0	13	0	13	0	2	0	36	82.00	32	42.10
刚果（金）	50	20.68	13	0	13	0	13	0	2	0	36	82.00	32	42.10

项目 / 国家	创新持续竞争力 排名	创新持续竞争力 得分	公共教育支出总额 排名	公共教育支出总额 得分	公共教育支出占GDP比重 排名	公共教育支出占GDP比重 得分	人均公共教育支出额 排名	人均公共教育支出额 得分	高等教育毛入学率 排名	高等教育毛入学率 得分	研发人员增长率 排名	研发人员增长率 得分	研发经费增长率 排名	研发经费增长率 得分
哥斯达黎加	2	46.86	5	19.06	2	91.52	2	46.49	2	0	36	82.00	32	42.10
格林纳达	50	20.68	13	0	13	0	13	0	2	0	36	82.00	32	42.10
格鲁吉亚	14	28.97	13	0	13	0	13	0	2	0	3	92.01	4	81.79
古巴	50	20.68	13	0	13	0	13	0	2	0	36	82.00	32	42.10
圭亚那	50	20.68	13	0	13	0	13	0	2	0	36	82.00	32	42.10
哈萨克斯坦	22	23.87	13	0	13	0	13	0	2	0	2	94.03	18	49.18
韩国	145	19.73	13	0	13	0	13	0	2	0	31	83.29	149	35.06
荷兰	144	19.86	13	0	13	0	13	0	2	0	144	81.65	144	37.53
黑山	40	21.13	13	0	13	0	13	0	2	0	18	84.62	31	42.13
基里巴斯	50	20.68	13	0	13	0	13	0	2	0	36	82.00	32	42.10
吉布提	50	20.68	13	0	13	0	13	0	2	0	36	82.00	32	42.10
吉尔吉斯斯坦	50	20.68	13	0	13	0	13	0	2	0	36	82.00	32	42.10
几内亚	50	20.68	13	0	13	0	13	0	2	0	36	82.00	32	42.10
加拿大	36	21.48	13	0	13	0	13	0	2	0	36	82.00	22	46.86
加纳	50	20.68	13	0	13	0	13	0	2	0	36	82.00	32	42.10
加蓬	50	20.68	13	0	13	0	13	0	2	0	36	82.00	32	42.10
柬埔寨	50	20.68	13	0	13	0	13	0	2	0	36	82.00	32	42.10
捷克	39	21.14	13	0	13	0	13	0	2	0	23	84.20	29	42.65
津巴布韦	50	20.68	13	0	13	0	13	0	2	0	36	82.00	32	42.10
喀麦隆	50	20.68	13	0	13	0	13	0	2	0	36	82.00	32	42.10
卡塔尔	3	45.43	4	20.73	9	34.99	1	90.15	2	0	20	84.58	32	42.10
科摩罗	50	20.68	13	0	13	0	13	0	2	0	36	82.00	32	42.10
科特迪瓦	50	20.68	13	0	13	0	13	0	2	0	36	82.00	32	42.10
科威特	11	31.15	13	0	13	0	13	0	2	0	1	100.00	3	86.89
克罗地亚	143	19.89	13	0	13	0	13	0	2	0	143	81.66	143	37.67

续上表

项目\国家	创新持续竞争力 排名	创新持续竞争力 得分	公共教育支出总额 排名	公共教育支出总额 得分	公共教育支出占GDP比重 排名	公共教育支出占GDP比重 得分	人均公共教育支出额 排名	人均公共教育支出额 得分	高等教育毛入学率 排名	高等教育毛入学率 得分	研发人员增长率 排名	研发人员增长率 得分	研发经费增长率 排名	研发经费增长率 得分
肯尼亚	50	20.68	13	0	13	0	13	0	2	0	36	82.00	32	42.10
拉脱维亚	157	15.18	13	0	13	0	13	0	2	0	153	78.32	158	12.75
莱索托	50	20.68	13	0	13	0	13	0	2	0	36	82.00	32	42.10
老挝	50	20.68	13	0	13	0	13	0	2	0	36	82.00	32	42.10
黎巴嫩	50	20.68	13	0	13	0	13	0	2	0	36	82.00	32	42.10
立陶宛	47	20.90	13	0	13	0	13	0	2	0	142	81.90	28	43.49
利比里亚	50	20.68	13	0	13	0	13	0	2	0	36	82.00	32	42.10
利比亚	50	20.68	13	0	13	0	13	0	2	0	36	82.00	32	42.10
卢森堡	140	20.31	13	0	13	0	13	0	2	0	146	80.59	135	41.25
卢旺达	50	20.68	13	0	13	0	13	0	2	0	36	82.00	32	42.10
罗马尼亚	37	21.37	13	0	13	0	13	0	2	0	24	84.02	27	44.23
马达加斯加	154	17.90	13	0	13	0	13	0	2	0	158	65.33	32	42.10
马尔代夫	50	20.68	13	0	13	0	13	0	2	0	36	82.00	32	42.10
马耳他	42	21.00	13	0	13	0	13	0	2	0	9	88.70	145	37.33
马来西亚	4	45.03	2	66.41	6	54.05	3	25.60	2	0	36	82.00	32	42.10
马里	50	20.68	13	0	13	0	13	0	2	0	36	82.00	32	42.10
毛里塔尼亚	19	25.17	11	0.63	11	24.61	10	1.71	2	0	36	82.00	32	42.10
蒙古	32	21.69	13	0	13	0	13	0	2	0	36	82.00	19	48.12
孟加拉国	5	43.37	6	17.55	12	17.22	12	1.33	1	100.00	36	82.00	32	42.10
秘鲁	6	41.42	3	38.18	7	49.95	7	14.46	2	0	36	82.00	9	63.92
密克罗尼西亚联邦	50	20.68	13	0	13	0	13	0	2	0	36	82.00	32	42.10
缅甸	16	26.18	7	6.43	10	25.08	11	1.47	2	0	36	82.00	32	42.10
摩尔多瓦	142	19.98	13	0	13	0	13	0	2	0	145	81.01	141	38.89
摩洛哥	50	20.68	13	0	13	0	13	0	2	0	36	82.00	32	42.10
莫桑比克	50	20.68	13	0	13	0	13	0	2	0	36	82.00	32	42.10

项目 国家	创新持续 竞争力		公共教育 支出总额		公共教育支出 占GDP比重		人均公共 教育支出额		高等教育 毛入学率		研发人员 增长率		研发经费 增长率	
	排名	得分	排名	得分	排名	得分	排名	得分	排名	得分	排名	得分	排名	得分
纳米比亚	50	20.68	13	0	13	0	13	0	2	0	36	82.00	32	42.10
南非	1	54.93	1	100.00	3	84.46	5	21.03	2	0	36	82.00	32	42.10
南苏丹	50	20.68	13	0	13	0	13	0	2	0	36	82.00	32	42.10
尼泊尔	50	20.68	13	0	13	0	13	0	2	0	36	82.00	32	42.10
尼日尔	50	20.68	13	0	13	0	13	0	2	0	36	82.00	32	42.10
尼日利亚	50	20.68	13	0	13	0	13	0	2	0	36	82.00	32	42.10
挪威	50	20.68	13	0	13	0	13	0	2	0	30	83.34	137	40.76
葡萄牙	152	18.14	13	0	13	0	13	0	2	0	151	78.60	153	30.25
瑞典	50	20.68	13	0	13	0	13	0	2	0	10	88.22	148	35.84
瑞士	50	20.68	13	0	13	0	13	0	2	0	36	82.00	32	42.10
萨尔瓦多	50	20.68	13	0	13	0	13	0	2	0	36	82.00	32	42.10
萨摩亚	50	20.68	13	0	13	0	13	0	2	0	36	82.00	32	42.10
塞尔维亚	30	22.03	13	0	13	0	13	0	2	0	13	87.30	26	44.86
塞拉利昂	7	37.95	10	1.39	1	100.00	9	2.19	2	0	36	82.00	32	42.10
塞内加尔	50	20.68	13	0	13	0	13	0	2	0	36	82.00	32	42.10
塞浦路斯	43	20.96	13	0	13	0	13	0	2	0	148	79.89	24	45.84
塞舌尔	50	20.68	13	0	13	0	13	0	2	0	36	82.00	32	42.10
沙特阿拉伯	50	20.68	13	0	13	0	13	0	2	0	36	82.00	32	42.10
斯里兰卡	50	20.68	13	0	13	0	13	0	2	0	36	82.00	32	42.10
斯洛伐克	27	22.43	13	0	13	0	13	0	2	0	157	72.29	11	62.30
斯洛文尼亚	155	17.68	13	0	13	0	13	0	2	0	154	76.88	154	29.17
苏丹	50	20.68	13	0	13	0	13	0	2	0	36	82.00	32	42.10
苏里南	50	20.68	13	0	13	0	13	0	2	0	36	82.00	32	42.10
所罗门群岛	50	20.68	13	0	13	0	13	0	2	0	36	82.00	32	42.10
塔吉克斯坦	23	23.80	13	0	13	0	13	0	2	0	36	82.00	12	60.83
泰国	50	20.68	13	0	13	0	13	0	2	0	36	82.00	32	42.10

项目\国家	创新持续竞争力 排名	创新持续竞争力 得分	公共教育支出总额 排名	公共教育支出总额 得分	公共教育支出占GDP比重 排名	公共教育支出占GDP比重 得分	人均公共教育支出额 排名	人均公共教育支出额 得分	高等教育毛入学率 排名	高等教育毛入学率 得分	研发人员增长率 排名	研发人员增长率 得分	研发经费增长率 排名	研发经费增长率 得分
坦桑尼亚	50	20.68	13	0	13	0	13	0	2	0	36	82.00	32	42.10
汤加	50	20.68	13	0	13	0	13	0	2	0	36	82.00	32	42.10
特立尼达和多巴哥	50	20.68	13	0	13	0	13	0	2	0	36	82.00	32	42.10
突尼斯	139	20.34	13	0	13	0	13	0	2	0	5	90.96	152	31.09
土耳其	50	20.68	13	0	13	0	13	0	2	0	36	82.00	32	42.10
土库曼斯坦	50	20.68	13	0	13	0	13	0	2	0	36	82.00	32	42.10
瓦努阿图	50	20.68	13	0	13	0	13	0	2	0	36	82.00	32	42.10
委内瑞拉	50	20.68	13	0	13	0	13	0	2	0	36	82.00	32	42.10
文莱	50	20.68	13	0	13	0	13	0	2	0	36	82.00	32	42.10
乌干达	50	20.68	13	0	13	0	13	0	2	0	36	82.00	32	42.10
乌克兰	150	18.80	13	0	13	0	13	0	2	0	156	75.95	146	36.83
乌拉圭	44	20.95	13	0	13	0	13	0	2	0	27	83.62	32	42.10
乌兹别克斯坦	18	25.75	13	0	13	0	13	0	2	0	141	81.94	6	72.56
西班牙	151	18.61	13	0	13	0	13	0	2	0	149	79.80	151	31.84
希腊	33	21.65	13	0	13	0	13	0	2	0	21	84.47	25	45.46
新加坡	50	20.68	13	0	13	0	13	0	2	0	36	82.00	32	42.10
新西兰	50	20.68	13	0	13	0	13	0	2	0	36	82.00	32	42.10
匈牙利	148	19.39	13	0	13	0	13	0	2	0	147	80.35	147	36.01
牙买加	9	35.08	9	3.72	5	67.11	6	15.55	2	0	36	82.00	32	42.10
亚美尼亚	20	25.13	13	0	13	0	13	0	2	0	36	82.00	8	68.80
也门	50	20.68	13	0	13	0	13	0	2	0	36	82.00	32	42.10
伊拉克	159	8.63	13	0	13	0	13	0	2	0	159	0	16	51.80
伊朗	50	20.68	13	0	13	0	13	0	2	0	36	82.00	32	42.10
以色列	28	22.40	13	0	13	0	13	0	2	0	36	82.00	15	52.40
意大利	48	20.82	13	0	13	0	13	0	2	0	17	85.21	140	39.70

项目 国家	创新持续 竞争力		公共教育 支出总额		公共教育支出 占 GDP 比重		人均公共 教育支出额		高等教育 毛入学率		研发人员 增长率		研发经费 增长率	
	排名	得分	排名	得分	排名	得分	排名	得分	排名	得分	排名	得分	排名	得分
印度	30	22.03	13	0	13	0	13	0	2	0	14	85.88	23	46.30
印度尼西亚	10	31.71	13	0	13	0	13	0	2	0	8	90.25	1	100.00
英国	137	20.53	13	0	13	0	13	0	2	0	34	82.75	138	40.41
约旦	13	29.54	8	5.98	8	39.89	8	7.29	2	0	36	82.00	32	42.10
越南	50	20.68	13	0	13	0	13	0	2	0	36	82.00	32	42.10
赞比亚	50	20.68	13	0	13	0	13	0	2	0	36	82.00	32	42.10
乍得	50	20.68	13	0	13	0	13	0	2	0	36	82.00	32	42.10
智利	50	20.68	13	0	13	0	13	0	2	0	36	82.00	32	42.10
中国	25	22.72	13	0	13	0	13	0	2	0	26	83.77	14	52.55
最高分	54.93		100.00		100.00		100.00		100.00		100.00		100.00	
最低分	8.63		0		0		0		0		0		0	
平均分	22.32		1.76		4.16		1.58		0.63		82.06		43.72	
标准差	5.80		10.21		16.30		8.72		7.91		7.32		10.94	

注：受疫情影响，2019 年数据缺失比较严重，一些国家部分项目得分为 0。

五、"一带一路"参与国创新持续竞争力跨区间变化

表 7-6 列出了 2011 年和 2019 年"一带一路"参与国家的创新持续竞争力排名的区间分布情况（第一区间，排在第 1 至 40 位的国家；第二区间，排在第 41 至 80 位的国家；第三区间，排在第 81 至 120 位的国家；第四区间，排在第 121 至 159 位的国家）。

表 7-6 2011—2019 年"一带一路"参与国创新持续竞争力排名的跨区间变化情况

	2011 年	2019 年
第一区间国家	阿根廷、爱尔兰、爱沙尼亚、奥地利、澳大利亚、巴西、保加利亚、比利时、冰岛、波兰、丹麦、德国、东帝汶、芬兰、哥斯达黎加、荷兰、加拿大、捷克、拉脱维亚、立陶宛、马耳他、马来西亚、摩尔多瓦、挪威、葡萄牙、瑞典、瑞士、塞尔维亚、塞浦路斯、斯洛文尼亚、西班牙、新加坡、新西兰、匈牙利、亚美尼亚、以色列、意大利、印度、英国、智利	阿联酋、阿曼、阿塞拜疆、埃及、保加利亚、北马其顿、布隆迪、多米尼克、俄罗斯、厄瓜多尔、冈比亚、哥斯达黎加、格鲁吉亚、哈萨克斯坦、黑山、加拿大、捷克、卡塔尔、科威特、罗马尼亚、马来西亚、毛里塔尼亚、蒙古、孟加拉国、秘鲁、缅甸、南非、塞尔维亚、塞拉利昂、斯洛伐克、塔吉克斯坦、乌兹别克斯坦、希腊、牙买加、亚美尼亚、以色列、印度、印度尼西亚、约旦、中国
第二区间国家	阿富汗、阿塞拜疆、巴基斯坦、巴拿马、白俄罗斯、不丹、厄瓜多尔、法国、斐济、佛得角、圭亚那、黑山、吉尔吉斯斯坦、加蓬、卡塔尔、科特迪瓦、克罗地亚、卢森堡、卢旺达、罗马尼亚、马尔代夫、蒙古、孟加拉国、秘鲁、尼日尔、萨尔瓦多、塞舌尔、斯洛伐克、塔吉克斯坦、泰国、特立尼达和多巴哥、突尼斯、土耳其、委内瑞拉、文莱、乌克兰、乌拉圭、牙买加、印度尼西亚、越南	埃塞俄比亚、奥地利、巴巴多斯、巴布亚新几内亚、巴林、贝宁、比利时、波兰、玻利维亚、丹麦、菲律宾、刚果（布）、刚果（金）、古巴、吉布提、加纳、津巴布韦、肯尼亚、莱索托、立陶宛、利比亚、马耳他、马里、摩洛哥、莫桑比克、纳米比亚、尼泊尔、挪威、萨摩亚、塞内加尔、塞浦路斯、斯里兰卡、坦桑尼亚、土库曼斯坦、瓦努阿图、乌干达、乌拉圭、伊朗、意大利、赞比亚
第三区间国家	阿尔巴尼亚、阿联酋、阿曼、埃及、贝宁、布隆迪、多米尼加共和国、多米尼克、俄罗斯、冈比亚、刚果（布）、格鲁吉亚、哈萨克斯坦、韩国、吉布提、几内亚、柬埔寨、津巴布韦、喀麦隆、科摩罗、科威特、莱索托、老挝、黎巴嫩、利比里亚、马达加斯加、毛里塔尼亚、缅甸、南非、南苏丹、塞拉利昂、沙特阿拉伯、汤加、乌兹别克斯坦、希腊、伊拉克、约旦、赞比亚、乍得、中国	阿尔巴尼亚、阿尔及利亚、阿富汗、安哥拉、安提瓜和巴布达、巴基斯坦、博茨瓦纳、不丹、赤道几内亚、多米尼加共和国、斐济、格林纳达、圭亚那、基里巴斯、几内亚、加蓬、柬埔寨、喀麦隆、科摩罗、科特迪瓦、老挝、黎巴嫩、利比里亚、卢旺达、马尔代夫、密克罗尼西亚联邦、南苏丹、尼日尔、尼日利亚、萨尔瓦多、塞舌尔、沙特阿拉伯、苏丹、苏里南、所罗门群岛、汤加、土耳其、委内瑞拉、也门、乍得
第四区间国家	阿尔及利亚、埃塞俄比亚、安哥拉、安提瓜和巴布达、巴巴多斯、巴布亚新几内亚、巴林、北马其顿、玻利维亚、博茨瓦纳、赤道几内亚、多哥、菲律宾、刚果（金）、格林纳达、古巴、基里巴斯、加纳、肯尼亚、利比亚、马里、密克罗尼西亚联邦、摩洛哥、莫桑比克、纳米比亚、尼泊尔、尼日利亚、萨摩亚、塞内加尔、斯里兰卡、苏丹、苏里南、所罗门群岛、坦桑尼亚、土库曼斯坦、瓦努阿图、乌干达、也门、伊朗	阿根廷、爱尔兰、爱沙尼亚、澳大利亚、巴拿马、巴西、白俄罗斯、冰岛、德国、东帝汶、多哥、法国、芬兰、佛得角、韩国、荷兰、吉尔吉斯斯坦、克罗地亚、拉脱维亚、卢森堡、马达加斯加、摩尔多瓦、葡萄牙、瑞典、瑞士、斯洛文尼亚、泰国、特立尼达和多巴哥、突尼斯、文莱、乌克兰、西班牙、新加坡、新西兰、匈牙利、伊拉克、英国、越南、智利

注：表格中用斜体标识位次发生跨区间变动的国家。

评价期内，绝大部分国家的创新持续竞争力出现跨区间变化，仅 23 国保持区间；其中第一区间保加利亚、哥斯达黎加、加拿大、捷克、马来西亚、塞尔维亚、亚美尼亚、以色列、印度 9 国保持，第二区间仅乌拉圭 1 国保持，第三区间阿尔巴尼亚、多米尼加共和国、几内亚、柬埔寨、喀麦隆、科摩罗、老挝、黎巴嫩、南苏丹、沙特阿拉伯、汤加、乍得 12 国保持，第四区间仅多哥 1 国保持。

　　跨区间变化的国家中，奥地利、比利时、波兰、丹麦、立陶宛、马耳他、挪威、塞浦路斯、意大利从第一区间降至第二区间，阿根廷、爱尔兰、爱沙尼亚、澳大利亚、巴西、冰岛、德国、东帝汶、芬兰、荷兰、拉脱维亚、摩尔多瓦、葡萄牙、瑞典、瑞士、斯洛文尼亚、西班牙、新加坡、新西兰、匈牙利、英国、智利从第一区间降至第四区间；阿塞拜疆、厄瓜多尔、黑山、卡塔尔、罗马尼亚、蒙古、孟加拉国、秘鲁、斯洛伐克、塔吉克斯坦、牙买加、印度尼西亚从第二区间升至第一区间；阿联酋、阿曼、埃及、布隆迪、多米尼克、俄罗斯、冈比亚、格鲁吉亚、哈萨克斯坦、科威特、毛里塔尼亚、缅甸、南非、塞拉利昂、乌兹别克斯坦、希腊、约旦、中国从第三区间升至第一区间，北马其顿从第四区间升至第一区间；阿富汗、巴基斯坦、不丹、斐济、圭亚那、加蓬、科特迪瓦、卢旺达、马尔代夫、尼日尔、萨尔瓦多、塞舌尔、土耳其、委内瑞拉从第二区间降至第三区间，巴拿马、白俄罗斯、法国、佛得角、吉尔吉斯斯坦、克罗地亚、卢森堡、泰国、特立尼达和多巴哥、突尼斯、文莱、乌克兰、越南从第二区间降至第四区间；贝宁、刚果（布）、吉布提、津巴布韦、莱索托、利比里亚、赞比亚从第三区间上升至第二区间，埃塞俄比亚、巴巴多斯、巴林、巴布亚新几内亚、玻利维亚、菲律宾、刚果（金）、古巴、加纳、肯尼亚、马里、摩洛哥、莫桑比克、纳米比亚、尼泊尔、萨摩亚、塞内加尔、斯里兰卡、坦桑尼亚、土库曼斯坦、瓦努阿图、乌干达、伊朗从第四区间上升至第二区间；韩国、伊拉克从第三区间降至第四区间；阿尔及利亚、安哥拉、安提瓜和巴布达、博茨瓦纳、赤道几内亚、格林纳达、基里巴斯、利比亚、密克罗尼西亚联邦、尼日利亚、苏丹、苏里南、所罗门群岛从第四区间上升至第三区间。

第八章

"一带一路"参与国国家创新竞争力的主要特征与变化趋势①

"一带一路"参与国国家创新竞争力的评价指标体系由 1 个一级指标、5 个二级指标和 32 个三级指标构成。"一带一路"参与国国家创新竞争力是由创新基础竞争力、创新环境竞争力、创新投入竞争力、创新产出竞争力和创新持续竞争力等 5 个方面的内容组成的综合性评价体系。这 5 个方面的内容既互相独立又紧密联系,能够综合反映"一带一路"参与国家各国在创新基础、创新环境、创新投入、创新产出和创新持续等 5 个方面的竞争能力和科技发展水平。同时,"一带一路"参与国国家创新竞争力又能动态反映"一带一路"参与国家各国的国家创新竞争力的变化特征和发展规律,有助于寻求"一带一路"参与国国家创新竞争力发展的一般性规律和各国的主要表现。

本报告通过对 2011—2019 年"一带一路"参与国国家创新竞争力的评价,全面、客观地分析"一带一路"参与国国家创新竞争力的水平、差距及其变化态势,深刻认识和把握这些规律和特征,认清"一带一路"参与国国家创新竞争力变化的实质和内在特性,这对于研究和发现提升"一带一路"参与国国家创新竞争力的正确路径、方法和对策,用于指导各国有效提升国家创新竞争力,并根据各国具体情况和特殊国情采取相应的对策措施具有十分重要的意义。

一、"一带一路"参与国国家创新竞争力的提升是五大创新因素共同作用的结果

"一带一路"参与国国家创新竞争力是在"一带一路"参与国家格局发生变

---

① 本章作者王鹏举为厦门微志云创有限公司合伙人,李俊杰为厦门理工学院应用数学学院副教授。

化、全球经济分工不断发展、国际竞争日趋激烈的背景下形成和发展起来，综合反映国家创新系统集成能力的量化指标体系。"一带一路"参与国国家创新竞争力涵盖了创新基础竞争力、创新环境竞争力、创新投入竞争力、创新产出竞争力和创新持续竞争力5大因素。这5大因素是"一带一路"参与国家产业结构调整和基础创新的重要推动力，也是构建"一带一路"参与国国家创新竞争力的重要环节。这5大因素以提高生产力水平、降低生产成本、减少资源损耗、激发经济活力、实现可持续发展为目标，各自独立又相互联系，获取并优化配置科技创新资源，促进创新能力提升，增强各国争夺战略优势，综合反映和影响国家创新竞争力。从"一带一路"参与国国家创新竞争力的评价指标体系的设置和评价结果中可以看出，在五大因素的综合构建和共同作用下，"一带一路"参与国国家创新竞争力客观反映了"一带一路"参与国国家创新竞争力的比较水平和动态趋势。

表8-1列出了2011年至2019年159个"一带一路"参与国家的国家创新竞争力排位变化情况。由表8-1可见，"一带一路"参与国国家创新竞争力排位有相当的变化，个别国家变化幅度较大。2011—2019年，159个国家中仅有3个国家的排名保持不变，其中就包括长期处于"一带一路"参与国国家创新竞争力的前两位的中国和德国。此外，73个国家的排名变化幅度在10位以内，28个国家的排名变化幅度在11～20位之间，20个国家的排名变化幅度在21～30位之间，14个国家的排名变化幅度在31～40位之间，12个国家的排名变化幅度在41～50位之间，9个国家的排位变化超过50位。

表8-1 2011—2019年"一带一路"参与国国家创新竞争力排位变化情况

排位变化幅度	国家数	比重	变动方向	国家数	比重
>50	9	5.7%	上升	5	3.1%
			下降	4	2.5%
41～50	12	7.5%	上升	6	3.8%
			下降	6	3.8%
31～40	14	8.8%	上升	7	4.4%
			下降	7	4.4%
21～30	20	12.6%	上升	12	7.5%
			下降	8	5.0%

续上表

排位变化幅度	国家数	比重	变动方向	国家数	比重
11 ~ 20	28	17.6%	上升	0	7.5%
			下降	8	11.3%
1 ~ 10	73	45.9%	上升	25	15.7%
			下降	48	30.2%
0	3	1.9%	持平	3	1.9%

依据 159 个国家"一带一路"参与国国家创新竞争力的排位先后,将其分为四个区间:处于前 40 位的国家称为第一区间,处于 41 ~ 80 的国家称为第二区间,处于 81 ~ 120 位的称为第三区间,120 位以后的国家称为第四区间,以此反映不同国家在"一带一路"参与国家创新竞争中所处的阶段性地位。

与 2011 年相比较,2019 年有 52 个国家出现跨区间的变化,其余 107 个国家保持区间不变。其中最为明显的是,孟加拉国从第四区间升入第一区间,拉脱维亚从第一区间降至第三区间,东帝汶从第二区间降至第四区间。"一带一路"参与国国家创新竞争力排位的不断变动表明,"一带一路"参与国国家创新竞争优势是多种创新因素长期积累、综合作用的结果,在 10 年左右的时间段内可能会积累产生一些较大的改变。

由于一级指标是五个二级指标综合作用的结果,二级指标的变化反映在一级指标上的变化就相对较小。尽管如此,二级指标的明显短板会拖累并拉低国家创新竞争力,导致国家创新竞争力排位的下滑;同样,二级指标的明显跃升也会促进并提升整体创新竞争力,推动国家创新竞争力排位的上移。一些国家(如孟加拉国、阿联酋、南非、英国、挪威、芬兰等)两个或两个以上二级指标在相同方向(分数升降)共同发生较大变化。有鉴于此,我们不仅需要分析一级指标的排名及动态变化,还需要对二级指标和三级指标进行深入而细致的分析。由此才能挖掘各国国家创新竞争力的本质特征,发现其发生变化的真正原因,从而有助于各国能够依据实际情况,并参照"一带一路"参与国国家创新竞争力排位靠前的国家的发展经验,制定和实施符合各国国情的创新战略,统筹协调各个因素之间的关系,补齐短板、发挥优势,保持和推动国家创新竞争优势的持续发挥。

由上可见,"一带一路"参与国国家创新竞争力的提升是五大因素共同作用、长期积累的过程和结果。通过动态比较,能够剔除某些年份某些国家因为一些特殊因素而影响排名结果，从而更加客观地分析"一带一路"参与国国家创新竞争力的发展现状和未来趋势，为各国国家创新竞争力的提升提供参考和借鉴。

二、"一带一路"参与国国家创新竞争力有所下滑，区域间差异有所缩小

2011—2019 年，纳入评价的 159 个"一带一路"参与国家的整体国家创新竞争力水平出现下滑，平均得分从 2011 年的 15.99 分下降到 2019 年的 14.41 分（如图 8-1 所示），下降 1.58 分。2008 年世界金融危机后，世界经济持续低迷，各国政府愈发重视发展前沿先进技术，并持续加大对高科技基础设施和教育的要素投入。但从创新投入转化为创新能力，从带动制造业迅速发展到促进经济全面复苏需要一个较长的过程。另一方面，"一带一路"参与国家面临一系列社会经济结构性问题，如：世界范围内尤其是欧洲发达国家长期实行低利率，导致投资收益率低下；越来越多国家尤其是发达国家，人口老龄化程度不断加重，等等。这些问题严重影响了不少国家尤其是发达国家在科技领域的创新活动。综合两方面影响的结果，便是"一带一路"参与国家的整体国家创新竞争力水平有所下滑。

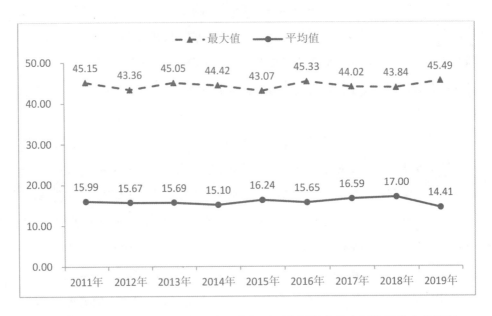

图 8-1　2011—2019 年"一带一路"参与国国家创新竞争力平均得分变化情况

由表1-1、表1-4可知，2011年到2019年，"一带一路"参与国国家创新竞争力得分标准差从9.09降至6.01，下降3.08；2011年得分很高的发达国家，如德国、英国、荷兰、挪威、加拿大、意大利、澳大利亚和芬兰，其国家创新竞争力得分明显下降，且下降幅度远超平均得分变动水平，其中英国、挪威降幅在平均值的10倍以上。由于"一带一路"参与国国家创新竞争力是个相对指标，这些国家的国家创新竞争力得分的下降说明"一带一路"参与国家中的众多发展中国家通过技术创新降低产业（尤其是制造业）成本、提升制造业竞争水平，从而逐步缩小了与优势国家之间的差距。

从各"一带一路"参与国家的国家创新竞争力得分的升降来看，所有纳入评价的159个国家中有67个国家的得分上升，平均上升了2.25分；有92个国家的得分下降，平均下降4.20分。总体来看，得分下降的国家多于上升的国家，下降的总体平均得分幅度大大超过上升的总体平均得分。因此，整体的国家创新竞争力得分呈现下降趋势。

从国家创新竞争力的二级指标变化情况来看，由表1-5、表1-6可知，在五个指标的共同作用下，国家创新竞争力综合得分下降比较明显。2011—2019年间，尽管创新投入竞争力和创新环境竞争力的平均得分分别上升1.80分和0.87分；但创新持续竞争力的平均得分下降了8.65分；此外，各国的创新基础竞争力平均得分小幅下降0.03分，创新产出竞争力平均得分下降1.59分。这说明各国对增大创新投入、营造创新环境等方面的举措取得了明显的效果，但在如何提高创新持续、如何打好创新基础和实现创新产出方面，各国还存在不少有待解决的问题。

此外，"一带一路"参与国国家创新竞争力的区域差异仍十分明显。表8-2列出了六大洲各国国家创新竞争力的平均得分及处于第一、第二区间的国家个数。从得分来看，在北美洲、南美洲、欧洲、亚洲、非洲、大洋洲六大区域中，欧洲的国家创新竞争力平均得分最高，非洲最低；2011年南美洲、北美洲依次排在亚洲之前，到2019年亚洲超越南美洲、北美洲排在区域第二位。非洲进步最为明显，是唯一平均得分增长的区域，洲内仅中非地区（7国）平均分下降。南亚（7国）地区平均分也有较大幅度的增长。欧洲下降明显，降幅约24.2%；其中，全部为发达国家的北欧地区（5国）和西欧（6国）地区降幅尤为明显，约30.8%和28.2%。

表8-2 六大洲国家创新竞争力的平均得分及处于第一、第二区间的国家数量

得分 区域		平均得分		第一区间国家个数		第二区间国家个数	
		2011年	2019年	2011年	2019年	2011年	2019年
亚洲（43）	东亚（3）	29.81	29.44	2	2	1	0
	东南亚（11）	13.56	12.94	3	2	4	5
	南亚（7）	10.38	12.80	0	2	1	0
	西亚（17）	15.04	14.23	2	3	7	7
	中亚（5）	11.88	11.19	0	0	1	1
	平均分及总数	15.07	14.85	7	9	14	13
欧洲（39）	东欧（7）	19.84	14.37	4	1	3	3
	南欧（14）	20.88	16.64	6	7	6	6
	西欧（6）	35.02	25.14	6	6	0	0
	北欧（5）	33.62	23.26	5	5	0	0
	中欧（7）	26.91	22.22	6	6	1	1
	平均分及总数	25.58	19.39	27	25	10	10
非洲（45）	东非（9）	8.05	9.97	0	0	1	1
	南非（9）	9.24	11.42	0	1	1	2
	西非（14）	8.74	9.78	0	0	2	0
	北非（6）	11.42	11.63	0	0	2	2
	中非（7）	9.80	9.35	0	0	0	0
	平均分及总数	9.23	10.33	0	1	6	5
大洋洲（10）		13.33	11.65	2	2	0	0
北美洲（12）		15.37	14.16	2	2	5	6
南美洲（10）		16.42	14.51	2	1	5	6

从处于第一、第二区间的国家个数来看，欧洲各国国家创新竞争力整体实力较强，至少有25个国家处于第一区间，10个国家处于第二区间；其中，西欧、北欧和中欧的国家创新竞争力表现尤为突出，除中欧斯洛伐克以外，其余国家均处于第一区间。亚洲和北美洲进步明显，2019年进入第一区间和第二区间的国家

总数比 2011 年均净增长 1 个；非洲国家有所进步，进入第一区间和第二区间的
国家总数虽然没有变化，但南非从第二区间进入第一区间；南美洲有所退步，进
入第一区间和第二区间的国家总数虽然没有变化，但阿根廷从第一区间降至第二
区间；欧洲退步更为明显，2019 年进入第一区间和第二区间的国家总数较 2011
年减少 2 个；大洋洲没有变化。

三、创新投入、创新环境和创新基础是提升"一带一路"参与国国家创新竞争力的关键因素

创新投入的增加、创新环境的营造和创新基础的构建，从根本上考验一个国家
的经济发展水平。对于"一带一路"参与国家而言，增大教育、研发等创新投入，
营造公平有序的创新环境、夯实坚实有力的创新基础竞争力是在"一带一路"参与
国家的国家创新竞争力比拼中取得优势的根本途径。当前，"一带一路"参与国家
各国处于不同的发展阶段，经济社会发展水平和发展环境差异很大，因此创新投
入、创新环境、创新基础各有不同，从而使得各国国家创新竞争力表现各不相同。

图 8-2、图 8-3 和图 8-4 分别显示 2019 年"一带一路"参与国国家创新竞
争力与创新基础竞争力、创新环境竞争力、创新投入竞争力之间的得分关系。从
三图可以看出，国家创新竞争力与创新基础竞争力、创新环境竞争力、创新投入
竞争力得分均表现出较强的正相关线性关系。创新基础竞争力得分高的国家，国
家创新竞争力的得分也比较高。因此，"一带一路"各国不仅要增加创新要素投
入、拓宽创新渠道，还要进一步完善创新机制、鼓励创新行为、提高创新投入效
率、加强创新基础设施建设，以便更有效地推动国家创新竞争力提高。

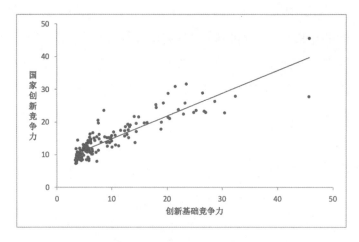

图 8-2 2019 年国家创新竞争力和创新基础竞争力得分关系

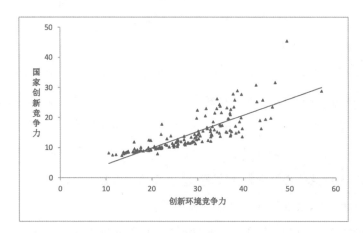

图 8-3　2019 年"一带一路"参与国国家创新竞争力和创新环境竞争力得分关系

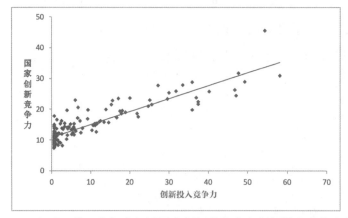

图 8-4　2019 年"一带一路"参与国国家创新竞争力和创新投入竞争力得分关系

四、国家创新竞争力的提升需要以经济发展水平为重要保障

一个国家的经济发展水平是国家创新竞争力提升的重要保障，而国家创新竞争力的提升又能助力国家经济发展水平的飞跃。图8-5和图8-6分别反映了2019年"一带一路"参与国国家创新竞争力和各国GDP（取常用对数）及人均GDP（取常用对数）的关系。

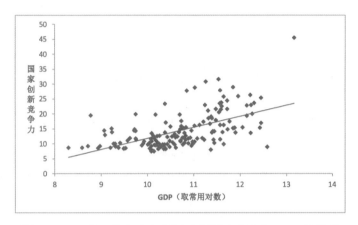

图8-5 "一带一路"参与国国家创新竞争力与GDP的关系

图8-5说明，经济规模（GDP）和国家创新竞争力存在一定的相关关系：GDP总量越大的国家，其国家创新竞争力得分越高。由此可见，一个国家的经济实力与国家创新竞争力互为因果，互相促进。经济实力是国家创新竞争力的重要基础，特别是一些经济规模比较大的国家，更是表现出这一特征。经济实力越强、国家创新竞争力越突出；国家创新竞争力越强，越能推动一个国家实现产业转型和经济腾飞。比如：中国在众多"一带一路"参与国家GDP总量和国家创新竞争力得分都高于其他国家，德国、法国、韩国GDP总量和国家创新竞争力得分位居前列。

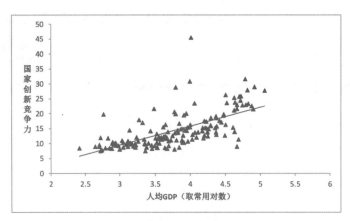

图 8-6 "一带一路"参与国国家创新竞争力与人均 GDP 的关系

图 8-6 更清楚地说明，国家创新竞争力与人均 GDP 存在显著的正向关系，人均 GDP 越大，经济发展水平越高，国家创新竞争力得分越高。但也有一些特殊情况，比如人均 GDP 居于中等的中国，但由于经济总量大的原因，国家创新竞争力得分最高。因此，对于各"一带一路"参与国而言，以经济基础为保障，加大创新投入，积极推动国家创新竞争力的提升，是挖掘发展潜能、重塑国际竞争版图的主要手段。

II

深度分析篇

第九章

"一带一路"参与国国家综合创新竞争力
总体评价与比较分析 [①]

　　创新是全球经济社会发展的不竭动力，在减少和消灭贫困、提高生产力和竞争力、共同应对全球性挑战、促进绿色可持续发展等方面发挥着至关重要的作用。"一带一路"倡议提出、亚投行创立以来，"一带一路"参与国家已超过 160 个。其中，"一带一路"签约国家拥有全球约 75% 的人口和 40% 的研发人员，经济总量占全球的 45% 以上，发表了 45% 的科技论文，贡献了近 15% 的高技术出口额。在"一带一路"参与国家普遍面临机遇与挑战的关键时期，有必要对其国家综合创新竞争力进行评价和预测。

一、五类科技创新评价报告

（一）全球竞争力报告

　　1979 年，世界经济论坛（WEF）开始发布的《全球竞争力报告》（*The Global*

---

　　① 本章作者李俊杰为厦门理工学院应用数学学院副教授，王鹏举为厦门微志云创有限公司合伙人。

Competitiveness Report)。在 1997—1999 年的指标体系关注于经济对国际金融贸易的开放、政府预算管理及税收情况、金融市场的发展、基础设施质量、科学技术、企业管理、劳动力情况和法律政治制度等八个方面。从 2000 年开始调整指标体系，加大科技创新能力的评价比重，如以"技术指数"排名表示"创新指数"排名（2001—2006），以"创新及其复杂程度"排名作为"创新指数"排名（2006—2007）。随着对评价指标及评价对象的不断完善和扩大，更加综合地呈现了国家竞争力的特征。

（二）全球创新指数

2007 年，欧洲工商管理学院(INSEAD)和联合国大学(UNU)合作创立全球创新指数（Global Innovation Index），此后每年发布一次。2012 年起，世界知识产权组织（WIPO）成为报告联合发布方。全球创新指数用评估全球创新活动和各经济体的创新能力，采用了客观定量的硬指标和综合性指标与主观定性的软指标相结合的研究方式，进一步强化了研究成果的准确性和科学性。

（三）国家创新竞争力发展报告

2010 年，中国社会科学院、福建师范大学和中国科学技术交流中心撰写发布了《二十国集团（G20）国家创新竞争力发展报告（2001～2010)》黄皮书对 2001 年到 2010 年的二十国集团国家创新竞争力进行了逐年评价。随后，又先后发布《世界创新竞争力发展报告（2001～2012)》黄皮书、《二十国集团(G20)国家创新竞争力发展报告（2011～2013)》黄皮书、《二十国集团（G20）国家创新竞争力发展报告（2013～2014)》黄皮书、《二十国集团（G20）国家创新竞争力发展报告（2015～2016)》黄皮书和《世界创新竞争力发展报告(2011～2017)》黄皮书，对世界 100 多个国家和二十国集团国家创新竞争力进行了评价。其指标体系包括 5 个二级指标（创新基础竞争力、创新环境竞争力、创新投入竞争力、创新产出竞争力和创新持续竞争力），32 个三级指标，指标涉及科技、经济和教育等多个方面。

（四）国家创新指数

2011年起，中国科学技术发展战略研究院发布我国《国家创新指数报告》。参考《全球竞争力报告》《全球创新指数报告》等国际权威报告，结合国际科技创新能力最新研究成果，采用国际通用的标杆分析法。2017年基于相关统计数据，测算了全球40个国家的创新指数。2019年发布的《国家创新指数报告2019》采用创新资源、知识创造、企业创新、创新绩效和创新环境5项一级指标再次评估了世界40个主要国家的创新指数得分。

（五）彭博社的创新指数

2012年起，彭博社(Bloomberg)开始编制《彭博创新指数》(*Bloomberg Innovation Index*)，其数据主要来源于世界银行、世界知识产权组织、美国经济咨商局(The Conference Board)、经合组织和联合国教科文组织等。指标关注于研发强度、制造能力、生产率、高科技公司密度、高等教育率、研发人员密集度及专利活动等七个方面。

二、"一带一路"参与国国家综合创新竞争力总体评价

（一）"一带一路"参与国国家综合创新竞争力的评价结果

由于五种科技创新评价报告涵盖的国家差别很大，不少"一带一路"参与国没有被三个以上报告考察，不具备充分的基础数据。因此，本报告在172个"一带一路"参与国中选取122个数据相对完整的国家，根据前述5种科技创新报告数据及"一带一路"参与国家综合创新竞争力评价指标体系和数学模型，对其2011—2019年国家综合创新竞争力进行评价分析。

　　表 9-1 列出了本评价期内"一带一路"122 个参与国家综合创新竞争力的排位和得分情况。这里必须指出,由于算法和数据存在不同,国家综合创新竞争力评价结果与本报告总体评价篇国家竞争力评价结果有所差别。

表9-1 2011—2019年 "一带一路" 参与国国家综合创新竞争力评价比较表

国家	2011 排名	2011 得分	2012 排名	2012 得分	2013 排名	2013 得分	2014 排名	2014 得分	2015 排名	2015 得分	2016 排名	2016 得分	2017 排名	2017 得分	2018 排名	2018 得分	2019 排名	2019 得分	2011—2019综合变化 排名	2011—2019综合变化 得分
德国	1	75.00	1	75.54	1	75.23	1	74.71	1	75.14	1	76.77	1	75.77	1	74.32	1	69.80	0	-5.20
中国	7	68.80	11	66.72	9	67.74	8	67.58	10	66.55	9	67.98	7	68.58	4	68.39	2	69.28	+5	+0.48
瑞士	5	70.10	2	74.92	11	65.59	6	67.81	2	74.17	6	69.47	3	72.32	7	65.94	3	68.52	+2	-1.58
法国	10	67.97	10	67.85	7	68.18	7	67.80	6	68.65	4	69.88	2	72.76	2	69.25	4	66.29	+6	-1.68
荷兰	4	70.19	4	71.37	4	71.09	4	69.22	4	70.26	5	69.52	6	68.73	3	68.98	5	64.70	-1	-5.49
新加坡	6	69.14	5	70.30	5	68.85	11	67.09	8	67.96	7	68.31	8	67.75	10	63.85	6	63.88	0	-5.26
韩国	13	64.65	14	64.95	15	64.13	13	64.38	7	68.61	8	68.24	11	66.47	5	67.41	7	63.86	+6	-0.79
丹麦	12	67.12	9	68.24	10	67.60	10	67.24	13	64.38	12	65.20	12	66.22	6	66.12	8	62.48	+4	-4.64
瑞典	3	70.88	3	72.41	3	71.37	3	69.99	5	69.49	3	70.60	5	69.96	9	64.75	9	61.72	-6	-9.16
英国	2	71.28	6	69.86	2	72.21	2	71.55	3	70.27	2	70.79	4	71.70	8	65.86	10	61.71	-8	-9.57
以色列	15	63.81	13	65.79	12	65.03	14	64.35	14	64.37	15	62.54	17	62.92	11	62.46	11	60.94	+4	-2.87
卢森堡	14	64.29	12	65.91	14	64.29	12	66.62	11	66.49	16	62.19	16	63.38	13	62.34	12	60.11	+2	-4.18
奥地利	18	61.71	15	63.28	16	62.59	15	63.43	16	63.05	13	63.43	13	64.14	15	61.21	13	59.03	+5	-2.68
芬兰	8	68.71	7	69.72	6	68.21	9	67.43	12	65.80	11	65.98	9	67.55	14	62.31	14	58.84	-6	-9.87
挪威	9	68.54	8	68.73	8	67.79	5	69.21	9	67.56	10	67.11	10	67.29	12	62.40	15	58.04	-6	-10.50
冰岛	21	57.73	29	52.85	19	58.20	20	56.25	18	61.40	17	61.84	15	63.86	20	56.62	16	57.39	+5	-0.34
加拿大	11	67.65	17	61.81	18	60.65	18	59.77	19	60.05	18	61.53	20	58.35	21	56.21	17	57.15	-6	-10.50
澳大利亚	16	63.10	16	62.14	13	64.31	17	60.67	15	64.19	19	60.55	14	64.08	17	58.14	18	56.69	-2	-6.41
比利时	17	61.80	18	60.74	17	61.94	16	62.06	17	61.89	14	63.39	18	62.51	16	59.52	19	56.63	-2	-5.17
新西兰	19	59.36	21	56.75	20	56.95	23	55.81	20	59.96	22	56.35	19	58.66	28	52.77	20	55.89	-1	-3.47
阿联酋	40	47.48	40	47.70	39	48.33	30	50.61	30	50.92	25	54.13	29	52.31	19	57.23	21	54.94	+19	+7.46

续上表

国家＼项目	2011 排名	2011 得分	2012 排名	2012 得分	2013 排名	2013 得分	2014 排名	2014 得分	2015 排名	2015 得分	2016 排名	2016 得分	2017 排名	2017 得分	2018 排名	2018 得分	2019 排名	2019 得分	2011—2019 综合变化 排名	2011—2019 综合变化 得分
爱尔兰	24	56.40	23	56.59	23	56.16	22	56.00	21	58.47	20	58.24	21	57.57	18	57.81	22	54.14	+2	-2.26
意大利	22	57.42	22	56.71	21	56.61	21	56.15	23	56.23	23	56.25	23	56.16	23	55.25	23	53.64	-1	-3.78
马来西亚	29	52.61	28	52.86	34	49.09	29	52.12	27	52.54	28	53.26	35	48.26	26	53.68	24	52.60	+5	-0.01
卡塔尔	26	55.01	25	55.45	28	52.36	27	52.86	29	51.41	32	49.96	28	52.68	30	51.77	25	52.16	+1	-2.85
马耳他	23	56.77	20	57.57	24	55.78	25	54.31	26	53.98	26	53.92	25	54.60	22	55.85	26	51.92	-3	-4.85
俄罗斯	35	49.18	32	51.15	29	51.85	28	52.14	28	51.72	29	52.08	27	53.83	29	52.76	27	51.80	+8	+2.62
西班牙	25	55.66	24	55.48	25	53.89	24	55.58	24	55.49	21	56.98	24	54.80	25	55.13	28	51.76	-3	-3.90
捷克	28	53.67	26	54.11	26	52.67	26	53.30	25	54.38	27	53.54	26	54.43	27	53.04	29	51.63	-1	-2.04
爱沙尼亚	20	58.50	19	58.12	22	56.45	19	56.37	22	57.05	24	55.91	22	56.43	24	55.22	30	50.55	-10	-7.95
格鲁吉亚	72	38.54	63	40.48	70	38.87	46	45.02	62	41.11	54	42.49	56	43.07	38	47.72	31	49.30	+41	+10.76
葡萄牙	33	49.57	35	49.67	33	49.29	33	50.30	32	50.31	33	49.23	30	51.69	31	51.14	32	48.25	+1	-1.32
希腊	47	45.26	49	44.64	45	46.26	41	47.74	34	49.07	36	48.25	36	47.88	33	49.32	33	48.09	+14	+2.83
波兰	41	46.97	38	48.28	40	47.69	38	48.38	41	46.83	35	48.36	34	48.64	35	48.69	34	47.03	+7	+0.06
哥斯达黎加	43	46.44	41	46.82	41	47.05	36	49.05	43	45.95	40	46.82	42	46.19	42	46.57	35	46.91	+8	+0.47
沙特阿拉伯	31	51.58	30	52.46	27	52.37	34	50.09	33	49.13	38	47.58	33	48.83	41	46.94	36	46.70	-5	-4.88
斯洛文尼亚	30	52.48	27	53.51	31	51.61	32	50.34	31	50.76	31	49.99	31	50.83	34	49.16	37	46.52	-7	-5.96
塞浦路斯	27	54.27	31	51.25	30	51.64	31	50.42	36	48.70	34	49.19	38	47.61	32	49.87	38	46.49	-11	-7.78
立陶宛	34	49.46	33	49.94	35	49.07	35	49.19	35	48.79	30	50.08	32	50.16	36	48.47	39	45.64	-5	-3.82
越南	54	43.50	57	41.80	50	43.97	66	40.05	45	45.18	57	42.21	50	44.66	47	45.48	40	44.83	14	+1.33
匈牙利	32	51.36	34	49.88	32	49.30	39	48.13	40	46.94	37	47.97	41	46.25	37	48.11	41	44.70	-9	-6.66
巴巴多斯	58	42.96	48	44.77	47	44.84	48	44.26	50	44.10	47	44.71	49	44.68	43	45.71	42	44.60	+16	+1.64
泰国	55	43.22	60	41.15	49	44.68	51	43.37	54	43.38	48	44.71	51	44.28	56	42.79	43	44.17	+12	+0.95

续上表

国家\项目	2011 排名	2011 得分	2012 排名	2012 得分	2013 排名	2013 得分	2014 排名	2014 得分	2015 排名	2015 得分	2016 排名	2016 得分	2017 排名	2017 得分	2018 排名	2018 得分	2019 排名	2019 得分	2011—2019综合变化 排名	2011—2019综合变化 得分
印度	67	39.89	65	39.49	67	40.34	71	38.71	60	41.59	59	41.54	57	42.81	48	45.21	44	43.96	+23	+4.07
斯洛伐克	50	43.90	51	44.36	51	43.84	45	45.14	42	46.29	43	45.43	40	46.93	45	45.65	45	43.80	+5	-0.10
克罗地亚	44	45.98	50	44.39	46	45.50	54	42.88	51	43.91	50	44.07	44	45.69	46	45.61	46	43.21	-2	-2.77
保加利亚	51	43.89	46	44.95	48	44.73	52	43.37	49	44.22	53	43.40	45	45.47	49	44.72	47	43.21	+4	-0.68
拉脱维亚	38	47.87	36	49.46	37	48.69	37	48.90	37	48.24	39	47.39	43	46.18	40	47.33	48	43.13	-10	-4.74
埃及	45	45.83	43	46.32	44	46.54	42	46.22	38	47.11	49	44.19	53	43.86	50	44.21	49	43.03	-4	-2.80
乌拉圭	48	44.72	54	42.76	52	43.64	53	43.16	47	44.36	44	45.16	47	45.38	44	45.66	50	42.95	-2	-1.77
南非	63	41.10	61	41.11	64	40.52	64	40.39	56	42.40	61	41.37	60	42.38	61	41.51	51	42.66	+12	+1.56
智利	39	47.71	45	45.60	43	46.71	43	46.16	39	47.03	41	46.51	37	47.68	58	42.54	52	42.41	-13	-5.30
土耳其	57	43.00	53	43.02	54	43.52	49	43.90	48	44.34	45	44.98	46	45.44	66	40.73	53	42.34	+4	-0.66
巴西	36	48.45	39	47.88	38	48.39	40	47.97	46	44.54	42	46.26	39	47.41	57	42.56	54	42.20	-18	-6.25
菲律宾	79	37.82	87	35.96	59	42.15	81	36.34	71	38.44	75	37.58	64	41.26	55	42.80	55	42.18	+24	+4.36
黑山	46	45.82	66	39.32	56	42.76	57	41.70	52	43.86	63	40.58	61	42.19	52	43.45	56	41.90	-10	-3.92
塞尔维亚	61	41.30	62	40.97	68	40.12	60	40.84	59	41.87	64	40.26	55	43.07	51	43.56	57	41.88	+4	+0.58
印度尼西亚	69	39.60	72	38.41	63	40.66	62	40.64	67	39.54	67	39.73	66	40.56	63	41.04	58	41.87	+11	+2.27
阿尔巴尼亚	78	37.86	74	38.38	81	37.31	79	37.00	76	37.17	71	38.35	72	39.42	62	41.20	59	41.52	+19	+3.66
哈萨克斯坦	62	41.16	52	44.05	55	43.28	56	41.95	58	42.24	52	43.84	48	45.14	39	47.60	60	41.49	+2	+0.33
罗马尼亚	60	41.41	58	41.74	60	41.72	58	41.69	57	42.35	58	41.88	58	42.57	60	41.95	61	41.20	-1	-0.21
文莱	37	48.04	37	49.00	42	46.82	44	45.85	44	45.40	55	42.41	62	41.96	54	43.14	62	41.04	-25	-7.00
巴林	52	43.78	44	46.15	53	43.58	50	43.75	53	43.51	46	44.76	54	43.69	59	42.50	63	40.62	-11	-3.16
阿曼	59	41.98	47	44.81	62	41.01	55	42.31	64	40.83	60	41.53	59	42.52	70	39.63	64	40.33	-5	-1.65
秘鲁	70	39.42	68	39.03	66	40.42	65	40.16	66	39.87	69	38.74	68	39.87	53	43.27	65	40.25	+5	+0.83

续上表

国家＼项目	2011 排名	2011 得分	2012 排名	2012 得分	2013 排名	2013 得分	2014 排名	2014 得分	2015 排名	2015 得分	2016 排名	2016 得分	2017 排名	2017 得分	2018 排名	2018 得分	2019 排名	2019 得分	2011—2019综合变化 排名	2011—2019综合变化 得分
乌克兰	66	39.91	59	41.48	65	40.50	67	39.68	69	39.09	66	39.86	63	41.77	64	41.03	66	39.85	0	-0.06
牙买加	86	36.25	81	36.60	79	37.44	76	37.25	82	36.53	80	37.22	74	39.05	67	40.61	67	39.68	+19	+3.43
巴拿马	53	43.67	78	37.43	69	39.57	61	40.66	65	39.99	56	42.24	69	39.59	69	39.64	68	39.67	-15	-4.00
亚美尼亚	65	40.03	84	36.24	76	37.90	73	38.47	61	41.51	83	36.59	67	39.90	82	37.57	69	38.92	-4	-1.11
孟加拉国	94	33.29	106	32.02	99	32.83	104	31.84	101	33.13	100	32.99	98	34.50	92	35.84	70	38.56	+24	+5.27
阿塞拜疆	80	37.77	70	38.74	71	38.60	70	38.90	70	38.81	79	37.43	70	39.56	68	39.97	71	38.25	+9	+0.48
特立尼达和多巴哥	64	40.11	73	38.39	75	38.00	75	37.28	74	38.24	78	37.50	77	38.19	96	35.17	72	37.82	-8	-2.29
博茨瓦纳	82	37.32	85	36.24	72	38.55	87	35.37	83	36.00	81	36.82	81	37.19	80	37.83	73	37.70	+9	+0.38
加蓬	92	34.15	90	34.86	93	34.48	89	34.66	86	35.71	87	35.49	85	36.27	72	38.38	74	37.66	+18	+3.51
伊朗	91	34.17	76	38.22	83	36.36	95	33.97	85	35.96	88	35.48	75	38.93	78	37.91	75	37.59	+16	+3.42
厄瓜多尔	73	38.44	69	38.93	61	41.05	68	39.60	87	35.65	84	36.19	87	36.23	83	37.10	76	37.50	-3	-0.94
科威特	42	46.65	42	46.61	36	48.83	47	44.28	63	41.00	51	43.86	52	44.02	65	40.91	77	37.48	-35	-9.17
阿根廷	56	43.16	55	42.51	57	42.69	59	41.39	55	42.64	62	40.86	65	41.08	90	36.48	78	37.34	-22	-5.82
蒙古	68	39.61	67	39.30	78	37.59	72	38.70	79	37.01	65	39.91	71	39.56	76	37.95	79	37.32	-11	-2.29
摩洛哥	75	38.33	75	38.27	85	36.19	69	39.41	80	36.88	72	38.18	83	36.94	75	38.27	80	37.32	-5	-1.01
约旦	77	37.87	79	37.39	80	37.34	78	37.05	75	37.38	73	38.14	80	37.38	85	36.99	81	37.16	-4	-0.71
卢旺达	88	35.88	80	36.68	84	36.31	80	36.37	73	38.29	70	38.66	90	35.86	71	39.37	82	37.14	+6	+1.26
多米尼加共和国	85	36.81	82	36.36	82	36.81	82	36.18	77	37.09	76	37.55	82	37.05	74	38.34	83	36.79	+2	-0.02
突尼斯	71	39.40	64	40.44	74	38.26	74	37.29	72	38.43	74	37.61	97	34.59	73	38.37	84	36.68	-13	-2.72
塔吉克斯坦	93	34.07	91	34.04	91	34.61	102	32.32	88	35.33	91	35.20	78	37.72	86	36.96	85	36.32	+8	+2.25
斯里兰卡	99	32.53	95	33.70	92	34.59	88	34.87	84	35.97	97	33.74	88	36.02	84	37.07	86	35.51	+13	+2.98
阿尔及利亚	96	32.99	98	33.23	98	32.95	93	34.19	92	34.62	95	34.20	89	35.86	98	34.96	87	35.50	+9	+2.51

续上表

国家 \ 项目	2011 排名	2011 得分	2012 排名	2012 得分	2013 排名	2013 得分	2014 排名	2014 得分	2015 排名	2015 得分	2016 排名	2016 得分	2017 排名	2017 得分	2018 排名	2018 得分	2019 排名	2019 得分	2011—2019综合变化 排名	2011—2019综合变化 得分
塞舌尔	49	44.23	56	42.34	58	42.26	63	40.46	68	39.42	68	39.25	73	39.30	77	37.94	88	35.42	-39	-8.81
黎巴嫩	74	38.37	71	38.42	77	37.60	86	35.61	78	37.02	82	36.80	86	36.26	88	36.85	89	35.41	-15	-2.96
莱索托	113	29.61	117	26.73	110	31.04	105	31.84	105	32.59	114	29.16	91	35.70	81	37.74	90	34.83	+23	+5.22
萨尔瓦多	83	36.96	77	37.88	73	38.50	77	37.05	81	36.78	77	37.54	76	38.64	97	34.96	91	34.81	-8	-2.15
吉尔吉斯斯坦	90	34.57	93	33.96	97	33.43	94	33.98	93	34.48	92	34.76	94	35.43	101	34.12	92	34.58	-2	+0.01
冈比亚	89	35.04	100	32.96	90	34.91	97	33.17	97	33.53	96	33.77	96	34.81	89	36.81	93	34.49	-4	-0.55
不丹	87	36.02	89	35.07	87	35.80	85	35.69	91	34.69	85	35.78	79	37.43	79	37.89	94	33.98	-7	-2.04
佛得角	81	37.52	92	33.99	86	35.87	83	35.94	94	34.29	89	35.30	92	35.56	94	35.35	95	33.72	-14	-3.80
埃塞俄比亚	107	30.46	99	33.10	96	33.60	101	32.49	98	33.42	93	34.54	84	36.28	95	35.28	96	33.21	+11	+2.75
肯尼亚	103	31.74	96	33.58	95	33.67	90	34.28	96	33.68	94	34.49	99	34.23	91	35.90	97	33.18	+6	+1.44
圭亚那	84	36.88	86	36.21	88	35.60	84	35.76	89	35.10	90	35.27	93	35.48	87	36.94	98	32.94	-14	-3.94
尼泊尔	117	28.48	114	29.40	114	29.39	114	29.86	116	29.39	109	30.27	104	32.36	99	34.56	99	32.54	+18	+4.06
加纳	98	32.69	88	35.52	94	34.28	92	34.23	99	33.42	99	33.50	95	34.89	93	35.37	100	32.51	-2	-0.18
喀麦隆	100	32.35	104	32.18	102	32.46	98	32.75	95	33.72	101	31.43	102	32.47	100	34.43	101	32.08	-1	-0.27
委内瑞拉	76	37.87	83	36.30	89	35.51	91	34.23	90	35.05	86	35.73	107	31.43	106	33.18	102	31.90	-26	-5.97
塞内加尔	110	29.65	109	31.44	101	32.75	100	32.56	103	32.89	104	30.85	101	32.53	104	33.57	103	31.89	+7	+2.24
缅甸	122	24.53	118	26.59	120	26.96	120	27.21	117	28.85	115	29.02	110	30.48	112	31.17	104	31.21	+18	+6.68
坦桑尼亚	118	28.14	113	29.85	116	29.11	115	28.48	112	30.18	107	30.65	103	32.43	107	33.16	105	31.19	+13	+3.05
白俄罗斯	95	33.05	105	32.09	104	32.42	99	32.67	102	33.08	106	30.78	105	32.24	109	31.87	106	30.68	-11	-2.37
津巴布韦	108	29.99	101	32.88	111	30.44	103	32.28	111	30.67	110	30.18	106	32.06	102	34.04	107	30.49	+1	+0.50
柬埔寨	105	31.09	110	30.97	106	31.76	106	31.73	106	31.89	103	30.95	111	30.40	108	31.97	108	30.36	-3	-0.73
尼日利亚	106	30.58	112	30.26	107	31.68	109	31.07	109	31.34	112	29.88	116	29.51	111	31.49	109	30.35	-3	-0.23

续上表

国家＼项目	2011 排名	2011 得分	2012 排名	2012 得分	2013 排名	2013 得分	2014 排名	2014 得分	2015 排名	2015 得分	2016 排名	2016 得分	2017 排名	2017 得分	2018 排名	2018 得分	2019 排名	2019 得分	2011—2019综合变化 排名	2011—2019综合变化 得分
赞比亚	102	31.97	102	32.54	103	32.45	108	31.37	100	33.32	102	31.01	109	30.70	105	33.43	110	29.86	-8	-2.11
巴基斯坦	114	29.51	119	26.28	115	29.13	118	27.30	114	30.00	120	26.90	112	30.07	119	27.95	111	29.74	+3	+0.23
纳米比亚	97	32.89	94	33.83	105	32.15	96	33.76	110	30.68	98	33.55	100	33.11	103	33.96	112	29.62	-15	-3.27
安哥拉	119	27.11	116	27.33	118	28.51	116	27.96	115	29.61	116	28.65	120	27.70	117	30.60	113	29.24	+6	+2.13
乌干达	111	29.64	108	31.82	112	30.21	111	30.60	118	28.14	113	29.58	113	29.86	115	30.72	114	28.89	-3	-0.75
贝宁	101	32.31	103	32.26	109	31.52	113	29.95	107	31.54	108	30.34	108	31.04	110	31.67	115	28.85	-14	-3.46
玻利维亚	104	31.54	97	33.54	100	32.78	107	31.61	104	32.67	111	30.09	115	29.56	114	30.86	116	28.64	-12	-2.90
几内亚	116	28.83	115	27.33	117	28.73	121	26.15	121	26.64	121	25.72	117	29.38	118	30.32	117	28.01	-1	-0.82
莫桑比克	109	29.97	107	31.97	108	31.58	110	30.97	108	31.50	105	30.82	114	29.65	116	30.64	118	27.78	-9	-2.19
布隆迪	121	25.75	120	26.15	122	25.39	117	27.87	119	27.77	118	27.19	118	28.88	113	31.14	119	27.71	+2	+1.96
马里	112	29.62	111	30.27	113	30.12	112	30.09	113	30.15	117	28.55	119	28.58	120	27.35	120	27.42	-8	-2.20
马达加斯加	115	29.23	121	25.89	119	27.25	119	27.27	122	26.50	119	26.95	121	26.50	121	26.97	121	25.14	-6	-4.09
也门	120	27.07	122	25.58	121	25.95	122	25.54	120	27.04	122	23.64	122	24.52	122	25.04	122	23.55	-2	-3.52
最高分		75.00		75.54		75.23		74.71		75.14		76.77		75.77		74.32		69.80	—	-5.20
最低分		24.53		25.58		25.39		25.54		26.50		23.64		24.52		25.04		23.55	—	-0.98
平均分		44.17		44.11		44.10		43.78		44.08		43.82		44.40		44.13		42.64	—	-1.53
标准差		12.55		12.61		12.19		12.19		12.26		12.37		12.21		11.10		10.87	—	-1.68

由表 9-1 可知，2019 年，"一带一路"参与国国家综合创新竞争力的最高得分为 69.80 分，比 2011 年下降了 5.20 分；最低得分为 23.55 分，比 2011 年下降了 0.98 分；平均分为 42.64 分，比 2011 年下降了 1.53 分；标准差为 10.87，比 2011 年下降 1.68；最高分和最低分的差距从 2011 年的 50.47 分缩小为 2019 年的 46.25 分。数据表明，"一带一路"参与国家的国家综合创新竞争力整体水平有一定下降，同时各国的国家综合创新竞争力的差距在逐步缩小。国家综合创新竞争力较高的国家主要分布在高收入和中等偏上收入国家，2019 年，在排名前 30 位的国家中，有 24 个国家是发达国家。国家综合创新竞争力的差异主要来自各国经济社会发展水平、创新投入、创新人才资源和创新制度等方面的差异。

（二）"一带一路"参与国国家综合创新竞争力的综合排名及其变化

2011 年"一带一路"参与国国家综合创新竞争力排在第 1 至 10 位的国家依次为：德国、英国、瑞典、荷兰、瑞士、新加坡、中国、芬兰、挪威和法国；排在最后 10 位的国家依次为：莱索托、巴基斯坦、马达加斯加、几内亚、尼泊尔、坦桑尼亚、安哥拉、也门、布隆迪与缅甸。2019 年"一带一路"参与国国家综合创新竞争力排在第 1 至 10 位的国家依次为：德国、中国、瑞士、法国、荷兰、新加坡、韩国、丹麦、瑞典和英国；排在最后 10 位的国家依次为：安哥拉、乌干达、贝宁、玻利维亚、几内亚、莫桑比克、布隆迪、马里、马达加斯加与也门。

总的来看，评价期内，"一带一路"参与国国家综合创新竞争力排在前十位的国家变化较大，仅排名第 1 位的德国和排名第 6 位的新加坡没有变化；原排名第 2 位的英国下降至第 10 位，原第 3 位的瑞典下降至第 9 位，原第 4 位的荷兰下降至第 5 位，芬兰、挪威落出前 10 位；原排名第 7 位的中国升至第 2 位，原第 10 位的法国升至第 4 位，韩国、丹麦升入前 10 位。排在最后 10 位的国家也有较大变化，乌干达、贝宁、玻利维亚、莫桑比克和马里降入该区间，莱索托、巴基斯坦、尼泊尔、坦桑尼亚与缅甸从该区间脱离。

2011—2019 年"一带一路"参与国国家综合创新竞争力的排名变化情况如图 9-1 所示。国家综合创新竞争力排位上升的国家有 55 个，其中排位上升最大的是格鲁吉亚，上升 41 位；其次为菲律宾和孟加拉国，均上升 24 位；再次印度、莱索托，均上升 23 位。排位保持不变的国家有 3 个，分别是：德国、新加坡、乌克兰。排位下降的国家有 64 个，排位下降最大的是塞舌尔，下降 39 位；其次是科威特，排位下降 35 位。

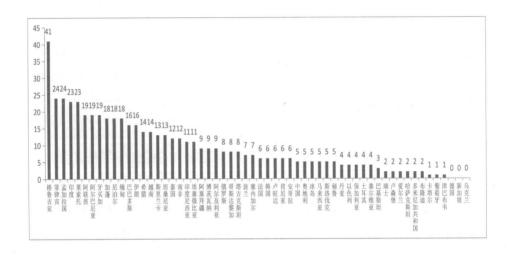

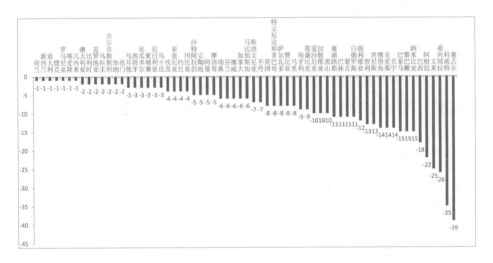

图 9-1　2011—2019 年"一带一路"参与国国家综合创新竞争力的排名变化情况

表 9-2、9-3 列出了"一带一路"参与国家的国家综合创新竞争力排名的区间分布情况（第一区间：排在第 1 至 30 位的国家；第二区间：排在第 31 至 61 位的国家；第三区间：排在第 62 至 92 位的国家；第四区间：排在第 93 至 122 位的国家）。2011—2019 年有 24 个国家的国家综合创新竞争力位次发生了较大幅度变动：阿联酋、俄罗斯由第二区间上升到第一区间，斯洛文尼亚、塞浦路斯由第一区间下降到第二区间；格鲁吉亚、印度、南非、菲律宾、印度尼西亚、阿尔巴尼亚、哈萨克斯坦由第三区间上升到第二区间，文莱、巴林、阿曼、巴拿马、科威特、阿根廷、塞舌尔由第二区间下降到第三区间；塔吉克斯坦、孟加拉国、阿尔及利亚、斯里兰卡、莱索托由第四区间上升到第三区间，冈比亚、不丹、佛得角、圭亚那、委内瑞拉由第三区间下降到第四区间。

表 9-2 2011 年"一带一路"参与国国家综合创新竞争力评价区间表

第一区间		第二区间		第三区间		第四区间	
国家	得分	国家	得分	国家	得分	国家	得分
德国	75.00	沙特阿拉伯	51.58	哈萨克斯坦	41.16	塔吉克斯坦	34.07
英国	71.28	匈牙利	51.36	南非	41.10	孟加拉国	33.29
瑞典	70.88	葡萄牙	49.57	特立尼达和多巴哥	40.11	白俄罗斯	33.05
荷兰	70.19	立陶宛	49.46	亚美尼亚	40.03	阿尔及利亚	32.99
瑞士	70.10	俄罗斯	49.18	乌克兰	39.91	纳米比亚	32.89
新加坡	69.14	巴西	48.45	印度	39.89	加纳	32.69
中国	68.80	文莱	48.04	蒙古	39.61	斯里兰卡	32.53
芬兰	68.71	拉脱维亚	47.87	印度尼西亚	39.60	喀麦隆	32.35
挪威	68.54	智利	47.71	秘鲁	39.42	贝宁	32.31
法国	67.97	阿联酋	47.48	突尼斯	39.40	赞比亚	31.97
加拿大	67.65	波兰	46.97	格鲁吉亚	38.54	肯尼亚	31.74
丹麦	67.12	科威特	46.65	厄瓜多尔	38.44	玻利维亚	31.54
韩国	64.65	哥斯达黎加	46.44	黎巴嫩	38.37	柬埔寨	31.09
卢森堡	64.29	克罗地亚	45.98	摩洛哥	38.33	尼日利亚	30.58

第一区间		第二区间		第三区间		第四区间	
国家	得分	国家	得分	国家	得分	国家	得分
以色列	63.81	埃及	45.83	委内瑞拉	37.87	埃塞俄比亚	30.46
澳大利亚	63.10	黑山	45.82	约旦	37.87	津巴布韦	29.99
比利时	61.80	希腊	45.26	阿尔巴尼亚	37.86	莫桑比克	29.97
奥地利	61.71	乌拉圭	44.72	菲律宾	37.82	塞内加尔	29.65
新西兰	59.36	塞舌尔	44.23	阿塞拜疆	37.77	乌干达	29.63
爱沙尼亚	58.50	斯洛伐克	43.90	佛得角	37.52	马里	29.62
冰岛	57.73	保加利亚	43.89	博茨瓦纳	37.32	莱索托	29.61
意大利	57.42	巴林	43.78	萨尔瓦多	36.96	巴基斯坦	29.51
马耳他	56.77	巴拿马	43.67	圭亚那	36.88	马达加斯加	29.23
爱尔兰	56.40	越南	43.50	多米尼加共和国	36.81	几内亚	28.83
西班牙	55.66	泰国	43.22	牙买加	36.25	尼泊尔	28.48
卡塔尔	55.01	阿根廷	43.16	不丹	36.02	坦桑尼亚	28.14
塞浦路斯	54.27	土耳其	43.00	卢旺达	35.88	安哥拉	27.11
捷克	53.67	巴巴多斯	42.96	冈比亚	35.04	也门	27.07
马来西亚	52.61	阿曼	41.98	吉尔吉斯斯坦	34.57	布隆迪	25.75
斯洛文尼亚	52.48	罗马尼亚	41.41	伊朗	34.17	缅甸	24.53
—	—	塞尔维亚	41.30	加蓬	34.15	—	—

表9-3 2019年"一带一路"参与国国家综合创新竞争力评价区间表

第一区间		第二区间		第三区间		第四区间	
国家	得分	国家	得分	国家	得分	国家	得分
德国	69.80	格鲁吉亚	49.30	文莱	41.04	冈比亚	34.49
中国	69.28	葡萄牙	48.25	巴林	40.62	不丹	33.98
瑞士	68.52	希腊	48.09	阿曼	40.33	佛得角	33.72
法国	66.29	波兰	47.03	秘鲁	40.25	埃塞俄比亚	33.21
荷兰	64.70	哥斯达黎加	46.91	乌克兰	39.85	肯尼亚	33.18

第一区间		第二区间		第三区间		第四区间	
国家	得分	国家	得分	国家	得分	国家	得分
新加坡	63.88	沙特阿拉伯	46.70	牙买加	39.68	圭亚那	32.94
韩国	63.86	斯洛文尼亚	46.52	巴拿马	39.67	尼泊尔	32.54
丹麦	62.48	塞浦路斯	46.49	亚美尼亚	38.92	加纳	32.51
瑞典	61.72	立陶宛	45.64	孟加拉国	38.56	喀麦隆	32.08
英国	61.71	越南	44.83	阿塞拜疆	38.25	委内瑞拉	31.90
以色列	60.94	匈牙利	44.70	特立尼达和多巴哥	37.82	塞内加尔	31.89
卢森堡	60.11	巴巴多斯	44.60	博茨瓦纳	37.70	缅甸	31.21
奥地利	59.03	泰国	44.17	加蓬	37.66	坦桑尼亚	31.19
芬兰	58.84	印度	43.96	伊朗	37.59	白俄罗斯	30.68
挪威	58.04	斯洛伐克	43.80	厄瓜多尔	37.50	津巴布韦	30.49
冰岛	57.39	克罗地亚	43.21	科威特	37.48	柬埔寨	30.36
加拿大	57.15	保加利亚	43.21	阿根廷	37.34	尼日利亚	30.35
澳大利亚	56.69	拉脱维亚	43.13	蒙古	37.32	赞比亚	29.86
比利时	56.63	埃及	43.03	摩洛哥	37.32	巴基斯坦	29.74
新西兰	55.89	乌拉圭	42.95	约旦	37.16	纳米比亚	29.62
阿联酋	54.94	南非	42.66	卢旺达	37.14	安哥拉	29.24
爱尔兰	54.14	智利	42.41	多米尼加共和国	36.79	乌干达	28.89
意大利	53.64	土耳其	42.34	突尼斯	36.68	贝宁	28.85
马来西亚	52.60	巴西	42.20	塔吉克斯坦	36.32	玻利维亚	28.64
卡塔尔	52.16	菲律宾	42.18	斯里兰卡	35.51	几内亚	28.01
马耳他	51.92	黑山	41.90	阿尔及利亚	35.50	莫桑比克	27.78
俄罗斯	51.80	塞尔维亚	41.88	塞舌尔	35.42	布隆迪	27.71
西班牙	51.76	印度尼西亚	41.87	黎巴嫩	35.41	马里	27.42
捷克	51.63	阿尔巴尼亚	41.52	莱索托	34.83	马达加斯加	25.14
爱沙尼亚	50.55	哈萨克斯坦	41.49	萨尔瓦多	34.81	也门	23.55
—	—	罗马尼亚	41.20	吉尔吉斯斯坦	34.58	—	—

比较表 9–2、9–3 与表 1–3 可知，2011—2019 年间，国家综合综合创新竞争力区间变动程度较国家创新竞争力幅度稍小。两种指标体系中都出现区间变动的"一带一路"参与国中，阿联酋两种竞争力均从第二区间上升至第一区间，格鲁吉亚、菲律宾的两种竞争力均从第三区间上升至第二区间，斯里兰卡两种竞争力均从第四区间上升至第三区间；孟加拉国的国家竞争力从第四区间上升至第一区间，国家综合竞争力从第四区间上升至第三区间；阿曼国家创新竞争力从第三区间上升到第二区间，国家综合创新竞争力从第二区间下降到第三区间；阿根廷、文莱的国家创新竞争力均从第一区间下降到第二区间，国家综合创新竞争力均从第二区间下降到第三区间；冈比亚、佛得角的国家创新竞争力均从第二区间降至第三区间，国家综合创新竞争力均从第三区间降至第四区间。

（三）"一带一路"参与国国家综合创新竞争力的综合得分及其变化

如前所述，评价期内，"一带一路"参与国国家综合创新竞争力的平均得分下降 1.53 分，表明"一带一路"参与国国家综合创新竞争力的整体水平有所下降。

2011 年，德国、英国、瑞典、荷兰、瑞士 5 个国家的国家综合创新竞争力得分达到 70 分以上，13 个国家介于 60 ~ 70（不含 60）分，14 个国家介于 50 ~ 60（不含 50）分，33 个国家介于 40 ~ 50（不含 40）分，42 个国家介于 30 ~ 40（不含 30）分，15 个国家介于 20 ~ 30（不含 20）分，没有国家低于 20 分。2019 年，没有国家得分超过 70 分，有 12 国家的国家综合创新竞争力得分介于 60 ~ 70（不含 60）分，18 个国家介于 50 ~ 60（不含 50）分，35 个国家介于 40 ~ 50（不含 40）分，44 个国家介于 30 ~ 40（不含 30）分，13 个国家介于 20 ~ 30（不含 20）分，没有国家低于 20 分。多数国家集中在 30 ~ 50 分的区间。

表 9–4 列出了"一带一路"参与国国家综合创新竞争力的得分变化情况。国家综合创新竞争力得分上升的国家总共有 40 个，其余 82 个国家的得分均有不同程度的下降。其中得分上升最快的是格鲁吉亚，上升了 10.76 分；其次为阿联酋和缅甸，分别上升 7.46 分和 6.68 分；孟加拉国、莱索托 2 国上升 5 ~ 6 分；菲律宾、尼泊尔、印度 3 国上升 4 ~ 5 分；5 国上升 3 ~ 4 分；9 国上升 2 ~ 3 分；6

国上升 1 ～ 2 分；12 国上升 1 分以内。得分下降最快的是加拿大和挪威，均下降 10.50 分；其次为芬兰和英国，分别下降 9.87 分和 9.57 分；再次为科威特、瑞典，分别下降 9.17 分和 9.16 分；1 国下降 8 ～ 9 分；3 国下降 7 ～ 8 分；3 国下降 6 ～ 7 分；8 国下降 5 ～ 6 分；7 国下降 4 ～ 5 分；11 国下降 3 ～ 4 分；18 国下降 2 ～ 3 分；7 国下降 1 ～ 2 分；18 国下降 1 分以内。

表 9-4 2011—2019 年"一带一路"参与国国家综合创新竞争力得分变化情况

变化速度排序	国家	2011得分	2019得分	得分变化	2019年得分排名	变化速度排序	国家	2011得分	2019得分	得分变化	2019年得分排名
1	格鲁吉亚	38.54	49.30	+10.76	31	62	瑞士	70.10	68.52	−1.58	3
2	阿联酋	47.48	54.94	+7.46	21	63	阿曼	41.98	40.33	−1.65	64
3	缅甸	24.53	31.21	+6.68	104	64	法国	67.97	66.29	−1.68	4
4	孟加拉国	33.29	38.56	+5.27	70	65	乌拉圭	44.72	42.95	−1.77	50
5	莱索托	29.61	34.83	+5.22	90	66	不丹	36.02	33.98	−2.04	94
6	菲律宾	37.82	42.18	+4.36	55	67	捷克	53.67	51.63	−2.04	29
7	尼泊尔	28.48	32.54	+4.06	99	68	赞比亚	31.97	29.86	−2.11	110
8	印度	39.89	43.96	+4.07	44	69	萨尔瓦多	36.96	34.81	−2.15	91
9	阿尔巴尼亚	37.86	41.52	+3.66	59	70	莫桑比克	29.97	27.78	−2.19	118
10	加蓬	34.15	37.66	+3.51	74	71	马里	29.62	27.42	−2.20	120
11	牙买加	36.25	39.68	+3.43	67	72	爱尔兰	56.40	54.14	−2.26	22
12	伊朗	34.17	37.59	+3.42	75	73	蒙古	39.61	37.32	−2.29	79
13	坦桑尼亚	28.14	31.19	+3.05	105	74	特立尼达和多巴哥	40.11	37.82	−2.29	72
14	斯里兰卡	32.53	35.51	+2.98	86	75	白俄罗斯	33.05	30.68	−2.37	106
15	希腊	45.26	48.09	+2.83	33	76	奥地利	61.71	59.03	−2.68	13
16	埃塞俄比亚	30.46	33.21	+2.75	96	77	突尼斯	39.40	36.68	−2.72	84
17	俄罗斯	49.18	51.80	+2.62	27	78	克罗地亚	45.98	43.21	−2.77	46
18	阿尔及利亚	32.99	35.50	+2.51	87	79	埃及	45.83	43.03	−2.80	49
19	印度尼西亚	39.60	41.87	+2.27	58	80	卡塔尔	55.01	52.16	−2.85	25
20	塔吉克斯坦	34.07	36.32	+2.25	85	81	以色列	63.81	60.94	−2.87	11

变化速度排序	国家	2011得分	2019得分	得分变化	2019年得分排名	变化速度排序	国家	2011得分	2019得分	得分变化	2019年得分排名
21	塞内加尔	29.65	31.89	+2.24	103	82	玻利维亚	31.54	28.64	−2.90	116
22	安哥拉	27.11	29.24	+2.13	113	83	黎巴嫩	38.37	35.41	−2.96	89
23	布隆迪	25.75	27.71	+1.96	119	84	巴林	43.78	40.62	−3.16	63
24	巴巴多斯	42.96	44.60	+1.64	42	85	纳米比亚	32.89	29.62	−3.27	112
25	南非	41.10	42.66	+1.56	51	86	贝宁	32.31	28.85	−3.46	115
26	肯尼亚	31.74	33.18	+1.44	97	87	新西兰	59.36	55.89	−3.47	20
27	越南	43.50	44.83	+1.33	40	88	也门	27.07	23.55	−3.52	122
28	卢旺达	35.88	37.14	+1.26	82	89	意大利	57.42	53.64	−3.78	23
29	泰国	43.22	44.17	+0.95	43	90	佛得角	37.52	33.72	−3.80	95
30	秘鲁	39.42	40.25	+0.83	65	91	立陶宛	49.46	45.64	−3.82	39
31	塞尔维亚	41.30	41.88	+0.58	57	92	西班牙	55.66	51.76	−3.90	28
32	津巴布韦	29.99	30.49	+0.50	107	93	黑山	45.82	41.90	−3.92	56
33	阿塞拜疆	37.77	38.25	+0.48	71	94	圭亚那	36.88	32.94	−3.94	98
34	中国	68.80	69.28	+0.48	2	95	巴拿马	43.67	39.67	−4.00	68
35	哥斯达黎加	46.44	46.91	+0.47	35	96	马达加斯加	29.23	25.14	−4.09	121
36	博茨瓦纳	37.32	37.70	+0.38	73	97	卢森堡	64.29	60.11	−4.18	12
37	哈萨克斯坦	41.16	41.49	+0.33	60	98	丹麦	67.12	62.48	−4.64	8
38	巴基斯坦	29.51	29.74	+0.23	111	99	拉脱维亚	47.87	43.13	−4.74	48
39	波兰	46.97	47.03	+0.06	34	100	马耳他	56.77	51.92	−4.85	26
40	吉尔吉斯斯坦	34.57	34.58	+0.01	92	101	沙特阿拉伯	51.58	46.70	−4.88	36
41	马来西亚	52.61	52.60	−0.01	24	102	比利时	61.80	56.63	−5.17	19
42	多米尼加共和国	36.81	36.79	−0.02	83	103	德国	75.00	69.80	−5.20	1
43	乌克兰	39.91	39.85	−0.06	66	104	新加坡	69.14	63.88	−5.26	6
44	斯洛伐克	43.90	43.80	−0.10	45	105	智利	47.71	42.41	−5.30	52
45	加纳	32.69	32.51	−0.18	100	106	荷兰	70.19	64.70	−5.49	5
46	罗马尼亚	41.41	41.20	−0.21	61	107	阿根廷	43.16	37.34	−5.82	78
47	尼日利亚	30.58	30.35	−0.23	109	108	斯洛文尼亚	52.48	46.52	−5.96	37

变化速度排序	国家	2011得分	2019得分	得分变化	2019年得分排名	变化速度排序	国家	2011得分	2019得分	得分变化	2019年得分排名
48	喀麦隆	32.35	32.08	−0.27	101	109	委内瑞拉	37.87	31.90	−5.97	102
49	冰岛	57.73	57.39	−0.34	16	110	巴西	48.45	42.20	−6.25	54
50	冈比亚	35.04	34.49	−0.55	93	111	澳大利亚	63.10	56.69	−6.41	18
51	土耳其	43.00	42.34	−0.66	53	112	匈牙利	51.36	44.70	−6.66	41
52	保加利亚	43.89	43.21	−0.68	47	113	文莱	48.04	41.04	−7.00	62
53	约旦	37.87	37.16	−0.71	81	114	塞浦路斯	54.27	46.49	−7.78	38
54	柬埔寨	31.09	30.36	−0.73	108	115	爱沙尼亚	58.50	50.55	−7.95	30
55	乌干达	29.63	28.89	−0.74	114	116	塞舌尔	44.23	35.42	−8.81	88
56	韩国	64.65	63.86	−0.79	7	117	瑞典	70.88	61.72	−9.16	9
57	几内亚	28.83	28.01	−0.82	117	118	科威特	46.65	37.48	−9.17	77
58	厄瓜多尔	38.44	37.50	−0.94	76	119	英国	71.28	61.71	−9.57	10
59	摩洛哥	38.33	37.32	−1.01	80	120	芬兰	68.71	58.84	−9.87	14
60	亚美尼亚	40.03	38.92	−1.11	69	121	挪威	68.54	58.04	−10.50	15
61	葡萄牙	49.57	48.25	−1.32	32	122	加拿大	67.65	57.15	−10.50	17

三、"一带一路"参与国国家综合创新竞争力的区域评价

(一)"一带一路"参与国国家综合创新竞争力的均衡性分析

按照阀值法进行无量纲化处理和加权求和后得到的各国国家综合创新竞争力得分及排位结果，反映的只是单个国家的国家综合创新竞争力状况，要更为准确地反映"一带一路"参与国国家综合创新竞争力的实际差异及整体状况，还需要分析国家综合创新竞争力的评价分值分布情况，对竞争力得分的实际差距及其均衡性进行深入研究和分析。

图9-2和图9-3分别列出了2011年和2019年"一带一路"参与国国家综合创新竞争力评价分值的分布情况。

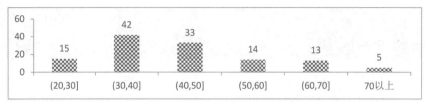

图 9-2　2011 年"一带一路"参与国国家综合创新竞争力评价分值分布

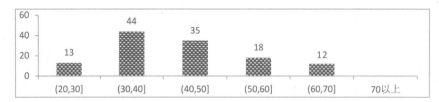

图 9-3　2019 年"一带一路"参与国国家综合创新竞争力评价分值分布

从图 9-2 和图 9-3 可以看出，"一带一路"参与国国家综合创新竞争力的得分分布很不均衡，有超过 60% 的国家的国家综合创新竞争力得分处于 30 ～ 50 分之间；高于 50 分以及低于 30 分的国家都比较少。整体上看，"一带一路"参与国国家综合创新竞争力的评价分值不呈正态分布。从国家综合创新竞争力的综合得分来看，各国差距悬殊，分布的均衡性也比较差，如表 9-1 所示。2019 年，得分最低的马达加斯加只有 23.55 分，仅约为第一名德国得分的约 33.74%，两者相差 46.25 分。排名比较接近的国家之间的得分差距并不大，一般相邻两个国家的得分差距在 2 分以内。

（二）"一带一路"参与国国家综合创新竞争力的洲际区域评价分析

图 9-4 显示 2011 年、2019 年亚洲、欧洲、非洲、南美洲、北美洲、大洋洲"一带一路"参与国国家综合创新竞争力的六大洲分值。

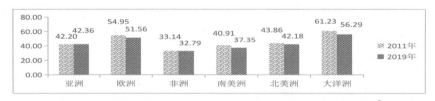

图 9-4 "一带一路"参与国国家综合创新竞争力区间域分值 ①

---

① 大洋洲仅选取澳大利亚、新西兰两国数据。

表 9-5 列出 122 个"一带一路"参与国家 2011—2019 年按照世界大洲进行划分的国家综合创新竞争力的平均得分及其变化情况。

表 9-5 2011—2019 年区域国家综合创新竞争力平均得分及其变化

项目	得分	2011	2012	2013	2014	2015	2016	2017	2018	2019	2011—2019 年分值变化
亚洲	东亚	57.68	56.99	56.48	56.89	57.39	58.71	58.20	57.92	56.82	−0.86
	东南亚	43.28	43.00	43.88	42.71	43.69	43.13	43.29	43.99	43.57	+0.29
	西亚	43.14	43.80	43.18	43.11	42.96	42.66	43.47	42.95	42.38	−0.76
	中亚	36.60	37.35	37.11	36.09	37.35	37.93	39.43	39.56	37.46	+0.86
	南亚	33.29	32.66	33.68	33.05	34.13	33.54	35.53	36.42	35.72	+2.43
	平均分	42.20	42.31	42.37	41.90	42.40	42.20	42.99	43.08	42.36	+0.16
欧洲	西欧	66.55	67.00	66.46	66.38	66.93	66.74	67.41	64.10	61.39	−5.16
	东欧	46.04	46.01	45.66	45.40	45.68	45.29	46.24	45.99	44.01	−2.03
	南欧	53.16	52.55	52.24	52.42	52.30	52.30	52.12	52.76	50.03	−3.13
	平均分	54.95	55.01	54.60	54.47	54.79	54.54	55.21	53.94	51.56	−3.39
非洲	北非	39.14	39.56	38.48	39.28	39.26	38.55	37.81	38.95	38.13	−1.01
	撒哈拉以南非洲	32.22	32.43	32.69	32.40	32.59	32.22	32.96	34.04	31.96	−0.26
	平均分	33.14	33.38	33.46	33.31	33.48	33.06	33.60	34.69	32.79	−0.35
南美洲		40.91	40.31	40.75	40.01	39.66	39.42	39.35	38.73	37.35	−3.56
北美洲		43.86	42.51	42.86	42.69	42.34	43.14	42.72	42.15	42.18	−1.68
大洋洲		61.23	59.44	60.63	58.24	62.08	58.45	61.37	55.45	56.29	−4.94

注：德国、瑞典等列入西欧，波兰、罗马尼亚等列入东欧，希腊、塞浦路斯等列入南欧。

从得分情况来看，六大洲中，大洋洲的国家综合创新竞争力得分最高，2019年达到 56.29 分；欧洲的国家综合创新竞争力得分也比较高，达到 51.56 分；得分最低的是非洲，为 32.79 分。整体来看，世界大洲国家综合创新竞争力的得分不平衡。

从六大洲的得分变化情况来看，2011—2019 年，仅亚洲的国家综合创新竞争力得分略有上升，升幅 0.16 分；其余大洲得分均有所下降。大洋洲下降最多，降幅 4.94 分；其次为南美洲和欧洲，降幅分别为 3.56 分和 3.39 分；北美洲降幅 1.68 分；非洲降幅最小，为 0.35 分。从变动率来看，变化最大的是南美洲，下降 8.70%；其次为大洋洲，下降约 8.07%；变化幅度最小的是亚洲，上升 0.38%。

在亚洲内部，东亚的国家综合创新竞争力得分最高，2019 年达到 56.82 分，仅比西欧低，高于其他各大区域；东南亚和西亚的得分居中，分别为 43.57 分和 42.38 分；中亚和南亚的得分较低，分别为 37.46 和 35.72。2011—2019 年，东南亚、中亚、南亚的得分均有上升，其中南亚上升最快，达 2.43 分，涨幅约 7.30%；东亚、西亚得分有所下降。

在欧洲内部，西欧的国家综合创新竞争力得分最高，2019 年达到 61.39 分，也是所有区域当中得分最高的；东欧和南欧的得分相对也比较高，分别为 44.01 分和 50.03 分。2011—2019 年，所有区域的得分均下降，其中西欧下降最多，达 5.16 分，也是各区域中得分下降最多的。

在非洲内部，各个区域的得分较低。2019 年，北非的国家综合创新竞争力得分为 38.13，撒哈拉以南非洲得分为 31.96。2011—2019 年，所有区域的得分均下降，其中，北非下降最多，下降 1.01 分。

四、"一带一路"参与国国家综合创新竞争力预测

以 2011—2019 年 122 个 "一带一路" 参与国国家综合创新竞争力数值为基础，预测其 2021—2025 年国家综合创新竞争力，结果见表 9-6。[①]

———————————

① 具体预测方法参见本章附录。

表9-6 2021—2025年"一带一路"参与国国家综合创新竞争力预测

项目\国家	2019年		2021年		2022年		2023年		2024年		2025年		2019—2025变化值
	排名	得分	排名	得分	排名	得分	排名	得分	排名	得分	排名	得分	
阿尔巴尼亚	59	41.52	61	41.58	58	42.08	55	42.60	51	43.12	49	43.64	+2.12
阿尔及利亚	87	35.50	85	36.44	83	36.81	82	37.19	79	37.58	79	37.96	+2.46
阿根廷	78	37.34	84	36.48	87	35.80	92	35.13	96	34.48	100	33.84	−3.50
阿联酋	21	54.94	18	58.88	14	60.22	11	61.60	7	63.01	6	64.45	+9.51
阿曼	64	40.33	66	39.70	68	39.39	72	39.08	75	38.77	76	38.46	−1.87
阿塞拜疆	71	38.25	69	39.27	69	39.37	68	39.47	69	39.57	70	39.67	+1.42
埃及	49	43.03	55	42.79	56	42.40	59	42.01	63	41.62	62	41.24	−1.79
埃塞俄比亚	96	33.21	86	36.18	85	36.64	83	37.10	80	37.57	78	38.04	+4.83
爱尔兰	22	54.14	20	56.74	20	56.73	19	56.72	19	56.71	17	56.70	+2.56
爱沙尼亚	30	50.55	29	51.99	30	51.35	31	50.72	32	50.09	32	49.47	−1.08
安哥拉	113	29.24	113	30.29	111	30.60	108	30.91	107	31.23	107	31.55	+2.31
奥地利	13	59.03	12	61.00	12	60.77	13	60.54	12	60.31	12	60.08	+1.05
澳大利亚	18	56.69	19	57.69	19	57.08	20	56.47	20	55.88	21	55.29	−1.40
巴巴多斯	42	44.60	42	45.48	41	45.64	40	45.80	41	45.97	41	46.13	+1.53
巴基斯坦	111	29.74	115	29.27	114	29.40	114	29.53	113	29.66	113	29.79	+0.05
巴林	63	40.62	63	41.37	64	41.01	64	40.66	65	40.31	67	39.96	−0.66
巴拿马	68	39.67	67	39.55	67	39.44	69	39.32	73	39.21	73	39.10	−0.57
巴西	54	42.20	60	41.81	63	41.13	66	40.46	67	39.80	72	39.16	−3.04
白俄罗斯	106	30.68	108	30.86	110	30.66	111	30.46	111	30.27	112	30.07	−0.61
保加利亚	47	43.21	49	44.02	47	43.98	47	43.95	46	43.92	47	43.89	+0.68
贝宁	115	28.85	114	29.44	115	29.18	115	28.93	117	28.68	117	28.42	−0.43
比利时	19	56.63	17	58.91	18	58.55	16	58.19	16	57.84	16	57.48	+0.85
冰岛	16	57.39	11	61.15	11	61.62	9	62.10	8	62.58	8	63.07	+5.68
波兰	34	47.03	34	48.20	34	48.26	34	48.31	34	48.37	35	48.42	+1.39
玻利维亚	116	28.64	118	28.55	119	28.13	119	27.71	119	27.31	119	26.90	−1.74
博茨瓦纳	73	37.70	80	37.50	80	37.59	78	37.68	78	37.76	81	37.85	+0.15
不丹	94	33.98	87	36.12	86	36.18	85	36.23	87	36.29	86	36.34	+2.36

续上表

项目 国家	2019年		2021年		2022年		2023年		2024年		2025年		2019—2025 变化值
	排名	得分	排名	得分	排名	得分	排名	得分	排名	得分	排名	得分	
布隆迪	119	27.71	111	30.53	107	31.07	106	31.62	106	32.18	104	32.74	+5.03
丹麦	8	62.48	9	63.12	9	62.64	8	62.17	10	61.70	9	61.24	−1.24
德国	1	69.80	1	72.50	1	72.15	1	71.79	1	71.44	1	71.09	+1.29
多米尼加共和国	83	36.79	76	37.77	77	37.90	77	38.03	77	38.16	77	38.29	+1.50
俄罗斯	27	51.80	24	53.80	22	54.13	21	54.47	21	54.81	22	55.16	+3.36
厄瓜多尔	76	37.50	89	35.68	92	35.33	94	34.99	94	34.65	93	34.32	−3.18
法国	4	66.29	2	69.55	2	69.69	2	69.83	2	69.97	2	70.12	+3.83
菲律宾	55	42.18	51	43.23	48	43.92	45	44.62	42	45.33	42	46.05	+3.87
芬兰	14	58.84	16	59.71	17	58.72	18	57.75	18	56.80	20	55.86	−2.98
佛得角	95	33.72	99	34.07	102	33.87	101	33.68	101	33.48	102	33.29	−0.43
冈比亚	93	34.49	91	35.34	90	35.51	90	35.68	89	35.84	88	36.01	+1.52
哥斯达黎加	35	46.91	37	46.58	36	46.53	37	46.49	39	46.44	38	46.39	−0.52
格鲁吉亚	31	49.30	31	50.37	29	51.75	24	53.17	22	54.63	18	56.13	+6.83
圭亚那	98	32.94	98	34.12	101	33.89	102	33.66	102	33.42	103	33.20	+0.26
哈萨克斯坦	60	41.49	44	45.11	42	45.41	41	45.71	40	46.01	39	46.31	+4.82
韩国	7	63.86	5	67.11	5	67.33	4	67.54	4	67.76	4	67.98	+4.12
荷兰	5	64.70	6	65.99	6	65.46	6	64.92	6	64.39	7	63.87	−0.83
黑山	56	41.90	58	41.89	60	41.81	62	41.73	61	41.65	61	41.58	−0.32
吉尔吉斯斯坦	92	34.58	95	34.90	95	34.99	93	35.08	92	35.17	91	35.26	+0.68
几内亚	117	28.01	119	28.49	117	28.60	117	28.71	115	28.81	114	28.92	+0.91
加拿大	17	57.15	22	54.50	24	53.59	26	52.70	29	51.82	29	50.96	−6.19
加纳	100	32.51	100	33.96	100	33.95	99	33.93	100	33.92	99	33.91	+1.40
加蓬	74	37.66	71	38.71	70	39.23	67	39.76	66	40.30	64	40.85	+3.19
柬埔寨	108	30.36	107	30.88	108	30.82	109	30.76	109	30.71	109	30.65	+0.29
捷克	29	51.63	26	52.64	26	52.51	27	52.39	26	52.26	28	52.14	+0.51
津巴布韦	107	30.49	105	32.07	105	32.18	105	32.29	105	32.41	105	32.52	+2.03
喀麦隆	101	32.08	104	33.07	104	33.14	104	33.21	103	33.28	101	33.35	+1.27
卡塔尔	25	52.16	32	50.22	33	49.84	33	49.46	33	49.08	34	48.70	−3.46

项目\国家	2019年		2021年		2022年		2023年		2024年		2025年		2019—2025变化值
	排名	得分	排名	得分	排名	得分	排名	得分	排名	得分	排名	得分	
科威特	77	37.48	79	37.60	84	36.68	88	35.78	93	34.91	97	34.06	−3.42
克罗地亚	46	43.21	50	43.99	49	43.89	48	43.79	48	43.70	50	43.60	+0.39
肯尼亚	97	33.18	93	35.29	89	35.53	89	35.78	88	36.03	87	36.28	+3.10
拉脱维亚	48	43.13	48	44.29	50	43.78	51	43.29	53	42.79	58	42.31	−0.82
莱索托	90	34.83	73	38.57	66	39.79	63	41.05	58	42.36	48	43.70	+8.87
黎巴嫩	89	35.41	94	35.16	96	34.88	98	34.60	98	34.32	98	34.04	−1.37
立陶宛	39	45.64	35	47.28	35	47.01	36	46.73	38	46.46	40	46.19	+0.55
卢森堡	12	60.11	14	60.60	15	60.07	15	59.53	15	59.01	15	58.48	−1.63
卢旺达	82	37.14	72	38.62	71	38.87	71	39.12	72	39.37	71	39.62	+2.48
罗马尼亚	61	41.20	57	42.00	59	42.03	58	42.05	60	42.08	59	42.11	+0.91
马达加斯加	121	25.14	121	25.40	121	25.17	121	24.94	121	24.72	121	24.49	−0.65
马耳他	26	51.92	27	52.27	28	51.84	30	51.41	30	50.99	30	50.57	−1.35
马来西亚	24	52.60	28	52.04	27	52.06	28	52.09	27	52.12	27	52.15	−0.45
马里	120	27.42	120	26.95	120	26.60	120	26.26	120	25.93	120	25.60	−1.82
蒙古	79	37.32	77	37.74	79	37.61	80	37.48	81	37.34	83	37.21	−0.11
孟加拉国	70	38.56	78	37.62	76	38.29	73	38.97	68	39.66	66	40.37	+1.81
秘鲁	65	40.25	62	41.44	61	41.67	60	41.90	59	42.13	57	42.36	+2.11
缅甸	104	31.21	101	33.78	97	34.78	87	35.81	84	36.87	80	37.96	+6.75
摩洛哥	80	37.32	81	37.38	81	37.31	81	37.25	82	37.19	84	37.13	−0.19
莫桑比克	118	27.78	117	28.85	118	28.58	118	28.31	118	28.05	118	27.79	+0.01
纳米比亚	112	29.62	106	31.45	106	31.27	107	31.08	108	30.90	108	30.72	+1.10
南非	51	42.66	56	42.71	53	42.92	53	43.13	50	43.34	51	43.55	+0.89
尼泊尔	99	32.54	97	34.63	91	35.35	86	36.08	85	36.82	82	37.58	+5.04
尼日利亚	109	30.35	112	30.39	112	30.35	112	30.30	112	30.25	110	30.21	−0.14
挪威	15	58.04	15	59.90	16	58.91	17	57.93	17	56.98	19	56.04	−2.00
葡萄牙	32	48.25	33	50.19	32	50.24	32	50.28	31	50.32	31	50.37	+2.12
瑞典	9	61.72	10	62.88	10	61.92	12	60.98	13	60.05	13	59.14	−2.58
瑞士	3	68.52	4	68.04	4	67.76	5	67.47	5	67.18	5	66.90	−1.62

项目 国家	2019年		2021年		2022年		2023年		2024年		2025年		2019— 2025 变化值
	排名	得分	排名	得分	排名	得分	排名	得分	排名	得分	排名	得分	
萨尔瓦多	91	34.81	92	35.33	94	35.06	95	34.79	95	34.52	95	34.26	−0.55
塞尔维亚	57	41.88	52	43.08	52	43.34	50	43.61	47	43.88	46	44.15	+2.27
塞内加尔	103	31.89	103	33.37	103	33.60	100	33.84	99	34.08	94	34.31	+2.42
塞浦路斯	38	46.49	40	45.65	44	44.98	46	44.32	49	43.66	52	43.02	−3.47
塞舌尔	88	35.42	96	34.79	99	33.99	103	33.21	104	32.45	106	31.70	−3.72
沙特阿拉伯	36	46.70	43	45.11	46	44.42	49	43.75	52	43.08	56	42.42	−4.28
斯里兰卡	86	35.51	82	37.33	78	37.76	76	38.19	76	38.63	74	39.07	+3.56
斯洛伐克	45	43.80	38	46.02	38	46.19	38	46.36	37	46.53	37	46.70	+2.90
斯洛文尼亚	37	46.52	36	46.78	39	46.18	42	45.59	44	45.00	45	44.43	−2.09
塔吉克斯坦	85	36.32	75	37.91	75	38.39	74	38.88	71	39.38	69	39.88	+3.56
泰国	43	44.17	46	44.47	45	44.63	44	44.79	45	44.95	44	45.12	+0.95
坦桑尼亚	105	31.19	102	33.56	98	34.13	97	34.71	90	35.31	90	35.91	+4.72
特立尼达和多巴哥	72	37.82	88	36.05	88	35.76	91	35.47	91	35.19	92	34.91	−2.91
突尼斯	84	36.68	90	35.53	93	35.16	96	34.79	97	34.42	96	34.06	−2.62
土耳其	53	42.34	54	42.95	54	42.87	54	42.79	54	42.71	55	42.62	+0.28
委内瑞拉	102	31.90	110	30.75	113	30.16	113	29.58	114	29.02	116	28.46	−3.44
文莱	62	41.04	68	39.27	74	38.43	79	37.60	86	36.79	89	35.99	−5.05
乌干达	114	28.89	116	29.14	116	29.01	116	28.88	116	28.75	115	28.63	−0.26
乌克兰	66	39.85	65	40.45	65	40.47	65	40.49	64	40.51	65	40.53	+0.68
乌拉圭	50	42.95	45	44.89	43	45.01	43	45.13	43	45.25	43	45.37	+2.42
西班牙	28	51.76	25	53.59	25	53.37	25	53.15	25	52.93	25	52.71	+0.95
希腊	33	48.09	30	50.40	31	50.93	29	51.46	28	51.99	26	52.53	+4.44
新加坡	6	63.88	8	63.37	8	62.72	10	62.08	11	61.44	11	60.81	−3.07
新西兰	20	55.89	21	54.73	21	54.37	22	54.02	23	53.67	23	53.32	−2.57
匈牙利	41	44.70	47	44.36	51	43.78	52	43.20	56	42.63	60	42.07	−2.63
牙买加	67	39.68	64	40.79	62	41.31	61	41.84	57	42.37	54	42.91	+3.23
亚美尼亚	69	38.92	70	38.73	73	38.76	75	38.79	74	38.82	75	38.85	−0.07
也门	122	23.55	122	23.32	122	23.01	122	22.70	122	22.40	122	22.10	−1.45

项目 国家	2019 年		2021 年		2022 年		2023 年		2024 年		2025 年		2019—2025 变化值
	排名	得分	排名	得分	排名	得分	排名	得分	排名	得分	排名	得分	
伊朗	75	37.59	74	38.49	72	38.83	70	39.18	70	39.53	68	39.89	+2.30
以色列	11	60.94	13	60.86	13	60.42	14	59.98	14	59.55	14	59.12	−1.82
意大利	23	53.64	23	54.03	23	53.71	23	53.38	24	53.06	24	52.74	−0.90
印度	44	43.96	39	45.74	37	46.49	35	47.26	35	48.04	33	48.84	+4.88
印度尼西亚	58	41.87	59	41.83	57	42.11	56	42.39	55	42.67	53	42.95	+1.08
英国	10	61.71	7	64.19	7	63.37	7	62.55	9	61.74	10	60.95	−0.76
约旦	81	37.16	83	37.12	82	37.07	84	37.02	83	36.98	85	36.93	−0.23
越南	40	44.83	41	45.52	40	45.87	39	46.22	36	46.58	36	46.93	+2.10
赞比亚	110	29.86	109	30.84	109	30.68	110	30.52	110	30.36	111	30.20	+0.34
智利	52	42.41	53	42.98	55	42.53	57	42.08	62	41.64	63	41.21	−1.21
中国	2	69.28	3	68.85	3	69.01	3	69.16	3	69.31	3	69.47	+0.19
平均值	42.64		43.41		43.35		43.30		43.25		43.20		+0.56

从整体上看,2021 年至 2025 年 122 个"一带一路"参与国国家综合创新竞争力略有下降,平均值由 2021 年的 43.41 分降至 2025 年的 43.20 分。不过,2021 年至 2025 年的预测平均分均高于 2019 年的 42.64 分。

预计到 2025 年,68 个国家综合创新竞争力高于 2019 年水平,剩余 54 个国家综合创新竞争力低于 2019 年水平。德国将在"一带一路"国家中继续保持第 1 位,法国将从第 4 位上升到第 2 位;阿联酋、莱索托、格鲁吉亚、缅甸等国取得长足的进步。格鲁吉亚、希腊将由第二区间进入第一区间,莱索托、牙买加、秘鲁将由第三区间进入第二区间,埃塞俄比亚、缅甸、尼泊尔、坦桑尼亚将由第四区间进入第三区间。

附录：国家综合创新竞争力评价和预测算法概要

（一）国家综合创新竞争力评价指数数学模型

本报告所采用的国家综合创新竞争力评价方法能够体现评价体系的时变规律，数学模型如下所示：

$$NIC_i=\beta_0+\beta_1 X_{i1}+\beta_2 X_{i2}+...+\beta_k X_{ik}+\frac{N-k}{N}nic_i+\mu \qquad 式（1）$$

其中，k 代表评价体系中评价方法的变化数量，新增评价方法时 $k>0$，减少评价方法时 $k<0$，评价体系不变时 $k=0$；N 代表当前评价体系中评价方法数量；X_{ik}（$i=1, 2, ..., n$）代表第 i 个国家在变化的评价方法下获得的国家创新竞争力得分；β_j（$j=1, 2, ..., k$）代表回归系数；μ 代表随机干扰项；nic_i 代表基于原有评价体系获得的国家创新竞争力得分；NIC_i 代表基于当前评价体系获得的国家创新竞争力得分。

为降低由于评价体系变化而产生的评价结果波动，本报告通过最小化基于当前评价体系预测的国家创新竞争力得分与基于原有评价体系计算的国家创新竞争力得分之间误差的平方和寻找数据的最佳函数匹配。

（二）国家综合创新竞争力评价指数预测方法和合理性说明

采用指数平滑法和霍特双参数线性指数平滑模型进行了简单数值预测。上述方法在建立预测模型时对历史各期数据进行合理加权，近期权数大，远期权数小，各期权数由近及远按等比级数衰减，这与社会经济现象变化的实际相符合。同时，该方法利用全部历史数据建模，避免了移动平均法仅利用部分数据信息的局限性，能够更好地弱化不规则变动因素的影响，揭示现象的变化规律。

研究组认为，预测结果合理。从数据来源看，相关数据来源于 5 个得到国际社会和国内外专家广泛认可的报告，数据权威。从可扩展性看，相关数据能够弥合"不同报告的侧重点不同"的问题，体现综合趋势性。从历史规律看，相关数据符合历史特点和经济活动对创新竞争力影响一般认知，既有横向国际比较，也有纵向的历史比较。

第十章

"一带一路"参与国家信息化发展报告 [①]

一、引言

当今时代，以互联网、移动通讯为代表的网络信息通信技术不断地在改造人民的生活方式，同时，也深刻影响着全球经济、政治，甚至是军事格局。"联合国 2030 年可持续发展议程"中表示信息与通信技术（ICT）蕴藏着极大的潜力，因此，呼吁大大增加对 ICT 的获取和使用，从而使其在支持落实各项可持续发展目标（SDG）方面发挥关键作用。联合国大会 2016 年 12 月 21 日通过关于"信息和通信技术促进发展"的大会决议，决议认识到信息和通信技术是经济发展和投资的关键推进手段，可为就业和社会福祉带来相应的惠益，信息和通信技术在社会中日趋普及对政府提供服务、企业与消费者建立联系以及公民参与公共和私人生活的方式具有深远影响。决议确认信息和通信技术具有潜力，可以提出新的办法应对发展挑战，特别是全球化背景下的发展挑战，并且可以促进持久、包容和公平的经济增长和可持续发展，提高竞争力，增加获取信息和知识的机会，推动贸易与发展，促进消除贫穷和社会融合，从而有助于所有国家特别是发展中国家与最不发达国家加速融入全球经济。

"一带一路"参与国家的经济、社会、文化发展水平差异明显，信息化发展水平更是参差不齐。信息化水平的提高，是"一带一路"参与国家应对全球化发展挑战、促进经济可持续发展、提高竞争力、增加获取信息和知识的机会、推动贸易与发展、促进消除贫穷和社会融合的重要手段。因此，信息化建设必然成为"一带一路"倡议中不可或缺的重要内容。2016 年中国发布的《国家信息化发展战略纲要》中也围绕"一带一路"建设，加强网络互联、促进信息互通，加快构

---

① 本章作者林茜妍为中国科学技术交流中心项目官员，副研究员。

建网络空间命运共同体，构建一条畅通的"信息丝绸之路"做了详细部署。

考虑到国际电信联盟的年度报告《衡量信息社会报告》(*Measuringthe Information Society Report*)是全球范围内信息化水平研究的权威报告，作者以报告中的信息通信技术发展指数（IDI）为数据来源，在172个"一带一路"参与国中选取了2011—2019年间IDI数据较为完整的149个国家，对其信息化发展状况和变化趋势进行了分析（见表10-1）。我们根据《衡量信息社会报告》发布的2011、2012、2013、2015、2016、2017及2018年的IDI数据，利用牛顿插值法推算出2014、2019两年的IDI数据数值。

《衡量信息社会报告》根据IDI值（满分10分），将所有国家分为四个等级："高"（7.5<IDI ≤ 10）、"较高"（5<IDI ≤ 7.5）、"中等"（2.5<IDI ≤ 5）、"低"（IDI ≤ 2.5）。作者采取该分级办法，将149个"一带一路"参与国家根据等级划分为四个等级；对欧洲、大洋洲、亚洲、非洲、南美洲与北美洲6个不同区域国家的IDI指数进行分类比较；选取分布于6个大洲的14个G20国家的IDI指数进行逐个分析；对IDI增速最快的5个国家专门进行分析比较；并对IDI指数与GDP的相关性进行了分析。

表 10-1 "一带一路"参与国家及所属区域

区域	国家	数量
欧洲	冰岛、英国、瑞士、瑞典、爱尔兰、丹麦、挪威、卢森堡、法国、德国、荷兰、比利时、奥地利、白俄罗斯、芬兰、立陶宛、西班牙、爱沙尼亚、斯洛文尼亚、马耳他、捷克、拉脱维亚、希腊、斯洛伐克、摩尔多瓦、俄罗斯、葡萄牙、意大利、保加利亚、波兰、塞尔维亚、塞浦路斯、匈牙利、黑山、罗马尼亚、克罗地亚、北马其顿、乌克兰、阿尔巴尼亚	39
大洋洲	新西兰、澳大利亚、斐济、汤加、萨摩亚、瓦努阿图、所罗门群岛、基里巴斯	8
亚洲	韩国、新加坡、哈萨克斯坦、以色列、阿塞拜疆、巴林、沙特阿拉伯、阿联酋、卡塔尔、土耳其、马来西亚、约旦、阿曼、黎巴嫩、格鲁吉亚、亚美尼亚、科威特、中国、泰国、伊朗、文莱、马尔代夫、蒙古、乌兹别克斯坦、印度尼西亚、越南、吉尔吉斯斯坦、菲律宾、东帝汶、斯里兰卡、不丹、缅甸、柬埔寨、印度、尼泊尔、巴基斯坦、孟加拉国、老挝、阿富汗、也门	40
非洲	阿尔及利亚、突尼斯、塞舌尔、南非、赤道几内亚、佛得角、加蓬、摩洛哥、加纳、博茨瓦纳、尼日利亚、纳米比亚、肯尼亚、科特迪瓦、莱索托、塞内加尔、苏丹、赞比亚、多哥、冈比亚、津巴布韦、卢旺达、喀麦隆、毛里塔尼亚、马里、莫桑比克、乌干达、安哥拉、贝宁、利比里亚、吉布提、几内亚、刚果（布）、马达加斯加、布隆迪、埃塞俄比亚、坦桑尼亚、乍得、南苏丹、尼日尔	40
南美洲	阿根廷、乌拉圭、智利、巴西、苏里南、委内瑞拉、厄瓜多尔、秘鲁、玻利维亚、圭亚那	10
北美洲	加拿大、巴巴多斯、哥斯达黎加、多米尼克、特立尼达和多巴哥、安提瓜和巴布达、格林纳达、巴拿马、牙买加、多米尼加共和国、萨尔瓦多、古巴	12

本报告旨在揭示"一带一路"参与国家在信息化发展方面的特点和差异性，分析各国的优劣势和发展方向，期望为"一带一路"信息化建设及其所推动的网络经济、互联互通生态链以及全球数字化发展提供借鉴。

二、"一带一路"参与国家信息化发展水平总体评价

（一）"一带一路"参与国家信息化发展水平评价结果

报告选取的 149 个"一带一路"参与国家平均 IDI 指数与全球国家的 IDI 指数的对比见表 10-2。整体上，149 个"一带一路"参与国家的平均 IDI 指数与全球平均水平非常接近，均保持较为稳定的增长。

表 10-2 "一带一路"参与国家平均 IDI 指数和全球国家的平均 IDI 值

年份	2011	2012	2013	2014	2015	2016	2017	2018	2019
149 个国家平均 IDI	4.11	4.49	4.68	4.67	4.74	4.94	5.13	5.31	5.49
全球国家的平均 IDI	4.14	4.52	4.69	4.67	4.74	4.94	5.12	5.29	5.47

149 个"一带一路"参与国家从 2011 年到 2019 年的具体信息通信技术发展指数（IDI）数值和当年在全球范围内的排名分别列在表 10-3 和表 10-4 中。

表 10-3 149 个"一带一路"参与国家 IDI 值

国别 \ 年份	2011	2012	2013	2014	2015	2016	2017	2018	2019	2011—2019 得分变化
阿尔巴尼亚	4.49	4.66	4.62	4.58	4.62	4.92	5.14	5.07	5.17	+0.68
阿尔及利亚	2.70	2.77	3.46	3.70	3.74	4.40	4.67	5.21	5.73	+3.03
阿富汗	1.11	1.57	1.67	1.67	1.62	1.73	1.95	2.08	2.22	+1.11
阿根廷	4.54	5.16	5.65	5.96	6.21	6.52	6.79	7.45	7.94	+3.40
阿联酋	6.41	6.46	6.70	6.69	6.96	7.11	7.21	7.37	7.53	+1.12
阿曼	5.38	6.09	6.10	5.82	6.04	6.27	6.43	6.53	6.67	+1.29

年份 国别	2011	2012	2013	2014	2015	2016	2017	2018	2019	2011—2019 得分变化
阿塞拜疆	4.00	4.83	5.71	5.67	6.23	6.28	6.20	7.24	7.75	+3.75
埃塞俄比亚	1.41	1.35	1.67	1.36	1.29	1.51	1.65	1.55	1.57	+0.16
爱尔兰	6.30	7.08	7.57	7.63	7.73	7.92	8.02	8.55	8.85	+2.55
爱沙尼亚	7.99	7.90	7.93	7.67	7.95	8.07	8.14	8.06	8.09	+0.10
安哥拉	1.66	2.01	2.17	1.96	1.95	2.03	1.94	2.06	2.09	+0.43
安提瓜和巴布达	4.47	5.52	5.67	5.59	5.41	5.38	5.71	5.89	6.02	+1.55
奥地利	6.85	7.37	7.62	7.56	7.53	7.69	8.02	8.12	8.28	+1.43
澳大利亚	7.55	7.62	7.90	8.06	8.18	8.19	8.24	8.48	8.61	+1.06
巴巴多斯	5.57	6.87	6.89	6.85	6.87	7.18	7.31	7.70	7.95	+2.38
巴基斯坦	1.54	1.74	2.35	2.12	2.15	2.35	2.42	2.70	2.89	+1.35
巴林	7.10	7.41	7.29	7.12	7.42	7.46	7.60	7.59	7.66	+0.56
巴拿马	4.38	4.19	4.71	4.70	4.63	4.87	4.91	5.05	5.17	+0.79
巴西	4.56	5.42	5.72	5.49	5.72	5.99	6.12	6.48	6.74	+2.18
白俄罗斯	5.68	6.70	6.85	6.76	7.02	7.26	7.55	7.90	8.20	+2.52
保加利亚	5.71	5.89	6.08	6.30	6.43	6.69	6.86	7.09	7.31	+1.60
北马其顿	4.59	5.32	5.77	5.64	5.82	5.97	6.01	6.47	6.71	+2.12
贝宁	1.63	1.90	1.86	1.80	1.83	1.92	1.94	1.98	2.02	+0.39
比利时	6.65	7.33	7.66	7.51	7.69	7.83	7.81	8.18	8.36	+1.71
冰岛	7.66	8.28	8.64	8.63	8.66	8.83	8.98	9.29	9.49	+1.83
波兰	5.91	6.30	6.67	6.59	6.56	6.65	6.89	7.04	7.18	+1.27
玻利维亚	2.92	3.30	3.61	3.68	3.49	4.02	4.31	4.47	4.72	+1.80
博茨瓦纳	3.79	3.94	3.78	3.85	3.79	4.17	4.59	4.39	4.50	+0.71
不丹	3.13	3.08	3.18	2.98	3.12	3.74	3.69	3.69	3.81	+0.68
布隆迪	0.93	0.97	1.03	1.05	1.16	1.42	1.48	1.57	1.70	+0.77
赤道几内亚	1.26	1.50	1.45	1.80	1.82	1.85	1.86	2.12	2.26	+1.00
丹麦	8.51	8.81	8.86	8.67	8.77	8.74	8.71	8.78	8.79	+0.28
德国	7.62	8.36	8.31	7.95	8.13	8.31	8.39	8.45	8.53	+0.91
东帝汶	1.62	2.12	2.89	2.59	2.92	3.05	3.57	4.06	4.54	+2.92

年份 国别	2011	2012	2013	2014	2015	2016	2017	2018	2019	2011—2019 得分变化
多哥	1.28	1.43	1.52	1.59	1.78	1.86	2.15	2.25	2.44	+1.16
多米尼加共和国	3.65	4.07	4.09	3.99	4.02	4.30	4.51	4.53	4.65	+1.00
多米尼克	4.36	4.48	4.60	5.00	5.14	5.71	5.69	6.07	6.38	+2.02
俄罗斯	6.07	6.35	6.58	6.64	6.79	6.95	7.07	7.29	7.47	+1.40
厄瓜多尔	3.18	4.02	4.56	4.40	4.54	4.56	4.84	5.29	5.58	+2.40
法国	7.31	7.73	7.90	7.85	7.95	8.11	8.24	8.40	8.54	+1.23
菲律宾	3.54	3.94	4.02	3.97	3.97	4.28	4.67	4.65	4.82	+1.28
斐济	3.02	3.56	4.00	4.18	4.16	4.41	4.49	5.00	5.30	+2.28
芬兰	7.54	8.03	8.18	8.11	8.11	8.08	7.88	8.14	8.18	+0.64
佛得角	3.80	4.19	4.40	4.14	4.23	4.60	4.92	4.92	5.09	+1.29
冈比亚	2.66	2.43	2.37	2.26	2.40	2.46	2.59	2.44	2.43	−0.23
刚果（布）	1.14	1.31	1.56	1.47	1.48	1.50	1.55	1.67	1.74	+0.60
哥斯达黎加	5.06	5.64	5.83	5.76	6.03	6.30	6.44	6.73	6.97	+1.91
格林纳达	4.93	4.89	4.81	5.08	4.97	5.43	5.80	5.68	5.83	+0.90
格鲁吉亚	4.31	4.39	4.72	5.02	5.33	5.59	5.79	6.18	6.51	+2.20
古巴	1.96	2.62	2.79	2.73	2.64	2.73	2.91	3.10	3.24	+1.28
圭亚那	2.98	3.47	3.48	3.37	3.44	3.52	3.44	3.61	3.66	+0.68
哈萨克斯坦	4.81	5.22	6.01	6.16	6.42	6.57	6.79	7.44	7.87	+3.06
韩国	8.18	8.78	8.85	8.77	8.78	8.84	8.85	9.03	9.10	+0.92
荷兰	8.41	8.35	8.28	8.31	8.36	8.43	8.49	8.44	8.46	+0.05
黑山	4.62	5.68	5.92	5.78	5.76	6.05	6.44	6.69	6.96	+2.34
基里巴斯	2.13	2.25	2.18	2.00	2.07	2.06	2.17	2.07	2.06	−0.07
吉布提	1.75	1.75	1.84	1.88	1.73	1.82	1.98	1.92	1.95	+0.20
吉尔吉斯斯坦	3.08	3.29	3.71	3.86	3.85	3.99	4.37	4.58	4.83	+1.75
几内亚	1.27	1.72	1.52	1.49	1.57	1.72	1.78	1.82	1.89	+0.62
加拿大	5.79	7.25	7.25	7.51	7.55	7.62	7.77	8.35	8.66	+2.87
加纳	2.96	3.27	3.78	3.42	3.75	3.99	4.05	4.33	4.54	+1.58
加蓬	1.84	2.20	2.34	2.92	2.81	3.12	4.11	4.29	4.83	+2.99

续上表

年份 国别	2011	2012	2013	2014	2015	2016	2017	2018	2019	2011—2019 得分变化
柬埔寨	2.60	3.01	2.96	2.70	2.78	3.12	3.28	3.22	3.30	+0.70
捷克	6.01	6.57	7.13	6.86	7.20	7.25	7.16	7.63	7.83	+1.82
津巴布韦	3.08	2.78	2.75	2.68	2.73	2.78	2.92	2.75	2.73	−0.35
喀麦隆	1.70	1.86	2.04	2.05	2.07	2.16	2.38	2.45	2.57	+0.87
卡塔尔	6.00	6.66	6.95	6.79	6.78	6.90	7.21	7.35	7.51	+1.51
科特迪瓦	1.99	2.07	1.97	2.20	2.43	2.86	3.14	3.22	3.49	+1.50
科威特	6.14	6.50	7.03	6.82	6.45	6.54	5.98	6.34	6.31	+0.17
克罗地亚	7.57	7.35	6.36	6.80	6.83	7.04	7.24	6.87	6.83	−0.74
肯尼亚	2.10	2.12	2.32	2.71	2.78	2.99	2.91	3.30	3.53	+1.43
拉脱维亚	5.85	6.45	7.03	6.84	6.88	7.08	7.26	7.59	7.81	+1.96
莱索托	2.27	2.22	2.35	2.42	2.47	2.76	3.04	3.02	3.18	+0.91
老挝	2.19	2.42	2.46	2.34	2.21	2.45	2.91	2.70	2.77	+0.58
黎巴嫩	5.33	5.36	5.12	5.60	5.91	5.93	6.30	6.36	6.56	+1.23
立陶宛	5.38	6.01	6.90	6.70	7.00	7.10	7.19	7.83	8.18	+2.80
利比里亚	1.87	2.01	1.70	1.70	1.73	1.97	2.11	1.96	1.98	+0.11
卢森堡	7.97	8.19	8.26	8.23	8.34	8.36	8.47	8.54	8.61	+0.64
卢旺达	1.30	1.32	1.78	1.86	1.79	2.13	2.18	2.48	2.72	+1.42
罗马尼亚	5.08	5.58	5.92	5.82	5.92	6.26	6.48	6.71	6.95	+1.87
马达加斯加	1.51	1.57	1.76	1.50	1.57	1.69	1.68	1.69	1.71	+0.20
马尔代夫	3.73	4.50	4.64	4.74	4.68	5.04	5.25	5.55	5.80	+2.07
马耳他	7.47	7.22	7.38	7.36	7.49	7.69	7.86	7.81	7.90	+0.43
马来西亚	4.46	5.18	5.50	5.54	5.64	6.22	6.38	6.81	7.18	+2.72
马里	1.70	1.90	1.91	1.92	2.00	2.14	2.16	2.26	2.34	+0.64
毛里塔尼亚	1.72	1.76	1.82	1.96	1.90	2.12	2.26	2.30	2.40	+0.68
蒙古	3.58	4.01	4.23	4.40	4.54	4.95	4.96	5.37	5.66	+2.08
孟加拉国	1.64	1.98	2.10	2.08	2.27	2.35	2.53	2.71	2.88	+1.24
秘鲁	4.28	3.92	4.26	4.15	4.23	4.42	4.85	4.68	4.79	+0.51
缅甸	1.57	1.75	1.96	2.08	1.95	2.54	3.00	3.05	3.35	+1.78

年份 国别	2011	2012	2013	2014	2015	2016	2017	2018	2019	2011—2019 得分变化
摩尔多瓦	3.86	4.48	5.20	5.54	5.60	5.75	6.45	7.04	7.59	+3.73
摩洛哥	4.18	4.69	4.45	4.25	4.26	4.60	4.77	4.65	4.71	+0.53
莫桑比克	1.57	1.40	1.56	1.61	1.60	1.75	2.32	2.11	2.24	+0.67
纳米比亚	3.54	3.70	3.46	3.25	3.20	3.64	3.89	3.60	3.63	+0.09
南非	4.33	4.70	4.72	4.47	4.70	5.03	4.96	5.07	5.17	+0.84
南苏丹	1.71	1.60	1.31	1.30	1.36	1.42	1.48	1.32	1.29	−0.42
尼泊尔	1.88	2.14	2.36	2.38	2.32	2.50	2.88	2.92	3.09	+1.21
尼日尔	0.94	0.83	1.11	1.02	1.03	1.07	1.10	1.15	1.19	+0.25
尼日利亚	1.20	1.74	1.80	2.36	2.48	2.72	2.60	3.41	3.87	+2.67
挪威	7.63	8.58	8.67	8.32	8.35	8.42	8.47	8.63	8.71	+1.08
葡萄牙	6.22	6.27	7.01	6.66	6.64	6.94	7.13	7.24	7.39	+1.17
瑞典	7.33	7.94	8.50	8.51	8.47	8.45	8.41	8.87	9.04	+1.71
瑞士	7.77	8.08	8.38	8.25	8.50	8.68	8.74	8.97	9.13	+1.36
萨尔瓦多	2.67	2.58	3.03	3.55	3.64	3.73	3.82	4.32	4.64	+1.97
萨摩亚	2.46	2.69	2.60	2.53	2.78	2.95	3.30	3.23	3.36	+0.90
塞尔维亚	5.53	5.80	6.11	6.20	6.43	6.58	6.61	6.96	7.17	+1.64
塞内加尔	1.66	2.20	2.31	2.34	2.41	2.53	2.66	2.92	3.11	+1.45
塞浦路斯	6.60	6.96	7.08	6.38	6.28	6.53	7.77	7.02	7.08	+0.48
塞舌尔	4.73	4.39	4.95	4.80	4.77	5.03	5.03	5.11	5.18	+0.45
沙特阿拉伯	5.41	5.92	6.32	6.36	6.88	6.90	6.67	7.32	7.59	+2.18
斯里兰卡	2.83	3.69	3.83	3.46	3.56	3.77	3.91	4.07	4.21	+1.38
斯洛伐克	5.46	6.63	6.52	6.56	6.69	6.96	7.06	7.43	7.67	+2.21
斯洛文尼亚	5.94	6.48	6.72	7.06	7.10	7.23	7.38	7.79	8.05	+2.11
苏丹	1.79	2.13	2.77	2.57	2.56	2.60	2.55	2.93	3.07	+1.28
苏里南	3.59	4.07	4.29	4.50	4.89	5.09	5.15	5.68	6.03	+2.44
所罗门群岛	1.43	1.97	2.05	2.09	1.99	2.04	2.11	2.30	2.41	+0.98
泰国	3.89	4.61	4.81	4.63	5.05	5.18	5.67	5.88	6.19	+2.30
坦桑尼亚	1.91	1.91	2.08	1.67	1.54	1.65	1.81	1.60	1.56	−0.35

续上表

年份 国别	2011	2012	2013	2014	2015	2016	2017	2018	2019	2011—2019 得分变化
汤加	3.06	3.44	3.36	3.42	3.63	3.93	4.34	4.36	4.59	+1.53
特立尼达和多巴哥	4.93	5.43	5.89	5.33	5.48	5.76	6.04	6.08	6.23	+1.30
突尼斯	3.73	4.09	4.29	4.31	4.49	4.83	4.82	5.13	5.34	+1.61
土耳其	3.42	4.68	5.08	5.33	5.45	5.69	6.08	6.88	7.44	+4.02
瓦努阿图	2.23	2.68	2.61	2.79	2.73	3.08	2.81	3.11	3.23	+1.00
委内瑞拉	4.38	4.83	4.76	4.84	5.22	5.27	5.17	5.48	5.63	+1.25
文莱	5.70	4.99	5.29	5.48	5.25	5.33	6.75	6.04	6.18	+0.48
乌干达	1.78	2.06	1.94	1.92	1.86	1.94	2.19	2.08	2.12	+0.34
乌克兰	4.62	5.44	5.43	5.10	5.21	5.33	5.62	5.63	5.74	+1.12
乌拉圭	5.50	6.07	6.24	6.31	6.44	6.79	7.16	7.36	7.64	+2.14
乌兹别克斯坦	3.14	3.31	3.42	3.69	3.76	4.05	4.90	4.83	5.15	+2.01
西班牙	6.70	7.14	7.40	7.33	7.46	7.62	7.79	7.99	8.16	+1.46
希腊	5.79	6.84	6.94	6.82	6.86	7.13	7.23	7.54	7.74	+1.95
新加坡	6.85	7.48	7.68	7.86	7.88	7.95	8.05	8.39	8.58	+1.73
新西兰	7.35	7.85	7.82	7.89	8.05	8.29	8.33	8.54	8.70	+1.35
匈牙利	6.21	6.57	6.60	6.50	6.60	6.72	6.93	6.95	7.04	+0.83
牙买加	3.78	4.07	4.30	4.21	4.20	4.52	4.84	4.87	5.03	+1.25
亚美尼亚	4.23	4.89	5.22	5.11	5.34	5.60	5.76	6.12	6.39	+2.16
也门	1.76	1.90	2.29	2.01	1.96	2.02	2.09	2.14	2.18	+0.42
伊朗	3.58	4.08	4.75	4.48	4.66	4.99	5.58	5.81	6.18	+2.60
以色列	6.74	7.72	7.73	7.29	7.25	7.40	7.88	7.77	7.86	+1.12
意大利	6.43	6.70	6.74	6.84	6.89	7.11	7.04	7.23	7.34	+0.91
印度	2.05	2.69	2.53	2.54	2.50	2.69	3.03	3.02	3.15	+1.10
印度尼西亚	2.30	3.52	3.40	3.73	3.63	3.86	4.33	4.74	5.11	+2.81
英国	7.26	7.72	8.11	8.35	8.54	8.57	8.65	9.13	9.39	+2.13
约旦	3.14	3.86	4.26	4.75	4.67	5.06	6.00	6.43	7.05	+3.91
越南	3.10	3.78	4.06	4.06	4.02	4.29	4.43	4.75	4.98	+1.88
赞比亚	1.96	2.22	2.02	2.06	2.05	2.22	2.54	2.40	2.47	+0.51

年份 国别	2011	2012	2013	2014	2015	2016	2017	2018	2019	2011—2019 得分变化
乍得	0.73	1.09	0.93	1.08	1.00	1.09	1.27	1.30	1.38	+0.65
智利	4.80	5.52	5.80	5.93	6.11	6.35	6.57	7.01	7.33	+2.53
中国	3.67	4.42	4.42	4.71	4.80	5.19	5.60	5.91	6.27	+2.60
最高分	8.51	8.81	8.86	8.77	8.78	8.84	8.98	9.29	9.49	+0.98
最低分	0.73	0.83	0.93	1.02	1.00	1.07	1.10	1.15	1.19	+0.46
平均值	4.11	4.49	4.68	4.67	4.74	4.94	5.13	5.31	5.49	+1.38
中位数	3.86	4.39	4.62	4.63	4.68	5.03	5.15	5.48	5.73	+1.87

表 10-4 149 个 "一带一路" 参与国家 IDI 在全球范围内的排名

年份 国别	2011	2012	2013	2014	2015	2016	2017	2018	2019	2011—2019 排名变化
阿尔巴尼亚	71	80	88	89	92	91	89	94	97	−26
阿尔及利亚	120	124	114	111	112	103	102	91	85	+35
阿富汗	172	163	162	162	162	164	160	158	157	+15
阿根廷	70	68	65	55	56	55	52	38	30	+40
阿联酋	33	43	43	42	35	38	39	41	45	−12
阿曼	54	49	53	58	58	59	62	65	68	−14
阿塞拜疆	85	75	63	61	55	58	65	47	37	+48
埃塞俄比亚	162	168	163	171	172	169	169	171	170	−8
爱尔兰	34	31	25	21	21	21	20	10	6	+28
爱沙尼亚	5	14	15	20	18	18	17	24	27	−22
安哥拉	153	146	145	153	153	154	162	161	160	−7
安提瓜和巴布达	72	59	64	64	70	75	76	77	80	−8
奥地利	27	25	23	23	24	23	21	23	21	+6
澳大利亚	16	19	16	13	12	14	15	13	12	+4
巴巴多斯	49	33	39	33	39	35	34	32	29	+20
巴基斯坦	159	158	139	144	145	146	147	144	141	+18
巴林	25	24	29	30	28	29	31	35	40	−15

续上表

年份 国别	2011	2012	2013	2014	2015	2016	2017	2018	2019	2011—2019 排名变化
巴拿马	76	91	86	87	91	93	94	96	96	−20
巴西	69	63	62	67	65	63	66	66	66	+3
白俄罗斯	48	35	40	40	33	31	32	26	23	+25
保加利亚	46	53	54	52	50	49	50	49	52	−6
北马其顿	68	65	61	62	62	65	69	67	67	+1
贝宁	155	153	155	158	156	158	161	162	162	−7
比利时	30	27	22	26	22	22	25	21	20	+10
冰岛	11	7	4	3	3	2	1	1	1	+10
波兰	42	46	44	45	47	50	49	51	55	−13
玻利维亚	118	116	112	113	117	111	112	110	109	+9
博茨瓦纳	90	102	109	108	109	108	105	111	117	−27
不丹	109	120	121	124	122	117	120	122	123	−14
布隆迪	174	174	174	174	173	171	173	170	169	+5
赤道几内亚	166	164	168	159	157	160	164	155	154	+12
丹麦	1	1	1	2	2	3	4	6	7	−6
德国	14	5	8	14	13	12	12	14	17	−3
东帝汶	156	143	125	132	125	128	121	119	116	+40
多哥	164	166	166	164	159	159	155	153	149	+15
多米尼加共和国	95	98	103	105	104	104	106	109	111	−16
多米尼克	77	85	89	78	77	69	77	74	72	+5
俄罗斯	38	45	46	44	42	43	45	45	47	−9
厄瓜多尔	106	99	90	94	94	98	98	89	88	18
法国	21	16	17	19	17	16	14	16	16	+5
菲律宾	103	101	105	106	106	107	101	107	107	−4
斐济	115	110	107	100	102	102	107	97	93	+22
芬兰	17	12	12	12	14	17	23	22	24	−7
佛得角	89	92	93	102	99	97	93	98	100	−11
冈比亚	123	133	136	142	141	143	143	148	150	−27

续上表

年份 国别	2011	2012	2013	2014	2015	2016	2017	2018	2019	2011—2019 排名变化
刚果（布）	171	170	165	169	169	170	170	168	167	+4
哥斯达黎加	58	56	59	60	59	57	61	61	61	−3
格林纳达	61	74	80	75	82	74	73	80	81	−20
格鲁吉亚	79	87	84	77	72	72	74	71	70	+9
古巴	138	129	128	128	133	135	137	134	133	+5
圭亚那	116	112	113	118	118	121	123	123	125	−9
哈萨克斯坦	62	66	55	54	52	52	51	39	32	+30
韩国	3	2	2	1	1	1	2	3	4	−1
荷兰	2	6	9	7	8	8	7	15	18	−16
黑山	65	55	57	59	64	62	60	63	62	+3
基里巴斯	133	135	144	151	147	152	153	160	161	−28
吉布提	147	157	156	156	161	161	159	164	164	−17
吉尔吉斯斯坦	112	117	111	107	108	113	109	108	105	+7
几内亚	165	160	167	168	165	165	166	165	166	−1
加拿大	44	28	30	25	23	25	29	18	10	+34
加纳	117	118	110	117	111	112	115	113	115	+2
加蓬	143	138	140	125	126	124	114	115	106	+37
柬埔寨	124	121	124	130	127	125	128	131	132	−8
捷克	39	39	31	32	31	32	43	34	34	+5
津巴布韦	113	123	130	131	132	133	134	142	145	−32
喀麦隆	151	154	149	149	146	148	148	147	147	+4
卡塔尔	40	37	36	39	43	46	40	43	46	−6
科特迪瓦	136	144	151	143	139	132	130	130	129	+7
科威特	37	41	34	37	48	53	71	70	73	−36
克罗地亚	15	26	48	38	41	41	37	57	65	−50
肯尼亚	134	142	141	129	128	129	136	128	128	+6
拉脱维亚	43	44	33	35	37	40	35	36	36	+7
莱索托	128	136	138	137	138	134	131	136	135	−7

续上表

年份\国别	2011	2012	2013	2014	2015	2016	2017	2018	2019	2011—2019 排名变化
老挝	131	134	135	140	144	144	135	145	144	−13
黎巴嫩	56	64	74	63	61	66	64	69	69	−13
立陶宛	55	51	38	41	34	39	41	27	25	+30
利比里亚	142	147	161	160	160	156	157	163	163	−21
卢森堡	6	9	10	10	10	11	9	12	13	−7
卢旺达	163	169	159	157	158	150	152	146	146	+17
罗马尼亚	57	57	56	57	60	60	58	62	63	−6
马达加斯加	160	162	160	167	166	166	168	167	168	−8
马尔代夫	92	83	87	84	87	86	85	84	82	+10
马耳他	18	29	28	27	25	24	24	28	31	−13
马来西亚	74	67	66	65	66	61	63	60	54	+20
马里	150	152	154	154	149	149	154	152	153	−3
毛里塔尼亚	148	155	157	152	154	151	150	151	152	−4
蒙古	101	100	101	95	93	90	92	88	86	+15
孟加拉国	154	148	146	146	143	145	146	143	142	+12
秘鲁	80	103	100	101	100	101	96	105	108	−28
缅甸	157	156	152	147	152	140	133	135	131	+26
摩尔多瓦	88	84	72	66	67	68	59	50	44	+44
摩洛哥	83	78	91	98	97	96	100	106	110	−27
莫桑比克	158	167	164	163	164	163	149	156	156	+2
纳米比亚	102	108	115	120	121	120	117	124	127	−25
南非	78	77	85	92	86	88	91	95	95	−17
南苏丹	149	161	171	172	170	172	171	173	174	−25
尼泊尔	141	140	137	138	142	142	138	139	139	+2
尼日尔	173	175	173	175	174	175	175	175	175	−2
尼日利亚	169	159	158	139	137	137	142	127	122	+47
挪威	13	4	3	6	9	9	8	7	8	+5
葡萄牙	35	47	35	43	45	44	44	46	49	−14

年份 国别	2011	2012	2013	2014	2015	2016	2017	2018	2019	2011—2019 排名变化
瑞典	20	13	5	4	6	7	11	5	5	+15
瑞士	8	11	7	8	5	4	3	4	3	+5
萨尔瓦多	122	131	122	114	113	118	118	114	112	+10
萨摩亚	125	126	133	136	129	130	126	129	130	−5
塞尔维亚	50	54	52	53	51	51	55	54	56	−6
塞内加尔	152	139	142	141	140	141	141	140	138	+14
塞浦路斯	31	32	32	48	53	54	28	52	58	−27
塞舌尔	64	88	78	81	85	87	90	93	94	−30
沙特阿拉伯	53	52	49	49	38	45	54	44	43	+10
斯里兰卡	119	109	108	115	116	116	116	118	119	0
斯洛伐克	52	38	47	46	44	42	46	40	39	+13
斯洛文尼亚	41	42	42	31	32	33	33	29	28	+13
苏丹	144	141	129	133	134	139	144	138	140	+4
苏里南	99	97	96	90	83	84	88	81	79	+20
所罗门群岛	161	149	148	145	150	153	156	150	151	+10
泰国	87	81	81	88	79	82	78	78	76	+11
坦桑尼亚	140	150	147	161	167	167	165	169	172	−32
汤加	114	113	118	116	114	114	110	112	113	+1
特立尼达和多巴哥	60	62	58	70	68	67	68	73	75	−15
突尼斯	93	94	97	96	95	95	99	92	92	+1
土耳其	104	79	75	71	69	70	67	56	48	+56
瓦努阿图	129	128	132	127	131	127	139	133	134	−5
委内瑞拉	75	76	82	79	75	79	86	85	87	−12
文莱	47	70	68	68	74	77	53	75	78	−31
乌干达	145	145	153	155	155	157	151	157	159	−14
乌克兰	66	61	67	74	76	76	79	82	84	−18
乌拉圭	51	50	51	51	49	47	42	42	41	+10
乌兹别克斯坦	108	115	116	112	110	110	95	101	98	+10

年份 国别	2011	2012	2013	2014	2015	2016	2017	2018	2019	2011—2019 排名变化
西班牙	29	30	27	28	27	26	27	25	26	+3
希腊	45	34	37	36	40	36	38	37	38	+7
新加坡	26	22	21	18	19	20	18	17	15	+11
新西兰	19	15	19	16	16	13	13	11	9	+10
匈牙利	36	40	45	47	46	48	48	55	60	−24
牙买加	91	96	95	99	101	99	97	99	101	−10
亚美尼亚	82	73	71	73	71	71	75	72	71	+11
也门	146	151	143	150	151	155	158	154	158	−12
伊朗	100	95	83	91	90	89	82	79	77	+23
以色列	28	18	20	29	30	30	22	30	33	−5
意大利	32	36	41	34	36	37	47	48	50	−18
印度	135	127	134	135	135	138	132	137	136	−1
印度尼西亚	127	111	117	110	115	115	111	104	99	+28
英国	22	17	13	5	4	5	5	2	2	+20
约旦	107	106	99	83	89	85	70	68	59	+48
越南	110	107	104	104	105	105	108	103	102	+8
赞比亚	137	137	150	148	148	147	145	149	148	−11
乍得	175	173	175	173	175	174	174	174	173	+2
智利	63	58	60	56	57	56	56	53	51	+12
中国	94	86	92	86	84	81	80	76	74	+20

从表10-3中可以看到,大多数国家从2011年到2019年国家信息化发展水平都有了长足的进步,不少国家稍有波动,但也保持在比较稳定的数值上。其中,冰岛、英国、瑞士、韩国、丹麦等国长期占据前列,说明这些国家的信息化基础设施建设、信息产业贸易发展、数字网络服务体系等方面均较为先进和完善。从表10-4中可以看到,2011—2019年间,土耳其、约旦、阿塞拜疆、尼日利亚等国的排名快速上升。

（二）"一带一路"参与国家信息化发展水平分级评估结果

根据 2011 年、2015 年和 2019 年的 IDI 值，可将 149 个"一带一路"参与国家分为四个等级（分级办法参见附录），分别列在表 10-5、10-6、10-7、10-8 中。

表 10-5 2011 年、2015 年和 2019 年的四个等级的国家数量

IDI 指数等级	高	较高	中等	低
2011 年	12	39	54	44
2015 年	20	49	44	36
2019 年	40	48	36	25

表 10-6 "一带一路"参与国家的等级划分（2011 年）

高（12）	丹麦、荷兰、韩国、爱沙尼亚、卢森堡、瑞士、冰岛、挪威、德国、克罗地亚、澳大利亚、芬兰
较高（39）	马耳他、新西兰、瑞典、法国、英国、巴林、新加坡、奥地利、以色列、西班牙、比利时、塞浦路斯、意大利、阿联酋、爱尔兰、葡萄牙、匈牙利、科威特、俄罗斯、捷克、卡塔尔、斯洛文尼亚、波兰、拉脱维亚、加拿大、希腊、保加利亚、文莱、白俄罗斯、巴巴多斯、塞尔维亚、乌拉圭、斯洛伐克、沙特阿拉伯、立陶宛、阿曼、黎巴嫩、罗马尼亚、哥斯达黎加、
中等（54）	特立尼达和多巴哥、格林纳达、哈萨克斯坦、智利、塞舌尔、黑山、乌克兰、北马其顿、巴西、阿根廷、阿尔巴尼亚、安提瓜和巴布达、马来西亚、委内瑞拉、巴拿马、多米尼克、南非、格鲁吉亚、秘鲁、亚美尼亚、摩洛哥、阿塞拜疆、泰国、摩尔多瓦、佛得角、博茨瓦纳、牙买加、马尔代夫、突尼斯、中国、多米尼加共和国、苏里南、伊朗、蒙古、纳米比亚、菲律宾、土耳其、厄瓜多尔、约旦、乌兹别克斯坦、不丹、越南、吉尔吉斯斯坦、津巴布韦、汤加、斐济、圭亚那、加纳、玻利维亚、斯里兰卡、阿尔及利亚、萨尔瓦多、冈比亚、柬埔寨
低（44）	萨摩亚、印度尼西亚、莱索托、瓦努阿图、老挝、基里巴斯、肯尼亚、印度、科特迪瓦、赞比亚、古巴、坦桑尼亚、尼泊尔、利比里亚、加蓬、苏丹、乌干达、也门、吉布提、毛里塔尼亚、南苏丹、喀麦隆、马里、塞内加尔、安哥拉、孟加拉国、贝宁、东帝汶、缅甸、莫桑比克、巴基斯坦、马达加斯加、所罗门群岛、埃塞俄比亚、卢旺达、多哥、几内亚、赤道几内亚、尼日利亚、刚果（布）、阿富汗、尼日尔、布隆迪、乍得

表 10-7 "一带一路"参与国家的等级划分（2015 年）

高（20）	韩国、丹麦、冰岛、英国、瑞士、瑞典、荷兰、挪威、卢森堡、澳大利亚、德国、芬兰、新西兰、法国、爱沙尼亚、新加坡、爱尔兰、比利时、加拿大、奥地利
较高（49）	马耳他、西班牙、巴林、以色列、捷克、斯洛文尼亚、白俄罗斯、立陶宛、阿联酋、意大利、拉脱维亚、沙特阿拉伯、巴巴多斯、希腊、克罗地亚、俄罗斯、卡塔尔、斯洛伐克、葡萄牙、匈牙利、波兰、科威特、乌拉圭、保加利亚、塞尔维亚、哈萨克斯坦、塞浦路斯、阿塞拜疆、阿根廷、智利、阿曼、哥斯达黎加、罗马尼亚、黎巴嫩、北马其顿、黑山、巴西、马来西亚、摩尔多瓦、特立尼达和多巴哥、土耳其、安提瓜和巴布达、亚美尼亚、格鲁吉亚、文莱、委内瑞拉、乌克兰、多米尼克、泰国

续上表

中等（44）	格林纳达、苏里南、中国、塞舌尔、南非、马尔代夫、约旦、伊朗、巴拿马、阿尔巴尼亚、蒙古、厄瓜多尔、突尼斯、摩洛哥、佛得角、秘鲁、牙买加、斐济、越南、多米尼加共和国、菲律宾、吉尔吉斯斯坦、博茨瓦纳、乌兹别克斯坦、加纳、阿尔及利亚、萨尔瓦多、印度尼西亚、汤加、斯里兰卡、玻利维亚、圭亚那、纳米比亚、不丹、东帝汶、加蓬、肯尼亚、萨摩亚、柬埔寨、瓦努阿图、津巴布韦、古巴、苏丹、印度
低（36）	尼日利亚、莱索托、科特迪瓦、塞内加尔、冈比亚、尼泊尔、孟加拉国、老挝、巴基斯坦、喀麦隆、基里巴斯、赞比亚、马里、所罗门群岛、也门、缅甸、安哥拉、毛里塔尼亚、乌干达、贝宁、赤道几内亚、卢旺达、多哥、利比里亚、吉布提、阿富汗、莫桑比克、几内亚、马达加斯加、坦桑尼亚、刚果（布）、南苏丹、埃塞俄比亚、布隆迪、尼日尔、乍得

表 10-8 "一带一路"参与国家的等级划分（2019 年）

高（40）	冰岛、英国、瑞士、韩国、瑞典、爱尔兰、丹麦、挪威、新西兰、加拿大、澳大利亚、卢森堡、新加坡、法国、德国、荷兰、比利时、奥地利、白俄罗斯、芬兰、立陶宛、西班牙、爱沙尼亚、斯洛文尼亚、巴巴多斯、阿根廷、马耳他、哈萨克斯坦、以色列、捷克、拉脱维亚、阿塞拜疆、希腊、斯洛伐克、巴林、乌拉圭、沙特阿拉伯、摩尔多瓦、阿联酋、卡塔尔
较高（48）	俄罗斯、土耳其、葡萄牙、意大利、智利、保加利亚、马来西亚、波兰、塞尔维亚、塞浦路斯、约旦、匈牙利、哥斯达黎加、黑山、罗马尼亚、克罗地亚、巴西、北马其顿、阿曼、黎巴嫩、格鲁吉亚、亚美尼亚、多米尼克、科威特、中国、特立尼达和多巴哥、泰国、伊朗、文莱、苏里南、安提瓜和巴布达、格林纳达、马尔代夫、乌克兰、阿尔及利亚、蒙古、委内瑞拉、厄瓜多尔、突尼斯、斐济、塞舌尔、南非、巴拿马、阿尔巴尼亚、乌兹别克斯坦、印度尼西亚、佛得角、牙买加
中等（36）	越南、吉尔吉斯斯坦、加蓬、菲律宾、秘鲁、玻利维亚、摩洛哥、多米尼加共和国、萨尔瓦多、汤加、加纳、东帝汶、博茨瓦纳、斯里兰卡、尼日利亚、不丹、圭亚那、纳米比亚、肯尼亚、科特迪瓦、萨摩亚、缅甸、柬埔寨、古巴、瓦努阿图、莱索托、印度、塞内加尔、尼泊尔、苏丹、巴基斯坦、孟加拉国、老挝、津巴布韦、卢旺达、喀麦隆
低（25）	赞比亚、多哥、冈比亚、所罗门群岛、毛里塔尼亚、马里、赤道几内亚、莫桑比克、阿富汗、也门、乌干达、安哥拉、基里巴斯、贝宁、利比里亚、吉布提、几内亚、刚果（布）、马达加斯加、布隆迪、埃塞俄比亚、坦桑尼亚、乍得、南苏丹、尼日尔

比较 2011 年、2015 年和 2019 年的四个等级的国家数量，可以发现：在 2011 年，仅有 12 个国家信息化水平达到"高"等级，全部为发达国家；"较高"等级、"中等"和"低"等级国家众多，分布有 39 个、54 个和 44 个。到 2015 年，情况得到改善，水平达到"高"等级的国家增长到 20 个，仍全部为发达国家；达到"较高"水平的国家数量比 2011 年增加 10 个，达到 49 个，在 4 个等级中最多；"中等"国家下降 10 个，还有 44 个；"低"等级国家减少 8 个，还有 36 个。到 2019 年，情况得到进一步改善，"高"等级国家数量翻番，达到 40 个，11 个非发达国家（白俄罗斯、巴巴多斯、阿根廷、哈萨克斯坦、阿塞拜疆、巴林、乌拉圭、沙特阿拉伯、摩尔多瓦、阿联酋、卡塔尔）进入该等级；"较高"等级的国家

相比 2019 年仅减少 1 个，为 48 个；"中等""低"等级国家数分别减少 8 个、11 个，分别还有 36 个、25 个国家。

三、"一带一路"参与国家信息化发展水平区域评价

（一）分区域国家的信息通信技术发展指数（IDI）

1. 欧洲"一带一路"参与国家的信息化发展水平

选取的 149 个"一带一路"参与国家中属于欧洲地区的有 39 个，其 IDI 值和全球排名体现在表 10-9。这些国家信息化水平普遍较高，即使是当中 IDI 指数最低的阿尔巴尼亚，其全球排名也一直保持在 100 名以内。这说明欧洲信息化的整体水平较为良好。而且，从 2011 年到 2019 年，除克罗地亚之外的欧洲"一带一路"参与国的 IDI 都在稳步增长，尤其摩尔多瓦增速明显，增长 3.73 分，增幅达约 96.6%。

表 10-9 欧洲"一带一路"参与国家的 IDI 值及全球排名

项目 国家	2011年 得分	2011年 排名	2012年 得分	2012年 排名	2013年 得分	2013年 排名	2014年 得分	2014年 排名	2015年 得分	2015年 排名	2016年 得分	2016年 排名	2017年 得分	2017年 排名	2018年 得分	2018年 排名	2019年 得分	2019年 排名	得分变化
阿尔巴尼亚	4.49	71	4.66	80	4.62	88	4.58	89	4.62	92	4.92	91	5.14	89	5.07	94	5.17	97	+0.68
爱尔兰	6.30	34	7.08	31	7.57	25	7.63	21	7.73	21	7.92	21	8.02	20	8.55	10	8.85	6	+2.55
爱沙尼亚	7.99	5	7.90	14	7.93	15	7.67	20	7.95	18	8.07	18	8.14	17	8.06	24	8.09	27	+0.10
奥地利	6.85	27	7.37	25	7.62	23	7.56	23	7.53	24	7.69	23	8.02	21	8.12	23	8.28	21	+1.43
白俄罗斯	5.68	48	6.70	35	6.85	40	6.76	40	7.02	33	7.26	31	7.55	32	7.90	26	8.20	23	+2.52
保加利亚	5.71	46	5.89	53	6.08	54	6.30	52	6.43	50	6.69	49	6.86	50	7.09	49	7.31	52	+1.60
北马其顿	4.59	68	5.32	65	5.77	61	5.64	62	5.82	62	5.97	65	6.01	69	6.47	67	6.71	67	+2.12
比利时	6.65	30	7.33	27	7.66	22	7.51	26	7.69	22	7.83	22	7.81	25	8.18	21	8.36	20	+1.71
冰岛	7.66	11	8.28	7	8.64	4	8.63	3	8.66	3	8.83	2	8.98	1	9.29	1	9.49	1	+1.83
波兰	5.91	42	6.30	46	6.67	44	6.59	45	6.56	47	6.65	50	6.89	49	7.04	51	7.18	55	+1.27
丹麦	8.51	1	8.81	1	8.86	1	8.67	2	8.77	2	8.74	3	8.71	4	8.78	6	8.79	7	+0.28
德国	7.62	14	8.36	5	8.31	8	7.95	14	8.13	13	8.31	12	8.39	12	8.45	14	8.53	17	+0.91
俄罗斯	6.07	38	6.35	45	6.58	46	6.64	44	6.79	42	6.95	43	7.07	45	7.29	45	7.47	47	+1.40
法国	7.31	21	7.73	16	7.90	17	7.85	19	7.95	17	8.11	16	8.24	14	8.40	16	8.54	16	+1.23
芬兰	7.54	17	8.03	12	8.18	12	8.11	12	8.11	14	8.08	17	7.88	23	8.14	22	8.18	24	+0.64
荷兰	8.41	2	8.35	6	8.28	9	8.31	7	8.36	8	8.43	8	8.49	7	8.44	15	8.46	18	+0.05
黑山	4.62	65	5.68	55	5.92	57	5.78	59	5.76	64	6.05	62	6.44	60	6.69	63	6.96	62	+2.34

续上表

项目 国家	2011 年 得分	2011 年 排名	2012 年 得分	2012 年 排名	2013 年 得分	2013 年 排名	2014 年 得分	2014 年 排名	2015 年 得分	2015 年 排名	2016 年 得分	2016 年 排名	2017 年 得分	2017 年 排名	2018 年 得分	2018 年 排名	2019 年 得分	2019 年 排名	得分变化
捷克	6.01	39	6.57	39	7.13	31	6.86	32	7.20	31	7.25	32	7.16	43	7.63	34	7.83	34	+1.82
克罗地亚	7.57	15	7.35	26	6.36	48	6.80	38	6.83	41	7.04	41	7.24	37	6.87	57	6.83	65	−0.74
拉脱维亚	5.85	43	6.45	44	7.03	33	6.84	35	6.88	37	7.08	40	7.26	35	7.59	36	7.81	36	+1.96
立陶宛	5.38	55	6.01	51	6.90	38	6.70	41	7.00	34	7.10	39	7.19	41	7.83	27	8.18	25	+2.80
卢森堡	7.97	6	8.19	9	8.26	10	8.23	10	8.34	10	8.36	11	8.47	9	8.54	12	8.61	13	+0.64
罗马尼亚	5.08	57	5.58	57	5.92	56	5.82	57	5.92	60	6.26	60	6.48	58	6.71	62	6.95	63	+1.87
马耳他	7.47	18	7.22	29	7.38	28	7.36	27	7.49	25	7.69	24	7.86	24	7.81	28	7.90	31	+0.43
摩尔多瓦	3.86	88	4.48	84	5.20	72	5.54	66	5.60	67	5.75	68	6.45	59	7.04	50	7.59	44	+3.73
挪威	7.63	13	8.58	4	8.67	3	8.32	6	8.35	9	8.42	9	8.47	8	8.63	7	8.71	8	+1.08
葡萄牙	6.22	35	6.27	47	7.01	35	6.66	43	6.64	45	6.94	44	7.13	44	7.24	46	7.39	49	+1.17
瑞典	7.33	20	7.94	13	8.50	5	8.51	4	8.47	6	8.45	7	8.41	11	8.87	5	9.04	5	+1.71
瑞士	7.77	8	8.08	11	8.38	7	8.25	8	8.50	5	8.68	4	8.74	3	8.97	4	9.13	3	+1.36
塞尔维亚	5.53	50	5.80	54	6.11	52	6.20	53	6.43	51	6.58	51	6.61	55	6.96	54	7.17	56	+1.64
塞浦路斯	6.60	31	6.96	32	7.08	32	6.38	48	6.28	53	6.53	54	7.77	28	7.02	52	7.08	58	+0.48
斯洛伐克	5.46	52	6.63	38	6.52	47	6.56	46	6.69	44	6.96	42	7.06	46	7.43	40	7.67	39	+2.21
斯洛文尼亚	5.94	41	6.48	42	6.72	42	7.06	31	7.10	32	7.23	33	7.38	33	7.79	29	8.05	28	+2.11
乌克兰	4.62	66	5.44	61	5.43	67	5.10	74	5.21	76	5.33	76	5.62	79	5.63	82	5.74	84	+1.12

续上表

国家\项目	2011年 得分	2011年 排名	2012年 得分	2012年 排名	2013年 得分	2013年 排名	2014年 得分	2014年 排名	2015年 得分	2015年 排名	2016年 得分	2016年 排名	2017年 得分	2017年 排名	2018年 得分	2018年 排名	2019年 得分	2019年 排名	得分变化
西班牙	6.70	29	7.14	30	7.40	27	7.33	28	7.46	27	7.62	26	7.79	27	7.99	25	8.16	26	+1.46
希腊	5.79	45	6.84	34	6.94	37	6.82	36	6.86	40	7.13	36	7.23	38	7.54	37	7.74	38	+1.95
匈牙利	6.21	36	6.57	40	6.60	45	6.50	47	6.60	46	6.72	48	6.93	48	6.95	55	7.04	60	+0.83
意大利	6.43	32	6.70	36	6.74	41	6.84	34	6.89	36	7.11	37	7.04	47	7.23	48	7.34	50	+0.91
英国	7.26	22	7.72	17	8.11	13	8.35	5	8.54	4	8.57	5	8.65	5	9.13	2	9.39	2	+2.13
最高分	8.51		8.81		8.86		8.67		8.77		8.83		8.98		9.29		9.49		+0.98
最低分	3.86		4.48		4.62		4.58		4.62		4.92		5.14		5.07		5.17		+1.31
平均得分	6.43		6.90		7.12		7.06		7.16		7.32		7.48		7.68		7.84		+1.41
中位数	6.30		6.84		7.03		6.84		7.02		7.23		7.38		7.79		7.90		+1.60

2. 大洋洲 "一带一路" 参与国家的信息化发展水平

选取的 149 个 "一带一路" 参与国家中包括 8 个大洋洲地区国家，其 IDI 值和全球排名体现在表 10-10 中。从 2011 年到 2019 年，除基里巴斯之外的大洋洲 "一带一路" 参与国的 IDI 都在稳步增长，尤其斐济增速明显，增长 2.28 分，增幅达约 75.5%。

表10-10 大洋洲"一带一路"参与国家的IDI值及全球排名

国家 项目	2011年 得分	2011年 排名	2012年 得分	2012年 排名	2013年 得分	2013年 排名	2014年 得分	2014年 排名	2015年 得分	2015年 排名	2016年 得分	2016年 排名	2017年 得分	2017年 排名	2018年 得分	2018年 排名	2019年 得分	2019年 排名	得分变化
澳大利亚	7.55	16	7.62	19	7.90	16	8.06	13	8.18	12	8.19	14	8.24	15	8.48	13	8.61	12	+1.06
斐济	3.02	115	3.56	110	4.00	107	4.18	100	4.16	102	4.41	102	4.49	107	5.00	97	5.30	93	+2.28
基里巴斯	2.13	133	2.25	135	2.18	144	2.00	151	2.07	147	2.06	152	2.17	153	2.07	160	2.06	161	-0.07
萨摩亚	2.46	125	2.69	126	2.60	133	2.53	136	2.78	129	2.95	130	3.30	126	3.23	129	3.36	130	+0.90
所罗门群岛	1.43	161	1.97	149	2.05	148	2.09	145	1.99	150	2.04	153	2.11	156	2.30	150	2.41	151	+0.98
汤加	3.06	114	3.44	113	3.36	118	3.42	116	3.63	114	3.93	114	4.34	110	4.36	112	4.59	113	+1.53
瓦努阿图	2.23	129	2.68	128	2.61	132	2.79	127	2.73	131	3.08	127	2.81	139	3.11	133	3.23	134	+1.00
新西兰	7.35	19	7.85	15	7.82	19	7.89	16	8.05	16	8.29	13	8.33	13	8.54	11	8.70	9	+1.35
最高分	7.55		7.85		7.9		8.06		8.18		8.29		8.33		8.54		8.70		+1.15
最低分	1.43		1.97		2.05		2.00		1.99		2.04		2.11		2.07		2.06		+0.63
平均得分	3.65		4.01		4.07		4.12		4.20		4.37		4.47		4.64		4.78		+1.13
中位数	2.74		3.07		2.99		3.11		3.21		3.51		3.82		3.80		3.80		+1.06

3．亚洲"一带一路"参与国家的信息化发展水平

选取的 149 个"一带一路"参与国家中属于亚洲地区的有 40 个，其 IDI 值和全球排名体现在表 10-11 中。这些国家中，韩国、新加坡信息化水平很高，始终处于全球排名前列。排名较为靠后的则有阿富汗、也门、巴基斯坦、孟加拉国、缅甸、尼泊尔、老挝、印度和柬埔寨，IDI 全球排名长期徘徊在 120 位以后，由此可见亚洲区域信息化发展不均衡。2011—2019 年间，亚洲"一带一路"参与国家 IDI 全部增长，土耳其增速尤其明显，得分增长 4.02 分，增幅达约 117.5%。此外，约旦、印度尼西亚、东帝汶与缅甸得分涨幅均超过 100%。

表 10-11 亚洲 "一带一路" 参与国家的 IDI 值及全球排名

| 项目
国家 | 2011 年 | | 2012 年 | | 2013 年 | | 2014 年 | | 2015 年 | | 2016 年 | | 2017 年 | | 2018 年 | | 2019 年 | | 得分变化 |
	得分	排名	得分	排名	得分	排名	得分	排名	得分	排名	得分	排名	得分	排名	得分	排名	得分	排名	
阿富汗	1.11	172	1.57	163	1.67	162	1.67	162	1.62	162	1.73	164	1.95	160	2.08	158	2.22	157	+1.11
阿联酋	6.41	33	6.46	43	6.70	43	6.69	42	6.96	35	7.11	38	7.21	39	7.37	41	7.53	45	+1.12
阿曼	5.38	54	6.09	49	6.10	53	5.82	58	6.04	58	6.27	59	6.43	62	6.53	65	6.67	68	+1.29
阿塞拜疆	4.00	85	4.83	75	5.71	63	5.67	61	6.23	55	6.28	58	6.20	65	7.24	47	7.75	37	+3.75
巴基斯坦	1.54	159	1.74	158	2.35	139	2.12	144	2.15	145	2.35	146	2.42	147	2.70	144	2.89	141	+1.35
巴林	7.10	25	7.41	24	7.29	29	7.12	30	7.42	28	7.46	29	7.60	31	7.59	35	7.66	40	+0.56
不丹	3.13	109	3.08	120	3.18	121	2.98	124	3.12	122	3.74	117	3.69	120	3.69	122	3.81	123	+0.68
东帝汶	1.62	156	2.12	143	2.89	125	2.59	132	2.92	125	3.05	128	3.57	121	4.06	119	4.54	116	+2.92
菲律宾	3.54	103	3.94	101	4.02	105	3.97	106	3.97	106	4.28	107	4.67	101	4.65	107	4.82	107	+1.28
格鲁吉亚	4.31	79	4.39	87	4.72	84	5.02	77	5.33	72	5.59	72	5.79	74	6.18	71	6.51	70	+2.20
哈萨克斯坦	4.81	62	5.22	66	6.01	55	6.16	54	6.42	52	6.57	52	6.79	51	7.44	39	7.87	32	+3.06
韩国	8.18	3	8.78	2	8.85	2	8.77	1	8.78	1	8.84	1	8.85	2	9.03	3	9.10	4	+0.92
吉尔吉斯斯坦	3.08	112	3.29	117	3.71	111	3.86	107	3.85	108	3.99	113	4.37	109	4.58	108	4.83	105	+1.75
柬埔寨	2.60	124	3.01	121	2.96	124	2.70	130	2.78	127	3.12	125	3.28	128	3.22	131	3.30	132	+0.70
卡塔尔	6.00	40	6.66	37	6.95	36	6.79	39	6.78	43	6.90	46	7.21	40	7.35	43	7.51	46	+1.51
科威特	6.14	37	6.50	41	7.03	34	6.82	37	6.45	48	6.54	53	5.98	71	6.34	70	6.31	73	+0.17

续上表

国家	2011年得分	2011年排名	2012年得分	2012年排名	2013年得分	2013年排名	2014年得分	2014年排名	2015年得分	2015年排名	2016年得分	2016年排名	2017年得分	2017年排名	2018年得分	2018年排名	2019年得分	2019年排名	得分变化
老挝	2.19	131	2.42	134	2.46	135	2.34	140	2.21	144	2.45	144	2.91	135	2.70	145	2.77	144	+0.58
黎巴嫩	5.33	56	5.36	64	5.12	64	5.60	63	5.91	61	5.93	66	6.30	64	6.36	69	6.56	69	+1.23
马尔代夫	3.73	92	4.50	83	4.64	87	4.74	84	4.68	87	5.04	86	5.25	85	5.55	84	5.80	82	+2.07
马来西亚	4.46	74	5.18	67	5.50	66	5.54	65	5.64	66	6.22	61	6.38	63	6.81	60	7.18	54	+2.72
蒙古	3.58	101	4.01	100	4.23	101	4.40	95	4.54	93	4.95	90	4.96	92	5.37	88	5.66	86	+2.08
孟加拉国	1.64	154	1.98	148	2.10	146	2.08	146	2.27	143	2.35	145	2.53	146	2.71	143	2.88	142	+1.24
缅甸	1.57	157	1.75	156	1.96	152	2.08	147	1.95	152	2.54	140	3.00	133	3.05	135	3.35	131	+1.78
尼泊尔	1.88	141	2.14	140	2.36	137	2.38	138	2.32	142	2.50	142	2.88	138	2.92	139	3.09	139	+1.21
沙特阿拉伯	5.41	53	5.92	52	6.32	49	6.36	49	6.88	38	6.90	45	6.67	54	7.32	44	7.59	43	+2.18
斯里兰卡	2.83	119	3.69	109	3.83	108	3.46	115	3.56	116	3.77	116	3.91	116	4.07	118	4.21	119	+1.38
泰国	3.89	87	4.61	81	4.81	81	4.63	88	5.05	79	5.18	82	5.67	78	5.88	78	6.19	76	+2.30
土耳其	3.42	104	4.68	79	5.08	75	5.33	71	5.45	69	5.69	70	6.08	67	6.88	56	7.44	48	+4.02
文莱	5.70	47	4.99	70	5.29	68	5.48	68	5.25	74	5.33	77	6.75	53	6.04	75	6.18	78	+0.48
乌兹别克斯坦	3.14	108	3.31	115	3.42	116	3.69	112	3.76	110	4.05	110	4.90	95	4.83	101	5.15	98	+2.01
新加坡	6.85	26	7.48	22	7.68	21	7.86	18	7.88	19	7.95	20	8.05	18	8.39	17	8.58	15	+1.73
亚美尼亚	4.23	82	4.89	73	5.22	71	5.11	73	5.34	71	5.60	71	5.76	75	6.12	72	6.39	71	+2.16
也门	1.76	146	1.90	151	2.29	143	2.01	150	1.96	151	2.02	155	2.09	158	2.14	154	2.18	158	+0.42

国家＼项目	2011年 得分	2011年 排名	2012年 得分	2012年 排名	2013年 得分	2013年 排名	2014年 得分	2014年 排名	2015年 得分	2015年 排名	2016年 得分	2016年 排名	2017年 得分	2017年 排名	2018年 得分	2018年 排名	2019年 得分	2019年 排名	得分变化
伊朗	3.58	100	4.08	95	4.75	83	4.48	91	4.66	90	4.99	89	5.58	82	5.81	79	6.18	77	+2.60
以色列	6.74	28	7.72	18	7.73	20	7.29	29	7.25	30	7.40	30	7.88	22	7.77	30	7.86	33	+1.12
印度	2.05	135	2.69	127	2.53	134	2.54	135	2.50	135	2.69	138	3.03	132	3.02	137	3.15	136	+1.10
印度尼西亚	2.30	127	3.52	111	3.40	117	3.73	110	3.63	115	3.86	115	4.33	111	4.74	104	5.11	99	+2.81
约旦	3.14	107	3.86	106	4.26	99	4.75	83	4.67	89	5.06	85	6.00	70	6.43	68	7.05	59	+3.91
越南	3.10	110	3.78	107	4.06	104	4.06	104	4.02	105	4.29	105	4.43	108	4.75	103	4.98	102	+1.88
中国	3.67	94	4.42	86	4.42	92	4.71	86	4.80	84	5.19	81	5.60	80	5.91	76	6.27	74	+2.60
最高分	8.18		8.78		8.85		8.77		8.78		8.84		8.85		9.03		9.10		+0.92
最低分	1.11		1.57		1.67		1.67		1.62		1.73		1.95		2.08		2.18		+1.07
平均得分	3.88		4.35		4.59		4.58		4.68		4.89		5.17		5.39		5.63		+1.75
中位数	3.58		4.24		4.53		4.67		4.68		5.05		5.59		5.85		6.18		+2.60

4．非洲"一带一路"参与国家的信息化发展水平

选取的 149 个"一带一路"参与国家中属于非洲地区的有 40 个，其 IDI 值和全球排名体现在表 10-12 中。非洲"一带一路"参与国的信息化整体水平较弱，绝大部分国家 IDI 全球排名长期徘徊在 100 以后，跟欧洲"一带一路"参与国形成鲜明对比。因此急需通过内部和外部的力量提升其信息基础建设水平、建立信息产业贸易的发展模式。2011—2019 年间，绝大部分非洲"一带一路"国家 IDI 实现增长，其中阿尔及利亚分数增长最多，达 3.03 分，涨幅约 112.2%。此外，加蓬、尼日利亚、卢旺达涨幅均超过 100%，尼日利亚甚至达到 222.5%。

表10-12 非洲"一带一路"参与国家的IDI值及全球排名

国家	2011年 得分	2011年 排名	2012年 得分	2012年 排名	2013年 得分	2013年 排名	2014年 得分	2014年 排名	2015年 得分	2015年 排名	2016年 得分	2016年 排名	2017年 得分	2017年 排名	2018年 得分	2018年 排名	2019年 得分	2019年 排名	得分变化
阿尔及利亚	2.70	120	2.77	124	3.46	114	3.70	111	3.74	112	4.40	103	4.67	102	5.21	91	5.73	85	+3.03
埃塞俄比亚	1.41	162	1.35	168	1.67	163	1.36	171	1.29	172	1.51	169	1.65	169	1.55	171	1.57	170	+0.16
安哥拉	1.66	153	2.01	146	2.17	145	1.96	153	1.95	153	2.03	154	1.94	162	2.06	161	2.09	160	+0.43
贝宁	1.63	155	1.90	153	1.86	155	1.80	158	1.83	156	1.92	158	1.94	161	1.98	162	2.02	162	+0.39
博茨瓦纳	3.79	90	3.94	102	3.78	109	3.85	108	3.79	109	4.17	108	4.59	105	4.39	111	4.50	117	+0.71
布隆迪	0.93	174	0.97	174	1.03	174	1.05	174	1.16	173	1.42	171	1.48	173	1.57	170	1.70	169	+0.77
赤道几内亚	1.26	166	1.50	164	1.45	168	1.80	159	1.82	157	1.85	160	1.86	164	2.12	155	2.26	154	+1.00
多哥	1.28	164	1.43	166	1.52	166	1.59	164	1.78	159	1.86	159	2.15	155	2.25	153	2.44	149	+1.16
佛得角	3.80	89	4.19	92	4.40	93	4.14	102	4.23	99	4.60	97	4.92	93	4.92	98	5.09	100	+1.29
冈比亚	2.66	123	2.43	133	2.37	136	2.26	142	2.40	141	2.46	143	2.59	143	2.44	148	2.43	150	-0.23
刚果（布）	1.14	171	1.31	170	1.56	165	1.47	169	1.48	169	1.50	170	1.55	170	1.67	168	1.74	167	+0.60
吉布提	1.75	147	1.75	157	1.84	156	1.88	156	1.73	161	1.82	161	1.98	159	1.92	164	1.95	164	+0.20
几内亚	1.27	165	1.72	160	1.52	167	1.49	168	1.57	165	1.72	165	1.78	166	1.82	165	1.89	166	+0.62
加纳	2.96	117	3.27	118	3.78	110	3.42	117	3.75	111	3.99	112	4.05	115	4.33	113	4.54	115	+1.58
加蓬	1.84	143	2.20	138	2.34	140	2.92	125	2.81	126	3.12	124	4.11	114	4.29	115	4.83	106	+2.99
津巴布韦	3.08	113	2.78	123	2.75	130	2.68	131	2.73	132	2.78	133	2.92	134	2.75	142	2.73	145	-0.35

续上表

国家\项目	2011年 得分	2011年 排名	2012年 得分	2012年 排名	2013年 得分	2013年 排名	2014年 得分	2014年 排名	2015年 得分	2015年 排名	2016年 得分	2016年 排名	2017年 得分	2017年 排名	2018年 得分	2018年 排名	2019年 得分	2019年 排名	得分变化
喀麦隆	1.70	151	1.86	154	2.04	149	2.05	149	2.07	146	2.16	148	2.38	148	2.45	147	2.57	147	+0.87
科特迪瓦	1.99	136	2.07	144	1.97	151	2.20	143	2.43	139	2.86	132	3.14	130	3.22	130	3.49	129	+1.50
肯尼亚	2.10	134	2.12	142	2.32	141	2.71	129	2.78	128	2.99	129	2.91	136	3.30	128	3.53	128	+1.43
莱索托	2.27	128	2.22	136	2.35	138	2.42	137	2.47	138	2.76	134	3.04	131	3.02	136	3.18	135	+0.91
利比里亚	1.87	142	2.01	147	1.70	161	1.70	160	1.73	160	1.97	156	2.11	157	1.96	163	1.98	163	+0.11
卢旺达	1.30	163	1.32	169	1.78	159	1.86	157	1.79	158	2.13	150	2.18	152	2.48	146	2.72	146	+1.42
马达加斯加	1.51	160	1.57	162	1.76	160	1.50	167	1.57	166	1.69	166	1.68	168	1.69	167	1.71	168	+0.20
马里	1.70	150	1.90	152	1.91	154	1.92	154	2.00	149	2.14	149	2.16	154	2.26	152	2.34	153	+0.64
毛里塔尼亚	1.72	148	1.76	155	1.82	157	1.96	152	1.90	154	2.12	151	2.26	150	2.30	151	2.40	152	+0.68
摩洛哥	4.18	83	4.69	78	4.45	91	4.25	98	4.26	97	4.60	96	4.77	100	4.65	106	4.71	110	+0.53
莫桑比克	1.57	158	1.40	167	1.56	164	1.61	163	1.60	164	1.75	163	2.32	149	2.11	156	2.24	156	+0.67
纳米比亚	3.54	102	3.70	108	3.46	115	3.25	120	3.20	121	3.64	120	3.89	117	3.60	124	3.63	127	+0.09
南非	4.33	78	4.70	78	4.72	77	4.47	85	4.70	86	5.03	88	4.96	91	5.07	95	5.17	95	+0.84
南苏丹	1.71	149	1.60	161	1.31	171	1.30	172	1.36	170	1.42	172	1.48	171	1.32	173	1.29	174	-0.42
尼日尔	0.94	173	0.83	175	1.11	173	1.02	175	1.03	174	1.07	175	1.10	175	1.15	175	1.19	175	+0.25
尼日利亚	1.20	169	1.74	159	1.80	158	2.36	139	2.48	137	2.72	137	2.60	142	3.41	127	3.87	122	+2.67
塞内加尔	1.66	152	2.20	139	2.31	142	2.34	141	2.41	140	2.53	141	2.66	141	2.92	140	3.11	138	+1.45
塞舌尔	4.73	64	4.39	88	4.95	78	4.80	81	4.77	85	5.03	87	5.03	90	5.11	93	5.18	94	+0.45

续上表

国家 \ 项目	2011年		2012年		2013年		2014年		2015年		2016年		2017年		2018年		2019年		得分变化
	得分	排名	得分	排名	得分	排名	得分	排名	得分	排名	得分	排名	得分	排名	得分	排名	得分	排名	
苏丹	1.79	144	2.13	141	2.77	129	2.57	133	2.56	134	2.60	139	2.55	144	2.93	138	3.07	140	+1.28
坦桑尼亚	1.91	140	1.91	150	2.08	147	1.67	161	1.54	167	1.65	167	1.81	165	1.60	169	1.56	172	−0.35
突尼斯	3.73	93	4.09	94	4.29	97	4.31	96	4.49	95	4.83	95	4.82	99	5.13	92	5.34	92	+1.61
乌干达	1.78	145	2.06	145	1.94	153	1.92	155	1.86	155	1.94	157	2.19	151	2.08	157	2.12	159	+0.34
赞比亚	1.96	137	2.22	137	2.02	150	2.06	148	2.05	148	2.22	147	2.54	145	2.40	149	2.47	148	+0.51
乍得	0.73	175	1.09	173	0.93	175	1.08	173	1.00	175	1.09	174	1.27	174	1.30	174	1.38	173	+0.65
最高分	4.73		4.70		4.95		4.80		4.77		5.03		5.03		5.21		5.73		+1.00
最低分	0.73		0.83		0.93		1.02		1.00		1.07		1.10		1.15		1.19		+0.46
平均得分	2.13		2.28		2.37		2.37		2.40		2.60		2.75		2.82		2.94		+0.81
中位数	1.77		2.01		2.00		2.01		2.03		2.15		2.35		2.42		2.46		+0.69

5. 南美洲"一带一路"参与国家的信息化发展水平

选取的 149 个"一带一路"参与国家中属于南美洲地区的有 10 个，其 IDI 值和全球排名体现在表 10-13 中。从 2011 年到 2019 年，南美洲"一带一路"参与国的 IDI 都在稳步增长，尤其阿根廷增速明显，增长 3.40 分，增幅达约 74.9%。

表10-13 南美洲 "一带一路" 参与国家的IDI值及全球排名

国家\项目	2011年		2012年		2013年		2014年		2015年		2016年		2017年		2018年		2019年		得分变化
	得分	排名	得分	排名	得分	排名	得分	排名	得分	排名	得分	排名	得分	排名	得分	排名	得分	排名	
阿根廷	4.54	70	5.16	68	5.65	65	5.96	55	6.21	56	6.52	55	6.79	52	7.45	38	7.94	30	+3.40
巴西	4.56	69	5.42	63	5.72	62	5.49	67	5.72	65	5.99	63	6.12	66	6.48	66	6.74	66	+2.18
玻利维亚	2.92	118	3.30	116	3.61	112	3.68	113	3.49	117	4.02	111	4.31	112	4.47	110	4.72	109	+1.80
厄瓜多尔	3.18	106	4.02	99	4.56	90	4.40	94	4.54	94	4.56	98	4.84	98	5.29	89	5.58	88	+2.40
圭亚那	2.98	116	3.47	112	3.48	113	3.37	118	3.44	118	3.52	121	3.44	123	3.61	123	3.66	125	+0.68
秘鲁	4.28	80	3.92	103	4.26	100	4.15	101	4.23	100	4.42	101	4.85	96	4.68	105	4.79	108	+0.51
苏里南	3.59	99	4.07	97	4.29	96	4.50	90	4.89	83	5.09	84	5.15	88	5.68	81	6.03	79	+2.44
委内瑞拉	4.38	75	4.83	76	4.76	82	4.84	79	5.22	75	5.27	79	5.17	86	5.48	85	5.63	87	+1.25
乌拉圭	5.50	51	6.07	50	6.24	51	6.31	51	6.44	49	6.79	47	7.16	42	7.36	42	7.64	41	+2.14
智利	4.80	63	5.52	58	5.80	60	5.93	56	6.11	57	6.35	56	6.57	56	7.01	53	7.33	51	+2.53
最高分	5.50		6.07		6.24		6.31		6.44		6.79		7.16		7.45		7.94		+2.44
最低分	2.92		3.30		3.48		3.37		3.44		3.52		3.44		3.61		3.66		+0.74
平均得分	4.07		4.58		4.84		4.86		5.03		5.25		5.44		5.75		6.01		+1.94
中位数	4.33		4.45		4.66		4.67		5.06		5.18		5.16		5.58		5.83		+1.50

6. 北美洲"一带一路"参与国家的信息化发展水平

选取的 149 个"一带一路"参与国家中属于北美洲地区的有 12 个,其 IDI 值和全球排名体现在表 10-14 中。从 2011 年到 2019 年,北美洲"一带一路"参与国 IDI 指数得分普遍上升,其中加拿大得分增加最多,达 2.87 分,增幅约 49.6%。

表 10-14 北美洲 "一带一路" 参与国家的 IDI 值及全球排名

项目 国家	2011 年 得分	2011 年 排名	2012 年 得分	2012 年 排名	2013 年 得分	2013 年 排名	2014 年 得分	2014 年 排名	2015 年 得分	2015 年 排名	2016 年 得分	2016 年 排名	2017 年 得分	2017 年 排名	2018 年 得分	2018 年 排名	2019 年 得分	2019 年 排名	得分变化
安提瓜和巴布达	4.47	72	5.52	59	5.67	64	5.59	64	5.41	70	5.38	75	5.71	76	5.89	77	6.02	80	+1.55
巴巴多斯	5.57	49	6.87	33	6.89	39	6.85	33	6.87	39	7.18	35	7.31	34	7.70	32	7.95	29	+2.38
巴拿马	4.38	76	4.19	91	4.71	86	4.70	87	4.63	91	4.87	93	4.91	94	5.05	96	5.17	96	+0.79
多米尼加共和国	3.65	95	4.07	98	4.09	103	3.99	105	4.02	104	4.30	104	4.51	106	4.53	109	4.65	111	+1.00
多米尼克	4.36	77	4.48	85	4.60	89	5.00	78	5.14	77	5.71	69	5.69	77	6.07	74	6.38	72	+2.02
哥斯达黎加	5.06	58	5.64	56	5.83	59	5.76	60	6.03	59	6.30	57	6.44	61	6.73	61	6.97	61	+1.91
格林纳达	4.93	61	4.89	74	4.81	80	5.08	75	4.97	82	5.43	74	5.80	73	5.68	80	5.83	81	+0.90
古巴	1.96	138	2.62	129	2.79	128	2.73	128	2.64	133	2.73	135	2.91	137	3.10	134	3.24	133	+1.28
加拿大	5.79	44	7.25	28	7.25	30	7.51	25	7.55	23	7.62	25	7.77	29	8.35	18	8.66	10	+2.87
萨尔瓦多	2.67	122	2.58	131	3.03	122	3.55	114	3.64	113	3.73	118	3.82	118	4.32	114	4.64	112	+1.97
特立尼达和多巴哥	4.93	60	5.43	62	5.89	58	5.33	70	5.48	68	5.76	67	6.04	68	6.08	73	6.23	75	+1.30
牙买加	3.78	91	4.07	96	4.30	95	4.21	99	4.20	101	4.52	99	4.84	97	4.87	99	5.03	101	+1.25
最高分	5.79		7.25		7.25		7.51		7.55		7.62		7.77		8.35		8.66		+2.87
最低分	1.96		2.58		2.79		2.73		2.64		2.73		2.91		3.10		3.24		+1.28
平均得分	4.30		4.80		4.99		5.02		5.05		5.29		5.48		5.70		5.90		+1.60
中位数	4.43		4.69		4.76		5.04		5.06		5.41		5.70		5.79		5.93		+1.50

（二）不同区域间信息化发展水平的比较

上文就 6 个区域的基本信息化发展情况和各个区域内部分国家的信息化发展水平和变化情况做了分析。图 10-1 是 6 个区域内国家平均 IDI 指数的比较。

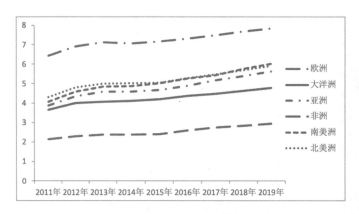

图 10-1 6 个区域国家平均 IDI 值

从图 10-1 的 IDI 平均值来看，以 149 个"一带一路"参与国家为代表的这 6 个区域按 IDI 指数高低顺序分别是：2011 年，欧洲、北美洲、南美洲、亚洲、大洋洲、非洲；2019 年，欧洲、南美洲、北美洲、亚洲、大洋洲、非洲，南美洲超越北美洲。2019 年，欧洲、南美洲、北美洲和亚洲国家的平均 IDI 指数已超过 5.0，均值已处于 IDI 指数的"较高"等级水平；大洋洲接近 5.0，只有非洲国家的平均 IDI 指数依旧在 3.0 附近徘徊。

如果把这 6 个区域的所有国家的平均 IDI 指数和其极差（区域内 IDI 极大值和极小值之差）进行比较，可以得到如图 10-2 所示的结果。图中竖直线的上端表示该区域各国中 IDI 的极大值，下端则表示该区域各国中 IDI 的极小值，竖直线的长短则意味着该区域各国 IDI 的差异性，三角表示该地区"一带一路"参与国家信息通信技术发展指数（IDI）的平均值，点折线表示所有"一带一路"参与国家的 IDI 平均值。

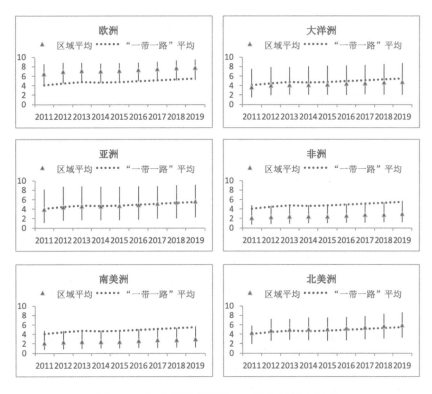

图 10-2 各区域国家平均 IDI 值和区域内极差

　　各区域中的平均 IDI 与其极差从一定程度上反映了各区域信息化发展的均衡性：信息化程度最高的欧洲区域极差较小，发展程度较为平均，IDI 指数的增长情况也较为平缓，说明这些年社会的发展并没有明显的刺激点，不论是向好还是向坏；另一方面，亚洲极差较大，显示出突出的区域信息化发展不均衡的特点，这个问题在上一节各区域分报告中也做了介绍，主要原因还是这个区域不同国家间的较为突出的贫富差距，以及政治格局、军事格局等方面存在的诸多复杂因素，从而导致了长期以来信息化发展不均衡的局面。如何发挥信息化高水平国家的优势带动局域内信息化程度较低的国家依然是未来值得努力的方向。

（三）典型国家的信息化发展水平分析

1. 14 个 G20 国家信息化发展水平分析

我们从"一带一路"参与国家中选取同时处于二十国集团成员国的 14 个典型国家——澳大利亚、巴西、德国、俄罗斯、法国、韩国、加拿大、南非、沙特阿拉伯、意大利、印度、印度尼西亚、英国和中国（阿根廷、土耳其在增长最快5 国中），进行分析，详细见表 10-15 和图 10-3。

参考表 10-6、10-7、10-8 可知：在 2011 年，澳大利亚、德国、韩国处于 IDI 指数的"高"等级行列，俄罗斯、法国、加拿大、沙特阿拉伯、意大利与英国处于"较高"等级行列，巴西、南非、中国处于"中等"等级行列，印度和印度尼西亚处于"低"等级行列；到 2019 年，法国、加拿大、沙特阿拉伯、英国升入"高"等级行列，巴西、中国、南非、印度尼西亚升入"较高"等级行列，印度升入"中等"等级行列。原本处于"高"等级行列的国家和俄罗斯、意大利等级未变，印度尼西亚上升两个等级，其他国家提高一个等级。

表 10-15 "一带一路"参与国家中的 14 个 G20 国家的 IDI 值

	2011	2012	2013	2014	2015	2016	2017	2018	2019
澳大利亚	7.55	7.62	7.90	8.06	8.18	8.19	8.24	8.48	8.61
巴西	4.56	5.42	5.72	5.49	5.72	5.99	6.12	6.48	6.74
德国	7.62	8.36	8.31	7.95	8.13	8.31	8.39	8.45	8.53
俄罗斯	6.07	6.35	6.58	6.64	6.79	6.95	7.07	7.29	7.47
法国	7.31	7.73	7.90	7.85	7.95	8.11	8.24	8.40	8.54
韩国	8.18	8.78	8.85	8.77	8.78	8.84	8.85	9.03	9.10
加拿大	5.79	7.25	7.25	7.51	7.55	7.62	7.77	8.35	8.66
南非	4.33	4.70	4.72	4.47	4.70	5.03	4.96	5.07	5.17
沙特阿拉伯	5.41	5.92	6.32	6.36	6.88	6.90	6.67	7.32	7.59
意大利	6.43	6.70	6.74	6.84	6.89	7.11	7.04	7.23	7.34
印度	2.05	2.69	2.53	2.54	2.50	2.69	3.03	3.02	3.15
印度尼西亚	2.30	3.52	3.40	3.73	3.63	3.86	4.33	4.74	5.11
英国	7.26	7.72	8.11	8.35	8.54	8.57	8.65	9.13	9.39
中国	3.67	4.42	4.42	4.71	4.80	5.19	5.60	5.91	6.27

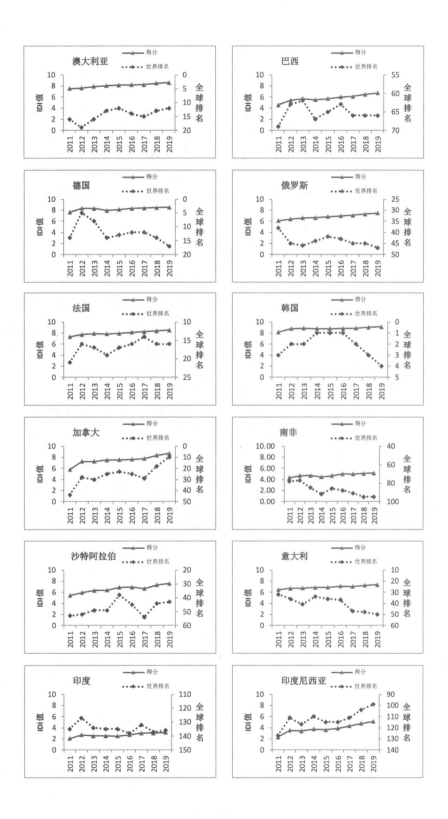

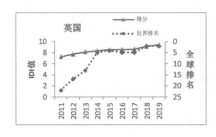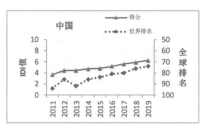

图 10-3　14 个 G20 "一带一路"参与国家的 IDI 数值及其全球排名

2. IDI 增长最快的 5 个国家信息化发展水平分析

在 149 个"一带一路"参与国家中,选取 IDI 指数 2011 年到 2019 年增长最快的 5 个国家——土耳其、约旦、阿塞拜疆、摩尔多瓦、阿根廷,进行分析(见表 10-16)。其 2019 年相比于 2011 年的 IDI 指数增速分别为 117.5%、124.5%、93.8%、96.6%、74.9%,远远高出 149 国平均 IDI 指数的增速(33.6%)。此外,根据 IDI 指数的等级划分,2011 年到 2019 年,土耳其、约旦和阿塞拜疆从"中等"提高一个等级到"较高",摩尔多瓦、阿根廷从"中等"提高两个等级到"高"等级。

表 10-16 "一带一路"参与国家中的 5 个增速最快国家的 IDI 值

	2011	2012	2013	2014	2015	2016	2017	2018	2019	增速
土耳其	3.42	4.68	5.08	5.33	5.45	5.69	6.08	6.88	7.44	117.5%
约旦	3.14	3.86	4.26	4.75	4.67	5.06	6.00	6.43	7.05	124.5%
阿塞拜疆	4.00	4.83	5.71	5.67	6.23	6.28	6.20	7.24	7.75	93.8%
摩尔多瓦	3.86	4.48	5.20	5.54	5.60	5.75	6.45	7.04	7.59	96.6%
阿根廷	4.54	5.16	5.65	5.96	6.21	6.52	6.79	7.45	7.94	74.9%

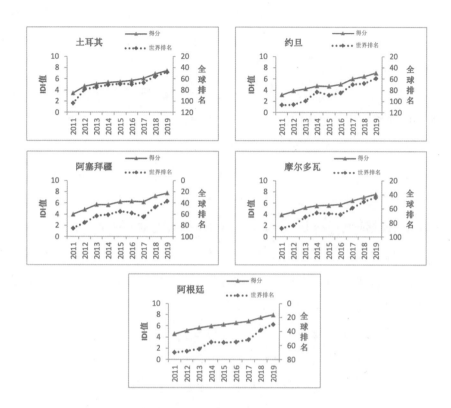

图 10-4　149 国中 IDI 增速最快的 5 个国家的 IDI 数值及其全球排名

四、结语

通过对 149 个"一带一路"参与国家信息通信技术发展指数（IDI）的分析，本报告得到的主要启示有以下几点。

1．随着世界经济的发展和全球化分工的深化，世界各国的信息化水平从 2011 年到 2019 年整体取得较大提高。

2．"一带一路"参与国家的信息化水平稍高于全球平均水平，从 2011 年到 2019 年平均信息通信技术发展指数（IDI）提高了约 33.6%。

3．分布在大洋洲、非洲、北美洲、南美洲、欧洲、亚洲 6 个区域的 149 个"一带一路"参与国家，区域间信息化发展水平差异较大。欧洲地区信息化发展程度普遍更高，亚洲和非洲国家相对落后；区域内信息化发展水平以亚洲区域内东南亚和西亚的不均衡性最为明显，需更大程度发挥信息化高水平国家对周边国家的带动作用。

4．二十国集团成员国的 16 个"一带一路"参与国家的信息化水平从 2011 年到 2019 年都有较大程度的提升，其中 9 个国家的信息化等级在此期间均提高了一个级别，2 个国家的等级提高两个级别。

5．在 149 个"一带一路"参与国家中，IDI 指数 2011 年到 2019 年增长最快的 5 个国家是土耳其、约旦、阿塞拜疆、摩尔多瓦、阿根廷，其中 3 个国家的信息化等级在此期间均提高了一个级别，2 个国家的等级提高两个级别。

6．中国的信息化发展程度在全球尚处于中等偏上水平，从信息基础设施建设、信息产业贸易发展以及国民信息化普及力度上都应该加大强度，从而为"一带一路"的全面建设提供可靠的基础保障。

本报告评价了 149 个"一带一路"参与国家的信息化发展水平，揭示了"一带一路"参与国家在信息化发展方面的特点和差异性，为"一带一路"参与国家在信息通信技术这一领域发展提供了科学的数据与分析素材。

第十一章

"一带一路"参与国国家创新竞争力的新格局和新态势 [①]

全球新一轮科技革命和产业革命方兴未艾,人类从未像现在这样一致地认可创新、利用创新和实现创新,人类也从未面临着如此全面、广泛的创新,创新正以前所未有的速度推进。信息网络、智能制造、生物科技、新能源、新材料等成为全球研发投入的集中领域,正酝酿着产业变革的重大突破,新产业、新业态、新需求、新模式不断被创造,改变着人们的生活方式和思维方式,也改变着全球的创新布局和发展趋势。创新既是各国经济增长的内生动力源,也是各国激烈竞争的制高点,决定着国际地位和话语权。对"一带一路"参与国家来说,这是一个创新创造美好的时代,也是一个创新引发变革的时代。

一、"一带一路"参与国国家创新竞争力的新格局

如果说创新是驱动"一带一路"参与国家经济发展的发动机,那么创新竞争就是发动机的动力源泉。创新竞争的区域格局撑起了这台发动机的主架构,产业格局是发动机的实体材料,企业格局是发动机的零部件,技术格局是发动机运转的燃料,联动格局是发动机各部件协调工作的连接器。各组成部分和各环节的共同作用确保创新竞争的动力源源不断地释放,同时各组成部分和各环节内部的调整也会改变创新竞争动力作用的方式和速度,从而进一步影响"一带一路"参与国家创新竞争格局的变化。

---

① 本章作者叶琪为福建师范大学经济学院副教授,作者黄茂兴为福建师范大学经济学院院长。

当前，在驱动新一轮经济增长中，创新成为"一带一路"参与国家一致的选择，从欧洲、美洲到亚洲，从大西洋到太平洋，创新浪潮风起云涌，科技创新层出不穷，创新正以前所未有的速度改变着人们的生产和生活方式，颠覆着人们的思维，也推动着"一带一路"参与国家发展方式的快速变革，为人类描绘了一幅充满信心和光明前景又颇具挑战的创新竞争新格局图景。

（一）区域格局："一带一路"参与国家创新竞争主架构趋于协调

当前，"一带一路"参与国家创新活动仍然主要集中在高收入经济体，科技领域投入的集中化趋势并未得到明显的改变。但是，中国、巴西、印度等新兴经济体的创新努力也不容忽视，它们出色的表现，不仅对长期由发达经济体把控的世界创新垄断格局造成强大的冲击，而且逐渐成长为可以与发达经济体抗衡的竞争对手。2017 年，世界知识产权组织发布的《全球创新指数报告》显示，瑞士继续稳居第一，连续 7 年位居排行榜榜首，紧随其后的是瑞典、荷兰和英国。从表11-1 可以看出，全球创新指数近 5 年中，处于前十位的国家和地区虽然位次有所变化，但是变化的幅度并不大，这些国家和地区在"一带一路"参与国家创新竞争中拥有竞争优势，堪称为"一带一路"参与国家创新的"领头羊"。在排名前 25 位的国家中，中国是一大亮点，中国近 5 年来的排位持续上升，2016 年跻身前 25 位，2017 年又把位次提升了 3 位，位居第 22 位，打破了历年来前 25 位都由高收入经济体垄断的局面，被誉为"在缩小发达国家和发展中国家差距方面迈出的具有象征意义的一步"①。

---

① 陈宏斌：《全球创新环境与 G20 国家创新竞争力提升》，《光明日报》2016 年 8 月 24 日第 15 版。

表9-1 2013—2017年全球创新指数排名前25位中"一带一路"参与国家排名变化

国家	洲别	2013年	2014年	2015年	2016年	2017年
瑞士	欧洲	1	1	1	1	1
瑞典	欧洲	2	3	3	2	2
荷兰	欧洲	4	5	4	9	3
英国	欧洲	3	2	2	3	5
丹麦	欧洲	9	8	10	8	6
新加坡	亚洲	8	7	7	6	7
芬兰	欧洲	6	4	6	5	8
德国	欧洲	15	13	12	10	9
爱尔兰	欧洲	10	11	8	7	10
韩国	亚洲	18	16	14	11	11
卢森堡	欧洲	12	9	9	12	12
冰岛	欧洲	13	19	13	13	13
法国	欧洲	20	22	21	18	15
以色列	亚洲	14	15	22	21	17
加拿大	美洲	11	12	16	15	18
挪威	欧洲	16	14	20	22	19
奥地利	欧洲	23	20	18	20	20
新西兰	大洋洲	17	18	15	17	21
中国	亚洲	35	29	29	25	22
澳大利亚	大洋洲	19	17	17	19	23
捷克	欧洲	28	26	24	27	24
爱沙尼亚	欧洲	25	24	23	24	25

数据来源:《2017年全球创新指数报告》。

从"一带一路"参与国国家创新竞争力和全球创新指数的区域分布来看，两者的评价结果具有一致性，即创新竞争优势的洲际分布是不平衡的。"一带一路"参与国家在"全球创新指数"排名前25位的数量表明，欧洲在人力资本和研究、基础设施、商业成熟度方面的优势具有稳定的创新竞争优势。数量排在第二位的是亚洲，新加坡、韩国、日本、中国、印度等经济体的创新表现抢眼，教育、研发、高科技产品出口等方面的改善使创新资源向东亚和东南亚地区集中。北美洲的加拿大和大洋洲的澳大利亚、新西兰创新较为活跃，非洲没有入围的经济体。由于创新资源的流动和配置倾向于选择创新基础较好的地区，全球区域不平衡的局面将持续，但区域间的差距呈缩小的趋势，具体数据可参考本报告总体评价篇相关内容。

（二）产业格局："一带一路"参与国国家创新竞争力的实体内容日益丰富

创新不会停留在黑板上或实验室中，它势必与产业相结合，产生推动经济增长的强大力量，缔造新的产业部门，决定产业结构升级的方向。产业作为构成创新发动机的实体材料，其质量的好坏直接决定着发动机的使用寿命，创新向产业的渗透和融合使发动机在更新换代中不断焕发出新的活力。2008年金融危机后，经济发达的"一带一路"参与国家纷纷把经济发展的重心转移到以工业为主的实体经济领域，掀起了回归实体经济的浪潮。2013年，德国提出"工业4.0"战略，各国仿效风起云涌，掀起了传统工业制造的智能革命，智能制造开始风靡全球；2013年开始，法国着力打造"工业新法国"，掀开法兰西新一轮工业革命，旨在建立更为互联互通、更具竞争力的法国工业；中国的"中国制造2025"战略和"互联网＋"战略则瞄准创新驱动、智能转型、绿色制造等，实现制造强国目标。

制造业是实体经济的重要支撑，制造业领域创新在经济发展中起着"定海神针"的作用，同时制造业领域的创新速度和程度也决定了未来一个国家和地区在国际上的地位。制造业的创新还会加速推进产业融合，如制造业和服务业的不断融合，新技术在传统产业部门的嵌入开辟传统产业发展的新路径，产业发展的边界逐渐模糊，并催生出新的产业和产业群，各产业之间技术和市场的重叠性凸显，带动制造业智能化、绿色化发展。当前，大数据、人工智能、物联网、虚拟现实、可穿戴设备、3D打印、石墨烯、基因测序、量子通信及区块链等一批前沿科技成果正逐渐被用于生产领域，加快推进新兴产业化进程，同时也开辟了更为包容的全球价值链、更有弹性的商业模式、更趋开放的产业生态系统。产业成为"一带一路"参与国家创新竞争最现实的表现，也是各国创新竞争力强弱最直接的反映。

（三）企业格局："一带一路"参与国国家创新竞争力的主体要素更趋活跃

企业是组织和实施创新的主体，也是推动创新的能动力量。在市场经济的驱动下，对创新垄断利润的追求会使得各个企业自觉地开展创新。企业的创新将会带动行业整体创新水平和能力的提升，并且随着行业的融合，企业跨行业创新的趋势也不断加强。大型跨国公司始终走在全球竞争的最前端，它们拥有自己的技术研发部门，集聚了一大批科技人员开展前沿技术的攻关，配备了完善的实验室进行技术产品的模拟和反复试验。凭借着市场的敏锐性、创新的厚基础和强实力，大型跨国公司聚集全球创新资源并进一步整合，保持着技术的领先优势。进入21世纪，大型跨国公司创新态势迅猛，全球500强研发支出占全球研发支出的份额超过65%，而且研发支出主要用于高技术领域。随着全球创新的蔓延，新兴经济体技术和人才投资的不断加大，大型跨国公司的战略布局也有所调整，不仅将加工制造环节布局在发展中国家，还开始把部分研发环节向外转移。这将极大地改变传统的国际分工格局。

为了顺应互联网、大数据、信息化的发展与挑战，迫于竞争压力，跨国公司也在加紧创新布局，并投入巨额资金开展创新以推动企业转型，通过并购加速创新布局。这使得"一带一路"参与国家范围内的创新活动更加集中，推动了新兴产业的快速规模化发展。国际研调机构科睿唯安（Clarivate Analytics）根据对专利数据的深入分析，连续发布全球百强创新机构名单，从其百大创新机构榜单来看，入选企业主要集中在化工行业、汽车制造行业、家用电子行业、电子通讯行业、医疗制造行业等。这些行业孕育着巨大的创新潜能，也将是未来"一带一路"参与国家创新活动最集中的行业。

（四）技术格局："一带一路"参与国国家创新竞争力的新兴动能活跃

全球创新的纵深推进使创新广泛地渗透到经济社会发展的各个层面，创新的含义也从技术创新的狭隘定义逐步拓展为涵盖理论创新、制度创新、科技创新、文化创新等全领域的多维创新概念，全球创新竞争逐渐演变为全面创新的竞争。在全面创新中，技术创新仍然是主体，是核心所在，各个国家和地区加紧在前沿技术领域的攻关如同为创新发动机注入新的能源和燃料，确保全球创新和创新竞争既能推动创新前沿的开拓，又能为创新注入新的动力和活力。

当前，全球新一轮科技革命和产业变革风起云涌，第四次工业革命呼之欲出，人工智能、大数据、基因技术等新技术不断涌现并与产业发展的深度融合，使移动互联网、超级计算机、无人驾驶汽车、神经技术人脑芯片等新兴事物和现象变得无处不在。新兴技术已经突破传统生产领域的界限，涵盖多个领域和多个学科，把各学科、各行业、经济体等有机地串联在一起。

根据《麻省理工科技评论》发布的《全球"可商业化"创新报告：50家公司和28个技术领域》，2017全球最富潜力的50家可商业化创新企业涉及的技术中，人工智能技术排在第一位，其次是基因技术和自动驾驶技术，医疗健康技术和电子商务技术紧随其后，环境资源、虚拟现实等技术也获得了相当的关注度。

在创新技术体系内部，如人工智能技术，其技术区域分布也并不平衡。根据德勤科技、传媒和电信行业于2019年联合推出的《全球人工智能发展白皮书》，人工智能投资趋于理性，汽车无人驾驶、智能制造、人工教育等底层应用技术领域，城市管理、数字政务、电子商务、金融生态重构等易落地领域，受到更多青睐。

（五）联动格局："一带一路"参与国国家创新竞争力的效应传导畅通

随着创新向纵深推进，创新对知识、信息、技术等方面的要求越来越高，前沿领域技术和关键环节技术往往需要多个国家和地区相互合作，开展联合攻关。

同时，一些人类所面临的问题也从区域问题逐渐演变为全球问题，如气候变化、粮食安全、健康、生态环境等，需要多个国家携手共同解决。创新影响的外部性和创新因素的内部化使创新模式也从"封闭式创新"走向"开放式创新"，从"独立式创新"转向"融合式创新"，推动了创新的全球化进程，并进而带动创新资源的全球化配置、创新活动的全球化拓展以及创新服务的全球化普及。以创新为纽带，各个国家和地区的创新分工与合作已日益形成了全球化的创新网络。由于全球创新网络的资源分布又是不平衡的，一些创新资源集中和创新活动活跃的地区逐渐成为创新中心，这些创新中心一方面集聚创新资源，另一方面通过扩散和外溢效应辐射和带动周边地区的创新，成为全球创新网络中的重要节点，从而把全球资源和要素有效地粘连在一起，同时也把创新的效应向外传导，带动创新发动机更加协调地运转。

从国家的角度来看，全球的创新实力虽然分布不均衡，但是创新优势相对突出的国家或地区正逐渐发挥着对该地区的"创新极"作用。根据全球创新指数的评价结果，各区域创新实力较强的国家和地区，如北美地区的加拿大，欧洲地区的瑞士、瑞典和荷兰，南美洲的智利，西亚的以色列、阿联酋、伊朗，撒哈拉以南非洲地区的南非、毛里求斯、肯尼亚，东亚地区的韩国、中国，东南亚的新加坡和南亚的印度等等，这些国家的创新贡献和努力支撑起创新网络的框架。

从各个国家和地区内部的城市来看，一些城市也逐步成为全球重要的创新节点，如英国伦敦在大数据、金融技术等数据技术方面具有较强的优势，在技术领域获得了比欧洲其他国家更多的投资；以色列创业之都特拉维夫，其智能化城市的发展促进了该市的高科技、生命科学的技术的飞跃；德国柏林充满活力的创业氛围和高素质的劳动力支撑了其创新发展；中国上海凭借金融市场上强大区位优势及浦东大量的高科技园正孕育着世界领先的技术。此外，新加坡以及中国的北京、深圳等城市也是重要的创新中心。这些创新中心既相互竞争，又优势互补，既有分工，又有合作，共同推动了创新网络的协调发展和全球创新竞争力水平的整体提升。

二、"一带一路"参与国国家创新竞争力的新态势

创新浪潮的全球涌动，快速地推动了全球生产和生活方式的变革，极大地改变着全球创新的版图，活跃了全球创新竞争的氛围，科技创新成为"一带一路"参与国家争取创新竞争制高点的战略利器。全面创新、全链创新、全球创新正从微观到宏观、从表面到深层、从实验室到产业化、从当前到未来等各个尺度向纵深推进，学科交叉融合更加深入、产业化发展边界更加模糊、新业态更加多样、创新合作更加普遍。在创新群体性跃进的进程中，创新变革的能量不断积蓄使国家创新竞争愈加呈现出动态化、激烈化、多变化的态势，如何把握创新合作与竞争的最佳尺度，积累核心特色的创新优势，突破传统经济增长思维的束缚，构建全社会创新生态和网络，成为"一带一路"参与国家亟须解决的新问题。概而言之，"一带一路"参与国家在全球创新竞争中主要呈现以下的态势。

（一）"一带一路"参与国家创新加速度显著提升创新竞争力的新维度

"一带一路"参与国家创新竞争的激烈程度与创新的普遍性和速度紧密相关。一般而言，创新越是呈现普遍化、快速性推进的时代，创新竞争就越激烈。

2008 年金融危机之前，由第三次科技革命引发的创新已经持续了半个多世纪，以空间技术、原子能技术、计算机信息技术为代表的技术不断革新和演化，不断催生新的技术和产业部门，但创新边际动能递减使"一带一路"参与国家创新似乎陷入了瓶颈期。这一时期，发达国家把经济发展的重心转向了虚拟产业部门，而发展中国家依托的廉价生产要素推动工业化进程并未引发过多的创新需求。全球创新竞争相对处于比较温和的时期，创新竞争的焦点也主要集中在生产领域。

2008 年金融危机成为"一带一路"参与国家创新的重要转折，发达国家重振实体经济部门和开辟新的产业领域，发展中国家应对资源要素短缺开辟工业化新路径，创新不约而同地成为各国拯救经济于泥潭的重要手段。此轮创新并不是局限于原有创新的小修小补，而是旨在寻求重大技术突破而引发新的技术变革，旨

在引领新一轮创新中提升国际地位和创新主导权。"一带一路"参与国家创新进入加速度时代,核心技术和关键领域的突破带领集成电路从"硅时代"进入"石墨烯"时代,软件进入"云时代",移动通信开启 5G 时代,大数据、互联网、物联网的深度融合,网络、平台、业务、内容、终端的技术扩散和开辟的新兴生产生活方式正在塑造一个快速变革的时代。创新的快速推进引领全球创新竞争站在一个更高的方位和高度,不再是仅限于某个领域或某项技术的竞争,而是更加着眼于高端技术和前沿技术的竞争,着眼于创新体系和创新制度的构建,着眼于技术创新的革命性突破。"一带一路"参与国家创新步入高端化的时代,创新带来的革命性的突破成为创新竞争动力的重要源泉。

(二)"一带一路"参与国家创新竞争版图呈现多中心扩散化趋势

长期以来,"一带一路"参与国家创新呈现不平衡的发展格局,创新资源和要素主要集中在经济发达国家和地区。根据澳大利亚智库 2thinknow 评选出的 2019 年全球最具影响的 100 个创新城市显示,全球科技创新中心高度集中在经济发达国家和地区,欧洲"一带一路"参与国家内有 32 个城市入围,亚洲"一带一路"参与国家内有 16 个城市入围,北美洲"一带一路"参与国家内有 5 个城市入围,大洋洲"一带一路"参与国家内有 3 个城市入围,南美洲"一带一路"参与国家内有 2 个城市入围。其中,德国 7 个城市入围,中国 6 个城市入围,加拿大 5 个城市入围,澳大利亚、荷兰、英国各有 3 个城市入围。创新力量的悬殊和创新资源分布的不均衡决定了创新竞争主要是区域性活动,创新竞争的范围和程度都比较有限。①

近年来,全球化推动了创新资源在全球范围内的流动和配置,发达国家创新受经济增长缓慢的限制,发展中国家创新意识的觉醒使创新从发达国家开始向发展中国家扩散,从欧美地区为主向其他地区转移。中国、印度、巴西、俄罗斯等新兴经济体的创新能力不断增强,在全球创新中所占的份额持续增加,以色列、

---

① 杜德斌、段德忠:《全球科技创新中心的空间分布、发展类型及演化趋势》,《上海城市规划》2015 年第 1 期。

韩国、新加坡、阿联酋等在创新领域的部署吸引了全球创新资源的聚集。虽然传统经济强国在创新竞争中仍占据着绝对优势，但是和其他地区的创新差距在不断缩小。据统计，美欧占全球研发投入总量的比例由 61% 降至 52%，亚洲经济体的比例从 33% 升至 40%。[1] 全球创新中心呈现出由欧美向亚太、由大西洋向太平洋扩散的总体趋势。[2] 在 2thinknow 2019 年百大创新城市中，广州、曼谷、吉隆坡等"一带一路"创新城市排位快速上升，较上一年度分别上升 39、35、18 位。创新竞争正在形成北美、东亚、欧盟"三足鼎立"的局面。

全球创新的多点推动进一步平衡了全球创新竞争力量，同时也孕育了更多的创新极，在创新的扩散和波及效用推动下，带动更广泛地区的创新，使创新成为全球更加普遍的现象，创新竞争也成为全球经济发展更加强劲的动力。

（三）"一带一路"参与国家创新战略引领呈现同质化与差异性并存

全球创新的快速推进和创新竞争的压力使各国纷纷开展创新战略布局以抢占未来科技创新制高点，在新一轮全球创新变革中率先突破，赢得先机。"一带一路"参与国家都面向未来的科技创新战略和行动进行提前部署，如德国以工业 4.0 战略为核心的高新技术战略成为全球科技创新和实体经济发展的标杆；英国发布的《技术与创新的未来 2017》报告识别出国家着力发展的八大新兴技术，即先进材料、卫星、能源存储、机器人与自动控制、农业科技、再生医学、大数据和合成生物，并在这些技术领域投资 6 亿英镑；中国的《国家创新驱动发展战略纲要》提出了通过科技创新和体制机制创新双轮驱动，建设国家创新体系，实现在经济增长、产业分工、资源配置等方面的六大转变。可见，不同的国家从自身的创新基础、创新资源、创新目标等实际出发，提出了不同的创新战略，旨在构建各国核心的创新优势，在全球创新竞争中形成更多的其他国家和地区无法比拟和超越的自主创新优势，这是全球创新竞争取胜的关键所在。但是，另一方面，

---

[1] 万钢:《全球科技创新发展历程和竞争态势》,《行政管理改革》2016 年第 2 期。

[2] 白春礼:《世界科技发展新趋势》,《人民日报》2015 年 7 月 5 日第 5 版。

各"一带一路"国家创新战略虽然各不相同，但是创新的作用对象基本上都以实体经济为主，技术创新的焦点都集中在互联网、大数据、智能化等领域，注重创新体系的构建和创新生态环境的完善，在鼓励创新方面也着力于增加创新投入、重视创新激励、重视创新资源等，因此，创新竞争一定程度上又具有同质化特征。创新竞争的同质化和差异化并存驱动"一带一路"参与国家在创新竞争中主动寻求合作。

（四）"一带一路"参与国家多维创新融合加速形成创新生态系统的颠覆和重构

创新生态系统是把创新看成一个系统化的过程，主要由研发中心、科技人才、风险资本产业、政治经济社会环境等构成，从纵向上是从研发到产业化应用的创新链，从横向上包括了制度、政策、人才、资本、技术等多种要素于一体的大体系。传统的创新生态系统受经济发展体制的影响较大，在市场经济国家，创新遵循市场规律，自由宽松的市场机制有利于激发市场主体的积极性，但是缺乏创新的顶层设计和制度约束，缺乏组织和管理；在行政干预较强的国家，自上而下的创新推动和制度安排限制了创新的作用空间，但是有利于创新资源的集中。这两种明显差异的创新生态系统都是单线式的作用机制，系统内各环节、各要素机械化、无序性难以形成创新竞争的合力。

正在快速推进的"一带一路"参与国家创新也是一个多维创新融合的过程，数据成为创新的新兴生产要素，数字化成为创新变革的重要支撑，平台经济为代表的信息经济的兴起等都为创新系统注入了新的要素；创新与商业模式、金融资本的深度融合也极大地推动了新兴产业的快速成长，开辟了新的商业模式、金融模式等；创新在生产领域的嵌入改变着产品的生产方式，个性化、多样化和定制化成为消费的主流。

创新在多个层面、多个维度的渗透冲击着传统创新生态系统，也加速了各个国家在创新竞争中加快新兴创新生态系统。各个国家在创新系统的构建中必然会呈现出政府引导与市场作用相结合、新兴创新要素投入与包容、创新制度的构建与自由创新环境的营造、创新文化和理念的更新等，形成多向化、网络化、联动化的创新生态系统。

第十二章

科技创新全球化给"一带一路"国家带来的挑战 [1]

当今世界,全球化已成为不可逆转的历史潮流。伴随经济、科技全球化的进程,创新全球化的程度日益加深,具体体现在创新要素的全球化、创新主体的全球化、创新活动的全球化、创新影响的全球化以及创新治理的全球化。这也就决定了,"一带一路"参与国家(下文简称参与国家)的发展,必然是全球化背景下的创新驱动发展,在享受全球化红利的同时,也必然面临随之而来的挑战。

一、创新要素、创新活动、创新主体的全球化

(一)创新要素的全球化

从创新资金的流动来看,全球四大会计师事务所之一的普华永道针对全球创新 1000 强企业(以研发支出规模为标准)的调查显示,2015 年,全球创新 1000 强企业研发支出高达 6800 亿美元,其中 94% 的企业在母国之外开展研发活动。

"一带一路"参与国家,特别是中国和印度,是全球跨国公司研发投资的主要流入地。博斯公司的调研显示,2004 到 2007 年间,全球创新 1000 强公司新增研发据点中,83% 位于中国和印度,新增研发人员更是有 91% 在中国和印度。

从创新人才的流动来看,联合国移民署发布的《世界移民报告 2020》显示,

---

① 本章作者梁正为清华大学中国科技政策研究中心副主任。

2019 年全球跨国移民总数接近 2.72 亿人，约占全世界人口的 3.5%，其中包含大量经济和技术类移民。从移民的流向来看，美国、德国、英国、法国、加拿大、澳大利亚等西方发达国家，基本上都是"人才净流入国"，国际移民占其各自人口总数的比例均超过 10%，都在 500 万人以上。其中美国每年接纳移民总数超过 100 万，加拿大超过 20 万，澳大利亚、德国、英国、法国超过 10 万。而从国际移民的出生地来看，参与国家是主要的移民输出国，其中印度是最大的移民输出国，有 1750 万人移民海外，中国和俄罗斯分别排在第 3 位和第 4 位。[①] 美国考夫曼基金会发布的研究报告显示，从 2006 年到 2012 年 7 年间，1/4 的美国科技型企业是由移民创立，在被抽样调查的硅谷 335 家工程类科技型企业中，43.9% 的企业是由移民创建。参与国家为全球化提供了巨大的"人才红利"。

（二）创新活动的全球化

创新活动的产出和影响，全球化程度不断加深。

从科技论文的产出来看，首先是全球科技论文产出格局发生了显著变化。根据美国汤森·路透集团的数据，1999—2008 年的 10 年间，美国占世界科技论文总量的比例从 1999 年的 30.72% 下降到 2008 年的 26.59%，而以中国、印度、巴西、伊朗为代表的新兴经济体的科技论文产出则有大幅增长，如印度科技论文的数量在 2000—2007 年间增长了近 80%。其次是国际合作发表比例日益提升。根据美国国家科学委员会（National Science Board）2016 年发布的科学与工程指标（Science & Engineering Indicators）统计，2013 年，地球科学、数学、生物科学、物理学等多个领域有超过 20% 的科研论文是国际合作的产物。而在天文学领域，这一比例更高达 52.7%。截至 2000 年，经合组织国家与外国作者合作发表的科学论文的比例达到 31.3%，而这个比例在 1986 年仅为 14.3%，在这当中，"一带一路"参与国家占到相当比重。

---

① 联合国移民署（IOM）：《世界移民报告 2020》，2019 年。

从专利产出来看，首先是全球专利产出格局的变化，尽管发达国家在全球专利申请中依然占据主导地位，但新兴经济体的崛起已成为新世纪以来全球的主要亮点。根据世界知识产权组织（WIPO）的统计，2016 年中国的 PCT（专利合作条约）专利申请同比上年增长了 44.7%，申请总量仅次于美国和日本，以色列，印度等参与国家的增长也十分强劲，分别达到 9.1% 和 8.3%。其次是参与国际专利合作的国家和地区越来越多，跨国知识流动日趋频繁。据统计，在 1981—1985 期间，共有 92 个国家和地区在美国专利商标局（USPTO）拥有授权专利，其中仅有 13 个国家和地区没有加入任何跨国专利合作。从 1991—1995 时期开始，几乎所有的专利授权国家均参与了国际专利合作，并且平均专利合作伙伴数增长了近 2 倍。国家和地区的平均合作次数则增长了 6 倍多，远快于授权专利数的增长。

从国际贸易特别是技术贸易的角度来看，联合国贸发会议的报告显示：目前由跨国公司协调的全球价值链占到全球贸易总额的 80%（UNCTAD，2013）。另据美国国家科学委员会的统计（NSB，2012），与研究、开发、测试（RDT）相关的技术服务出口，85% 为跨国公司的内部贸易（如母公司与子公司之间）。虽然以美日欧为代表的发达国家占到全球专有权利使用和特许服务贸易总额的绝大部分份额，但近年来总体上呈现下降趋势，从 2005 年的合计占 90% 以上，下降到了 2010 年的 83.5%，而以中国为代表的新兴经济体的崛起是一个重要原因。

（三）创新主体的全球化

创新主体的日益多元化、创新（治理）规则的日趋全球化，也成为创新全球化的鲜明特征。根据经合组织发布的主要科技指标（Main Science and Technology Indicators）统计，2015 年经合组织成员国的平均研发强度稳步增长到 2.4%，以色列以 4.25% 位居研发强度榜首，日本的研发强度有所降低（3.5%），美国由 2014 年的 2.76% 上升到 2015 年的 2.79%。中国的研发强度持续稳步上升，2015 年达 2.1%，仅比经合组织国家平均水平低 0.3%[①]。与此同时，联合国贸发会议的报告则显示：2012 年，发展中国家和地区吸收的外国直接投资，首次超过了发达国家，全球前 5 位外国直接投资流入国中，4 个是发展中国家（UNCTAD，2013）。

创新主体日益呈现多元化，最明显的标志是新兴经济体跨国公司的兴起，根据咨询公司思略特（其前身为博斯公司）的统计，截至 2013 年底，全球 2500 家最大上市公司中，除传统的"金砖国家"企业外，仍有 270 余家来自墨西哥、尼日利亚等新兴市场的企业上榜，比例首次超过十分之一。与此相应，上榜的西欧和北美企业占比则由 2004 年的 70% 下降至 2013 年底的 50% 左右。以参与国家为代表的新兴经济体，正在逐步从创新全球化的"外围地带"，变为重要的参与者和活动者，而这又必将对创新全球化格局和各国自身发展带来深远的影响。

二、全球性规则与议事制度的深化

与创新要素、创新活动、创新主体的全球化相对应，全球性规则与议事制度对科技创新活动的影响也在日益加深。

以专利制度为例，2000 年以来，发达国家积极推进专利制度的国际化进程。2001 年对"专利合作协议"（PCT）制度进行改革、相互利用和承认审查结果的协调；2004 年对"专利法条约"（PLT）与实质性专利法（SPLT）进行协调，统一各国专利制度各项内容。在 SPLT 协调完成之后，专利制度国际化重点将集中在一体化授权的制度协调，最终可能会出现全球专利制度。2006 年 11 月，日、美、欧专利局长会议在东京召开，正式开始研究在专利领域引入相互承认制度。在国际贸易特别是技术贸易领域，以《与贸易有关的知识产权协定》（TRIPs）为代表的 WTO 相关规则对知识的全球流动起着重要的规制作用。

主要国际标准化组织如 ISO（国际标准化组织）、IEC（国际电工委员会）、ITU（国际电信联盟）在极力扩大自己的版图，新兴技术与标准联盟如 W3C（万

---

① 侯雪婷、李姝影：《OECD 及主要经济体的研发经费浅析》，《世界科技研究与发展》2017 年第 2 期，第 121—121 页。

维网联盟）、3GPP（第三代合作伙伴计划）、WiMAX 论坛（微波存取全球互通技术论坛）等影响不断提升，标准对创新方向与产业竞争的作用日趋重要，在下一代互联网、电动汽车、人工智能等新兴技术和产业领域体现得尤为明显。与此同时，在应对全球性问题如气候变化、重大传染病防治、反恐与安全、金融危机等方面，专门性国际组织如联合国政府间气候变化专门委员会（IPCC）、世界卫生组织（WHO）、巴塞尔银行业监管委员会的作用日益凸现出来，在全球科技与创新治理中发挥着重要作用。虽然在当前全球科技与创新治理中，发达国家仍然占据支配地位，但以中国、印度、巴西为代表的新兴经济体国家正越来越多地发出自己的声音，例如，印度在生物多样性、传统知识、民间文学等知识产权保护上制定了进攻性战略，致力于保护本土资源与知识，在药品保护上也建立了不同于西方的、更加注重民生健康与社会效益的保护体系；南亚国家建立了南亚区域标准组织（SARSO），在一些南亚具有独特特点的产业领域推动区域标准一体化。

三、"一带一路"参与国国家创新竞争力进步得益于全球化环境

应当看到，过去近四十年来，同经济领域一样，"一带一路"参与国家在科技创新方面取得的进步在很大程度上也得益于全球化环境下的开放发展。

中国科学技术信息研究所发布的《中国科技论文统计结果》显示，在 2005—2015 年间发表科技论文累计超过 20 万篇的国家（地区）有 20 个，其中"一带一路"参与国家占 4 个，分别是中国、韩国、印度和俄罗斯；从论文总量来看，中国科技论文发表总量位列世界第 2，印度、韩国和俄罗斯位列第 10、12 和 15；从被引频次来看，中国论文总引用次数位列世界第 4，印度、韩国和俄罗斯位列第 13、15 和 18；从篇均被引频次来看，中国篇均被引频次位列世界第 15，印度、韩国和俄罗斯位列第 17、14 和 20。

2017 年 6 月世界知识产权组织发布的 2017 年全球创新指数显示，2016 年中国首次成为进入前 25 名的中等收入经济体，2017 年中国在商业成熟度和知识与技术产出方面获得高分，在研发公司的全球分布、商业企业的研究人才、专利申请量和其他知识产权相关变量等指标上也表现优异；印度已跃升为亚洲新兴的创

新中心，包括印度尼西亚、马来西亚、新加坡、泰国、菲律宾和越南在内的亚洲参与经济体，都在大力改进各自的创新生态系统，在教育、研发、生产率增长、高科技出口等方面的若干重要指标上排名前列。

从专利申请和受理的态势来看，"一带一路"参与各国专利受理情况极不平衡，2011—2015 年专利申请集中在少数大国（中国、印度、俄罗斯），多数中小国家仅有少量申请。众多成就的取得，得益于参与国家以政策沟通、设施联通、贸易畅通、资金融通、民心相通为主要内容，不断加强多个方面的合作，包括政府合作、产业合作、能源合作、科技合作、人才合作、投资合作、金融合作、旅游合作、文化传媒合作等。

四、"一带一路"参与国家科技创新全球化发展面临挑战

与此同时，在世界经济和创新格局深度调整的今天，部分国家保护主义日趋抬头，"逆全球化"现象频繁显现，参与国家的科技与创新发展也面临着前所未有的挑战。其具体体现在：

首先，以人工智能、大数据、物联网、新能源汽车等为代表的新一轮科技与产业革命呼之欲出，各主要发达国家以及新兴工业化国家均加强了在相关领域的部署和争夺，参与国家在开放合作的同时也面临更加激烈的竞争，甚至是新形式的"封锁"（如国际交流与人才流动，跨国专利诉讼等），需要认真研究应对。

其次，长期以来，参与各国在经济、社会、科技管理领域形成了"内外有别"的管理体制，在人才国际流动，外国直接投资、国际科技合作、社会组织管理等领域仍然存在诸多差异化制度、甚至体制障碍，不利于创新要素在全球范围内的优化配置，亟须予以改变。

最后，从民间到官方，从科技工作者、企业人士到政府官员，由于语言文化、体制机制等方面的差异，部分参与国家对参与全球科技与创新治理的规则与途径尚不熟悉、缺乏研究，特别是缺少相关议题下的利益协调与解决方案提供能力，专业化人才和机构（如智库）不足，对现有国际组织与渠道的利用不够，在国家层面上缺乏战略指导、资源投入与政策保障，亟须做好顶层设计、

建立完善体系。

　　科学技术是生产力中最为活跃的因素，但科学变革与技术进步在造福人类的同时也带来了一系列问题，乃至风险，没有哪一个国家能够封闭起来，自己解决。从这个角度来看，必须将科技与创新活动置于全球维度、人类命运共同体的视角下予以审视。对于参与国家而言，在外部环境纷繁复杂的今天，更应保持定力、练好内功，同时旗帜鲜明地继续推动科技与创新领域的开放发展，为促进共同繁荣和可持续发展提供不竭动力。

第十三章

"一带一路"倡议的合作模式创新及理念创新 ①

"一带一路"是十八大以来习近平主席提出的重大倡议,是统筹国内国际两个大局,立足周边、着眼全球,综合发展与安全两件大事的重大战略构想。经过几年的实践,已经取得丰硕成果,并且受到国际社会的广泛响应。继续推进"一带一路"建设将是全党全国人民在未来相当长时间内的一项重要战略任务。"一带一路"建设是相关国家的共同事业,需要相关国家的共同努力来推进,为此就必须进行合作模式创新以及与之相应的理念创新。

一、打造"丝路命运共同体"是一种创新的合作模式

进入 21 世纪以来,世界局势发生了重大变化。和平与发展虽然仍然是时代主题,但却面临日益复杂的挑战,恐怖主义、霸权主义、强权政治、极端民族主义、冷战思维等仍然不时兴风作浪。全球化大趋势虽然不能逆转,但是却遭遇逆全球化浪潮的冲击,西方发达国家民粹主义泛滥,保护主义抬头,西方大国失去推动全球化发展的兴趣和能力,全球治理遭遇新的困难。特别是世界格局多极化和非极化加速演进,非西方国家群体性崛起,中小国家在国际舞台上的影响力上升,非国家行为体越来越活跃,但是人类社会却面临群龙无首、各自为政、秩序失能的风险。国际体系正在转型,国际秩序需要重构。正是在这种形势下,中国崛起并仍然保持继续快速发展的势头,中国已经走近国际大舞台的中心并成为影响国际局势的重要变量,世界关注中国并对中国寄予更多的期待。

---

① 本文主要内容曾以《用合作共赢理念引导"一带一路"建设》为题发表在《学习时报》2017年 5 月 2 日第 1 版。作者刘建飞系中共中央党校国际战略研究院教授。

以习近平同志为核心的党中央科学研判世界大势，理性把握中国与世界的关系，提出了一系列重大战略构想，"一带一路"就是其中最受世人关注的一个。现在已经有一百多个国家和国际组织积极响应"一带一路"倡议；联合国大会于2016年11月首次在决议中写入"一带一路"倡议，决议得到193个会员国的一致赞同。

"一带一路"最初是基于周边外交而提出的，但是随着越来越多的国家做出积极响应，其涵盖范围已经不限于周边乃至大周边。"丝绸之路经济带"基本上覆盖了整个欧亚大陆。至于"21世纪海上丝绸之路"，涉及的地域更为广阔。现代的海运工具，可以将货物和人员输送到海洋的任何一个角落。所以，21世纪海上丝绸之路可以涵盖所有的海洋。如此，"一带一路"辐射了世界绝大多数国家。《推动共建丝绸之路经济带和21世纪海上丝绸之路的愿景与行动》一文中明确指明："相关的国家基于但不限于古代丝绸之路的范围，各国和国际、地区组织均可参与，让共建成果惠及更广泛的区域。"

"一带一路"虽然是立足于中国的发展开放以及为之营造和平稳定的外部环境，但是却有利于参与国家的发展与和平。在全球治理遭遇困难的当下，"一带一路"无疑是为推进全球治理提出了一个极具创新性的方案。在这样一个广阔的、可以视为"准全球"的地域实现政策沟通、道路联通、贸易畅通、货币流通、民心相通，无疑将极大地促进世界的和平与发展，为世界人民创造福祉。这既是崛起的中国对世界新期待的回应，也是中国特色大国外交结出的一枚硕果。

习近平主席在2013年9月7日首次提出建设"丝绸之路经济带"倡议时指出："为了使我们欧亚各国经济联系更加紧密、相互合作更加深入、发展空间更加广阔，我们可以用创新的合作模式，共同建设'丝绸之路经济带'。这是一项造福沿途各国人民的大事业。"可见，从一开始，习近平主席就将"一带一路"建设视为相关国家的共同事业，是一种创新的合作模式。

"命运共同体"是十八大以来习近平主席在外交事务中使用频率最高的词语之一，如亚洲命运共同体、中阿命运共同体、中非命运共同体、中国－东盟命运共同体。特别是人类命运共同体，是站在全人类整体利益和命运的高度，紧密结合时代特征的全球治理目标模式。从某种意义上说，"一带一路"是构建人类命运共同体的试验田和可行的实施路径。通过"一带一路"建设，这个"准全球"范围内各国之间将极大地提升货物、人员、资金、信息等的流通水平，促进区域内经济、文化、教育、科技、生态、社会等领域的交流、互鉴、融合，从而使相关国家更加紧密相联、相互依赖、兴衰与共。与之相应也可以说，"一带一路"建设的目标就是打造"丝路命运共同体"，而丝路命运共同体就是缩小版的人类命运共同体。

所谓"共同体"就是人们在共同条件下结成的集体，体现的是整体性和统一性，尽管共同体内的每个成员之间存在着这样那样的差异。而"命运共同体"强调是集体内更带长远性、根本性的共性。这种共性随着全球化的深入发展以及伴随着全球化而出现的各种挑战显得越来越突出。正如习近平主席在论述人类命运共同体时所指出的："当今世界，人类生活在不同文化、种族、肤色、宗教和不同社会制度所组成的世界里"；但是，"各国相互联系、相互依存的程度空前加深，人类生活在同一个地球村里，生活在历史和现实交汇的同一个时空里，越来越成为你中有我、我中有你的命运共同体"。这种命运共同体就如一条在海上航行的大船，顺利到达彼岸符合所有人的利益，如果在风浪中倾覆，船上所有人都在劫难逃。因此，建设"一带一路"，打造丝路命运共同体，需要相关国家同舟共济，携手共进。

打造丝路命运共同体是相关国家的共同事业，这就需要各国对共同命运有全面、深刻的认知。共同命运首先体现在共同利益上。在"一带一路"上，各国之间在发展以及许多安全问题上形成的相互依赖关系越来越紧密，使得它们一方面面临共同的机遇，但另一方面又面临共同的挑战，尤其是共同挑战。同整个世界一样，"一带一路"区域和平与发展面临的挑战越来越具有全局性、综合性和长远性，没有哪一国能够独善其身，也没有哪一国可以包打天下。比如恐怖主义问题，已经成为全人类的一大公害，而处于丝绸之路经济带的中东地区则是受恐怖主义影响最为严重的地方，打击这一地区的恐怖主义势力需要本地区以及区外国家的共同努力。各国之间的这些共同利益不是局部性、暂时性的，而是关涉各国生存和人民根本福祉的，因此是命运攸关的。随着共同利益的增多，越来越多的国家开始认识到共同体的整体性和命运攸关性，形成了共同价值，并在共同价值基础上产生了承担维护共同利益、使共同体免遭噩运的责任的意愿。因此可以说，所谓丝路命运共同体，作为一种创新的合作模式，就是"一带一路"区域不同的国家和民族在共同利益、共同责任、共同价值基础上所结成的命运攸关的整体。各国只有充分认识共同利益、共同责任和共同价值，才能对共同命运有深刻的理解和认同，进而才能真心诚意地与其他国家携手推进这项共同事业。

二、以合作共赢理念引导创新合作模式

在主权国家仍然为主要国际行为体的当今世界，共同事业必须通过相关国家的合作来实现。然而，怎样进行合作？如何实现可持续合作？这是当今国际社会面对的一个重大现实问题，同时也是一个理论问题。

伴随着和平与发展成为时代主题，越来越多的国家都将谋发展、促和平作为本国的大政方针，并将合作作为实现目标的主要途径。然而，合作模式不同，其结局也相差甚远。在旧时代，殖民主义、西方列强在发展与和平问题上虽然有合作，但都是局限在一定范围内。它们为了自己的发展，对外奉行殖民主义和强权政治，掠夺殖民地，欺压弱小国家，列强相互之间进行恶性竞争。它们也试图通过结盟和集团对抗来谋取对自己有利的和平局面，但是这种排他性的合作往往是以更大范围的对抗为前提的，所以难以持久，对世界和平与发展的作用也通常是负面的。第二次世界大战后，西方大国主导建立了许多国际合作机制，其中一些是普遍性的，如联合国、世界贸易组织、国际货币基金组织，它们对促进世界和平与发展发挥了不可替代的积极作用。但是，西方大国出于其固有的理念，总是以自我为中心，以实现自己的利益为主要甚至是唯一目标，试图一直掌控主导权。这样的合作模式自然也有明显的局限性。虽然一些发展中国家能够从这种模式的合作中获取一定的利益，但却时常要付出沉重代价。这种不均衡的合作也是难以持久的。

当今时代所需要的和平是世界持久和平，发展是世界共同发展。这样的和平与发展，需要的是全球范围的深度合作，为此，就需要创新合作的模式。"一带一路"就是一种创新的合作模式。

十八大以来，"合作共赢"也是习近平主席在外事工作中使用频率最高的词语之一，已经成为中国外交的核心理念。无论是构建人类命运共同体，还是构建新型国际关系，抑或是推进"一带一路"建设，都需要秉持合作共赢理念。有理由预言，在合作共赢理念引导下，中国外交将展现出崭新的面貌，国际关系也将翻开新的一页。

共赢是一个新理念，与中国一贯倡导的和平共处、相互尊重、平等互利精神是一脉相承的。自有国际关系以来，合作就与冲突相伴随，成为国家之间交往的主要途径之一。然而在旧时代，冲突而不合作，是国际关系的主旋律，合作往往成了进行更大范围冲突的手段。有时合作本身就蕴含着冲突的因子。究其原因，一方面在于旧时代国家之间的利益关系。那时国家间关系更多的是体现在争夺领土、资源、财富上。另一方面与合作的质量有关。旧时代的国际合作，双方获益往往是不均衡的，甚至是强势一方的单方面获益，而不是合作双方的共赢，这样的合作肯定是不可持续的，甚至还会引发冲突。因此，要想可持续地通过合作来实现永久和平、共同发展，就必须在合作中达到共赢。如果世界各国都秉持共赢理念，那么国际合作的水平将会有质的飞跃。可以说，由"一带一路"所开创的新型合作模式的精髓是共赢，即开展共赢式的合作，通过合作达到相关国家都成为赢者。进一步讲，合作共赢就是新型合作模式的核心理念，是一种理念创新，只有在合作共赢理念的引导下，"一带一路"建设才能达到预期目标。

在合作共赢理念引导下，同以往存在的国际合作模式特别是西方主导的合作模式相比，作为创新合作模式的"一带一路"已经展现出其鲜明特点。首先是开放性。已有国际合作模式，比如西方七国集团、经济合作与发展组织、二十国集团、七十七国集团，都具有一定的封闭性，不是面向所有国家，而"一带一路"可以说是向全球开放的。非洲和南美洲的那些纯内陆国家，也并未被排斥在外。其次是平等性。有些西方学者将"一带一路"比作中国版马歇尔计划，这非常不恰当。马歇尔计划不仅具有封闭性，只针对西欧国家，而且是美国单方向实施的援助，不是平等的经济合作。而"一带一路"是相关各方在自愿基础上的平等合作，不是某一国单方向的援助。"一带一路"不寻求哪个国家或国家集团居主导或中心地位，中国虽然是这种创新模式的提出者和倡导者，但是中国主张共商、共建、共享,而不是居高临下式地强加。中国作为"丝路命运共同体"中经济实力相对强的国家,对其他国家的投资可能会多一些,但完全是在平等协商的基础上,不是一方对另一方的强加或施舍。最后是互惠性。西方发达国家同发展中国家有许多经济合作,在某种程度上说,发展中国家也有所获,但是相比之下,双方获益是不均衡的。就拿非洲来说,许多国家长期充当发达国家的原料产地,而自己的制造业未能有效发展。既然是合作共赢,中国同所有参与国家的经济合作一定是互惠的,而且这种互惠还是均衡的,否则合作肯定是不可持续的,"一带一路"也不会有生命力。

三、民心相通是实现合作模式创新和理念创新的关键

"一带一路"建设的主要内容是"五通",即政策沟通、设施联通、贸易畅通、资金融通、民心相通,这"五通"是实现"一带一路"相关国家合作共赢的具体途径。"五通"中,设施、贸易、金融都属于物质层面,而政策与民心属于精神层面。如果说物质层面相当于电脑的硬件,那么精神层面就相当于电脑的软件,软硬两个方面相辅相成、相互制约、相互促进。没有设施、贸易和金融这"三通",再好的政策也是画上之饼,民心相通也会受到重重阻隔;但是没有政策和民心这两通,先进的设施、畅通的贸易、融通的金融不仅不能带来相关国家的合作共赢,反而可能走向反面,联通的设施会变成国家对抗的工具,贸易和金融会成为国家间摩擦、冲突的动因和战场。美国前总统特朗普执意要在美墨边境筑起高墙,就是因为在他看来,美墨之间的联通损害了美国的利益。在政策和民心这两个软件中,政策固然非常重要,甚至是关键环节,因为国家间关系主要是靠政策来调节的,但是更为根本的是民心。"国之交在于民相亲",而要民相亲,必须心相通。"以利相交,利尽则散;以势相交,势去则倾;以权相交,权失则弃;唯以心交,方成其久远。"如果民心不通,再好的政策也难以落地生根,更难以可持续。因一国政府更迭而使两国关系逆转的事例不胜枚举,其原因就在于国家的政策没有被对象国的人民认可。所以,推进"一带一路"建设,需要在民心相通这个根本环节上下功夫。

民心主要由思想和感情构成，其中思想是根本，而思想的核心要素是价值观。要使民心相通，就必须构建共同价值。物质交流固然会促进不同国家人民之间的相互了解，特别是带有利益输送性的贸易、投资、援助等交流会增进人民之间的感情，但是，只是建立在共同物质利益基础上而没有共同价值为基础的相互了解及感情都是不牢固的。在命运共同体的三大构成要素即利益共同体、责任共同体和价值共同体中，价值共同体是最为关键的。没有共同利益，肯定不会有共同命运。但是仅有共同利益，也不会形成共同命运。现实生活中，无论是人与人之间，还是国与国之间，斗斗合合的剧目不断上演。但是有一个规律，就是那些仅仅为了共同利益而形成的合作关系都是短命的，共同利益一旦实现，合作便烟消云散，甚至原来的合作伙伴在新的利益格局下转身便成为竞争对手。之所以如此，就是因为他们没有共同价值，心不相通。对命运共同体来说，如果没有共同价值，各方对共同利益以及如何实现共同利益也就不会有理性的判断、认知并形成共识，尤其是对像和平这样的"有之不觉，失之不可"的"隐性"利益，更需要有基于价值观的理性思维。没有对共同利益特别是带根本性、整体性共同利益的认知就难以有对共同命运的认知，实在的而不是虚拟的"你中有我，我中有你的命运共同体"也就不可能形成。在现实国际政治中，经常有这样的现象：在旁观者看来有巨大共同利益的两个国家却总是处于对抗状态，陷于两败俱伤的陷阱之中。其主要原因就在于双方没有共同的价值观，难以在客观存在着的共同利益面前形成共识，或者是认识到有共同利益但在实现共同利益的途径和方式上南辕北辙。

维护共同利益，打造命运共同体，需要各国共同承担责任，形成责任共同体。为此，必须克服那些试图坐享其成，搭便车，甚至为了使本国利益最大化而给国家间合作设置障碍等狭隘观念。构建责任共同体也需要以共同价值为基础。没有在共同价值基础上对维护共同利益的责任担当意识，各国很难自觉地承担应负的责任，共同责任也就无从谈起。

总而言之，共同价值对认识并形成共同命运起着关键作用。所谓"志同道合"，讲的正是共同价值、理念、理想对人们行为的决定性作用。志同道合就是心通。所以，不同的行为主体只有在共同价值的指引下才能理性地认知共同利益和共同责任,进而为实现共同利益而开展真诚的合作。如果世界各国都能遵奉习近平主席提出的"和平、发展、公平、正义、自由、民主"等人类共同价值,那么各国之间的冲突就会少得多,互利合作的水平就会大大提升。

"一带一路"倡议之所以得到众多国家的积极响应,除了这些国家看到了其中的潜在利益之外,更主要的是提出这个倡议的中国一直秉持合作共赢、和平发展、开放包容、相互尊重等理念,而这些理念都建立在人类共同价值的基础之上。和平与发展是时代主题,也是最为重要的人类共同价值,更是中国始终坚持的重要理念;自由、民主要求国与国在交往时要相互尊重、开放包容;而合作共赢正是公平、正义的体现。

"一带一路"相关国家存在着文明文化、意识形态等方面的差异,甚至是宗教冲突,这些因素长期以来制约着相关国家开展合作。但是,同为人类命运共同体和丝路命运共同体的成员,它们也存在着许多共性,绝大多数国家人民基本上都认同人类共同价值。不同国家出于自己的文明文化、历史传统、发展阶段、社会制度等因素,对人类共同价值的内涵及实现模式的理解会有差异,但这不影响这些国家人民对这些价值观的认同。只要各国都本着开放包容的精神,相互学习、相互借鉴、相互促进,就可以实现各种文明在相互影响中的融合演进。有理由相信,"一带一路"建设将极大地促进相关文明之间的相互融合演进,"文明冲突"将成为不归的历史故事。

"一带一路"是造福人类社会,促进人类全面进步的系统工程。然而,越是美好的蓝图、伟大的工程,面临的挑战就越复杂、越严峻。所以,推进"一带一路"建设绝不能搞"大跃进",而是应当稳步前行,只有"行稳"才能"致远"。不稳步前行,虽然有可能会取得一时的突出成效,但难以持久,甚至会导致各领域建设失调、各国间收益失衡等问题,从而使相关国家对参与建设丧失信心和动力。

中国作为"一带一路"的倡议者和推动者,肯定要积极为"一带一路"建设做贡献。但是需要把握好"给力"与"量力"的关系。我们既要看到中国面临的历史机遇,要开拓进取,积极作为;也要认清中国的基本国情和国际地位,要谦虚谨慎,从实际出发。在倡导、推进"一带一路"建设过程中,尤其要注意克服部分人心中存在的"救世主"心态和"世界领袖"情结，避免让相关国家将"一带一路"理解成是中国版的马歇尔计划，是现代版的朝贡体系。"救世主"心态无助于文明交流互鉴共存，不有利于共商共建共享，更不利于促进民心相通，因此也就不利于实现合作模式的创新和理念创新。

第十四章
以创新引领"一带一路"发展新格局 ①

中国是闻名全球的古丝绸之路的创始者、推动者，也是新世纪"一带一路"倡议的构想者、倡导者。自 2013 年习近平主席提出建设"一带一路"倡议构想以来，在中国和参与国家的共同努力下，"一带一路"建设取得了令人欣喜的成就。2016 年在中国杭州举办的 G20 首脑峰会上，"构建创新、活力、联动、包容的世界经济"成为大会的共识，并将成为世界各国的共识，建设"一带一路"应坚持以这一共识为引领，携手共创"一带一路"发展新格局。

一、创新驱动，开创"一带一路"新格局

创新是推动人类社会和历史发展的不竭动力。两千多年前，古丝绸之路联通欧亚大陆，铸就了东西方文明交流、商业贸易的时代辉煌。从创新的角度来观察分析古丝绸之路的发展史，可以看出古丝绸之路本身就是古代世界创新成果的综合体现。

首先，古丝绸之路从中国输出的都是深受世界欢迎的最新产品。丝绸、陶瓷、铁器、漆器等，都是当时世界顶尖技术生产的产品，茶叶也是由中国首先发现、制作的科技含量很高的药品和保健饮品。正是这些在技术上领先世界、能够大批量生产的创新产品，成为古丝绸之路的主要商品载体，推动着古代世界贸易发展和古丝绸之路的兴盛。

---

① 作者李闽榕是中智科学技术评价研究中心理事长、主任。

其次，中国通过古丝绸之路输往各国的都是世界领先技术。先进的创新产品固然深受古丝绸之路沿线国家人民的喜爱，制造这些创新产品的先进技术更是引起世界各国的关注和追求。造纸术、指南针、火药、活字印刷是世界公认的中国古代四大发明，曾经为中国古代科技领先于世界做出了巨大的贡献。随着丝绸之路的开辟，这些先进技术开始在西域以及更远的地方传播，很多人认为四大发明的西传为欧洲及中亚带来了一次巨大的变革。

再次，中国通过古丝绸之路输往各国的是先进的生产业态和方式。先进的产品和技术要输往世界各国，还必须有先进的输送载体和方式。古丝绸之路的兴盛，海上丝绸之路的兴起发挥了关键作用。中国古代发达的造船业对出海远航提供了更为有利便捷的条件，郑和下西洋所乘的超级"宝船"和庞大舰队均属世界第一；先进的天文航海术、地文航海术和船舶操纵技术，为中国古代先民们远航时判别时间与方向提供先进、可靠的技术保证。

此外，中国通过古丝绸之路向世界传播的是先进的知识和思维方式。儒家文化是一个以自然、人本为核心，将人与自然有机融为一体的哲理系统，注重自然、遵循自然，通过对"道"这个自然规律的认识和把握，来追求自然规律和人的理念和生命价值相统一。由此形成的知识、思维和社会管理方式，在古丝绸之路的年代当属世界领先，郡县制、科举制等管理制度就被许多国家所借鉴引用。正因为如此，被全球穆斯林奉为伊斯兰先知的穆罕默德，将中国尊为知识和真理的所在地，留下一句著名的圣训："求知去吧，哪怕远在中国。"在先知穆罕默德激励下，当时的许多阿拉伯人远渡重洋参与了海上丝绸之路的盛举。

世界进入近代社会后，儒家文化暴露出忽视个人价值、忽视社会竞争、忽视创新、固守传统和中庸等问题，在与文化复兴后崛起的西方文明的竞争中没落下来。中华人民共和国成立后，特别是改革开放以来，中国大力推动改革开放和全面创新，经济和社会得到持续快速发展，综合国力显著增强，党的十八大向全国人民提出了实现中华民族伟大复兴的奋斗目标，"一带一路"倡议就是加快实现这一奋斗目标的重大举措。

创新始终是推动一个国家、一个民族向前发展的重要力量。古丝绸之路的历史辉煌主要靠创新来铸就，新时代的"一带一路"建设仍然要依靠创新来推动。

2016 年，在中国杭州举办的 G20 首脑峰会上，首次把创新列入议题，突出创新，并将"构建创新、活力、联动、包容的世界经济"列在全球发展新共识的首位，成为引领国际经济合作新方向、开创全球治理新格局的重要里程碑。

创新包括理论创新、制度创新、科技创新、文化创新等方面。中国在科技创新的某些方面与西方发达国家相比仍有差距，但中国改革开放以来，中国的创新成就显著，许多方面已居于领先地位或正在迎头赶上，特别是各级党委政府和全国人民创新的心劲很足，完全可以借助创新全球化的新态势，在"一带一路"的建设中，以开放、合作为手段，拓宽与世界各国创新合作的新领域、新空间，共同将"一带一路"打造成新时代的世界"创新之路"。

二、紧扣"第一"，以科技创新引领全面创新

创新强则国运昌，创新弱则国运殆。没有创新，发展将难以持续。科技是第一生产力，必须坚持将创新作为引领发展的第一动力，以科技创新引领全面创新、驱动整体发展，建立合作共赢全球创新共同体。

一是加大核心技术研发力度。"一带一路"参与国家要建立和完善技术创新体系，强化核心关键技术研发，强化基础共性技术研究，集中力量开发并实施科技攻关重大专项，提升重大技术集成创新能力。强化企业在技术创新中的主体地位，建立以企业为主体、产学研用相结合的协同创新体系。要支持上下游企业协同创新，充分利用全球创新资源，鼓励有条件的企业在海外建立研发机构，最大限度突破技术壁垒限制。加强专业技术人才培养，从国际化人才培养、形成竞争合力着手，建立外派海外人才和外聘海外本地人才培养、激励等管理制度，加快培养高端科技人才。

二是打造竞争力强的国际品牌。"一带一路"参与国家要通过强化企业质量主体责任、加强自主品牌创建和培育、实施重大质量工程和质量素质提升工程等举措，打造竞争力强的国际品牌。要从单纯的产品输出转向产品、资本、管理"组团"输出，探索多种形式的工程项目投融资模式，提升管理能力，完善投融资的风险防范和控制体系。要整合企业优势，打造优势国际品牌。注重科技创

新质量，加强技术标准体系建设，提高企业在制定标准中的积极性，夯实科技创新的基础，着力提高科技创新的国际化程度，加快实现科技创新高端产品的国产化、标准化。

三是培育具有全球竞争力的企业群体。"一带一路"参与国家要努力造就一批在国际产业分工中处于关键环节，具有产品、资本和技术输出能力的大企业，同时还要着力培养一大批"专精特"高成长性的中小企业群体。支持资本雄厚的大企业并购有品牌、技术、资源和市场的国外企业，开展全球资源和价值链整合。鼓励大型装备制造企业、集成商通过工程总承包等形式带动上下游配套企业成链"走出去"，加快转变营销理念，不断提升走出去的竞标本领和成功率。

四是建立和完善推动科技创新的机制和政策。"一带一路"参与国家要明确目标、制定战略，加快制定相关法律法规，加强创新体制机制建设，鼓励创新要素自由合法高效配置。应通过优惠政策刺激等方式，提高企业研发积极性和创新设计能力，鼓励企业通过海外并购获得核心技术。通过建立高级别创新对话机制，协商制定出包括法律法规、体制机制、商业模式、文化理念、实施举措等在内的完整战略规划和方案，支持技术转移和扩散，努力拆除技术转移与交易、知识产权保护等方面的贸易壁垒，共同应对人类社会面临的挑战。

五是加强科技创新发展的交流合作和沟通协调。"一带一路"参与国家要鼓励创新要素自由流动和共享，促进创新创业人才的培养和流动，加强创新和研发平台的共建和共享。加强人类社会面临共同挑战领域的技术研发合作，开展关键共性技术的联合研发和推广应用。要协同促进跨领域、跨学科的融合创新交融，研究和掌握一批促进创新融合发展的核心技术、关键技术、共性技术和前沿技术，提高通过跨域实现创新突破能力，形成融合创新的新产业、新业态、新模式。要加大对创新及其成果扩散的投资，促进创新成果商业化、产业化。要明确推动协同创新的目的是打造创新驱动发展的命运共同体，让"一带一路"参与国家所有人群公平享受创新成果。

三、激发活力，拓展"五通"发展新空间

创新激发活力，活力推动发展。活力是动力之源，建设"一带一路"要高度重视活力的激发，源源不断地为"一带一路"建设注入新血液、提供新动能、拓展新空间、展示新前景。

一是要通过大力弘扬丝路精神来激发创造活力。古丝绸之路是中华文明的结晶，其精髓是创新、开放、开拓。"一带一路"发端于一脉相承的丝路精神，传承着家国天下、世界大同的丝路情怀，承载着中华民族伟大复兴的历史重任。在新的时代、新的格局下建设"一带一路"，首先必须大力弘扬丝路精神，并融合党和人民改革开放新时代形成的新理念、新精神，进一步激发全国人民创新、开放、开拓的激情和活力，持续不断地为"一带一路"建设注入新的动能。

二是要通过"五通"来激发活力、拓展空间。"一带一路"从地理位置上讲，是一个交通的概念；从经济上讲，是各类经济要素流通的概念，由此决定了"一带一路"的关键在"通"。两千多年前的古丝绸之路跨越天堑，沟通了亚、欧、非三大洲，促进了世界范围内的人类文明大交流、大发展。两千多年后，习近平主席提出"一带一路"倡议，以"政策沟通，设施联通，贸易畅通，货币融通，民心相通"五通原则为基础，以实现为愿景，以点带面、从线到片，携手欧亚各国重建灿烂新丝路。在新形势下建设"一带一路"，必须牢牢抓住"政策沟通、设施联通、贸易畅通、货币融通、民心相通"这个关键，不断拓展发展空间，形成经济和社会发展各类要素高效流动和融合发展的新趋势。

三是要通过激发参与国家社会活力来创造新机遇、开创新局面。实施"一带一路"倡议，目的是要通过多层次、多角度激发中国和沿"带"沿"路"国家发展要素的高效流动，让沿"带"沿"路"的发展中国家和地区共享中国发展的成果，共同加快发展。"一带一路"建设要以此为基点，进一步拓展开放、合作的新领域、新空间，从传统单一的科技合作逐渐向贸易、投资、金融、规则制度等更深、更广领域快速发展，源源不断地为全球治理模式注入新血液、提供新动能、增添新活力，为世界经济持续增长提供新契机、拓展新领域和新空间、展示更加光明的新前景。

四、联动发展，形成合作共赢新机制

"一带一路"是一个国际化概念，"一带一路"要靠中国和参与国家共同来建设，推进联动发展、形成合作共赢新机制至关重要。

1. 多维度推进双边合作。从 2013 年至今，我国通过与参与国家签署"一带一路"文件的方式深化和稳固双边合作关系，并逐渐建立"一带一路"双边备忘录签署机制，目前逐渐成熟，未来有望进一步发展，推广至各国。在中亚区域内存在多个次区域合作组织，例如独联体、中亚合作组织、亚洲开放银行中亚组织区域经济合作机制、欧亚经济共同体、欧亚运输走廊、突厥语国家首脑会议、中西亚经济合作组织等，中国应以上海合作组织作为多边协调机制平台，推进中国与中亚国家合作。同时，在推进自由贸易区背景下，针对能源、技术、银行、投资等具体领域的合作，也可以通过单项协议推进多边协议，积极探索和推广"一带一路"合作园区建设与开发的保障运营机制，实现中国与参与国家和地区的贸易一体化。

2. 深层次强化多边机制。充分利用亚太经合组织、上海合作组织、亚洲合作对话、亚欧会议、亚信会议、中亚区域经济合作等机制，倡导和推进"一带一路"发展，传播"一带一路"成功经验，动员和吸引全球更多国家加入进来。在合作内容上，积极推进中国与中亚地区区域经济一体化，注意加强中亚地区安全与反恐合作，推动睦邻友好关系，实现经贸发展、安全合作、公共外交全方位的合作交流。

3. 精心构建牢固"朋友圈"。中国是和平共处五项原则的积极倡导者和忠实履行者，应始终秉承和平、合作、共赢的发展理念，将和谐包容、开放合作的精神蕴含在"一带一路"的框架设计之中，通过双边对话、多边合作、区域合作平台等机制建设，形成优势互补、公平公正、兼顾平衡的合作协调平台，在"一带一路"参与国家和地区建立牢固的"朋友圈"。

4. 积极促进国际经贸机制转型。2001 年，中国加入了 WTO，成为世界贸易组织的成员。中国"入世"对我国经济和世界经济发展都产生了巨大影响。但是，近年来国际上贸易保护主义又在抬头，实施"一带一路"倡议有利于冲破贸易保护主义对中国"走出去"的限制。"一带一路"倡议与中国自由贸易区战略紧密联系，目前我国在建自贸区，涉及 32 个国家和地区。在建的自由贸易区中，大部分是处于"一带一路"沿线。因此，要注意通过"一带一路"倡议与自由贸易区战略的紧密结合，来促进国际经贸机制顺利加快转型。

五、包容共享，走上共同繁荣新道路

古丝绸之路，秉承中华文明"海纳百川"的包容精神与和睦交流的和平精神，创造了世界历史大书上的辉煌一页。中国倡导的"一带一路"建设在传承古丝绸之路包容、和平精神的同时，又赋予新丝路建设以"造福世界、共享繁荣"的时代新精神。"包容"和"共享"，应是"一带一路"建设的出发点和立足点，也是必须坚持的基本原则。

所谓包容，就是"一带一路"建设要坚持相互开放、共同发展，不搞小圈子、不具排他性，在相互开放中共同培育可持续增长的市场和发展的新动力。一方面，要求"一带一路"参与方的多元化，不针对第三方，也没有门槛要求，所有有意愿参与的国家或地区皆可成为参与者、建设者和受益者；另一方面，要求合作方式多样化，没有严格统一的参与规则，各方围绕扩大经贸合作、促进共同发展的需要，可采用双边或多边、本区域或跨区域、金融或贸易等多样化、多领域、多层次的合作方式。"一带一路"建设的包容性决定了其具有兼容并蓄的优势，不仅不会主动挑战现有的区域合作机制，反而能与现有各类机制实现良好对接。

所谓共享，就是"一带一路"建设的机遇和成果不仅要所有参与建设的国家和地区都能够共同享有，而且能够惠及全球、造福所有人群。必须明确，"一带一路"建设绝不是只求中国加快发展、只为中国人民谋利益，更不是国外一些媒体和政治人物所说的中国要借"一带一路"建设将过剩产能、低效无效要素甚至将污染转嫁给发展中国家，而是要面对世界经济增长乏力的难题，打通陆海战略通道，促进互联互通，推进贸易自由化、便利化，进一步解放、流动和优化资源配置，攻占世界经济增长中的低效率洼地，形成全面提高要素生产率的新趋势、新格局，为沿线国家和全世界带来新的增长机遇，让世界人民共享"一带一路"建设的成果。实现共同发展是各国人民的普遍愿望。中国的发展得益于国际社会，同时也支持各国共同发展。中国通过"一带一路"建设加强技术、产能、资金以及其他方面的国际合作交流，为欠发达国家和地区提供有力支持，帮助这些国家加速工业化发展，实现减贫和可持续发展目标。

实现包容共享发展，最根本的是要打造命运、利益、责任共同体。世界经济相互交织、融为一体，互利共赢、包容共享已是民心所向、大势所趋。"一带一路"建设正是以"共商、共建、共享"为原则，以和平合作、开放包容、互学互鉴、互利共赢为指引，以打造政治互信、经济融合、文化包容的命运、利益、责任共同体为目标，开拓共同发展、共同繁荣、理解信任、务实合作的和平友谊之路。习近平主席在出席推进"一带一路"建设工作座谈会时发表重要讲话，进一步指明了构建"一带一路"命运、利益、责任共同体的方向：聚焦构建互利合作网络、新型合作模式、多元合作平台，聚焦携手打造绿色丝绸之路、健康丝绸之路、智力丝绸之路、和平丝绸之路。中国作为"一带一路"倡议构想的倡导者和主要推动者，有责任、有义务为"一带一路"的未来发展做出积极探索和重大贡献。

六、智库先行，为"一带一路"建设提供智力支持

智库是政府和社会的"思想库""智囊团"，也是一个地区和国家软实力的体现，在创新发展中处于"顶层设计"者的地位。世界各国特别是发达国家都十分重视发挥智库的作用，将之作为提升国家软实力的重要内容。"一带一路"作为一项国际化的发展倡议，智库应充分发挥思想引领作用，由此要求中国的智库不但不能缺席，而且还应先行一步。

"一带一路"倡议实施以来，国内企业率先响应，纷纷走出国门，到"一带一路"参与国家和地区投资兴业，取得了不菲的成绩。但是，由于受当前国际上复杂的政治因素影响，沿"带"沿"路"有部分国家因缺乏有效沟通平台，政

府与政府间的合作还存在着不少障碍，不少企业对这些国家的经济社会情况不了解，投资遇到了一些风险，有的甚至铩羽而归。企业是产品生产者和市场经营者，不是外交家和国际分析家，不能要求像在国内一样了解熟悉所去国家的经济社会情况。如何引导企业安全、顺利、有效地参与"一带一路"建设？我认为智库应在这方面充分发挥作用，思想是行为的先导，"一带一路"，须智库先行。

一是智库要深入研究和摸透"一带一路"参与国家基本国情。担负研究"一带一路"建设的官方智库、半官方智库和民间智库，要走进"一带一路"参与国家和地区，深入调查研究这些国家和地区的经济、文化、政治、社会等基本国情，了解产业、企业、资源和国家架构、政治派别、法律政策、社会民意、风俗习惯等具体情况，明确标明哪些企业和产业可以进入对接落地，哪些国家和地方存在政治、法律、经济或社会风险需要慎入，哪些方面和环节需要国家相关部门加强政府与政府间的协调，从而为企业和产业进入这些国家和地区提供明确有效的行动指南。

二是智库要加强与"一带一路"参与国家智库间交流与合作。"一带一路"参与国家国情有别、政策不同，势必影响"一带一路"预期效果和长远发展。由于各国智库都是政府和社会的"大脑"，担负着相同的责任，彼此之间最容易交流与合作。中国的官方智库、半官方智库和民间智库要充分发挥这一平台优势和独特的作用，加强与"一带一路"参与国家智库的交流与合作，倡导共商、共建、共享理念，把握利益契合点，寻求合作最大公约数，建立政策沟通、信息共享、人才流动的长效合作机制，化差异为优势，以互利促互联，充分发挥智库影响力、公信力，为参与国家和地区间深化合作提供坚实的政策支持和民意基础。

三是智库要加强与"一带一路"参与国家华侨华商及其团体的交流与合作。"一带一路"参与国家有许多华侨华商，他们的经济实力比较强，特别是东南亚国家中的华商经济已构成这些国家的重要经济支柱。华侨华商及其社团是连接中国与"一带一路"参与国家的"天然桥梁和纽带"，他们在当地政商界人脉广泛，熟悉驻在国的社会、法律、文化环境与风土人情，对祖国经济社会发展情况也很熟悉，有能力、有实力积极参与和推动"一带一路"建设在这些国家的重大项目。中国智库掌握当地经济、文化、政治、法律、社会、产业、企业、资源和社会民意、风土人情，请他们牵线搭桥联系当地的政界官员和商界人士，动员他们积极参与和推动所在国的"一带一路"重大项目，尽快与所在国政府、政界、商界形成"一带一路"建设互利共赢的命运共同体和利益共同体。

四是智库要加强与"一带一路"参与国家民间商会、社团的联系与交流。民间商会、社团在一定程度上反映和代表着社会民意，其开展的研究和宣介解读，说服力比官方更强，因此各智库要加强与"一带一路"参与国家华侨华商及其社团的联系与交流。中国的官方智库、半官方智库和民间智库要加强与"一带一路"参与国家民间商会、社团的联系与交流，通过智库熟悉、民间商会和社团易于接受的合作研究、举办论坛、开展培训、交流访问等多种方式，对他们多做政策沟通、增信释疑、凝聚共识的工作，促进他们对"一带一路"目标、内容、方式和坚持共商、共建、共享原则的理解与认同，并通过他们做好当地政府和政界上层人士的工作，为深化双多边合作、建立"建设性合作伙伴"关系奠定坚实的民意基础。

五是智库要通过多办活动来构建"一带一路"参与国家智库合作网络。有为才有位，智库只有多办活动、多出成果，才能具有社会影响力和政策推动力。中国的官方智库、半官方智库和民间智库要与"一带一路"参与国家智库建立常态化智库对话、人员交流与合作研究机制，善于以国际智库网络为平台，建立智库研究成果交流、共同发表成果、联合召开小型学术研讨会等机制；建立智库专家互访机制，重点支持参与国家智库学者访问研究和培训；建立合作研究机制，通过委托、资助和聘请有关国家智库和学者开展研究，及时反映参与国家的困难、问题、期待与利益诉求，提出共同解决对策方案。建议由我国智库联合"一带一路"参与国家权威智库共同参与，建立面向全球所有智库的开放型国际智库网络；建议我国智库发起每年举办"一带一路"国际发展高层论坛，介绍和分享中国以及有关国家的发展理念和经验，就"一带一路"建设和相关国际发展问题进行深入研讨，形成参与国家政产学研各界对"一带一路"进行综合研讨的高端平台。

"一带一路"建设既属于中国，也属于"一带一路"参与国家和全世界。只要我们紧抓机遇，找准定位，充分发挥自身优势，有效利用外部资源，加强与

"一带一路"参与国家和地区的交流、合作，共同建立竞争有序、合作共赢、良性互动、共享成果的新格局，携手打造绿色丝绸之路、健康丝绸之路、智力丝绸之路、和平丝绸之路，就一定能够重现古丝绸之路的历史辉煌，加快实现中华民族伟大复兴的中国梦，为世界的和平、发展做出中华民族永垂史册的重大贡献。

第十五章

"一带一路"参与区域互联互通中的科技创新引领与支撑作用分析[①]

诚如习近平主席所言，互联互通应该是基础设施、制度规章、人员交流三位一体，政策沟通、设施联通、贸易畅通、资金融通、民心相通五大领域齐头并进，全方位、立体化、网络状的大联通。当今世界，随着新科技革命的迅猛发展，不断引发新的创新浪潮，"一带一路"也必定是一条科技创新之路。因此，在当前形势下如何发挥科技创新在"一带一路"参与国家互联互通中的引领与支撑作用，是加快推进"一带一路"参与国家互联互通的关键所在。

一、"一带一路"参与国家互联互通的核心内容

中国擘画的"一带一路"参与国家互联互通中，"一带一路"参与国家资源禀赋各异，经济互补性较强，彼此合作潜力和空间很大，"政策沟通、设施联通、贸易畅通、资金融通、民心相通"是其核心。此"五通"既相互联系、又互相促进，关联性和耦合性强。

---

① 作者黄茂兴为福建师范大学经济学院院长。

(一)加强政策沟通是"一带一路"建设的重要保障

"一带一路"参与国家政治制度各异、发展水平不同、利益诉求多元,故而"一带一路"的顺利推进有赖于参与国家间高度的政治互信。各国通过加强友好对话与磋商,共商发展战略和对策,求同存异,找到利益契合点和合作最大公约数,消除政策壁垒和其他人为的合作障碍,协商制定推进区域合作的规划和措施,以政策、法律和国际协议等形式为"一带一路"参与国家务实合作及大型项目实施保驾护航。

简言之,要实现互联互通首先要进行政策沟通——经济政策沟通对接发展道路,沟通区域合作;道路政策沟通确保道路设施建设;文化政策沟通确保文化交流,民心相通;贸易政策沟通,确保贸易的顺利开展和互利共赢;货币政策沟通,提高共同应对经济风险的能力。只有以充分的政策沟通为前提,才能保障和促进"道路联通、贸易畅通、货币流通、民心相通",从而实现"一带一路"参与国家的互联互通。因此,加强政策沟通是"一带一路"建设的重要保障。

(二)基础设施互联互通是"一带一路"建设的优先领域

基础设施作为经济活动不可或缺的主载体,是大范围、宽领域、高效率合作的基础,其重要性不言而喻。世界银行曾发布报告称,基础设施即使称不上经济增长的火车头,也至少可以称作促进其发展的车轮。但由于基础设施具有外部性强、投资额大、回收期长、运营风险高等特点,大多数国家长期存在基础设施建设滞后的问题。跨境基础设施互联互通,除了存在国内基础设施建设苛刻的技术经济特性外,还涉及不同主权国家、政府之间协调以及权责划分和利益分配等问题,难度更高,因此存在"久推不进"现象。据亚洲开发银行估计,2010—2020年期间,仅亚洲基础设施投资需求就高达8万亿美元,其中中国、哈萨克斯坦、巴勒斯坦、印尼、马来西亚、泰国、菲律宾和越南占71.3%。随着WTO覆盖成员增多和双边、多边自由化贸易机制建设推进,关税及非关税壁垒对贸易和合作的影响已经显著下降,基础设施不足日益成为制约贸易经济合作的主要障碍。亚洲的贸易状况可以很好地说明这一点：东亚、东南亚海运基础设施连接性较好，相互贸易增长较为迅速；而南亚和中亚腹地内部贸易量仍比较低，当地对改善基础设施互联互通状况的需求尤为迫切。

在习近平主席提出的"三位一体"的"一带一路"互联互通中，基础设施的互联互通是基础，也是制约"一带一路"参与国家深化合作的薄弱环节。目前，"一带一路"参与国家之间的基础设施互利互通建设滞后。比如，从交通基础设施来看，"一带一路"参与国家多数骨干通道存在缺失路段，不少通道通而不畅，等级低、路况差、安全隐患大；不少国家之间铁路技术标准不统一，运输周转环节多、时间长、效率低；一些关键路段建设条件复杂，资金需求大，运营盈利预期低，筹融资困难；"一带一路"参与国家诉求各异，项目推进缓慢。此外，通信基础设施也比较薄弱，信息网络化程度较低，安全性较差。因此，推进"一带一路"建设，应该把基础设施互联互通作为优先领域。

（三）投资贸易合作是"一带一路"建设的重点内容

丝绸之路首先是贸易之路。商贸往来自古就是丝绸之路的主要内容，丝路参与各国人民在商贸往来中不断加强合作、互利共赢、共同发展，谱就了古代丝绸之路的辉煌篇章。促进贸易与投资契合是"一带一路"众多参与国家的共同需求。古丝绸之路历久弥新，中国提出"一带一路"合作倡议，赋予丝路崭新的时代内涵，得到广大"一带一路"参与国家的积极响应。"一带一路"参与国家大多是新兴经济体和发展中国家，各国要素禀赋差异明显，经济发展水平不同，但普遍处于上升期，发展经济、改善民生的愿望强烈，经济互补性强，亟须通过加强国际经贸合作、吸引国际投资来改善发展状况。积极发挥各自比较优势，加强和深化双边、多边经贸合作与投资，可以更好地促进区域内要素有序自由流动和资源的高效配置，形成更宽领域、更深层次、更高水平和全方位的合作格局。因此，投资贸易合作是"一带一路"建设的重点内容。

随着经贸交流与合作日益加深，目前我国已成为"一带一路"参与国家的最大贸易伙伴、最大出口市场和主要投资来源地。同时，"一带一路"参与国家普遍希望扩大和我国经贸交流与合作，搭乘我国经济发展的快车。据我国商务部统计，截至 2021 年 1 月，据商务部统计，目前已有 171 个国家和国际组织与中国签署 205 份合作协议，各项项目成果正督办推进，并转为常态工作。近 5 年来，我国与"一带一路"参与国家贸易往来不断扩大，投资贸易便利化水平也得到了进一步提升，对挖掘外贸新增长点、优化贸易结构发挥了积极的促进作用，推动我国由贸易大国向贸易强国转变。2013—2019 年，我国同"一带一路"沿线国家贸易总额从 1.04 万亿美元增至 1.34 万亿美元。2013—2019 年，我国企业对"一带一路"沿线国家非金融类直接投资累计超过 1000 亿美元，年均增长 4.4%，较同期全国平均水平高 1.4%，主要投向新加坡、老挝、马来西亚、印度尼西亚、越南等国家。与此同时，中国也是"一带一路"参与国家的重要贸易伙伴，随着"一带一路"建设持续推进，中国与"一带一路"参与国家的经贸合作将迎来新机遇。2021 年 4 月 20 日，习近平在博鳌亚洲论坛 2021 年年会上针对高质量共建"一带一路"，提出建设卫生合作、互联互通、绿色发展和开放包容四大伙伴关系，对下一步推进"一带一路"建设提出更高要求，也指明了前进方向，助力共建"一带一路"合作将不断走深走实。

（四）资金融通是"一带一路"建设的重要支撑

随着现代化的发展，金融成为整个经济的"血脉"，渗透到"一带一路"建设的方方面面。无论是基础设施的互联互通，还是经贸合作的不断畅通，都需要大量的货币流转和资金融通。因此，资金融通是"一带一路"建设的重要支撑。

如果各国在经常项下和资本项下实现本币兑换和结算，就可以大大降低资金流通成本，增加抵御金融风险能力，提高本地区经济的国际竞争力。"一带一路"建设将为中国和"一带一路"其他参与国家实现金融安全提供新契机。目前，"一带一路"参与国家大多使用域外国家的货币作为国际支付和结算手段。为满足"一带一路"参与国家融资需求、支持重大项目的跨国合作和建设，"一带一路"需要利用好"丝路基金"和区域内多边机构开发投资银行的资源，调动和协调上合组织银行联合体等资源，创新和深化与"一带一路"参与国家的金融合作。同时，"一带一路"倡导扩大本币结算和本币互换，以降低在相关国家进行投资和贸易活动的汇率风险和结算成本，促使相关国家在经济交往中形成金融风险共担的货币安全网，进而提高各国捍卫自身金融安全和经济利益的能力。

（五）民心相通是"一带一路"建设的社会根基

2014 年 7 月 4 日，习近平主席在首尔大学发表演讲时指出："加强人文交流，不断增进人民感情。以利相交，利尽则散；以势相交，势去则倾；惟以心相交，方成其久远。国家关系发展，说到底要靠人民心通意合。"无论是国家与国家之间的关系，还是一国内部不同地区、族群和宗教团体之间的关系，真正起决定性作用的还是民心是否相通，是否夯实了坚实的人脉基础。通过共建"一带一路"，传承和弘扬丝绸之路的友好合作精神，推动中国与"一带一路"参与国家广泛开展文化等多领域的交流合作，不仅能够为其他领域的合作打下坚实的民意基础，更有助于发掘"一带一路"参与国家深厚的人文资源，在交融往来中实现不同文明的互学互鉴，共同浇灌人类文明这棵参天大树。因此，民心相通是"一带一路"建设的社会根基。

二、科技创新在"一带一路"参与国家互联互通中的支撑作用分析

当前，科技创新正不断重塑世界经济结构和竞争格局，其在我国与"一带一路"参与国家（或地区）开展国际合作中具有先行优势，已成为政策沟通、设施联通、贸易畅通、资金融通、民心相通的关键支撑。《"十三五"国家科技创新规划》就明确提出，要围绕"一带一路"参与国家（或区域）科技创新合作需求，发挥科技创新的先导作用，打造"一带一路"协同创新共同体（发展理念相通、要素流动畅通、科技设施联通、创新链条融通、人员交流顺通），"提高全球配置创新资源的能力，深度参与全球创新治理，促进创新资源双向开放和流动"。

（一）科技创新加强政策沟通

在全球化、信息化和网络化深入发展的背景下，创新要素开放性、流动性显著增强，科技研究与产业化的边界日趋模糊，科学技术加速在全球的普及与扩散，推动世界经济成为一个紧密联系的整体，用科技促进经济社会发展成为国际共识。科技创新在支撑"一带一路"建设中已发挥了积极作用，并取得良好成效。一方面，科技创新的发展带来了沟通方式的变革，"一带一路"参与国家（或地区）在政策沟通过程中可以采用网络对话、视频谈判等效率更高的方式，更方便快捷地进行政策交流对接。另一方面，我国与"一带一路"大多数参与国家建立了较为稳定的政府间科技创新合作关系，与"一带一路"参与国家共建了一批科研合作、技术转移与资源共享平台，广泛举办各类技术培训班，接收大批参与国家杰出青年科学家来华工作。

（二）科技创新推动设施联通

设施联通是"一带一路"建设的优先领域。在此方面，我国已与诸多国家展开了密切合作：亚吉铁路、蒙内铁路、摩洛哥努奥光热电站、中欧班列、哈萨克斯坦阿克套沥青厂、瓜达尔港、雅万高铁、尼日尔古胡邦达重油发电站、以色列特拉维夫轻轨、柬埔寨哥通桥、苏丹上阿特巴拉水利枢纽、斯里兰卡科伦坡港、老挝赛德 3 水电站、阿尔及利亚南北高速公路 T2 隧道等。这些基础设施建设表面上看是高铁、公路、机场等具体项目的建设，实际上都是科技创新在这些领域的集中体现，可以说没有科技的支撑，就不会有设施的联通。①《推进"一带一路"建设科技创新合作专项规划》中明确提出要"结合参与国家科技创新合作需求，密切科技人文交流合作，加强合作平台建设，促进基础设施互联互通，强化合作研究，逐步形成区域创新合作格局"。

---

① 孙德升：《以科技引领支撑"一带一路"战略实施》，《环渤海经济瞭望》2016 年第 4 期，第 24—26 页。

（三）科技创新促进贸易畅通

古丝绸之路是古代中国连接亚洲、非洲和欧洲的商业贸易路线。在新时期，科技创新为"一带一路"参与国家所要开展的农林牧渔业、海洋工业、清洁可再生能源、新一代信息技术、生物、新能源、新材料等领域的贸易合作提供了重要的支撑作用。2017年3月25日，由科技部立项的首个针对"一带一路"六大经济走廊建设的国家科技专项"中蒙俄国际经济走廊多学科联合考察"项目启动。该项目旨在系统获取中蒙俄国际经济走廊跨境地带"五带六区"（"五带"：中俄沿海通道经济带、中蒙俄草原之路经济带；俄罗斯欧亚城市经济带、中蒙俄边境口岸经济带、中蒙俄跨境铁路通道经济带；"六区"：环贝加尔湖城市群、乌兰巴托重点区、中俄沿海通道重点区、中俄陆路口岸重点区、中蒙跨境重点区、新西伯利亚铁路枢纽重点区）、中心城市和国际口岸等三个不同区域尺度的地理环境本底与格局、战略性资源格局与潜力、城市化与基础设施、社会经济与投资环境相关数据，为"一带一路"和经济走廊建设提供基础科技和战略决策科学支撑，对推进经济走廊建设战略布局与进程，促进"一带一路"重点区域"五通"建设具有重要的引领和直接支撑作用。项目将促进新世纪综合科学考察由国内跨出国门走向国际化，引领和促进"一带一路"其他五个经济走廊国际科技合作，发挥科技直接支撑"一带一路"建设的重大战略作用。①

（四）科技创新加快资金融通

在资金融通方面，科技创新为高效、快捷的货币互换、结算、区域性金融风险预警系统构建等活动提供了基础支撑。随着"一带一路"倡议的大力实施，人民币在国际贸易中的应用日渐广泛，世界多地人民币清算中心的建立等，人民币国际化进程已全面展开，资金跨境流动与利率市场化则是其先行的重要内容。以

---

① 董锁成、李泽红、李宇、石广义、李富佳、李飞：《"一带一路"六大经济走廊首个国家科技支撑专项落地实施——中蒙俄国际经济走廊多学科联合考察项目启动》，《资源科学》2017年第39卷5卷，第987—989页。

互联网为依托的众多金融创新所需要解决的国家资金安全结算和支付的"痛点"，本质上属于个人信息技术产品，不是金融产品也不是通常的传统互联网金融，而是国家、银行、企业等所要面对的直接问题。只有解决了这些问题，才能加快"一带一路"参与国家（或地区）的资金融通，而这只能依靠科技创新，尤其是信息技术创新。亚洲基础设施投资银行和丝路基金在运转过程中，也亟需金融领域的科技创新，降低资金融通和交易成本，提高资金融通效率，发挥科技创新在"一带一路"参与国家在互联互通过程中的引领和支撑作用。

（五）科技创新深化民心相通

科技创新合作是"一带一路"人文交流的重要组成部分，是促进民心相通的有效途径。通过科技合作，推动"一带一路"参与国家民心相通，有利于"一带一路"参与国家在合作中增强对我国的认知与互信。在"一带一路"顶层设计主要内容的第四部分"民心互通"中，明确提出要"加强科技合作，共建联合实验室（研究中心）、国际技术转移中心、海上合作中心，促进科技人员交流，合作开展重大科技攻关，共同提升科技创新能力"。例如，斯里兰卡与大多数"一带一路"参与国家一样，面临着社会和经济发展较为落后、自然灾害频发、科技人才匮乏、创新能力不足等挑战，对华科技合作需求强烈。由中科院南海海洋所牵头，联合遥感与数字地球所、生态环境中心、中国科学院大学等相关科研和教育机构，与斯里兰卡高等教育部、供排水部及卢胡纳大学等部门和科研机构合作共建"中斯海上丝绸之路联合科教中心"，在海洋气象灾害监测预报、海洋生态系统与生物多样性保护、饮用水安全监控技术等领域开展深入合作和人才培养工作。科技创新极大地促进了"一带一路"参与国家的民心相通，发挥了其在"一带一路"参与国家互联互通中的引领作用。

三、发挥科技创新在"一带一路"参与国家 互联互通中支撑作用的保障措施

当今时代,科技创新已成为社会进步的重要驱动力量。"一带一路"建设,是我国根据国内外形势变化做出的重大战略部署。"一带一路"参与国家互联互通,即在政策沟通、设施联通、贸易畅通、资金融通、民心相通五大领域全方位联通,离不开科技创新的引领和支撑。为充分发挥科技创新在"一带一路"参与国家互联互通建设中的支撑作用,推动"一带一路"倡议顺利实施,亟须构建推进"一带一路"参与国家科技创新的合作机制和保障措施,推进"一带一路"参与国家科技创新合作和交流机制建设。

(一)建立"一带一路"参与国家科技创新合作机制

"一带一路"参与国家合作机制,是"一带一路"倡议实践的重要保障。"一带一路"参与国家政策沟通、设施联通、贸易畅通、资金融通、民心相通,都需要科技创新的引领和支撑。发挥科技创新在"一带一路"参与国家互联互通中的支撑作用,需要"一带一路"参与国家在统一框架下群策群力,建立有效的区域科技创新合作机制,推进"一带一路"倡议的顺利实施。创新"一带一路"参与国家科技创新合作机制,应该针对"一带一路"国家科技创新的现实诉求,整合已有的双边或多边科技合作机制,探索国际科技合作的新模式,建立符合"一带一路"参与国家发展特点的科技创新合作框架。

建立"一带一路"参与国家科技创新合作机制,首先要根据参与国家的资源禀赋约束,整合"一带一路"参与国家的科技资源,采取共建联合实验室、科技园区合作等形式,开展"一带一路"参与国家重大科技攻关,推进参与国家科技创新的广泛合作,提升"一带一路"参与国家科技创新能力。其次,应充分利用和发挥国际科技组织,在整合全球科技资源和科技创新合作上的协调机制,拓展"一带一路"参与国家科技创新的合作潜力和空间,降低"一带一路"参与国家科技创新合作的制度性交易成本,提高科技合作效率。再者,建立"一带一

路"参与国家科技创新的激励机制,明确风险共担和收益分享,构建"一带一路"参与国家科技创新合作的长效机制。另外,还需构建"一带一路"参与国家数据和信息共享平台,建立技术转移和技术转让机制,推动"一带一路"参与国家科技成果流动和跨国转化,发挥科技创新"一带一路"参与国家互联互通中的引领作用。

(二)建立"一带一路"参与国家科技人才培养与交流机制

科技创新,在"一带一路"参与国家互联互通中发挥引领和支撑作用。科技人才,是科技创新的主体,是推动"一带一路"参与国家互联互通的驱动力量。在创新引领发展的时代,科技人才在社会发展中的作用日益凸显。"一带一路"参与国家互联互通,亟需大量高素质的科技创新人才。推进"一带一路"参与国家科技创新,离不开人才培养与人才交流。充分发挥科技创新在"一带一路"参与国家互联互通中的支撑作用,需建立"一带一路"参与国家人才培养和人才交流机制,推进"一带一路"参与国家科技创新合作。

建立"一带一路"参与国家科技人才培养与交流机制,首先要构建"一带一路"科技人才培养与交流平台,为"一带一路"参与国家科技人才培养提供实践载体。人才平台可以是国际科技组织的原有机制,也可以是"一带一路"参与国家在设施联通、贸易畅通和资金融通的合作项目中的延伸平台,或为"一带一路"科技人才培养建立专门人才机制。其次,要建立阶段性、多层次、多领域的人才培养机制。"一带一路"倡议具有长期性,"一带一路"建设的不同阶段对人才的需求具有差异性,并涉及众多领域,需要不同层次、不同类型的科技人才。再者,要建立符合"一带一路"参与国家人才使用特点和利用科技创新的人才流动机制。不同国家人才培养和使用有所差别,要充分考虑国别差异,建立有效的人才培养和人才交流机制,实现"一带一路"参与国家科技人才流动和合理配置,推进"一带一路"参与国家科技创新,发挥科技创新在"一带一路"参与国家互联互通中的支撑作用。

（三）创新"一带一路"参与国家科技金融合作模式

金融是现代经济的核心，科技金融是科技创新的原动力。资金融通，是互联互通建设的重要内容，也是设施联通和贸易畅通的重要保障。充分发挥科技创新在"一带一路"参与国家互联互通中支撑作用，离不开科技金融对科技创新的有力支持。在"一带一路"建设中，为科技型企业提供融资支持，是"一带一路"参与国家科技创新的重要保证。推动"一带一路"参与国家科技创新的蓬勃开展，需要创新"一带一路"参与国家科技金融合作模式，为科技创新引领和支撑"一带一路"参与国家互联互通建设，提供资金支持。

创新"一带一路"参与国家科技金融合作模式，就是要以科技创新为切入点，构建适合"一带一路"参与国家发展特点的便利性融资体系和合作机制，解决"一带一路"参与国家对科技创新融资的需求。"一带一路"参与国家科技金融合作模式创新，主要为参与互联互通建设的科技型企业和科技合作项目，提供融资的服务，增加"一带一路"建设中的科技含量，提高"一带一路"建设效率和质量。创新"一带一路"参与国家科技金融合作模式，应充分利用亚洲基础设施投资银行这一融资平台，协调"一带一路"参与国家科技金融政策，深化科技金融合作，构建符合"一带一路"参与国家协同发展的科技金融体系，为科技创新引领和支撑"一带一路"参与国家互联互通提供融资保障。

（四）加强"一带一路"参与国家科技文化交流

观察古代丝绸之路发展史，"丝绸之路"不只是一条贸易畅通之路，更是一条科技文化交流融合之路。发挥科技创新在"一带一路"参与国家互联互通中的支撑作用，要积极推动"一带一路"参与国家政府和民间的科技文化交流活动，夯实"一带一路"参与国家科技创新合作的社会基础。随着"一带一路"参与国家互联互通的逐步推进，"一带一路"参与国家的交往将更为频繁。"一带一路"不同国家在价值观、社会制度等方面或多或少都存在一定差异，加强"一带一路"参与国家科技文化交流，有助于参与各国相互理解、互知互信、互学互鉴，为"一带一路"

参与国家互联互通建设中的科技创新合作提供了广泛的社会基础。

科技人文交流不但是"一带一路"参与国家互联互通的建设内容，更是"一带一路"参与国家合作的重要桥梁。加强"一带一路"参与国家科技文化交流，"一带一路"参与国家可以互相派遣科技人员进行短期工作，科技实力较低的国家可以派遣科技人员到科研实力强的国家学习，加强"一带一路"参与国家科技合作与交流。加强"一带一路"参与国家青少年科普交流，举办"一带一路"参与国家科普展览，强化参与各国青少年科技交流机制。搭建"一带一路"参与国家科技组织平台，为参与国家提供创新政策沟通和交流的空间，构建"一带一路"参与国家相互学习机制，推动参与国家开展科技创新合作，充分发挥科技创新在"一带一路"参与国家互联互通中的支撑作用。

第十六章

发挥金砖国家在"一带一路"国家合作中的支点作用[①]

一、背景

"金砖国家"的概念最早于 2001 年由高盛集团作为投资市场理念提出。2009年首届金砖领导人峰会在俄罗斯叶卡捷琳堡召开后,每年固定举办一次金砖国家领导人峰会。

金砖国家国土总面积约占全球各国国土总面积近 30%,人口约占世界人口42%,经济总量约占世界经济总量 23%,贸易额约占全球贸易额 16%。自 2006 年金砖国家机制性形成以来,金砖国家对全球经济增长的贡献率超过 50%,金砖国家已经成为发展中大国、新兴市场国家的"领头羊",是世界经济增长的重要引擎。金砖国家的形成和发展体现了当代国际力量对比的量变和质变进程,顺应了当代国际潮流的趋势,推动着国际体系朝着更加公正合理的方向前进。金砖国家合作机制堪称新兴市场国家和发展中国家合作的典范。

2013 年,习近平主席在访问中亚与东南亚国家期间,先后提出建设"丝绸之路经济带"与"21 世纪海上丝绸之路"的倡议(即"一带一路"倡议),经过 9年的发展,已经取得了积极成效,目前已初步形成覆盖亚洲大多数、独联体和中东欧国家的布局。这一倡议不仅联结了亚、欧、非 70 个国家,还作为一个开放的平台鼓励更多的国家加入。"一带一路"建设不仅会促进亚、欧、非地区的发展,而且有利于探索国际合作和全球治理的新模式。因为交通和环境的限制,古代丝绸之路更多表现为商品贸易和一定程度的人文交流。而在当代随着交通、通信等基础设施的改善,人类活动的范围和力度已经远超古代,因此产生的影响力

---

① 作者马宗文为中国科学技术交流中心项目官员。

也将更加深远。

金砖国家合作机制与"一带一路"倡议存在理念的契合。"一带一路"倡议以"丝路精神"作为精神支柱，坚持"共商、共建、共享"原则，以"五通"建设作为合作重点；金砖国家合作机制坚持"开放、包容、合作、共赢"的"金砖精神"，遵循"开放透明、团结互助、深化合作、共谋发展"原则，构建更紧密的伙伴关系，提高机制化程度。实质上，两者具有一致的战略理念：以主权平等作为根本原则，以共同发展为目标，构建以合作共赢为核心的新型国际关系，致力于推动建立更加公正合理的国际政治经济新秩序，打造利益共同体和命运共同体。金砖和"一带一路"没有主导国，只有共同参与方。[①]

二、金砖国家在"一带一路"国家合作中的支点作用

（一）金砖国家合作基础

1. 经贸合作

2008 年中国、俄罗斯、印度、巴西首次举行外长会议，"金砖国家"的概念才首次登上政治舞台。2009 年南非加入后，金砖国家合作升级成为领导人峰会，达成了《金砖国家经济伙伴战略》等协议，成立了金砖国家开发银行。此后，金砖国家领导人峰会成为每年举行一次的正式国际合作机制。

金砖国家之间广泛且稳定的经济合作机制和较强的经济合作意愿，为"一带一路"倡议深化亚非欧地区经济融合的目标奠定了基础。作为新兴市场的代表，金砖国家是"一带一路"参与的重要经济体，在所在区域具有广泛的辐射作用，对于我国"一带一路"倡议的推广和实施具有战略性作用。

金砖国家之间资源禀赋和产业结构均呈现差异性，而资源禀赋差异决定了贸易发展潜力大，产业结构的不同造就经济结构的互补性，从而形成高度互补的贸易结构，具有经济合作的基础和较大的发展空间。中国工业制造能力强，印度

---

① 李兴、成志杰：《金砖合作机制是推动"一带一路"建设的强大助力》，《人文杂志》2015 年第 12 期。

在计算机和软件产业具有比较优势，巴西清洁技术和现代农业优势较强，俄罗斯有丰沛的石油和天然气，南非有矿产开采技术优势。根据测算，中国与其他金砖国家的贸易从广度和深度上均存在互补性，尤其与俄罗斯存在高度对称的互补关系。金砖国家之间产业和贸易的互补为经济合作提供了较大的空间。[①]

2. 人文交流

金砖国家人文交流合作取得良好的经验，形成了具有示范作用的"金砖路径"，可以引领"一带一路"人文交流合作建设。[②]

中国和巴西于 2013 年首次互办"文化月"。当年 9 月，中国"巴西文化月"期间举办了 50 多场活动，涉及巴西音乐、电影、舞蹈和文学等领域，使中国民众领略丰富多彩的巴西文化。10—12 月，巴西"中国文化月"活动期间，150 多位中国艺术家为巴西人民展示了新民乐、现代舞、传统舞蹈、杂技和电影等精彩东方文化艺术，使中国和巴西文化得到传播和相互交流。

中俄两国 2006—2007 年合作互办"国家年"，在中国"俄罗斯年"和俄罗斯"中国年"活动中，共计举办 500 多场活动。2008 年开始中俄轮流举办"文化节"、中俄大学校长论坛、中俄大学生艺术联欢节、中俄中小学生交流活动、中俄高等教育展、中俄电影展等活动。近年来，中俄先后举办"语言年""旅游年""中俄媒体交流年"等活动，增进两国民众相互了解，相知互信，全面推动两国战略伙伴关系向前发展。

中印双方把 2014 年确立为"中印友好交流年"，举办多场活动促进文化交流、教育合作、媒体沟通和青年互访等。2015—2016 年，中印轮流举办"旅游年"，以旅游为契机扩大文化交流和人员往来。

中南两国不断拓展在人文领域的交流和合作，并达成互办"国家年"的共识。2014 年中国"南非年"期间，南非在中国举办文化推介、艺术交流、经贸会展、学术研讨、教育交流等一系列活动。2015 年南非"中国年"活动，全年共举

---

① 屠新泉、蒋捷嫒：《金砖国家合作与"一带一路"倡议协同发展机制研究》，《亚太经济》2017 年第 3 期。

② 陈万灵：《引领"一带一路"人文交流合作的"金砖路径"》，《亚太经济》2017 年第 3 期。

办 44 个文化交流项目，涉及政治、经贸、文化、科技、教育等领域，现场直接受众近 5 万人。

3. 科技创新合作

金砖国家在科技创新方面与世界相比：年研发投入约占 17%，高技术产品净出口额达到近 6 万亿美元，约占 28%，科技期刊论文发表量达到 59 万篇，约占 27%。金砖国家对世界科技创新的贡献率逐渐提高，其国际影响力与日俱增。金砖国家已经成为所在地区的标杆，引领周边国家科技、经济和社会发展。

近年来，金砖国家合作日益深化，已形成以领导人会晤为引领、以各相关部门和领域的高层会议等为辅助的多领域多层次合作机制。从合作机制看，金砖国家框架下的科技创新合作，包括部长级会议、高官会议、工作组会议三个层次的工作机制。

2014 年 2 月，以"金砖国家科技创新合作：实现公平增长和可持续发展的战略伙伴关系"为主题的首届科技创新部长级会议在南非召开，通过了《开普敦宣言》，标志着金砖国家科技创新合作机制的正式建立。这次会议还确立了各成员国牵头的合作领域：巴西牵头气候变化和减灾、俄罗斯牵头水资源和污染治理、印度牵头地理空间技术及其应用、中国牵头新能源和可再生能源与能效、南非牵头天文学。之后，各国在各自牵头领域开展了富有成效的工作。

2015 年 3 月，第二届金砖国家科技创新部长级会议在巴西举行，通过了《巴西利亚宣言》。会议签署了《金砖国家政府间科技创新合作谅解备忘录》，确定了新能源和可再生能源与能效、医药和生物技术、高新区／科技园和孵化器、地理空间技术及其应用、航空航天、外层空间探索、天文学和地球观测、粮食安全和可持续农业等 19 个优先合作领域，明确了金砖国家科技创新合作的方向。

2015 年 10 月，以"金砖国家科技创新伙伴关系：全球发展的驱动力"为主题的第三届科技创新部长级会议在俄罗斯召开。会议发表了《莫斯科宣言》，同意在大型科研设施建设合作、大型国家研发项目协调、制定科技创新框架计划、建立研究创新网络平台等方面开展合作。

2016 年 10 月，以"金砖国家科技创新伙伴关系：构建有效、包容、共同的解决方案"为主题的第四届科技创新部长级会议在印度召开。会议通过了《斋普尔宣言》。作为配套活动，首届金砖国家青年科学家论坛在印度举行，为青年科学家交流与合作搭建了良好平台。

2017年7月，以"创新引领，深化合作"为主题的第五届科技创新部长级会议在中国杭州召开，会议通过了《杭州宣言》和《金砖国家创新合作行动计划》。各方同意继续加强金砖各国创新创业政策实践交流，继续推动金砖国家科技创新创业和平台建设，深化在企业技术合作、技术转移转化、科技园区合作、青年创新创业等领域合作。

2016年，为进一步务实推动科技创新合作，金砖国家成立了科技创新资金资助方工作组，签署了《金砖国家科技创新框架计划》及《实施方案》，决定在该框架下联合征集多边研发项目，该倡议旨在支持与促进来自至少3个国家的合作伙伴的合作，首批联合资助项目共有10个领域，分别是：自然灾害管理，水资源和污染治理，地理空间技术及其应用，新能源、可再生能源及能效，天文学，生物技术与生物医药（包括人类健康与神经科学），信息技术与高性能计算，海洋与极地科学技术，材料科学（包括纳米技术），光电学。目前，来自金砖国家的以下资金资助方已加入该倡议：（1）巴西，国家科学技术发展委员会（CNPq）；（2）俄罗斯，小型创新企业援助基金会（FASIE）、教育与科学部（MON）、基础研究基金会（RFBR）；（3）印度，科技部（DST）；（4）中国，科技部（MOST）、国家自然科学基金委员会（NSFC）；（5）南非，科技部（DST）、国家研究基金会（NRF）。目前，首批联合资助项目已经基本完成评审并于近期立项启动。

从合作内容看，近年来，中国与金砖国家通过双边科技创新合作项目、基地和科技人文交流等开展广泛务实合作，取得了突出成效。金砖国家科技创新合作中，中俄科技创新合作开展较早和较有成效，近20年来，中俄在航天、航空、潜海、核能、农业、生物、机械制造等领域均有较多合作，在科技园区合作建设方面也取得了显著成就，中俄双方还在创新经验相互借鉴方面开展了合作。中巴科技创新合作也有较早历史，特别是在航天、新能源、农业科技、纳米创新研究等方面有较深入合作并取得显著成就。中印则在软件开发、生物技术和制药以及绿色低碳产业方面开展了合作。中国与南非在生物技术（含食品加工、农业和医药)、新材料和先进制造技术、信息技术、环境保护、采矿冶金、资源勘探、空间技术、交通运输、古人类学、本土知识体系等领域展开合作。

(二)金砖国家对"一带一路"国家合作的支撑作用

金砖国家合作机制建设与"一带一路"倡议合作重点相匹配,有利于"一带一路"倡议的实施。中、俄、印金砖国家是丝路经济带建设的关键节点,是亚欧大陆上推动"一带一路"建设的"三驾马车",其中中俄又是核心,形成"双引擎"。[①] 作为金砖国家,巴西、南非皆为所在大洲发展中大国,与我国具有良好的合作传统,在多数国际事务中立场相近。目前,两国发展均遇到一定困难,加强与我国合作愿望迫切。应尽快将巴西和南非作为通往拉美和南部非洲的重要支点,将"一带一路"拓展至南美洲和南部非洲。

1. 俄罗斯

苏联解体以后,由于俄罗斯一度奉行向西方"一边倒"的外交政策,在对华关系方面并没有取得实质性进展。随着以美国为首的北约加强了对俄罗斯的战略挤压,加上俄国内对亲西方外交政策的批评,俄于1996年调整外交政策,实施全方位外交,其对华关系开始出现实质性进展。1996年俄总统叶利钦访华,中俄两国宣布建立平等信任、面向21世纪的战略协作伙伴关系,这对中俄关系发展具有重要意义。普京上台后更加重视发展对华关系,2014年5月,习近平主席和普京总统签署联合声明,推动中俄全面战略协作伙伴关系进入新的发展阶段。2016年6月,普京总统访华,将中俄关系的战略价值推上新的台阶,夯实了双方平等互信的战略基础。同时,两国还就"一带一路"倡议与欧亚经济联盟对接问题开展了深入交流。

针对"一带一路"倡议,俄学界与政界最初都是持一定怀疑态度的,担心该倡议会与俄主导的欧亚经济联盟形成竞争。后来随着中方的诠释和形势的变化,

---

① 李兴、成志杰:《金砖合作机制是推动"一带一路"建设的强大助力》,《人文杂志》2015年第12期。

俄方才逐渐认识到"一带一路"的推进对中俄双方是互利共赢，有利于共同发展，因而逐渐接受并支持。俄方还倾向于"一带"包括俄远东地区，"一路"包括俄北极航道，以利用中国的资金、技术进行交通、基础设施建设。[①]

与其他金砖国家比，我国对俄科技创新合作是双边合作的典范。对俄合作主要方式为项目和基地建设。2007—2018 年，对俄合作项目总数 627 项，经费总计 26.67 亿元，项目总数和经费均占金砖国家总量的 90% 以上。合作主要集中在以下几项：材料领域 170 项，合计经费 7.98 亿元；工程与技术领域 102 项，合计经费 4.84 亿元；信息领域项目 82 项，合计经费 3.76 亿元。涉及俄罗斯的国家合作基地高达 160 个，远远领先于金砖其他国家。

2. 印度

中印关系方面，1988 年 12 月印度总理拉吉夫·甘地访问北京，标志着中印关系出现了转折。经过十多年的发展，2003 年 6 月，印度总理瓦杰帕伊访华，双方签署联合宣言并强调要在"长期建设性合作伙伴关系"基础上发展新型中印关系。近年来，在经济相互依赖、推动全球治理体系转型等方面共同利益驱动下，两国合作水平得到稳步提升。2014 年 9 月，习近平访主席问印度期间用"三个伙伴"定位中印关系，即"更加紧密的发展伙伴、引领增长的合作伙伴、战略协作的全球伙伴"，从而为中印关系的发展注入了新的活力。2015 年 5 月，印度总理莫迪受邀访华，中印双方就经贸、投资等领域合作进行了深入磋商，并就中方发起的"一带一路"倡议进行了协调。

由于边界、历史和现实的原因，中印关系相对比较薄弱，甚至心存芥蒂。印度对"一带一路"倡议的态度，从一开始就支持陆上丝绸之路，并参与经济走廊建设的讨论，而对海上丝绸之路则未做出反应，担心这会加强中国在"印度后院"——印度洋的作用，尤其是害怕中国在南海—印度洋地区把马六甲、孟加拉国、斯里兰卡、马尔代夫、巴基斯坦等国和地区连接起来，搞所谓包围印度的"珍珠链"战略。

---

① 李兴：《加强中俄印金砖国家团结是推动"一带一路"建设的重中之重》，《中共贵州省委党校学报》2015 年第 3 期。

中国对印科技创新合作主要方式是人文交流。来华参加发展中国家技术培训班的印度学员占金砖国家学员总数的比例最高，2006 年以来，共有 256 人，占 45%。对印合作项目数量和经费均较少，2007—2018 年仅有 11 项，经费仅为1293 万元，在金砖国家中最少。同期，中国与南亚其他国家合作项目 10 项，经费 3378 万元，其中与巴基斯坦合作项目 6 项，经费 2081 万元。涉及印度的国家合作基地还较少，目前有 18 个。

3. 南非

1994 年，新南非成立，种族隔离制度和白人种族主义统治结束。中南于1998 年建交。2000 年，两国建立伙伴关系；2004 年，两国确定建立平等互利、共同发展的战略伙伴关系；2010 年，两国关系提升为全面战略伙伴关系。十年间，两国关系实现了"三级跳"，堪称中国同非洲乃至发展中国家友好合作的典范。2013 年 3 月，习近平主席对南非进行国事访问，双方发表了联合公报，中南全面战略伙伴关系发展进入了新的历史阶段。2014 年 12 月，祖马总统对华进行国事访问，双方签署《中华人民共和国和南非共和国 5—10 年合作战略规划（2015—2024）》，为中南关系进一步深入发展注入了新的强劲动力。2014 年、2015 年两国互办国家年。2015 年 12 月，中非合作论坛约翰内斯堡峰会在南非经济中心约翰内斯堡市成功召开，两国领导人见证了包括科技园合作在内的多项合作谅解备忘录的签署，中南务实合作迈上新台阶。

南非作为非洲桥头堡，为中国和其他广大非洲地区的合作搭建了桥梁。南非以及多数非洲国家，目前已感受到"一带一路"参与国家的发展力度，加入愿望较为强烈。而且当前南非发展面临经济下滑压力较大。1994 年新南非成立以来，经济发展经历了三个阶段：1994 年至 2002 年，GDP 在 1000 亿美元至 1500 亿美元徘徊，略有下降；2003 年至 2011 年，经济高速增长，GDP 增长了 3 倍左右，年均增长 16.37%；2012 年至 2015 年，经济开始下滑，GDP 出现年均 6.7% 左右的负增长。南非作为拓展"一带一路"在非洲的重要节点，建议抓住机遇，尽快将其纳入"一带一路"网络中。

对南非科技创新合作主要是项目合作。2007 年至 2018 年，对南非合作项目

92 项，其中合作研究项目 33 项，经费 7027 万元，在金砖国家中，是除对俄外最多的国家，无论从数量还是额度上，都显示中国与南非保持着良好的科技创新合作关系。同期，与其他非洲国家合作项目 36 项，经费 1.20 亿元，其中与埃及合作项目 12 项、经费 2834 万元，与肯尼亚和阿尔及利亚各 2 项，经费分别为 1153 万元和 994 万元；可以看出南非在我国与非洲国家科技创新合作中的重要地位。

4. 巴西

中巴关系方面，1974 年中国与巴西建立外交关系。1993 年，两国建立战略伙伴关系。2012 年，两国关系提升为全面战略伙伴关系。两国高层交往频繁。2014年 7 月，习近平主席出席在巴西举行的金砖国家领导人第六次会晤、中国—拉美和加勒比国家领导人会晤并对巴西进行国事访问。中巴双方发表关于进一步深化中巴全面战略伙伴关系的声明。2016 年 9 月，特梅尔总统来华出席二十国集团领导人杭州峰会，习近平主席同其举行双边会见。中巴在国际事务中合作密切，在联合国、世界贸易组织、二十国集团、金砖国家等国际组织和多边机制中合作密切，并就国际金融体系改革、气候变化、可持续发展等重大国际问题保持良好沟通与协调。

巴西 2016 年经济衰退 3.6%，已经连续三年出现负增长。巴西目前已感受到"一带一路"参与国家的发展力度，对加入"一带一路"倡议充满期待。中巴之间的合作更是扩大了"一带一路"的辐射圈，有望将其影响力扩大到拉美地区。

目前我国对巴科技创新合作还相对薄弱，科技人文交流处在起步阶段。2007—2018 年，对巴合作项目 19 项，经费 3360 万元。同期，与南美其他国家合作项目 9 项，经费 9116 万元，其中与阿根廷合作项目 8 项，经费 8916 万元。涉及巴西的国合基地也较少，目前有 15 个。如果要发挥巴西在我国对拉美地区合作支点作用，今后要重点加强科技创新合作力度。

三、相关建议

科技引领，长远布局。充分发挥科技外交在整体外交中的独特作用，利用科技创新合作与交流较中立、偏离政治，基础设施依赖最少的优势，倡导科技引领。推动开展科技创新对话、科技伙伴计划、国际科技创新合作项目，国际科技创新合作平台建设、联合实验室（研发中心）等，发起国际科学大工程计划等，进一步开展科技人文交流，对有关国家（地区）的发展中国家科技主管部门人员、科技人员和科技型企业家开展多种形式的培训，为杰出青年科学家提供更多的来华工作（实习）岗位。

（一）推动中俄科技创新合作的建议

1. 推动科技创新合作重大项目落地

抓住我国"一带一路"倡议与俄罗斯"欧亚经济联盟"对接的有利时机，着眼两国发展急需，加强双方在能源、交通、新材料等领域的科技创新合作，通过共建联合实验室（研发中心）、开展重大科技攻关等举措形成和支持一批有影响力的科技创新合作大项目。

2. 着手构建联合技术转移平台

随着两国民间科技创新合作需求的不断增大，仅仅依靠政府或是组织定期技术转移大会已无法满足新形势下技术、资金和人才的跨境流动和转移，急需构建常态化的技术合作与技术转移网络。应从政策层面鼓励和支持合作主体构建技术转移平台的倡议，充分发挥市场规律和科技服务机构的作用，为双方企业和科研单位提供系统化、专业化的信息与技术服务，打破双方沟通交流的瓶颈。

3. 切实加强大科学工程和基础研究领域交流合作

建议定期举办大科学工程和基础研究领域专家研讨会，促进人才及技术交流，发掘合作强力。继续深化两国在现有大科学工程的合作，开拓新的合作领域，如天文观测、载人航天等领域共享试验设备，共同开展联合研究。

（二）推动中印科技创新合作的建议

1. 重视并加强在科技领域开展合作交流

作为世界上两个最大的发展中国家，中印关系超越双边范畴，双方和平发展，不仅彼此相互促进，更具有地区乃至全球的战略意义。双方应视对方为互利伙伴，进一步巩固面向和平与繁荣的战略合作伙伴关系，符合两国利益。因此，建立近30年的中印科技创新合作机制，应加强合作与交流，为推动两国共同发展、促进两国和平友好关系，发挥更大、更加积极的作用。

2. 扩大关乎双方共同利益的科技创新合作范围

随着中国经济、科技实力的提高，国际影响力显著增强，印度对与中方开展科技创新合作表现出高度热情。为保持双方科技创新合作的良好势头，建议深入研究符合中印双方共同利益的合作领域与机制，扩大关乎双方共同利益的科技创新合作范围，开拓科技创新合作的新领域。

3. 重视科技人文交流，夯实民意基础

加强科技人员的往来，尤其是青年科技人员的往来，通过相互了解，增信释疑，夯实民意基础，共同发现合作机会并付诸实践，为两国关系长远奠定坚实基础。可以探索双方感兴趣的领域，开展形式多样的活动，如访问考察、研讨会、学术讲座、实验室实习、联合科研、互办专题展览会等。

（三）推动中南科技创新合作的建议

1. 在中南联委会框架下继续深化共建科技园区合作

建设科技园是发展科技产业、以技术创新支撑可持续发展的有效手段，是众多国家在发展道路上的共同选择。建议在已有良好合作基础上，以2017年4月

中南科技园项目正式启动为契机，进一步加强科技园区合作，将项目实施从纸面落实到行动中来，为中南科技创新合作增添新的活力。我国可在高新区规划、建设和运营等方面积累经验，结合两国科技产业发展优势，力争将中南科技园打造成具有战略意义的旗舰项目，推动我科技企业走进非洲。

2. 加强在卫星、通信等重点领域合作

结合中非十大合作计划，继续推动中南在信息通信、空间探测特别是CBERS-4卫星地面接收系统应用、卫生领域特别是医院合作、人员培训等领域合作，力争将其打造成中南科技创新合作典范和样板，同时在可再生能源、农业与气候变化、野生动植物保护等领域探索新的合作机会。

3. 搭建技术转移平台，探索成立多层次专门技术转移机构和人才队伍

可在有条件的高校、科研机构、企业建立技术创新与转移中心，并结合国家重点实验室等已有科技创新平台，通过信息、人才、技术等的共享，形成合力，共同促进科技创新与技术转移。同时，进一步研究政府资助的科研项目产生的科研成果转化机制及政策，加速科研成果转移转化。

（四）推动中巴科技创新合作的建议

1. 加强航天领域合作

航天领域一直是双方关注的重点，通过双方 30 年来的密切合作，中巴地球资源卫星合作已经积累了成熟的经验，产出了丰硕的成果。合作带动了巴西整个航天产业的发展。中巴航天合作十年计划（2013—2022 年）为两国在空间技术、空间应用、空间科学、单机、部件及地面设备、人员培训、测控支持、发射服务等领域开展合作规划了新的路径，双方应积极落实。

2. 积极开展人文交流

2011 年巴西联邦政府启动"科学无国界"项目，鼓励优秀人才海外留学。截

至 2017 年，该项目已经提供 95843 个奖学金，集中在地球科学、卫生科学和计算机信息技术等领域。获奖学金学生分布在近 30 个国家，但仅有 322 名学生选择来中国。建议加大对巴宣传力度，为巴方科技人员，特别是青年科学家来华攻读学位、从事科学研究提供更多机会和便利，吸引更多巴西青年来华学习深造。

3. 建立联合资助机制和创新合作平台。

双方目前还没有建立政府间科技创新合作长效资助机制，建议在中巴高委会科技分委会和高级别科技创新对话机制下，启动两国政府间国际科技创新合作重点专项，搭建两国科技创新合作平台，共建联合实验室（研究中心），开展科技园区合作，将双边科技创新合作引向深入，深化两国全面战略伙伴关系。

附录

附录1:"一带一路"科技创新合作行动计划

为落实《推动共建丝绸之路经济带和21世纪海上丝绸之路的愿景与行动》和《推进"一带一路"建设科技创新合作专项规划》(以下简称《专项规划》),切实发挥科技创新在推进"一带一路"建设中的支撑和引领作用,在与已和我国建立科技创新合作关系的"一带一路"参与国家(以下简称"参与国家")建立共识的基础上,中国政府决定在科技人文交流、共建联合实验室、科技园区合作、技术转移等四方面启动具体行动。

一、形势和需求

科技创新合作是增进参与国家交流与互信的有效途径,是提升"一带一路"合作水平的重要抓手,也是"一带一路"基础设施建设和产能合作的重要支撑。我国科技部、发展改革委、外交部、商务部于2016年9月联合发布《专项规划》,提出充分发挥科技创新的支撑和引领作用、建设"一带一路"创新共同体的战略目标。深化科技人文交流、共建联合实验室、开展科技园区合作以及促进技术转移是"一带一路"科技创新合作的重要内容,也是发挥科技创新对于"一带一路"建设支撑和引领作用的重要途径,有利于夯实科技创新合作基础,优化配置创新资源，应对参与国家面临的共同挑战。同时，和参与国家共享创新驱动发展经验做法，带动参与国家不断提升创新能力，在推进"一带一路"建设中发挥先锋作用。

近年来，我国和参与国家科技创新合作已取得显著成效。资助了参与国家一大批青年科学家来华开展科研工作，为参与国家培养了上万名科学技术和管理人才，并在参与国家广泛举办各类技术培训班。和参与国家共建了一批联合实验室或联合研究中心。科技园区合作取得突破，蒙古、泰国、伊朗、埃及等参与国家相继提出科技园区合作诉求，科技园区已成为我国高技术产业发展的一张国际名片。建设了面向东盟、南亚、中亚、阿拉伯国家、中东欧等地区和国家的一系列区域和双边技术转移中心及创新合作中心，初步形成了区域技术转移协作网络。

随着创新全球化格局逐步深化，科技创新在应对人类共同挑战、实现可持续发展中的作用日益突出。面对新一轮科技革命和产业变革，为推动经济持续增长，参与国家迫切需要走创新驱动发展道路，但普遍面临科技人力资源薄弱、先进适用技术不足、解决重大科技难题能力不够以及缺乏科技载体等瓶颈问题，对开展国际科技创新合作的需求显著提升。同时，中国已形成了较强的科技创新优势，中国特色科技创新模式得到国际社会的认可，科技创新已成为推进"一带一路"建设、支撑"五通"的重要途径。特别是近年来中国加大国际产能合作力度，亟须改善对外投资环境，对发挥科技创新的先锋和带动作用提出了更紧迫的要求。

二、思路和目标

（一）总体思路

遵循国家总体外交的新理念和新思路，按照推进"一带一路"建设工作的总体要求，根据《专项规划》的工作部署，针对参与国家经济、社会和科技发展的特点，突出合作共赢的科技伙伴关系和创新共同体的理念，推动中国和参与国家科技创新合作。促进中国和参与国家科技界之间的广泛互动和务实合作；通过共建联合实验室或联合研究中心，加强能力建设，推动高水平联合研究；依托科技园区合作，促进科技与产业、科技与金融深度融合；强化技术转移在产能合作中的先导和引领作用。创新体制机制，优化创新环境，集聚创新资源，打造创新高地，鼓励和带动产学研各界和社会公众广泛参与"一带一路"科技创新合作，发挥民间科技交流的优势，全面整合与利用"一带一路"科技创新资源，促进"一带一路"区域创新一体化发展，为打造发展理念相通、要素流动畅通、科技设施联通、创新链条融通、人员交流顺通的创新共同体提供有力支撑。

（二）工作目标

5年内，夯实科技创新合作基础，打造国际科技创新合作新局面。和参与国家就深化科技创新合作、共同走创新驱动发展道路形成共识，重点在科技人文交流、共建联合实验室、科技园区合作、技术转移等方面开展合作，和参与国家签署合作协议，加强参与国家科技创新能力建设，重点项目实施成效显现，实现合作共赢。

通过多种形式的科技人文交流，5年内计划吸引2500人次参与国家青年科学家来华从事短期科研工作，培训参与国家科学技术和管理人员5000人次，青少年科普交流达到1000人次，援建若干流动科技馆，推出一批科普成就展，和参与国家的民间科技组织共建区域合作组织20个，大幅提高科技人文交流的规模和质量，形成多层次、多元化的科技人文交流机制。

在参与国家部署和共建一批双方政府认可的、以联合实验室或联合研究中心为主要形式的国家级联合科研平台，5年内投入运行的联合实验室或联合研究中心达到50家，推进高水平联合研究，提升参与国家的科技能力。

根据参与国家区位、创新与资源优势及其合作需求，分类引导和支持各类创新资源和促进参与国家开展科技园区合作，搭建创业孵化载体及平台，推进中国高新区和参与国家科技园区合作，推广高新区和科技园发展的先进经验和理念，探索海外科技园区共建模式。

对接参与国家科技创新合作需求，强化技术转移信息服务与支撑，在5年内推进已有技术转移及创新合作平台建设，在参与国家新增一批技术转移平台，构建"一带一路"技术转移协作网络，推动先进适用技术在区域内广泛应用，带动中国与参与国家的产能合作。

三、重点任务

（一）实施"一带一路"科技人文交流行动

面向参与国家的科技管理人员、科研人员、技术员等科技人力资源，针对重点科技领域，加强中国和参与国家科技界之间的广泛交流与互动，鼓励和支持参与国家来华开展创新创业合作和交流，秉承"互学互鉴"的丝绸之路精神，打好科技"特色牌"，配合讲好"中国故事"，培养一批互知互信的科技人才，促进参与国家"民心相通"，为科技创新合作奠定人脉和理念基础。

1. 资助杰出青年科学家来华工作

面向参与国家高水平青年科学家，结合科研机构、大学、全国学会和企业的合作需求，在农业、资源环境、新能源、先进制造、材料、信息技术、生物医药、交通运输、科技管理、防灾减灾等领域，资助其青年科学家来华进行为期6—12个月的科研工作。鼓励在高校、科研机构设立流动岗位，用于国际科技人才交流，为外籍青年科学家来华提供平台。加强对参与国家研究生的培养力度，培养知华、亲华、爱华的优秀科技人才。

2. 举办适用技术及科技管理培训班

面向参与国家的科研人员、技术人员和科技管理人员，以来华培训或中方派出专家赴参与国家培训的方式，针对参与国家关注的重点领域以及关键技术和管理问题，开展授课、交流和实地考察等多种形式的短期培训。通过培训班，推广成熟适用技术与标准，提高参与国家技术人员和科技管理人员的技术或政策水平，促进参与国家科技创新能力提升。

3. 促进科技人员交流和青少年科普交流

邀请参与国家的科技人员组团来华开展短期考察交流，分享科技发展经验，增进互知互信。面向参与国家的广大青少年和研究生，举办科普夏（冬）令营、科技沙龙、科技周、科普研学等科普类交流。组织参与国家青少年开展环保、健康、生态等科学项目。拓展民间科技交流渠道，打造参与国家学术共同体。

4. 加强科技创新政策沟通

依托科技创新政策研究、评估机构与智库，和参与国家在科技创新规划编制、科技创新政策制订、国家创新体系建设等方面开展合作，推进丝路民间智库建设，逐步形成科技创新政策协作网络。

5. 搭建国际科技组织平台

发挥国际科技组织在全球治理体系中的重要作用，发起建立参与国家科技组织共同参与的"一带一路"国际科技组织，通过共同设计、共同运作，共享成果形式，搭建区域科技组织合作平台，加强国际科技组织人才培养，充分发挥全国学会的积极作用，逐步形成"一带一路"国际民间科技组织交流合作网络，鼓励支持建立"一带一路"科技创新国际组织与多边合作平台，凝聚参与国家的科技人才。

6. 推动科学普及

通过大力开展丝路科普活动，树立全方位创新科普理念和服务模式，不断提升中国在参与国家民众中的亲和力，助推民心相通，开创"一带一路"联合协作的科普大格局。援建若干流动科技馆，推出一批科普成就展。推动科技馆体系创新升级，建立长效合作机制。调动民间科普积极性，综合提升整体科学素质。鼓励科普创作，促进国际交流与合作。建设"互联网＋科普"，推进科普进丝路万家。

7. 开展工程能力互认

以工程能力双边互认为突破口，开展参与国家工程教育互认工作，加强工程师交流与培养，开展区域行业技术标准一体化建设工作，加强认证专家队伍建设与交流，促进"一带一路"人才流动。

（二）实施"一带一路"联合实验室行动

结合参与国家的需求和基础，选择优先领域共建联合实验室或联合研究中心，加强整体设计与战略布局，充分调动各类创新主体积极性，集成联合研究、科技人才交流与培养、先进适用技术转移、科技形象宣传与展示等功能，搭建长期、稳定的科技创新合作平台，将其打造成科技创新合作的品牌和名片。

1. 推动各类联合实验室或联合研究中心

不断提升水平推动现有联合实验室或联合研究中心的转型升级和功能提升，加强体制机制创新，以现有联合实验室或联合研究中心为载体，联合推进高水平科学研究和产业前沿共性关键技术的研发，促进重大科技成果中试、熟化与产业化示范应用，集聚和培养优秀人才队伍，带动创新资源开放共享和参与国家科技创新能力提升。

2. 新建一批联合实验室或联合研究中心

结合参与国家重大科技发展需求、科研基础条件与合作意愿，在农业、能源、交通、信息通信、资源、环境、海洋、先进制造、新材料、航空航天、医药健康、防灾减灾等重点领域建设一批新的联合实验室或联合研究中心，明确建设标准和要求，充分利用政府和社会各界资源，有效整合各类科技合作平台，促进我国与参与国家的产能合作。

3. 加强联合实验室或联合研究中心的协作与资源共享

以参与国家的发展需求为导向，围绕区域科技发展需要和解决重大科技问题的需求，加强联合实验室或联合研究中心的横向协作，加强与各参与国家科研机构、大学、企业、产业联盟、社会组织等各类创新主体的合作。推动国家级实

验室向参与国家开放，鼓励吸收参与国家科研国家队参与我国牵头的国际科研大
设施和大科学工程，强化各类国际科技合作平台的资源衔接和共享。通过领域交
叉、优势互补、信息互通、资源共享，提升联合攻关能力，发挥辐射带动作用。

4. 打造一批卓越联合实验室或联合研究中心

根据已有联合实验室或联合研究中心的建设和运行情况，集成力量合作打造
一批卓越联合实验室或联合研究中心。高效配置、综合集成参与科技创新资源，
共同探索联合研发模式创新和管理模式创新，发挥卓越联合实验室或联合研究中
心的辐射带动作用，提升其在"一带一路"科技创新合作中的平台影响力和资源
集聚能力。

（三）实施"一带一路"科技园区合作行动

以促进高新技术产业国际化发展为导向，以参与国家合作需求为基础，以高
新区、科技园及企业为主体，发挥政府和市场两方面作用，整合国内国外两种资
源和两个市场，统筹规划，与参与国家开展科技园区合作，促进科技与产业的深
度融合。发挥科技园区的引领示范和集聚辐射作用，输出科技园区发展的中国模
式，支撑产能合作，并为科技型中小企业"走出去"拓展渠道。

1. 协助开展园区规划

围绕参与国家需求，帮助开展科技园区建设的规划制订、政策咨询和经验共
享，推广建设高新区和科技园及发展高新技术产业的经验、模式和理念。根据参
与国家的发展诉求、资源禀赋、投资环境、科技产业基础条件等，围绕科技园区
规划布局、运行机制和政策推行等方面的经验，提供信息、资源和智力支持。

2. 加强人才交流与培养

加强与参与国家在科技园区建设方面的人才交流，邀请有需求的参与国家科
技人员来中国高新区和科技园开展短期考察和研修，学习和分享中国科技园区建

设与管理经验。帮助参与国家培养科技园区相关人力资源。鼓励和支持高新区和科技园及产业界人员赴参与国家开展实地考察和合作交流。

3. 促进产业对接

以科技园区合作为基础，促进参与国家的高新技术产业对接。顺应产业发展的客观需求，以科技园区为载体，推动产业链上下游企业围绕园区形成区域空间集聚和价值链构建。推动参与国家在相关领域合力打造优势产业，形成梯次衔接、优势互补的产业集群。

4. 鼓励有条件的国内园区和企业投身海外科技园区共建

鼓励有条件的国内高新区、科技园和企业积极投身海外科技园区共建，通过园区合作为科技型企业进入海外市场搭建平台，拓展渠道。引导和支持相关企业和科技机构参与合作，进驻具备良好基础设施、营商环境和市场需求的参与国家科技园区，探索海外科技园区共建模式。鼓励企业联合会、行业联盟、中介机构等社会组织参与科技园区合作，提高信息沟通和资源组织效率，共同支持"一带一路"参与国家科技园区的建设运行。

（四）实施"一带一路"技术转移行动

发挥技术转移在"一带一路"产能合作中的先导作用，紧密结合参与国家经济、产业发展需求，充分调动各地方积极性，加强技术转移平台建设，构建国际技术转移协作网络，推动与参与国家之间先进适用技术转移，促进区域创新一体化发展。

1. 发挥各类技术转移平台的辐射带动作用

充分发挥与东盟、南亚、中亚、阿拉伯国家、中东欧等地区和国家共建的一系列区域和双边技术转移中心及创新合作中心的辐射和带动作用，挖掘双方企业的合作需求，推动先进适用技术转移，加强与相关国家技术转移机构的衔接，形成技术双向交流通道。依托参与国家创新资源与产业基础，建设中巴、中国－东盟、中以、中非等"一带一路"技术转移示范基地，鼓励技术转移先行先试。完善国际化知识产权信息平台。加强与国际技术转移机构联合培养技术转移人才。

2. 构建"一带一路"技术转移协作网络

加强各类技术转移与创新合作平台的衔接与协作，强化重点区域间资源共享与优势互补，提升跨区域技术转移与辐射功能，打造连接国内外技术、资本、人才等创新资源、覆盖参与国家的技术转移协作网络。依托技术转移与创新合作平台和参与国家技术转移机构，组建跨国技术转移产业联盟。

依托国际博览会等重大交流与推介平台，广泛开展技术推介与产业对接活动。利用"互联网＋"技术支持参与国家、地区与机构建立完善跨区域、行业性技术转移市场。

3. 发挥重大项目对技术转移的牵引作用

结合与参与国家政府间科技创新合作情况，共同凝炼、筛选一批符合双方发展需求、具备产业带动潜力的重大项目，推动科技成果转移转化。围绕关键技术、关键产业的上下游环节，积极开展技术对接与产业合作，推动产业技术体系的优势互补和联动发展。

4. 促进参与国家双向创新创业

加强参与国家的创新创业国际协作，以技术转移转化和成果产业化为支撑，发挥现有科技合作平台、园区和基地集聚和利用创新要素的辐射带动作用，促进技术、人才、资金、信息的双向流动，促进参与国家科研机构、大学和企业共同开展创新创业。促进技术转移机构"走出去"，建立海外技术转移分支机构或与知名技术转移机构建立合作伙伴关系，开展成熟适用技术推广，引进"一带一路"优质创新资源。

四、保障措施

(一) 强化统筹协调

发挥"一带一路"科技创新合作年度工作推进会议机制和国际科技合作部际协调机制的作用,由科技部会同相关部门负责行动计划实施的统筹协调,分解落实各项任务和配套政策。

(二) 加大支持力度

加强对"一带一路"科技创新合作的经费支持与政策保障。实施行动计划所需资金由我国和参与国家共同承担,多元化投入;鼓励社会、企业、科研院所、高校积极参与并加大投入。

(三) 发挥各类主体积极性

鼓励科研机构、大学、各级学会和企业以及其他社会组织积极参与"一带一路"科技创新合作。

(四) 加强动态监测和评估

对行动计划进展情况进行动态监测和评估,把监测和评估结果作为改进下一步工作的重要依据。根据参与国家经济、社会及科技发展需求的变化,及时调整方案目标和任务部署。

附录 2 ："创新之路"合作倡议

中华人民共和国科学技术部与泰国、俄罗斯、南非、斯里兰卡科技创新部门，于 2019 年 4 月 25 日在北京举行第二届"一带一路"国际合作高峰论坛"创新之路"分论坛。期间，回顾了"一带一路"倡议自 2013 年提出以来，在科技创新领域取得的合作成果，并就进一步推进在"一带一路"科技创新行动计划下的合作进行了探讨，充分认识到科技创新在各国经济社会发展中至关重要，是增进相关国家交流与互信的有效途径，在深化"一带一路"国际合作中发挥了重要作用，为进一步加强各国在科技创新领域的务实合作，以创新驱动经济社会可持续发展，将"一带一路"打造成"创新之路"，我们一致倡议：

1. 探索建立"一带一路"共建国家之间可持续的科技创新合作模式。

2. 依托双边和多边政府间科技创新合作及对话机制，加强科技创新合作与交流。

3. 加强科技人文交流，促进相关国家科技界之间的广泛交流与互动。

4. 共建联合实验室，联合推进高水平科学研究和产业前沿共性关键技术的合作研发。

5. 开展科技园区合作，发挥科技园区的引领示范和集聚辐射作用，促进科技与产业的深度融合。

6. 实施技术转移行动，加强技术转移平台与协作网络建设，促进区域创新一体化发展。

7. 鼓励企业、科研院所、高校、社会机构等主体广泛参与，多元投入，共建共享，互利共赢。

8. 推动共建"一带一路"创新共同体，不断提升各国发展动力与活力，形成区域创新发展合作新格局。

附录 3 ："一带一路"签约参与国家和地区名单

截至 2022 年 7 月，"一带一路"签约参与国涉及 155 个国家，如下：

1. 亚洲 44 国

东亚 3 国：中国、蒙古、韩国。

东南亚 11 国：新加坡、马来西亚、印度尼西亚、缅甸、泰国、老挝、柬埔寨、越南、文莱、菲律宾、东帝汶。

西亚 18 国：伊朗、伊拉克、土耳其、叙利亚、约旦、黎巴嫩、以色列、巴勒斯坦、沙特阿拉伯、也门、阿曼、阿联酋、卡塔尔、科威特、巴林、格鲁吉亚、阿塞拜疆、亚美尼亚。

南亚 7 国：巴基斯坦、孟加拉国、阿富汗、斯里兰卡、马尔代夫、尼泊尔、不丹。

中亚 5 国：哈萨克斯坦、乌兹别克斯坦、土库曼斯坦、塔吉克斯坦、吉尔吉斯斯坦。

2. 欧洲 27 国

原独联体 4 国：俄罗斯、乌克兰、白俄罗斯、摩尔多瓦。

中东欧 17 国：波兰、立陶宛、爱沙尼亚、拉脱维亚、捷克、斯洛伐克、匈牙利、斯洛文尼亚、克罗地亚、黑山、波黑、塞尔维亚、阿尔巴尼亚、罗马尼亚、保加利亚、北马其顿、卢森堡。

欧洲其他 6 国：葡萄牙、希腊、奥地利、意大利、马耳他、塞浦路斯。

3. 非洲 52 国

北非 6 国：埃及、阿尔及利亚、突尼斯、利比亚、摩洛哥、苏丹。

东非 11 国：乌干达、布隆迪、坦桑尼亚、肯尼亚、塞舌尔、南苏丹、吉布提、索马里、卢旺达、埃塞俄比亚、厄立特里亚。

西非 16 国：多哥、冈比亚、佛得角、尼日利亚、加纳、塞拉利昂、科特迪瓦、毛里塔尼亚、几内亚、塞内加尔、马里、利比里亚、尼日尔、贝宁、几内亚比绍、布基纳法索。

中非 8 国：刚果（布）、刚果（金）、乍得、加蓬、喀麦隆、赤道几内亚、中非、圣多美和普林西比。

南非 11 国：津巴布韦、安哥拉、纳米比亚、莫桑比克、赞比亚、马达加斯加、南非、科摩罗、莱索托、博茨瓦纳、马拉维。

4. 拉丁美洲 21 国

萨尔瓦多、多米尼加共和国、格林纳达、哥斯达黎加、多米尼克、安提瓜和巴布达、特立尼和多巴哥、巴拿马、古巴、智利、苏里南、委内瑞拉、玻利维亚、乌拉圭、圭亚那、秘鲁、牙买加、巴巴多斯、厄瓜多尔、尼加拉瓜、阿根廷。

5. 大洋洲 11 国

斐济、萨摩亚、纽埃、巴布亚新几内亚、新西兰、基里巴斯、瓦努阿图、库克群岛、密克罗尼西亚联邦、所罗门群岛、汤加。

附录4：亚投行成员名单

截至 2022 年 8 月 10 日，亚投行成员（含准成员）已由成立之初的 57 个国家或地区扩容至 105 个。

亚洲和大洋洲区域成员 47 个：阿富汗、澳大利亚、阿塞拜疆、巴林、孟加拉国、文莱、柬埔寨、中国、库克群岛、塞浦路斯、斐济、格鲁吉亚、中国香港、印度、印度尼西亚、伊朗、伊拉克、以色列、约旦、哈萨克斯坦、韩国、吉尔吉斯斯坦、老挝、马来西亚、马尔代夫、蒙古、缅甸、尼泊尔、新西兰、阿曼、巴基斯坦、菲律宾、卡塔尔、俄罗斯、萨摩亚、沙特阿拉伯、新加坡、斯里兰卡、塔吉克斯坦、泰国、东帝汶、汤加、土耳其、阿联酋、乌兹别克斯坦、瓦努阿图、越南。

亚洲和大洋洲区域之外成员 45 个：阿尔及利亚、阿根廷、奥地利、白俄罗斯、比利时、贝宁、巴西、加拿大、智利、科特迪瓦、克罗地亚、丹麦、厄瓜多尔、埃及、埃塞俄比亚、芬兰、法国、德国、加纳、希腊、几内亚、匈牙利、冰岛、爱尔兰、意大利、利比里亚、卢森堡、马达加斯加、马耳他、摩洛哥、荷兰、挪威、秘鲁、波兰、葡萄牙、罗马尼亚、卢旺达、塞尔维亚、西班牙、苏丹、瑞典、瑞士、突尼斯、英国、乌拉圭。

亚洲和大洋洲准成员 4 个：亚美尼亚、科威特、黎巴嫩、巴布亚新几内亚。

亚洲和大洋洲之外准成员 9 个：玻利维亚、吉布提、肯尼亚、利比亚、尼日利亚、塞内加尔、南非、多哥、委内瑞拉。

后 记

科技创新是"一带一路"建设的基础驱动力。"一带一路"倡议提出之初，就将科技创新及创新合作作为重要内容。在国际局势发生重大变化的当前，无论是从"一带一路"建设成创新之路的愿景，或者从参与"一带一路"共建事业的各国之间的互惠合作来看，科技创新的意义和重要性越来越突出。

本报告联合国内多名研究者，对"一带一路"的科技创新进行多方面的分析研究和预测。相信对开展"一带一路"合作以及"一带一路"研究具有借鉴意义。国际欧亚科学院中国科学中心、中国科学技术交流中心、中智科学技术评价研究中心和中共中央党校国际战略研究院作为国内关注和研究国际科技合作的重要智库，对"一带一路"理念的发展以及"一带一路"参与国家的科技创新和国际科技合作现状与发展尤为关注，对本报告的编写给予了很大的支持，在此表示感谢。特别感谢中国科学技术交流中心高翔主任、吴程副主任、庄嘉副主任、李啸副主任对本报告给予的帮助。

为避免疫情造成的数据跳动使中长期评价产生系统性偏差，本报告将评价时间截止于疫情暴发之前的 2019 年。希望疫情结束后，能统合数据全面评价"一带一路"科技创新发展及疫情的影响。

由于疫情影响，编写出版工作时间仓促，本报告难免存在疏漏和不足，敬请读者批评指正。

作者
2022 年 9 月